Klaus Traube

Müssen
wir umschalten?

Von den
politischen Grenzen
der Technik

Rowohlt

Umschlagentwurf Werner Rebhuhn

1.–10. Tausend   April 1978
11.–20. Tausend   Mai 1978
Copyright © 1978 by Rowohlt Verlag GmbH,
Reinbek bei Hamburg
Alle Rechte vorbehalten
Gesamtherstellung Clausen & Bosse, Leck/Schleswig
Printed in Germany
ISBN 3 498 06469 x

Inhalt

Einleitung

Die Menschen in den Industrieländern, insbesondere in den westlichen, haben seit Ende des Zweiten Weltkrieges eine geschichtlich einmalige Periode erlebt, die einer explosionsartigen Expansion der Wirtschaft. Erst seit wenigen Jahren beginnt es sich herumzusprechen, daß diese Expansion beendet ist, weder fortgesetzt werden darf, noch fortgesetzt werden kann. Die Ökologie hat aufgezeigt, daß und warum ihre Fortsetzung langfristig zur Katastrophe führen würde; die strukturelle Wirtschaftskrise zeigt an, daß die Folgen des Wachstums bereits beginnen, weiteres Wachstum zu ersticken; die verschiedensten Formen des Bürgerprotestes, der Verdrossenheit und Zukunftsangst weisen darauf hin, welch soziokultureller Sprengstoff sich angesammelt hat.

Diese geschichtlich einmalige Periode, die in der Bundesrepublik zwischen 1950 und 1976 eine Vervierfachung der im Sozialprodukt gemessenen Menge an Gütern und Dienstleistungen je Einwohner erbrachte, ist eine Periode der Besetzung der natürlichen und sozialen Umwelt durch Technik. Dem Wachsen des Sozialproduktes entspricht ein Wachsen der Quantität an Technik. Selbst die im Supermarkt eingekaufte Tomate und das Hühnerei sind nicht mehr, wie einst, vorwiegend Ergebnis eines organischen Prozesses, dem eine im Handwerklichen wurzelnde Technik Nachhilfe geleistet hat, sie sind eher das Produkt einer hochtechnisierten Erzeugung und Verteilung, zu deren Ingredienzen ein organischer Prozeß gehört. Die einst in der Einsicht des Arztes wurzelnde, vorwiegend handwerkliche Methode und organische Mittel verwendende Hilfeleistung hat sich zum technischen Vorgang gewandelt, in dem der Arzt die Rolle eines notwendigen, aber keineswegs dominierenden Ingenieurs spielt, dessen Intuition zwischen Diagnoseapparatur, chemischer und physikalischer Therapie vermittelt. Die Städte sind zu gigantischen technischen Anlagen geworden, deren Funktionieren schon durch Stromausfall oder stärkeren Schneefall empfindlich gestört wird. Die Fortbewegung ist zum überwiegenden Teil mechanisiert, weitgehend auch bereits die Freizeit: der Lift, das Auto, hochgezüchtete Plastik und Pistenmaschinen sind unabdingbare Ingredienzen des Skilaufs geworden.

Dieser Prozeß der Volltechnisierung ist abgelaufen, ohne daß neue grundlegende Erfindungen eine wesentliche Rolle gespielt hätten. Die chemischen Gifte, die als Schädlingsbekämpfungsmittel die Landwirtschaft revolutionieren halfen, die Düsenantriebe der Luft- und Raumfahrt, sogar die Halbleiter und Atomreaktoren waren bereits vor Kriegsende erfunden worden; viele technische Produkte, etwa das Auto, haben sich seitdem in keiner Weise technisch grundlegend gewandelt. Wäre 1945 ein weltweites Verbot grundlegender Erfindungen ergangen, die Umwelt sähe heute nicht wesentlich anders aus. Es ist nicht eine neue Qualität der Technik, die die volltechnisierte Umwelt geschaffen hat, es ist deren Quantität. Doch diese Veränderung der Quantität ist in eine qualitative Veränderung der natürlichen und sozialen Umwelt umgeschlagen, mit der auch eine Veränderung der Beziehung der Menschen untereinander notwendig einhergehen mußte.

In eigentümlichem, wenn auch erklärbarem Kontrast zu der rapiden Ausbreitung der Technik steht die allseits beobachtbare Verflachung des Verhältnisses der Menschen zur Technik. Sie durchschauen die Technik immer weniger, interessieren sich auch immer weniger für sie. Die Technik reizt auch kaum mehr zum Durchschauen, sie verbirgt sich zunehmend. Wer erkennt schon in der Tomate, ja selbst in der Kopfschmerztablette die Technik? Nur dem, der in Altbauten wohnt, führen offen liegende Rohrleitungen die technische Basis seiner täglichen Versorgung vor Augen. Das umgebende technische Gerät verhüllt seine Funktionsweise, fordert nur mehr zum Drücken von Knöpfen auf. Wenige verstehen noch, wie ihr Kühlschrank funktioniert, gar ihr Fernsehgerät. Wem kommt noch die Idee, sein Gerät selber zu warten und zu reparieren? Sogar das technische Lieblingskind Auto, dessen Funktionsweise für interessierte Laien noch durchschaubar wäre, dessen Motor noch leicht zugänglich und einsehbar ist, wird kaum mehr von Besitzern gewartet. Die Vernarrtheit in das Auto ist selten wirklich technisches Interesse.

Geläufige Wortprägungen wie «Wunder der Technik» verraten das Mißverhältnis der Menschen zu der dem Handwerklichen entfremdeten Technik; Wunder sind das letzte, womit die Technik etwas zu tun hat, allenfalls könnte man vom Wunder der Menschen sprechen, die Natur derart umzuprägen in der Lage sind.

Auch den Menschen in sogenannten technischen Berufen entzieht sich die Technik zunehmend. Der Drucker, der seinen eisernen Kollegen pflegte und verstand, kann weder, noch muß er verstehen, wie aus seinem Tastendrücken der Fotosatz entsteht. Viele Facharbeiter erkennen nicht mehr die Funktionsweise der Geräte, mit denen sie umgehen. Ich schätze, etwa die Hälfte der Ingenieure leisten vorwiegend, viele, wie die Vertriebsingenieure, fast ausschließlich organisatorische Arbeit, die ihnen die unmittelbare Begegnung mit der Technik vorenthält. Aber auch der an der technischen Planung eines Kernkraftwerkes beteiligte Ingenieur oder Naturwissenschaftler gerät in eine fremde Welt, wenn er einmal in das Kraftwerk kommt. Er versteht einen kleinen Ausschnitt, den Rest erahnt er, wenn überhaupt.

In dem Maße, wie die Technik, vor allem auch die Produktionsweise, ihre handwerkliche Basis hinter sich gelassen hat, ist sie den Menschen entfremdet. Man mag sagen, dagegen sei nichts einzuwenden, schließlich solle die Technik den Menschen dienen, und dazu genüge es, wenn sie wissen, welche Knöpfe zu drücken sind. Tatsächlich ist das, wie ich durch viele Stichproben festgestellt habe, eine gängige Auffassung. Sie vergißt, daß die Auseinandersetzung mit der Umwelt Grundlage jeder Kultur war.

Diese Entfremdung ist, so scheint mir, Schuld daran, daß die Menschen in vielerlei neuartigen Nöten und Zwängen, denen sie sich heute ausgesetzt fühlen, das Wirken von Eigengesetzen der sie konditionierenden Technik nicht erkennen. So wird etwa von der Krise oder den Grenzen des Wachstums gesprochen, und was wächst, ist die Wirtschaft oder das Sozialprodukt, Dinge, die noch kein Mensch gesehen hat. Daß dies eine Krise des Wachstums der Technik sei, habe ich noch nicht gehört, obwohl dieses Wachstum der Technik dem anschaulich erkennbar wäre, der die Augen nur öffnete. Das Wuchern der Technokratie wird dingfest gemacht als einer der grundlegenden gesellschaftlichen Mißstände ganz so, als erzeuge die Technokratie sich selbst, als wurzele sie nicht in Technik.

Technik gilt noch heute als im weitesten Sinne «unpolitisch»; erst die Umweltbewegung hat begonnen, dahinter ein schüchternes Fragezeichen zu setzen. Ich habe festgestellt, daß manche Kernkraftwerksgegner zu dem geläufigen Credo stehen, Technik sei neutral, es komme nur auf den Gebrauch an, den die Menschen von ihr machten – so, als lehnten sie nicht die Atomkraftwerke, sondern nur deren Gebrauch ab. Wenn Politik, und was sollte sie anders sein, der Versuch zur Ordnung der menschlichen Gemeinschaft ist und wenn diese Gemeinschaft in fast jeder Beziehung durch die Überschüttung mit Technik im Verlauf nur einer Generation tiefgreifend verändert wurde, muß dann nicht Technik ein eminent politisches Thema sein? Selbst wenn man partout daran festhalten will, die Technik ist ein Ding an sich und in dessen Gebrauch zu zerlegen, dann hätte doch zumindest dieser Gebrauch Thema leidenschaftlicher politischer Auseinandersetzung sein müssen, angesichts der radikalen Eingriffe der Technik in die Gesellschaft.

Doch das war noch nie ein politisches Thema – oder gab es je eine öffentliche Diskussion, Parlamentsdebatten, Parteitagsbeschlüsse, Wahlversprechen über Entwicklung, Einführung, Gebrauch neuer Technik? Die Bürgerinitiativen erst haben, jedoch nur punktuell, die Technik zum politischen Thema gemacht, und nur als Atomkontroverse hat es Bedeutung erlangt. Auch dort, wo in der Öffentlichkeit der Eindruck entstanden ist, die Technik sei zum Thema der politischen Institutionen geworden, in der Forschungsförderung, ist bei genauerem Hinschauen keine politische Willensbildung zu erkennen, die steuernd in die Technik eingreift.

Nicht die Technik ist Gegenstand dieser Studie, sondern das Verhältnis des Menschen zur Technik, soweit dieses Verhältnis zu tun hat mit der Gestaltung der Ordnung der Gemeinschaft, mit Politik. Verschiedenartige Erfahrungen gaben den Anstoß zu dieser Arbeit.

Ich bin ein begeisterter Ingenieur und mir macht Technik Spaß, auch die zugrundeliegenden Wissenschaften, auch die Mathematik. Aber ich bin seit langem allergisch gegen den Totalitätsanspruch von Wissenschaft und Technik. Schon vor 25 Jahren als Hochschulassistent in den Wissenschaftsbetrieb eingebaut, begann mich der meiner Erfahrung zuwiderlaufende Anspruch der Wissenschaft auf alleinigen Besitz der Schlüssel zur Erkenntnis zu ärgern. Mit der heraufziehenden Überflußgesellschaft ergriff mich zudem, wie viele andere, das bekannte Unbehagen an einer übertechnisierten und durchorganisierten Welt; es mag gerade an meinem Interesse an Technik gelegen haben, daß ich, vielleicht mehr als andere, das Wirken einer quantitativ überhandnehmenden Technik auch in der Durchorganisierung empfand. Mein Verhältnis zur Technik wurde dialektisch. Da ich zum Glück in meiner Jugend ein industrielles Handwerk erlernt hatte, empfand ich auch wohl stärker die kulturelle Leere, die eine sich zunehmend vom Handwerk entfernende Technik hinterließ.

Seit etwa 15 Jahren leitete ich Ingenieursorganisationen, die Kernreaktoren entwickelten, planten und erbauten. Bis 1971 war ich verantwortlich für die Leichtwasser-Reaktoren der AEG-Telefunken, danach leitete ich als Geschäftsführer der zum Siemens-Konzern gehörenden Interatom und einer damit verbundenen internationalen Gesellschaft das gemeinsame Schnellbrüter-Entwicklungsprogramm der Bundesrepublik, Hollands und Belgiens mit dem Schwerpunkt Kernkraftwerk Kalkar. Mir begegneten dabei Probleme, für die es in der klassischen Technik kaum Vorbilder gab: die mit der technischen Komplexität einhergehende Größe der Ingenieursorganisationen und die damit verbundenen Kommunikationsschwierigkeiten.

Allein an der Planung, an zugehörigen Entwicklungsaufgaben und an der Bauüberwachung des Kernkraftwerks Kalkar arbeiteten mehrere tausend Naturwissenschaftler, Ingenieure und Laboranten, zum Teil unter meiner direkten Leitung, ein guter Teil aber auch in anderen Organisationen, mit denen die Kommunikation zu organisieren war. Zudem waren Kommunikationen zu unterhalten mit zahlreichen zuliefernden Fabriken und aus verschiedener Sicht überwachenden Organisationen: der Konzernleitung, den späteren Betreibern, technischen Gutachtern, Ministerialbürokratien, Politikern. Die Organisation all dieser Kommunikationsformen, auch die Information selbst, nahmen einen bedeutenden Teil meiner Zeit in Anspruch, und ich versuchte auch, aus analogen organisatorischen

Erfahrungen außerhalb meines eigentlichen Arbeitsbereiches zu lernen. Ich stellte fest, daß die wachsende Komplexität der Großtechnik ein grundsätzliches Phänomen gebar: Undurchschaubarkeit. Kaum jemand überblickte auch nur annähernd das Ganze; während es sich als möglich erwies, durch gestaffelte Kontrollen und hierarchische Ordnung dafür zu sorgen, daß tausende technischer Details zusammenpaßten, konnten Außenstehende, auch die Auftraggeber, die Projekte und deren Technik nicht mehr überblicken, reagierten daher häufig nervös oder forderten wenig Sinnvolles. Ich erfuhr weiter, wie die gleiche Undurchschaubarkeit sich in eine Unkontrolliertheit der technischen Entwicklungsrichtung, mithin auch der Kosten und Termine umsetzte, auch ein allen Großprojekten moderner Technik eigenes Phänomen.

Diese Beobachtungen nahm ich zunächst nur als Technokrat – ich gebrauche dieses Wort nicht abwertend – wahr, der Wege suchen muß, damit fertig zu werden, und dem die ständig drängende Anforderung der Organisationsmaschinerie, sie in Gang zu halten, den Blick für Grundsätzliches, das sich nicht dieser Funktion einordnet, weitgehend verstellt. Als Ende der sechziger Jahre, für uns Kernenergietechniker wie aus heiterem Himmel, die Anti-Atombewegung begann, die ja zunächst nur die Gefährdung der Öffentlichkeit durch technisches Versagen der Kernkraftwerke anprangerte, erkannte ich zwar bald auf Grund der Erfahrungen unfruchtbarer Diskussionen, daß diese Undurchschaubarkeit auch eine gesellschaftpolitische Bedeutung in sich barg; doch – wie wohl allen Kernenergietechnikern und -technokraten – erschien mir das lange Zeit als eine Art naturgegebener zusätzlicher Komplikation, mit der man, wie mit anderen Kommunikationsschwierigkeiten, durch geduldige Aufklärung schlecht und recht fertig werden müsse.

Mit der Zeit begann ich aber, einen grundsätzlichen Unterschied zu begreifen; während das Mißtrauen der Organisationen im Umfeld der Kernenergie-Planer, also etwa der Konzernvorstände, Ministerialbürokratien, technischer Gutachter, mehr der Fähigkeit der ausführenden Organisation galt, die technischen Probleme und deren finanzielle Implikationen zu lösen, ihnen auch praktisch alle Information zur Verfügung standen, nur nicht die Fähigkeit, sie aufzuarbeiten, richtete sich das Mißtrauen der von diesen Informationen ausgeschlossenen Kernenergiegegner vorwiegend gegen eine nur an Kernkraftwerken festgemachte Bedrohung durch eine undurchschaubar gewordene, übertechnisierte, überorganisierte Welt. Der Konflikt war durch die Diskussion technischer Sachverhalte kaum lösbar.

Einem der Öffentlichkeit wie mir durch die «Spiegel»-Veröffentlichung im Februar 1977 bekanntgewordenen Indianerspiel des Verfassungsschutzes und Innenministeriums danke ich die Muße, diesen Erkenntnissen näher auf den Grund zu gehen; der diskreten Sorge des weiland Forschungsministers Hans Matthöfer danke ich es, daß diese Muße nicht durch neue Berufsarbeit unterbrochen wurde.

Dieser Muße verschaffende Vorfall löste in mir eine Betroffenheit aus, die mir zu einer erweiterten Sicht verhalf – die Betroffenheit dessen, der sich nicht als integriert in eine Organisationsmaschinerie begreift, gar zu deren Lenkern gehört, sondern der, außerhalb stehend, sich von ihr bedroht fühlt. Daß solch ein Außenseiter-Standort eine durchaus verschiedene Art zu denken bewirkt, kann nur ermessen, wer die unsichtbaren Grenzlinien gesellschaftlicher Situationen einmal – zumindest auf absehbare Zeit unwiderruflich – überschritten hat. Eine ähnliche Erfahrung macht, wenn ich richtig beobachtet habe, der Anhänger einer Bürgerinitiative, der zunächst Jahre hindurch erlebte, daß seine dem Rechtsstaat in Form von Einwendungen und Klagen anvertrauten Bedenken nichts an der sofortigen Vollziehbarkeit, nichts am Baufortschritt etwa eines Atomkraftwerkes ändern; der dann weiter bei der Wahrnehmung seines Demonstrationsrechtes eine wachsende Isolierung erfährt, erkennungsdienstliche Behandlung oder gar den Polizeiknüppel. Er hat, unversehens, eine gesellschaftliche Grenzlinie überschritten, Macht und Ohnmacht erlebt. Nur wer solche Grenzen nicht erfahren hat, wird glauben, es ginge danach noch um technische Sachverhalte.

Den Kopf frei von der Sorge – die allen Maschinisten der vielfältig verzahnten Organisationsmaschinen der Wirtschaft und des Staates, vom Bundeskanzler bis zum Gruppenleiter, eigen ist –, die anvertrauten Organisationsmaschinenteile vor dem wie Weltuntergang erscheinenden Stillstand zu bewahren, widmete ich mich der Aufarbeitung all dieser mit dem Verhältnis von Technik und Menschen zusammenhängenden Erfahrungen.

Das Resultat dieser Aufarbeitung ist diese Studie, die ich nicht als wissenschaftliche Abhandlung, sondern als engagierten Beitrag zu einer, wie ich glaube, überfälligen politischen Diskussion vorlege. Dieses Ziel erforderte eine der Breite des Themas zuwiderlaufende Schnelligkeit der Ausführung; ich habe erst im Sommer vorigen Jahres beschlossen, dieses Buch zu schreiben. Ich nehme manche Oberflächlichkeit und einhergehende Ungenauigkeit in Kauf, fordere so Kritik bewußt heraus; nichts wäre meinem, von einer Durchhaltepolitik der Institutionen verdrängten Thema angemessener, als eine Vertiefung durch Kritik. Das Buch ist geschrieben mit einem Herzen, das nicht hinter dem üblichen Anstrich von Objektivität verbergen will, daß es links schlägt. Als überzeugter Pluralist wollte ich mich aber keineswegs nur an Gleichgesinnte wenden.

Die Studie befaßt sich nur am Rande mit Kernenergie oder der Kontroverse um sie; die liefern nur, allerdings gewichtige, Beispiele. Schon gar nicht ist sie die mit Anekdoten gefüllte Memoiren-Sammlung eines aus dem Amt Geschiedenen; vordergründige Enthüllungen halte ich für belanglos. Namen kommen nur vor, soweit sie in der mein Thema berührenden wissenschaftlich-literarischen Debatte oder in der öffentlichen politischen Auseinandersetzung eine Rolle spielen. Begebenheiten, die ich in meinem Berufsleben beobachten konnte, verwende ich nur insoweit, als sich an ihnen Typisches aufzeigen läßt.

Meine wesentliche Aussage ist die Aufforderung, im Gegensatz zu bisherigen Gepflogenheiten die Entwicklung und Anwendung der Technik durch politische Willensbildung zu kontrollieren, und zwar weniger die Technik schlechthin, als vielmehr den Ausschnitt, den ich in Anlehnung an einen sich etablierenden Sprachgebrauch Großtechnik nenne: sie umreiße ich durch Beispiele und durch eine flüchtige Definition. Ihr wichtigstes Merkmal ist es, daß sie in verschiedener Form übergroßer Quantitäten auftritt; ihre physische Größe spielt keine Rolle, Mikroprozessoren sind in diesem Sinne Großtechnik wie Atomkraftwerke. Diese Großtechnik gilt es, durch politische Kontrolle zurückzudrängen. Sie ist an ihre politischen Grenzen gestoßen.

Infolge dieser Quantitäten nistet sich die Großtechnik zunehmend in alle Lebenssachverhalte so ein, daß sie die Grundfragen der menschlichen Gemeinschaft überwuchert. Wer – wie ich – davon ausgeht, daß die vor bald zweihundert Jahren erhobenen gesellschaftspolitischen Forderungen nach Freiheit, Gleichheit, Brüderlichkeit noch in erster Linie anstehen, dem möchte ich deutlich machen, daß ihre weitere Verwirklichung erst dann gelingen wird, wenn die Großtechnik zurückgedrängt wird. Dem im ursprünglichen Sinn des Wortes Konservativen, dem es nicht auf diese Tagesordnung ankommt, aber auf die Bewahrung der Menschen vor sozialer und kultureller Zerrüttung und vor einer modernisierten Armut, den möchte ich aufmerksam machen darauf, daß all dies ohne Eindämmung der Großtechnik nicht zu gewährleisten ist. Und auch dem technokratisch Eingestimmten, dem es im wesentlichen darauf ankommt, die Gesellschaft auf eine steuerbare Art zu ordnen, möchte ich zeigen, daß Eigengesetze der Großtechnik diese Steuerbarkeit bedrohen, daß selbst die Führung der Wirtschaft, von den erst in der Nachkriegszeit entstandenen Formen der Großtechnik überrumpelt worden ist und zunehmend überrumpelt wird, daß die staatliche Technologiepolitik als politischer Wille, der der Entwicklung und dem Gebrauch von Technik eine Richtung aufprägt, praktisch nicht existiert. Dem, der sich aus der Distanz der Philosophie oder Soziologie die Gesellschaft anschaut, will ich zeigen, daß die These von der Zweckrationalität der Technik überholt ist, sofern man diesen Begriff nicht so ausdehnt, daß er auch noch die Atombombe einschließt.

Die beiden ersten der in fünf Teile gegliederten Studie sind ein Rückblick auf Entstehung und Stand einer neuen Kritik der Technik in der Nachkriegszeit und deren Querverbindungen zu den Ausprägungen des Unbehagens an und des Widerstandes gegen eine überindustrialisierte Gesellschaft. Die drei weiteren Teile wenden sich, von dem in diesem Rückblick beschriebenen Stand ausgehend, aktuellen praktischen Fragen zu; in diesen Teilen sind meine eigenen, durch Berufserfahrung gewonnenen Einsichten verarbeitet.

Den ersten Teil mögen mir Soziologen nachsehen; hätten sie sein ihrer Disziplin angemessenes Thema nicht bisher vernachlässigt, so hätte ich mir den Ausflug in ihr Gebiet erspart. Er rekapituliert die Geschichte des Unbehagens an der Nachkriegsindustriegesellschaft und ihren Ausdruck in der wissenschaftlich-literarischen Diskussion und versucht so, die Ursprünge und die technikkritischen geistigen Grundlagen der heutigen Bürgerinitiativen bloßzulegen, die allzu vordergründig zumeist als «ökologische» Bewegung aufgefaßt werden, was ihre soziokulturelle Motivation verdeckt. Er will insbesondere zeigen, daß und warum die Umweltbewegung in der Bundesrepublik einen geringeren Reifegrad erreicht hat als in anderen, vor allem den angelsächsischen und skandinavischen Ländern.

Der zweite Teil will einen Überblick über die bereits erkennbaren und praktizierten Ansätze einer andere Wege gehenden Technik vermitteln, auch ihre Bezüge zu der im ersten Teil dargestellten, erst in den sechziger Jahren entstandenen systematischen Technik-Kritik. Er verweist auf das, durch das erfolgreiche Beispiel China geförderte Vordringen einer anderen Technik in den Entwicklungsländern, auf im allgemeinen isoliert gesehene, sich bereits ausbreitende alternative Technik auch in den Industrieländern und auf die, von der Öffentlichkeit hierzulande kaum wahrgenommenen, zumindest nicht als seriös akzeptierten umfassenderen Konzepte alternativer Technik für die Industriestaaten. Er zeigt auch, wie sich aus den erst gut ein Jahrzehnt alten Ansätzen zu systematischer Technik-Kritik eine praxisorientierte Theorie alternativer Technik zu entwickeln beginnt, die langsam in die Umweltbewegung eindringt.

Soweit habe ich nur jedermann Zugängliches zusammengetragen, gewertet und – so hoffe ich – geordnet. Ich wäre froh, dem Leser damit zu dem zu verhelfen, was mir selbst diese Arbeit eingebracht hat: zu einer schärferen Sicht für die zahlreichen, häufig isoliert auftretenden und daher nicht recht verständlichen Anzeichen einer tiefgreifenden Krise der überindustrialisierten Gesellschaft, die – nach einem kurzen Sommer 1977 aufflammender öffentlicher Diskussion – von unseren politischen Institutionen praktisch verdrängt worden ist zugunsten eines konzeptionslosen Weiterwurstelns, des ohnmächtigen Versuchs einer Fortsetzung der geschichtlich singulären Periode wirtschaftlicher, großtechnischer Expansion – der

Wiederbelebung eines, mit dem so wohlfeilen wie undefinierten Beiwort «qualitativ» beklebten Wirtschaftswachstums.

Der kurze dritte Teil gibt eine flüchtige Analyse der aktuellen Situation. Er belegt, daß die von der bisher aufgezeigten neuen Kritik der Industriegesellschaft behaupteten zerstörerischen Trends offen und für jedermann sichtbar – wenn auch deshalb noch nicht unbedingt in ihren Zusammenhängen erkennbar – zutage getreten sind, und auch ihren Niederschlag in einem rapide ausgeweiteten einschlägigen Schrifttum gefunden haben. Er verweist auf die gefährlichen Verdrängungsmechanismen und auf die vermeintlichen Auswege aus der Krise der Industriegesellschaft, insbesondere auf die geistigen Grundlagen der erhofften «Dienstleistungsgesellschaft». Der liegt letztlich die noch kaum erschütterte These von der Zweckrationalität von Wissenschaft und Technik zugrunde.

Im relativ umfangreichen vierten Teil untersuche ich an Hand eigener Erfahrungen und konkreter, der Öffentlichkeit zugänglicher Vorgänge die Frage, wieweit noch von einer Zweckrationalität heutiger Technik gesprochen werden kann. Ich behaupte, daß sich die Großtechnik im wesentlichen unvorhersehbar entwickelt, auch für die Elite in Wissenschaft, Technik und Wirtschaft weitgehend undurchschaubar geworden ist, kaum durch übergreifende Mechanismen, wie etwa den Markt, gesteuert wird. Ich zeige die passive Rolle der politischen Institutionen gegenüber der Technik auf und verweise auf Möglichkeiten einer verbesserten Kontrolle technischer Entwicklungen. Diesen Teil werte ich auch als Beitrag zur allgemeinen, praxisorientierten Technik-Kritik.

Der gewichtigste, fünfte und letzte Teil analysiert die zukünftigen ökonomischen und politischen Konsequenzen großtechnischer Entwicklungen und bindet sie in die bisher gewonnene Sicht ein. Er beginnt mit einer Aufarbeitung der politischen und der sachlichen Seite der Kernenergiekontroverse. An Hand der Untersuchung heute gängiger technisch-wirtschaftlicher Trends bemühe ich mich dann, zu zeigen – auch durch quantitative Abschätzungen –, wie widersinnig und katastrophal sich die weitere Verfolgung dieser Trends bereits mittelfristig auswirken wird. Die Weiterführung des Weges, mittels großtechnischer Energiebereitstellung – und sei es mit Sonnenenergie – ein, wenn auch «moderates» Wirtschaftswachstum zu erzeugen, würde wegen der zukünftigen Verteuerung der Energiedarbietung wie überhaupt industrieller Produktion ungeheure und sinnlose wirtschaftliche Opfer verlangen. Die Vorstellung, auf diesem Wege die Entwicklungsländer zu «erlösen», übersieht alle historische Erfahrung der Industrieländer. Die ungehemmte Ausbreitung neuer großtechnischer Rationalisierungsmethoden würde zwar eine Zeitlang der Wirtschaft eine weiterhin hohe, über Wachstum nicht mehr erzeugbare Kapitalrendite ermöglichen, aber zu einer sinnlosen Entleerung der Arbeitsinhalte und einer rapiden Abnahme gesellschaftlicher Arbeitszeit führen – entweder zu einer kaum absehbaren Massenarbeitslosigkeit, oder zu einer die Menschen total verwaltenden Dienstleistungsgesellschaft, die Huxleys Visionen einholte. Diese Beispiele belegen die akute Notwendigkeit, Großtechnik politisch zu kontrollieren und einzudämmen.

Das Zurückdrängen der Großtechnik ist eine politische Frage. Es muß gegen die Eigengesetze der Wirtschaft durchgesetzt werden. Doch die politischen Institutionen, Regierung, Parlamente, Parteien, sind gegen vordergründige wirtschaftliche Zwänge weitgehend hilflos. So lange – und dieser Zeitpunkt ist längst überschritten – die den Eigengesetzen der Wirtschaft entsprechende wirtschaftliche Expansion gleichermaßen im Interesse der Führung der Wirtschaft lag wie auch der Förderung des Gemeinwohls diente, war die Nachkriegspolitik insbesondere von Sozialdemokratie und Gewerkschaften sinnvoll und erfolgreich; jetzt trennen sich Interessen und Eigengesetze der Wirtschaft vom Gemeinwohl. Nur wenn die Parteien, insbesondere die Sozialdemokratie, statt weiter Front gegen außerparlamentarische Anstöße zu machen, diese aufgreifen, bestärken und zur Legitimation eines gegen die Führung der Wirtschaft durchzusetzenden, sicher schmerzhaften Wandels nutzen würden, könnte eine gefährliche Zuspitzung der durch fortgesetztes Krisenmanagement nur mühsam gemilderten ökonomisch-politischen Krise vermieden werden. Die Gewerkschaften werden infolge der zu erwartenden Umwälzungen der Situation vor allem der Arbeiter unweigerlich zum Überdenken ihrer Rolle gezwungen werden; entscheiden sie sich als traditionsreichste und mächtigste «Bürgerinitiative» für eine durchgreifende Frontstellung gegen die Eigengesetze der Wirtschaft, für Aufhalten der sozial weitreichendsten neuen Großtechnik Mikroelektronik, dann könnte das entscheidend sein zur Einleitung eines überfälligen Wandels.

Ich spreche im folgenden von *Technik*, außer dort, wo mich Zitate oder die Übernahme von eingeführten Wortprägungen zur Verwendung des Ausdrucks *Technologie* zwingen; das aus falsch verstandener Anglisierung entstandene Wort Technologie ist im Deutschen überflüssig, hatte nur in seiner verschollenen Bedeutung als Verfahrenskunde und als Lehre von der Entwicklung der Technik eine von Technik verschiedene Bedeutung. Da ich, wie unter Technikern üblich, angewandte Wissenschaft Technik nenne, wird das Wort Technik auch zuweilen dort stehen, wo der übliche Sprachgebrauch eher «Wissenschaft» setzt.

Ingke Brodersen und Freimut Duve vom Rowohlt Verlag danke ich herzlich für Anregungen und Beratung.

Frankfurt, im Februar 1978

I
Vom Unbehagen an der Industriegesellschaft

Unsere bisherige Technik steht
in der Natur wie eine
Besatzungsarmee in
Feindesland, und vom
Landesinneren weiß sie nichts,
die Materie der Sache ist ihr
transzendent.

Ernst Bloch,
Das Prinzip Hoffnung, 1959

Von der Kulturkritik
zum radikalen Protest

Konservative Technik-Kritik vor dem Zweiten Weltkrieg: die Revolte gegen die Moderne

Es ist wohl allgemeine Erkenntnis, daß moderne Technik die gesamte Wirtschaft der Industriestaaten bestimmt, ihren Unterschied zu früheren Wirtschaftsformen und zu denen der Entwicklungsländer. Das ist für jedermann augenscheinlich so in der gewerblichen Wirtschaft und der Landwirtschaft, auch einsichtig im Dienstleistungsbereich, denkt man an dessen durch Telekommunikation, Computer, Transport bestimmte Infrastruktur. Man weiß allgemein, daß armierter Beton, Telefon, Fernsehen, Autos unsere Siedlungsformen radikal verändert haben, daß Technik in allem steckt, was das Leben in den Industrieländern von dem früherer Zeiten unterscheidet, bis hin zur Bevölkerungsdichte.

In Wissenschaft und Literatur herrscht wohl weitgehend Übereinstimmung darüber, daß die Entwicklung der Technik und der kapitalistischen Wirtschaftsweise sich anfänglich gegenseitig bedingten, daß erst ihre Symbiose den ungeheuren wirtschaftlichen Aufschwung des Industriezeitalters bewirkt hat, daß sie nach anfänglicher Verelendung der arbeitenden Bevölkerung später, in diesem Jahrhundert, zu einem an sich begrüßenswerten Wohlstand des überwiegenden Teils der Menschen in den westlichen und östlichen Industrieländern geführt hat, daß die sogenannte sozialistische Wirtschaftsform der östlichen Industrieländer bisher weniger effizient die Produktivkräfte und damit die Technik entwickelt hat als der westliche Kapitalismus.

Keineswegs Übereinstimmung herrscht dagegen, weder in der Öffentlichkeit noch auch unter den intellektuellen Multiplikatoren, über Art und Gewicht der destruktiven, für Menschen und Natur bedrohlichen Auswirkungen der Technik. Das wird überdeutlich an der Kernenergiekontroverse, die Ausdruck eines heute in den Industriestaaten weitverbreiteten Unbehagens an der Technik, einer zunehmenden Kritik am wildwachsenden technischen Fortschritt ist.

Die Verbreitung dieses Unbehagens und dieser Kritik ist neu. Natürlich ist Kritik an industrieller Technik so alt wie sie selbst – man erinnere die Maschinenstürmer. Aber einmal hat es für sie während des Ausreifens der Industriegesellschaft keine wirksame Öffentlichkeit gegeben. Zum anderen galten die Angriffe während dieser Zeit weniger der Technik selbst, mehr den mit der Technik einhergehenden gesellschaftlichen Verhältnissen.

Hier soll nicht versucht werden, eingehend zu analysieren, warum das so war. Ein flüchtiger Rückblick auf Grundzüge des Technik-Bewußtseins aber erleichtert das Verständnis für die neuen Dimensionen der Technik-Kritik und für ihre politische Reichweite.

Die Technik tritt den Menschen erkennbar entgegen als Auto, Zentralheizung, auch noch erkennbar als Kopfschmerzpille, Nescafé; in diesen Formen wurde und wird sie auch heute noch von der überwiegenden Mehrheit als angenehm, als «Komfort» empfunden, wenn auch schon nicht mehr in der Form des gespritzten Apfels. Sie tritt ihm häufig aber auch, auf schwer durchschaubare Weise versteckt, als Veränderungen der Umwelt und der sozialen Beziehungen entgegen. Mindestens bis zum Ende des Zweiten Weltkrieges war Kritik der Technik kaum je explizit, vielmehr war sie impliziert in der Kritik an diesen Veränderungen. Solange die Interessen von Bürgertum und Arbeiterklasse in der durch fortschreitende Technik ermöglichten Entfaltung der Produktivkräfte zu konvergieren schienen, hatte diese Kritik kaum praktische politische Auswirkungen.

Kritik an den Auswüchsen einer Technik, die sich in der Symbiose mit ihrer kapitalistischen Verwertung gegenüber Menschen und Natur bedrohlich verselbständigte, war schlechterdings kaum zu erwarten von denjenigen, die von ihr profitierten, auch nicht von den an der Nutzung und Entwicklung der Technik interessierten Technokraten und Ingenieuren. Und auch die Arbeiterbewegung fand den Fehl nicht in der Technik selbst, sondern nur in ihrer kapitalistischen Verwertung.

Das Kleben am Marxschen Buchstaben legt auch heute noch den

Großteil der «Linken» auf diese Sicht fest. Zwar hat gerade die Marxsche Analyse der Entfremdung ganz wesentlichen Anteil an heutiger Technik-Kritik, bis hin zur Debatte um die «Humanisierung der Arbeitswelt». Marx aber kritisierte nicht Technik, sondern machte die kapitalistischen Produktionsverhältnisse verantwortlich, er knüpfte seine Version einer befreiten Menschheit an die durch Technik ermöglichte Entfaltung der Produktivkräfte. Erst die kritische Auseinandersetzung mit den Industriestaaten des Ostblocks, deren Industrialisierung zu gleichartigen Auswüchsen der Technik führte wie im Westen, gab einem Teil der politischen Linken den Blick frei für die Bedeutung einer mehr von der Technik selbst als vom Wirtschaftssystem geprägten Technokratie, die auf eine Verselbständigung der Technik hinweist.

So gab es in der ersten Hälfte dieses Jahrhunderts kaum Kritik an der Technik seitens der direkt an ihrer Entfaltung beteiligten Kapitalisten, Technokraten, Arbeiter. Bis nach dem Zweiten Weltkrieg war ja selbst in den westlichen Industrieländern für einen bedeutenden Teil der Bevölkerung, insbesondere für die Arbeiter, die Befriedigung der biologischen Bedürfnisse Wohnung, Nahrung, Kleidung nicht oder mindestens nicht langfristig gesichert. Unbeschadet aller sozialen Kontroverse schien es also erstrebenswert, die Produktion von Konsumgütern zu steigern, wozu fortschreitende Technisierung offensichtlich wesentliche Bedingung war.

Technik-Kritik, zumindest in der impliziten Form einer Kritik an der fortschreitend technisierten Umwelt und Gesellschaft, war im allgemeinen in eher elitären Kreisen anzutreffen, in Resten feudaler Gesellschaft und unter Philosophen, Literaten, Künstlern. Sie wendete sich je nach Standort gegen die Auflösung der alten sozialen Ordnung durch den im ökonomischen Bereich schrankenlos individualistischen Kapitalismus, gegen die Banalität des ihn beherrschenden utilitaristischen Denkens, gegen die «Vermassung», gegen die Entfremdung in einer durchorganisierten, bürokratisierten Welt usw. Die deutsche Romantik hatte all diese Züge der Gesellschaftskritik schon vorweggenommen, für Nietzsche war die Ursache des heraufziehenden Nihilismus die «Perspektive der Nützlichkeit» – als deren Symbol er die moderne Wissenschaft sah – Baudelaire konnte sich nichts Gräßlicheres vorstellen als ein «nützlicher Mensch» zu sein, die deutschen Wandervögel versagten sich Anfang des Jahrhunderts der technisierten Welt, Kafka und Maurice Maeterlinck gaben der Vision der totalen Entfremdung Ausdruck, Musil sprach vom «flügellosen Geist der Ingenieure», Max Weber machte die totale Bürokratisierung dingfest und so fort.

Mit dem Aufkommen der künstlerischen Avantgarden zu Beginn dieses Jahrhunderts wurde aber Affirmation der Technik, wie sie im *Faust*, zweiter Teil, vorgezeichnet ist, zunächst die vorherrschende Strömung in der Kunst. Extremes Beispiel ist Marinettis futuristisches Manifest von 1909, eine rauschhafte Verherrlichung technischer Möglichkeiten und, damit einhergehend, der Gewalt. Die moderne, radikal experimentierende Kunst sah Technik als einzigartige Erweiterung menschlicher Möglichkeiten und bezog ihre Formen ein. Während einiger Jahrzehnte waren Progressive für den technischen Fortschritt; Helmut Kohl schreibt diesen Trend heute fort, wenn er die Kernenergiegegner kurzerhand Reaktionäre nennt.[1]

Ebenfalls in dieses Schema scheint es zu passen, daß der französische Politologe Jacques Ellul den Nationalsozialismus sieht als «eine Revolte gegen die moderne Zeit, gegen die technische Gesellschaft, die durch bestimmte Gruppen und ihre Führer für sich genutzt wird».[2] Doch tatsächlich war das Verhältnis zur Technik nie eindeutig auf ein Progressiv-konservativ- oder Rechts-links-Schema zu bringen. Auch die Väter des Marxismus hatten, bevor Lenin den Sozialismus mit Elektrizität plus Sowjets gleichsetzte, kein undialektisches Verhältnis zur Technik; Marx sah es als wesentliches Ziel des Sozialismus, die Teilung der Arbeit aufzuheben, und er hatte zu genau die Baumwollverarbeitung studiert, um nicht zu wissen, daß das nicht ohne radikale Eingriffe in die Technik zu verwirklichen ist. Und Engels hatte 1873 eine düstere Vision:

«Der mechanische Automat einer großen Fabrik ist um vieles tyrannischer, als es jemals die kleinen Kapitalisten gewesen sind, die Arbeiter beschäftigen ... Wenn der Mensch mit Hilfe der Wissenschaft und des Erfindergenies sich die Naturkräfte unterworfen hat, so rächen sich diese an ihm, indem sie ihn, in dem Maße, wie er sie in seinen Dienst stellt, einem wahren Despotismus unterwerfen, der von allen sozialen Organisationen unabhängig ist.»[3]

Jedenfalls konnte die eher elitäre Kritik an den durch Technik umgestalteten Beziehungen der Menschen untereinander und zur Natur eine im großen und ganzen zunehmend von der Technik faszinierte Öffentlichkeit nicht so umprägen, daß die Technik selbst als Bedrohung empfunden wurde. Es bestand weitgehend Konsens, daß die Technik neutral ist, daß es nur auf den Gebrauch ankommt, der von ihr gemacht wird, daß zudem technischer Fortschritt unaufhaltsam ist.

Eine neue Form der Kritik der Technik erwuchs, wie ich im folgenden darlegen möchte, aus dem Widerstand gegen eine von Technokraten manipulierte Welt. Diesen Widerstand leistete zunächst ein Teil der amerikanischen Nachkriegsgeneration, deren Prophet Aldous Huxley wurde.

Sein Buch *Brave New World*, das 1932 erschien und eine Vision unbarmherziger Konditionierung des Menschen durch die Technik zeichnete, zählte zu den entschiedensten und breitenwirksamsten Vorläufern heutiger Technik-Kritik. Anders als bei den meisten Kultur-Pessimisten jener Zeit erscheinen die Technokraten nicht als vulgäre menschliche Abart, sie sind selbst eine notwendige Folge der Technik,[4] wie Huxley im Vorwort zur Neuauflage der *Brave New World* im Jahre 1946 deutlich herausarbeitete – die Herrschaft der mit moderner Technik einhergehenden Ideologie der Effizienz zwingt zur konsequenten Anwendung.

Die Überflußgesellschaft und die Krise des Sinns

Gut zehn Jahre nach dem Zweiten Weltkrieg erschienen zwei mittlerweile zu Klassikern gewordene Bücher, die den Zustand der amerikanischen Nachkriegsgesellschaft kritisch analysierten: *Growing Up Absurd* von Paul Goodman (1956)[5] und *The Affluent Society* von John Kenneth Galbraith (1958)[6]. Beide Autoren, der als Schriftsteller, als Essayist und Theoretiker der Gestalt-Therapie profilierte Goodman und der als oberster Preiskommissar während des Krieges amtierende Wirtschaftswissenschaftler Galbraith – spä-

29

ter auch Kennedy-Berater und Botschafter in Indien –, schrieben in der Tradition amerikanischer Liberaler, zu deutsch also «gemäßigtlinker» Intellektueller, die noch vor dem Krieg die Rooseveltsche Politik des New Deal, der sozialen Reformen mit Verve unterstützt hatten.

The Affluent Society, die Überflußgesellschaft, wurde ein Schlagwort, das später zugunsten der «Konsumgesellschaft» zurücktrat. Galbraith charakterisierte die amerikanische Überflußgesellschaft – in dem mit der Bewältigung der Kriegsfolgen beschäftigten Westeuropa war sie zu der Zeit noch nicht so voll ausgereift – etwa so:

Die unmittelbare materielle Not der Massen, die noch einmal in der Nachfolge der großen Depression von 1929 zu scharfen sozialen Spannungen geführt hatte, war – außer für bedeutende Randgruppen – beseitigt. Die von Keynes propagierte Politik der öffentlichen Verschuldung hatte in den dreißiger Jahren nahezu Vollbeschäftigung erbracht, die seitdem erhalten blieb. Reformen hatten ein gutes Stück sozialer Sicherheit geschaffen. Die Arbeiter schienen endgültig dem Elend entkommen, entgegen allen klassischen Theorien sowohl der Anhänger des Kapitalismus seit Ricardo und Malthus, als auch seiner Gegner seit Marx. Der Kapitalismus war unbeschädigt aus diesem zunächst gegen die Wirtschaft durchgesetzten sozialen Wandel hervorgegangen, hatte lediglich die krudesten sozialdarwinistischen Züge abgelegt und einige Machtpositionen an Staat und Gewerkschaften verloren. Die erreichte hohe Kaufkraft der Massen hatte vielmehr der Wirtschaft höhere Sicherheit und Profite beschert als je zuvor.

Sozialistische, marxistische Ideen hatten unter Arbeitern wie Intellektuellen den anfangs der dreißiger Jahre großen Einfluß inzwischen verloren. Zwar war der relative Unterschied von Arm und Reich geblieben, aber das störte kaum jemanden noch. Wirtschaftliche Antriebskräfte waren jetzt, neben sozialer Sicherheit, des Nachbarn neues Auto, der «Lebensstandard». Produktion, sprich wachsendes Sozialprodukt, war das beherrschende Ziel fast der gesamten Gesellschaft, der Wirtschaft, der Politik, der Gewerkschaften.

Hier setzte Galbraith' Kritik an, auf zwei Ebenen, einer ethischen und einer wirtschaftswissenschaftlichen. Auf beiden Ebenen hinterfragte er gängige Klischees, Mythen, er nannte sie «konventionelle Weisheiten» (conventional wisdom), führte sie zurück auf Regeln, die in früheren Zeiten einen, zumeist auf materieller Not gründenden Sinn gehabt hatten, und zeigte auf, wie sie von Konservativen und Industriellen aus eigennützigen Motiven erfolgreich weiter propagiert werden. Aufs äußerste verkürzt ist dies etwa seine Kritik:

1. Die wachsende Produktion, das Wirtschaftswachstum, stillt kaum mehr primäre Bedürfnisse, wie sie jeder Mensch unabhängig von der Situation seiner Nachbarn fühlt, sondern hauptsächlich abgeleitete, deren wesentliches Motiv es ist, sich den Nachbarn überlegen zu fühlen. Die Wachstumsgesellschaft überträgt der produzierenden Wirtschaft zusätzlich die Aufgabe, qua ungeheuer aufwendiger Reklame, Bedürfnisse synthetisch herzustellen. Das führt zu unsinnigen, schädlichen, unmoralischen Produkten und Dienstleistungen.

2. Der so angeheizte Konsumhunger geht einher mit der konventionellen Weisheit, daß steigende Produktion von Konsumgütern weiter – wie in armen Gesellschaften – die primäre Aufgabe der Gesellschaft ist, daß Effizienz und Fleiß folglich höchsten Rang unter den Tugenden einnehmen. Die Fiktion vom freien Markt, dem die Großkonzerne ohnehin fast den Garaus gemacht haben, wird der konventionellen Weisheit als die Freiheit, in der der Mann sich bewährt, unterschoben. Die Unmenschlichkeit frühkapitalistischer Arbeitsbedingungen ist zwar beseitigt, aber es ist kein Ziel konventioneller Weisheit, unter Hintanstellen von Effizienz und Produktion dem Arbeiter Spaß an der Arbeit zu verschaffen.

3. So sehr auch die Menschen bereit sind, für die Konsumgüter der Wirtschaft zu zahlen, öffentliche Dienstleistungen gelten als notwendige Übel, ihre Bezahlung, in Form von Steuern, als unangenehme Last. Infolge ständiger Beschwörung innerer und äußerer Feinde erscheinen zwar staatliche Ausgaben für Militär und geheime Dienste als akzeptabel, nicht aber die für Post und Straßenreinigung, Kinderspielplätze und Erziehungswesen. Die Folge sind inmitten wachsenden Überflusses verarmte Gemeinden, ein absurdes Mißverhältnis zwischen privatem Reichtum und öffentlicher Armut, dem Konsum privater und gemeinwirtschaft-

licher Güter, unbewohnbare Städte, Verkehrschaos, schlechte Schulen und schließlich hohe Jugendkriminalität.

4. Inflation ist eine direkte und notwendige Folge ständigen Wirtschaftswachstums, aber für die konventionelle Weisheit bleiben Lohnsteigerungen ihre Ursache. Die auf Konsumgüter eingestellte Privatwirtschaft floriert, aber die für ihre Perpetuierung erforderlichen Aufgaben der Bildung und Forschung kann eine verarmte öffentliche Hand nicht hinreichend erfüllen; sie löst das Dilemma teilweise über militärische Forschung, die so den Rüstungswettlauf anheizt, der eine unendliche Spirale ist. Kurz, die Wachstumsgesellschaft zerstört sich auch wirtschaftlich langfristig selber, weil ihre Prämissen wesentliche Rückkopplungen im Regelkreis der Wirtschaft nicht zulassen.

Ich habe mich gefragt, ob ich dem Leser diese Zusammenfassung 20 Jahre alter Thesen zumuten soll, noch dazu, wenn ich ohnehin nichts von der Klarheit und Schärfe der Beweisführung, nichts von Galbraith' engagiertem Sarkasmus vermitteln kann. Ich schätze, den meisten Lesern sind große Teile dieser Kritik vertraut; schließlich hat sich die beschriebene Überflußgesellschaft mit der üblichen Verspätung längst auch hierzulande und bei unseren Nachbarn eingerichtet. Auch hat die ökologische Debatte seit einigen Jahren weitere entscheidende Argumente gegen die Wachstumsgesellschaft bewußt gemacht, die Galbraith in seiner vernichtenden Kritik nur erst am Rande erwähnt.

Aber auf den vorderen Seiten der Tageszeitungen, dort wo es um Politik und Wirtschaft geht, wo täglich vom Ideenwettstreit zur Bekämpfung der Arbeitslosigkeit berichtet wird, scheint diese vertraute Kritik der Überflußgesellschaft unbekannt zu sein. Dort geht es um jeden erdenklichen Klimmzug, der die Produktion, das Wachstum des Sozialproduktes beleben könnte. Geändert haben die vertrauten Erkenntnisse offenbar nichts. So schien es mir doch geraten, Galbraith' vor 20 Jahren neue Weisheit zu resümieren.

Galbraith lag nicht daran, unüberwindliche Widersprüche des Kapitalismus aufzudecken, er hoffte auf Umkehr im wesentlichen durch Fortentwicklung der konventionellen Weisheit, auf eine Überwindung der konservativen Mythen als Bedingung einer demokratisch durchsetzbaren Wirtschaftspolitik, für die nicht Wachstum und Narrenfreiheit der privaten Wirtschaft die absoluten, alles andere nur abgeleitete Ziele sind. Aber der Angelpunkt einer solchen Wendung, eine veränderte Einstellung zum Konsum, scheint mir recht unbefriedigend abgehandelt, die Nöte und Wünsche der in die Überflußgesellschaft verstrickten Menschen nicht ernst genug genommen. Galbraith distanziert sich bei allem unbezweifelbaren sozialen Engagement doch von der «Masse».

Paul Goodman dagegen setzte zur gleichen Zeit in *Growing Up Absurd* auf den Teil der Jugend, der sich der Konsumgesellschaft radikal verweigerte, damals in den USA der fünfziger Jahre die Beatniks. Ihn interessierten nicht so sehr, wie Galbraith, die wirtschaftlichen Kategorien Produktion und deren Produkte, vielmehr der Zustand der Menschen, die diese Produktion in Gang halten und die ihren Produkten ausgeliefert sind. Goodman sezierte die Gesellschaft nicht, er drang in sie ein, analysierte, wie die betroffenen Menschen sie erleben, nicht als Überflußgesellschaft, sondern als das «organisierte System». Ihn ärgerten weniger die sinnlos verschwendeten Produktivkräfte, ihn schmerzten die vom organisierten System verschwendeten Menschen, die Degradierung der Kultur als der Grundlage eines sinnerfüllten menschlichen Zusammenlebens.

Goodmans Analyse ging aus von zwei von der amerikanischen öffentlichen Meinung seinerzeit als skandalös empfundenen, isoliert gesehenen Phänomenen: einerseits dem Unwesen des organisierten Systems aus semimonopolistischen Konzernen, staatlicher Verwaltung, Werbeagenturen usw., andererseits der Nicht-Integrierbarkeit (dis-affection) eines großen Teils der Jugend, manifest vor allem in wachsenden kriminellen Bandenwesen. An einer Fülle von Material untersuchte er die Beziehungen dieser Phänomene mit sozialpsychologischen Methoden; er zeigte, wie das organisierte System der unterprivilegierten Jugend keine Chance zur Integration läßt, der Jugend der integrierten Arbeiterklasse und der eigentlich das System tragenden breiten Mittelschicht nur eine zynische Anpassung erlaubt. Das geflügelte Wort von dem «rat race», dem Rattenrennen, veranschaulicht, daß auch die in das System integrierten Erwachsenen die Sinnlosigkeit des Wettlaufes innerhalb des anonymen Systems durchschauten. Ein Teil der mittelständischen Jugend, vor allem Teilnehmer am Koreakrieg, waren nicht mehr bereit, diese Sinnlosigkeit zu verdrängen.

Diese Untersuchung führte Goodman zu einer Bestandsaufnahme der vom organisierten System inzwischen völlig besetzten physischen und sozialen Umwelt. Die Menschen verlieren die Fähigkeit, mit deren wichtigstem Element, der Technik, umzugehen, sie zu begreifen: Ein so anschauliches Stück Technik wie der Elektromotor ist in der Haushaltsmaschine eingekapselt, unzugänglich, zu seiner Reparatur wendet man sich an das organisierte System. Die einfachsten Subsistenzmittel sind nur mehr über das organisierte System erhältlich, dessen ganze Maschinerie funktionieren muß, um auch in ländlichen Gebieten einen Apfel, in Plastik verpackt, im Supermarkt kaufen zu können. Nur eine winzige Minderheit erkennt noch einen direkten Bezug zwischen ihrer Arbeit und menschlichen Bedürfnissen; selbst dem Landwirt stellt sich seine Arbeit vorwiegend als Finanzierungs- und Saisonarbeiter-Problem dar. Der Zwang zur Ratenzahlung substituiert die ursprüngliche Notwendigkeit der Arbeit. Nicht nur Großstädte, auch mittlere und kleine Gemeinden haben ihre Bedeutung als Kommunikationszentren, damit als Kulturzentren verloren, seit die Arbeitsstätten und die Einkaufszentren außerhalb angesiedelt sind. Kultur, wo immer sie sich zeigt, ob als Volksmusik oder als Avantgardemalerei, wird von Promotoren zur profitablen Verwertung dem organisierten System einverleibt und damit pervertiert.

Um die Möglichkeiten menschlichen Verhaltens unter solchen Bedingungen abzuleiten, faßt Goodman seine Bestandsaufnahme in einer absichtlichen Überspitzung zusammen:

«Let us exaggerate the conditions that we have been describing. Conceive that the man-made environment is now out of human scale. Business, government, and real property have closed up all the space there is. There is no behavior unregulated by the firm or the police. Unless the entire economic machine ist operating, it is impossible to produce and buy bread. Public speech quite disregards human facts. There is a rigid caste system in which every one has a slot and the upper group stands for nothing culturally. The university has become merely a training ground for technicians and applied-anthropologists. Sexuality is divorced from manly independence and achievement. The FBI has a file card of all the lies and truths about everybody. And so forth. If we sum up these imagined conditions, there would arise a formidable question; is it possible, being a human being, to exist? Is it possible, having a human nature, to grow up? There would be a kind of metaphysical crisis.

Or put it another way. These conditions are absurd, they don't make sense; and yet millions, who to all appearances are human beings, behave as though they were the normal course of things. For instance, we encourage economic lunacy by watching TV; we gossip about the new cars though they will make our cities unlivable; we answer impertinent questions of investigators about our friends; we attend conventions, listen to public spokesmen, and smile a lot and shake hands. A man is put into doubt about his own sanity. Do they have the right of it, that there is nothing absurd? Then what kind of animal is oneself? Automatically one begins to use their words and think their thoughts, although one knows that they are absurd. One feels depersonalized.

It then becomes necessary to stop short and make a choice: Either/Or.»

Aus diesem kategorischen Entweder/Oder leitete Goodman die Hoffnung auf Änderung ab. Bei der Analyse des Verhaltens und der Motive sozialer Schichten fand er – ein Jahrzehnt vor der Studentenrevolte – als potentiellen Auslöser der Änderung, Umwälzung nur die Jugend der Mittelklasse, obwohl sich deren seinerzeitige Protestler, die Beatniks, unpolitisch gaben. Die bedeutende Schicht der Unterprivilegierten, vorwiegend ethnische Minoritäten, würden – könnten sie nur – an der Konsumgesellschaft teilhaben wollen; ihre hoffnungsloseste Ausprägung, die kriminellen jugendlichen Banden, sind es gerade, die das absurde Wertesystem des rat race ernst nehmen. Die integrierten Arbeiter durchschauen es zwar, sind aber vom erstmals erreichten Wohlstand betäubt, ihre Gewerkschaften sind Bestandteil des organisierten Systems, die sozialistische Bewegung der zwanziger und dreißiger Jahre ist verschwunden. Und die ältere, bereits in das System integrierte Mittelklasse erkennt zwar das rat race, fürchtet aber noch mehr das Ausflippen.

Paul Goodman wurde in den sechziger Jahren einer der bedeutendsten Mentoren der amerikanischen Studentenbewegung.

Jugendprotest und die Suche nach einer Gegenkultur

Galbraith und Goodman formulierten das Mitte der fünfziger Jahre aufkommende Unbehagen an der zunehmend die Menschen überwuchernden Organisation der Industriegesellschaft. Sie übten nicht explizit Kritik an der Technik. Galbraith setzte sich gar nicht mit Technik auseinander, Goodman erklärte ausdrücklich, daß die Technik nicht Ursache der von ihm kritisierten Zustände ist, begreift im übrigen Technik als einen liebenswerten Teil der Kultur. Aber als bedeutsame Frage klingt bei ihm schon an: Welche Technik? Diese Grundfrage heutiger Technik-Kritik entwickelte sich dann in der geistigen Auseinandersetzung mit dem «organisierten System», der «Technokratie», und die war der gemeinsame Nenner des Protestes der Studenten in den sechziger Jahren. *The Affluent Society* und *Growing Up Absurd* waren einander ergänzende Bestandsaufnahmen dieser technokratischen Gesellschaft, wie sie fällig waren auf deren Höhepunkt, als sich zwar der Unmut an ihr in den USA – weniger noch anderswo – weit verbreitet, sich aber noch kein wirksamer Widerstand organisiert hatte. Daß Unmut, Bestandsaufnahmen und Protest sich zuerst in den USA artikulierten, ist wohl einsichtig: die neue Gesellschaftsform war schon vor dem Zweiten Weltkrieg weiter entwickelt als in Europa, und ihre Perfektionierung war durch den Krieg nicht behindert worden.

Nur wenige haben, wie Goodman, Ende der fünfziger Jahre erkannt, daß die harmlosen Beatniks, der alphabetisierte Flügel der «rebels without a cause», Vorboten einer Bewegung waren, die zehn Jahre später die industrialisierte Welt herzhaft schüttelte. Mir erschienen die Beatniks einfach als eine neue Art der Boheme. Ohne bürgerlichen Beruf zu existieren, war ohnehin im widerspruchsreichen Amerika simpler als im ordentlichen Deutschland; Exzentriker, Tramps hatten im chaotischen Amerika immer eher eine Nische gefunden.

Dennoch waren die Beatniks durchaus auffällig für den Europäer, speziell den Deutschen.[7] Bei uns gab es Ende der fünfziger Jahre kaum aufmüpfige Jugend, das politische Engagement gegen Wiederbewaffnung war in Resignation umgeschlagen, die Aufbruchstimmung des französischen Nachkriegs-Existentialismus hatte einige Jazz-Keller hinterlassen, die Utopie war etwas für Künstler.

Die Beatniks gaben sich als friedfertiger Bürgerschreck, schwärmten für Zen-Buddhismus, für Marihuana und Henry Miller, waren es zufrieden, als Gruppe außerhalb des rat race zu existieren und wollten Vater und Mutter weder erschlagen noch ändern. Sie erkundeten Wege des Müßiggangs in der Überflußgesellschaft. Goodman sagte voraus, daß sie in die Sackgasse geraten würden: Kulturell, weil sie ohne Reibung an der natürlichen und sozialen Umwelt die Erfahrung, die sie suchten, nicht machen konnten, sozial, weil ihr Lebensstil so simple Dinge wie das Aufziehen von Kindern nicht erlaubte.

Während der ersten Hälfte der sechziger Jahre bekam die Jugend in den großen angelsächsischen Städten das Fieber. Symptome waren die langen Haare wie die Experimentiertheater des Off-Off-Broadway, die Kleider der Mary Quant wie ein aus der Sprache der Armen entlehnter Slang, vor allem auch die Musik der Beatles, Rolling Stones, Bob Dylans. Die Jugend durchbrach kulturelle Barrieren, schuf sich Ansätze einer übermütigen, provozierenden, befreienden Gegenkultur, in der die Beatniks und die zornigen jungen Männer einen beachteten Platz fanden. Pop-Kunst, Pop-Musik, Pop-Mode, kurz Pop, Abkürzung für populär, deutet auf eine im «Volk», in einer breiten, allerdings nur jungen Menge entstehende Kultur hin.

Ich will nicht eine Deutung dieser diffusen Aufbruchstimmung wagen, deren Geschichte meines Wissens noch nicht geschrieben ist. Gewiß handelt es sich nicht einfach um einen großen Protest gegen die Überflußgesellschaft oder gar gegen die Technik. Im Gegenteil, es gab auch Affirmationen der durchorganisierten, technisierten Welt, zu der viele Propheten der Zeit – etwa die Rolling Stones, Andy Warhol, Marshall McLuhan – offenbar Haß-Liebe empfunden haben. Diese Affirmationen setzten sich aber ab gegen verharmlosendes Verschleiern, sie waren trotzig, aggressiv. Auch die rasche Kommerzialisierung der Gegenkultur spricht wohl nicht gegen deren aufrührerischen Geist, vielmehr für die Fähigkeit des «organisierten Systems», nahezu unbegrenzt alles sich einzuverleiben, wohl auch für ein verbreitetes Bedürfnis der «Integrierten» nach frischer Luft. Wesentlich jedenfalls scheint mir, daß die angewachsene Menge irgendwie Gleichgesinnter in den Hochburgen der Gegenkultur, in London, New York, San Francisco, den Boden vorbereitete für die Studentenbewegung in der zweiten Hälfte der sechziger Jahre.

Auch die Studentenbewegung regte sich zuerst in den USA. Sie war dort pluralistischer als in der Bundesrepublik und deren Nachbarländern, eine Neue Linke dominierte nicht in den USA. Theodore Roszak hat die geistigen Strömungen in seiner vielbeachteten Monographie *The Making of a Counter Culture* analysiert.[8] Er sieht die Gegenpole der amerikanischen Studentenbewegung, Neue Linke und Hippie-Mystik, repräsentiert durch die Philosophien Herbert Marcuses und Norman Browns, dazwischen die vor allem Paul Goodman zugetanen Praktiker der konkreten Utopie, der alternativen Lebensformen. Diese drei radikalen Gesellschaftskritiker sind der Philosophie der Psychoanalyse verbunden, sie alle bringen das Übel der Überflußgesellschaft oder Industriegesellschaft oder technokratischen Gesellschaft auf den Begriff der Entfremdung, verstanden als Unterdrückung von Triebbedürfnissen. Diese Kritik an der Entfremdung erzeugenden Industriegesellschaft hat einen entscheidenden Anteil an der Entwicklung der Technik-Kritik gehabt. Daher will ich einige Grundgedanken Marcuses rekapitulieren.

In *Triebstruktur und Gesellschaft* setzte sich Marcuse etwa zur gleichen Zeit[9] wie Galbraith und Goodman mit der Überflußgesellschaft auseinander, die zwar erstmalig dem Großteil der arbeitenden Menschen Befreiung von materieller Not gebracht hat, aber um den Preis einer zunehmenden Triebunterdrückung und damit Entfremdung. Freud definiert eine von Unterdrückung befreite Kultur als Möglichkeit der Menschen, mit ihren erotischen Trieben in Übereinstimmung zu leben, sie nicht zu unterdrücken, hält aber an der überhistorischen Notwendigkeit fest, daß jede Zivilisation auf der permanenten Unterdrückung der Triebe beruhe. Marcuse akzeptiert Freud insoweit, daß erst die Repression der Triebe sozial nützliche Arbeit und damit Zivilisation ermöglicht habe, daß daher eine vollständige Befreiung nicht möglich ist. Aber angesichts des erreichten hohen Grades an Produktivität sei die Notwendigkeit, an einem Realitätsprinzip festzuhalten, das im Kern das Leistungsprinzip der protestantischen Arbeitsethik ist, historisch überholt. Statt des alles beherrschenden Leistungsprinzips könne die ‹Gesellschaft im Überfluß› die gesellschaftliche Arbeit auf das notwendige Minimum reduzieren und in der arbeitsfreien Zeit Freiheit in dem Maße verwirklichen, wie sie das Lustprinzip anerkennt. Das ist, wenn auch philosophisch fundierter hergeleitet, ein durchaus ähnlicher Gedanke wie Galbraith' Kritik des der «konventionellen Weisheit» sinnloserweise immer noch heiligen Leistungsprinzips. Aber, während Galbraith Produktivität geopfert wissen wollte, auch um die Arbeit befriedigender zu gestalten, schrieb Marcuse:

«Gleichgültig, wie gerecht und rationell die materielle Produktion auch gestaltet wird, ein Gebiet der Freiheit und Befriedigung kann sie nie sein. Aber sie kann Zeit und Energie für das freie Spiel menschlicher Möglichkeiten außerhalb der entfremdeten Arbeitsbereiche freisetzen. Je vollständiger die Entfremdung der Arbeit, desto größer das Potential der Freiheit: die totale Automation wäre hier das Optimum.»[10]

Marcuse kam also, wenn auch auf dem Umweg einer über Marx hinausgehenden, allenfalls an seine frühen Pariser Manuskripte anknüpfenden Auffassung von Entfremdung und Befreiung, zurück auf traditionelle marxistische Anschauungen; insbesondere bejahte er Technik kritiklos, hoffte fast enthusiastisch auf die befreienden Möglichkeiten der Automation. Anders schrieb er zehn Jahre später, 1964, in der Einleitung zum *Eindimensionalen Menschen*:

«Angesichts der totalitären Züge dieser Gesellschaft (gemeint ist sowohl westlicher Kapitalismus als auch östlicher Sozialismus, K. T.) läßt sich der traditionelle Begriff der ‹Neutralität› der Technik nicht mehr aufrechterhalten. Technik als solche kann nicht von dem Gebrauch gelöst werden, der von ihr gemacht wird; die technologische Gesellschaft ist ein Herrschaftssystem, das bereits im Begriff und Aufbau der Technik am Werk ist.»[11]

Ich kann nur vermuten, daß dieser Sinneswandel herrührt von Marcuses konkreterer Beschäftigung mit der modernen Industriegesellschaft in *Der Eindimensionale Mensch* und überdies zuvor mit der Realität der sowjetischen Gesellschaft in *Die Gesellschaftslehre des sowjetischen Marxismus.*[12] Theodore Roszak konstatierte, daß es die beißende Schärfe der Kritik an der Überflußgesellschaft in *Der Eindimensionale Mensch* war, der Marcuse die Anerkennung in der amerikanischen Studentenbewegung verdankt. Marcuses Kritik an der modernen Technik gilt der Veränderung der Basis von Herrschaft selbst, die in einer technischen Gesellschaft eintritt, «indem sie allmählich die persönliche Abhängigkeit durch die Abhängigkeit von der ‹objektiven Ordnung der Dinge› ersetzt»[13]. In dieser verschleierten Form wird Herrschaft akzeptierbarer, erscheint von höherer Rationalität, kann sich daher um so ungehemmter ausbreiten.

Die Ursache dieser Entwicklung setzte dort an, wo sich die Naturwissenschaft von der Philosophie trennte: «Die Quantifizierung der Natur löste die Wirklichkeit von allen immanenten Zwecken ab und trennte folglich das Wahre vom Guten, die Wissenschaft von der Ethik.» An Hand der Methodik der naturwissenschaftlichen Beobachtung, dem theoretischen Operationalismus, legt Marcuse «den zuinnerst instrumentalistischen Charakter dieser wissenschaftlichen Rationalität dar, kraft dessen sie a priori Technologie ist und das Apriori einer spezifischen Technologie – nämlich Technologie als Form sozialer Kontrolle und Herrschaft»[14].

«Die Wissenschaft von der Natur entwickelt sich unter dem technologischen Apriori, das die Natur als potentielles Mittel, als Stoff für Kontrolle und Organisation entwirft. Das technologische Apriori ist insofern ein politisches Apriori, als die Umgestaltung der Natur die des Menschen zur Folge hat.»[15]

Wissenschaft und Technik werden selbst zur Ideologie, die als technischer Imperativ und Sachzwang erscheint:

«In einem von dieser wissenschaftlichen Rationalität beherrschten Universum liefert die Technologie auch die große Rationalisierung der Unfreiheit des Menschen … Diese Unfreiheit erscheint weder als rational noch als politisch, sondern vielmehr als Unterwerfung unter den technischen Apparat, der die Bequemlichkeit des Lebens erweitert.»[16]

Selbst die Phantasie ist in diesem Universum verdinglicht, «der technische Fortschritt stattet ihre Bilder mit seiner eigenen Logik und Wahrheit aus, schmälert das freie Vermögen des Geistes»[17].

Soweit also Marcuses Kritik der Technik. Ihre Veränderung erscheint ihm grundsätzlich möglich, weil die heutige wissenschaftliche Rationalität, die nur eine unter vielen in der Geschichte schon existierenden Möglichkeiten ist, auf einer historischen Entscheidung, einem Entwurf, beruht. Er ruft die Wissenschaft auf, «die ehemals metaphysischen Ideen der Befreiung zum Gegenstand der Wissenschaft» zu machen. «Aber diese Entwicklung konfrontiert die Wissenschaft mit der unangenehmen Aufgabe, politisch zu werden.»[18]

Die anschließende konkrete Untersuchung darüber, was zu ändern wäre, bleibt sehr knapp und unverbindlich. Er sieht in der «Befreiung von der Überflußgesellschaft keine Rückkehr zu gesunder und robuster Armut, moralischer Sauberkeit und Einfachheit. Im Gegenteil, das Beseitigen profitabler Verschwendung würde den zur Verteilung verfügbaren gesellschaftlichen Reichtum vermehren und das gesellschaftliche Bedürfnis verringern, Befriedigungen zu verweigern, die Sache des Individualismus selber sind – Versagungen, die jetzt durch den Kult der Gesundheit, Stärke und Ordnung kompensiert werden.»[19]

«Ein neuer Lebensstandard, der Befriedigung des Daseins angepaßt, setzt auch voraus, daß die künftige Bevölkerung abnimmt.» Marcuse sieht – hier noch ganz traditioneller Marxist – «Selbstbestimmung bei der Produktion und Verteilung lebenswichtiger Güter und Dienstleistungen als verschwenderisch» an, zentralisierte Kontrolle sei in diesem Bereich «rational, wenn sie die Vorbedingungen für eine sinnvolle Selbstbestimmung schafft».

Marcuses große Technik-Kritik ist sicher nicht die Ausgeburt einsamen Denkens. Man konnte sich nicht ein Jahrzehnt lang reiben an der Überflußgesellschaft, dem organisierten System oder – das war der gemeinsame Gegner der Studentenbewegung – der *Technokratie*, ohne sich mit deren Existenzbedingung, der modernen Technik, auseinanderzusetzen. Zudem waren die Bedrohung der Umwelt und der Ressourcen durch die Industriegesellschaft zwar um diese Zeit noch nicht in aller Munde, immerhin doch schon ein Diskussionsgegenstand geworden. Unter den Gesellschaftskritikern, die Resonanz in einer breiteren Öffentlichkeit hatten, war Marcuse aber wohl der erste, der systematisch gegen die ideologische Funktion der Technik zu Felde zog. Für Norman Brown, der auf der Suche nach dem psychoanalytischen Sinn der Geschichte die «Nicht-Politik» predigte als Kampf um eine neue «Körper-Mystik», für eine Transzendenz dieses «Gemüse-Universums», konnte die Technik kein wesentliches Thema sein. Und Paul Goodman, der sich selbst eher als Poet denn als Theoretiker begriff, ging es um eine Wiederbelebung überschaubarer Gemeinschaften; das barg allerdings Ansätze zu einer umfassenden und konkreten Technik-Kritik, wie sie erst später entwickelt wurde. Goodman knüpfte an die Tradition der frühen utopischen Sozialisten Robert Owen und Charles Fourier an, plädierte für eine an den Maßstäben der Gemeinden orientierte Industrie, um das technokratische System zu durchbrechen, für mehr Selbstbestimmung und für direkte Formen der Demokratie. Aus der von Goodman maßgeblich beeinflußten Richtung der Studentenbewegung gingen die Landkommunen hervor und der Kern der Umweltschutz-Bewegung.

Bevor ich aber diesen Faden weiter verfolge, will ich noch auf einen anderen Aspekt der Studentenbewegung aufmerksam machen. Alle Richtungen konvergierten in einem Grundkonsens: das technokratische System, wie es unter verschiedenen Blickwinkeln von Galbraith, Goodman, Marcuse und vielen anderen beschrieben worden war und täglich erfahren wurde, galt als repressiv im umfassenden Sinne. Zu den Formen der Repression gehörte nicht nur die subtile Unterdrückung menschlicher Triebe, sondern auch der brutalere Neokolonialismus. Der Widerstand gegen den Vietnamkrieg war eines der großen Motive der Bewegung. Nicht zuletzt in diesem Zusammenhang rückten die Rüstung, vor allem Atomwaffen, zunehmend ins Zentrum der Kritik.

Nun ist das kein hervorragendes Kennzeichen der Studentenbewegung: besonders seit Hiroshima haben immer wieder moralisch motivierte einzelne, Gruppen, Institutionen lautstark ihren Abscheu vor Vernichtungswaffen kundgetan, oder auch leise, wie Carl Friedrich von Weizsäcker: «Man meint oft, man müßte die Menschen anbrüllen, damit sie aufwachen. Aber man weiß, daß sie den, der brüllt, für einen Narren halten. Man wählt dann den Weg nüchterner Darlegung.»[20] Ich erwähne den Atombombenprotest der Studentenbewegung hier, weil er natürlich zur Technik-Kritik gehört. Nirgendwo zeigt sich deutlicher als an der Atombombe, bis zu welcher Hirnrissigkeit die Technik entwickelt worden ist. Nirgendwo zeigt sich aber auch deutlicher, zu welchem Fetisch die moderne Technik geraten ist: Offenbar ist «der Grundvorgang des Unheils auf den ersten Blick der Fortschrittsprozeß menschlicher Technik», wie Karl Jaspers konstatierte,[21] aber weder er noch die Überzahl der vielen anderen, die sich tief betroffen zum Thema Atombomben äußerten, traten dem Gedanken auch nur nahe, daraus eine radikale Kritik der Technik herzuleiten; es blieb bei so unverbindlichen, oft banalen Appellen wie bei Jaspers: «Der Mensch muß Wissenschaft und Technik einfügen in ein Umgreifendes» oder: «Die Technik, durch den Menschen hervorgebracht, bedroht ihn durch ihn selbst, nicht an sich . . . er selbst soll anders werden»[22].

Ich empfehle, diesen ungeheuerlichen Satz mehrfach zu lesen; wir sind an seinen Gedanken so gewöhnt, daß er zunächst wie selbstverständlich eingeht. Die Technik erscheint als Naturereignis, der Mensch muß sich ihr anpassen, koste es, was es wolle!

Erst in der Studentenbewegung, die, wieder mit den Worten Weizsäckers, «in der Tiefe berührt ist von den selbsterzeugten Leiden der Gesellschaft»[23], laufen Kritik an der Technik und an der Atombombe deutlich sichtbar dahin, wohin sie gehören: zusammen.

Zur Entstehung eines ökologischen Bewußtseins

Anfang 1970 organisierte die Umweltschutzorganisation «Friends of the Earth» in New York einen «National Environmental Teach-in» und legte dazu ein als Taschenbuch vertriebenes *Environmental Handbook*[24] vor. Auf etwa 250 Seiten schrieben darin 25 Autoren, zumeist Wissenschaftler, viele mit lang etabliertem Ruf, über ökologische Fragen. Etwa weitere 100 Seiten behandeln die öffentliche politische Arbeit. Dieses Handbuch hat mir, wie vermutlich vielen, 1970 zu einer integrierenden Sicht ökologischer Probleme genützt; heute scheint es mir wichtig als Momentaufnahme des damaligen Zustandes der amerikanischen Bewegung, als Referenz für Vergleiche.

Bedenkt man, daß erst wenige Jahre zuvor die Begriffe ‹Ökologie› und ‹Umweltschutz›, in der Öffentlichkeit aufgetaucht waren, dann könnte man erwarten, daß sich seither der Themenkatalog stark verändert hätte. Tatsächlich waren aber nahezu alle heutigen Themen schon da: Chemikalien, Energie, Technologie für Entwicklungsländer ebenso wie Autos, soziale Folgen der Technik, die Erschöpfung der Ressourcen, Ökonomie des Wachstums, betonierte Landschaft, Bevölkerungsexplosion, Krise der Stadt, Wasser, Luft usw. Die Akzente allerdings haben sich verschoben: so wurden damals die Gefahren der Kernenergie nur kurz erwähnt, unter dem Stichwort Energie ging es vor allem um die klimatischen Veränderungen durch zunehmenden Kohlendioxyd-Gehalt der Atmosphäre und um die strategische Bedeutung der Energie in der Wachstumswirtschaft; aber es scheint mir, als bewegt sich auch die heutige Energie-Diskussion wieder zu gerade diesen Schwerpunkten hin.

Diese Konstanz der Themen wirkt erstaunlich, wenn man das zwischenzeitliche Anschwellen der Forschung, der Technik und der Literatur im Themenbereich Umwelt bedenkt. Welche Hochschule, welches Forschungsinstitut, welche Industrie hat nicht seitdem in Richtung Umwelt «diversifiziert»? Daß das Thema dabei offenbar hauptsächlich vertieft und nur wenig verbreitert wurde, hat aber wohl eine einfache Erklärung: wissenschaftliche Beschäftigung mit den Einzelthemen gab es seit langem, das Terrain war schon abgesteckt, als die öffentliche Diskussion begann, der Zeitraum seit 1970 ist vergleichsweise gar nicht so lang.

Schon, daß das *Environmental Handbook* für einen «Teach-in» und nicht für einen «Kongreß» vorgelegt wurde, zeigt die damalige Verbindung zwischen Umwelt- und Studentenbewegung an, in den USA wohlgemerkt. Die fast 100 Seiten militanter Handlungsanweisungen – «Eco-Tactics» – machen es klar: dies ist eine Fortsetzung der Studentenbewegung. Anweisungen für provozierende Fotomontagen, Aktionen in Schulen, Universitäten, Vorstädten, Erklärungen, wie das System funktioniert, wo seine weichen Stellen sind, wie man es verunsichern kann, «subversiver» Jargon. Unter dem Stichwort «politische Aktionen» eine Absage an manche Tradition der Studentenbewegung, etwa:

«Students who think only of demonstrations and confrontations, who despair of finding any friends within the system, are making the same old mistake of ignoring their potential majority. They spend all their time trying to influence the powers that be, but make no organized effort to determine who remains in power.»[25]

Kurz, das Ziel ist, eine Massenbewegung zu werden, die innerhalb des Systems bleiben, aber dieses revolutionieren will, allerdings auch mittels Provokation und «begrenzter Regelverletzung». Systemveränderer?

Sicher, aber die Frage Sozialismus oder Kapitalismus scheint allen Autoren vergleichsweise sekundär. Zwar werden «Profitinteressen» attackiert, ein Beitrag zeigt auch, daß eine Marktwirtschaft grundsätzlich die ökologischen und vor allem sozialen Folgekosten nicht erkennt und daher in die falsche Richtung steuert, aber das gemeinsame Feindbild ist die «technokratische Gesellschaft» und deren Wachstumsideologie. Und der einleitende Nachdruck einer 1967 in «Science» erschienenen Betrachtung des Historikers Lynn White markiert einen philosophischen Standpunkt, der in vielen Einzelbeiträgen durchscheint, etwa so:

Die Wurzel des Übels liegt in der jüdisch-christlichen Tradition. Der Mythos der Schöpfung, die Aufforderung «Macht euch die

Erde untertan» bestimmt auch den Marxismus, der nur eine christliche Häresie ist. Christentum ist die anthropozentrischste aller Religionen, nur in der christlich geprägten abendländischen Zivilisation konnte ein bedingungsloser Glaube an Wissenschaft und Technik entstehen; moderne Technik ist die voluntaristische Realisierung des christlichen Dogmas von des Menschen Transzendenz der Natur, seiner Meisterschaft über sie. Die Zerstörung der Natur durch die Technik wird daher nicht durch technische Gegenmaßnahmen zu beenden sein, dazu bedarf es einer Veränderung des menschlichen Verhältnisses zur Natur. Wie in anderen Kulturen müssen die Menschen sich wieder als Teil der Natur begreifen lernen.

Das *Environmental Handbook* dokumentiert eine bereits Ende der sechziger Jahre voll entwickelte amerikanische Umweltbewegung; es identifiziert Ausläufer der Studentenbewegung als deren militanten Kern und namhafte Wissenschaftler als intellektuelle Wegbereiter. Keinen dieser drei Faktoren hätte man zur gleichen Zeit in der Bundesrepublik antreffen können, und allenfalls den einen oder anderen der drei in unseren europäischen Nachbarländern. Auch die Umweltschutzbewegung formierte sich vorwiegend in den USA.

Der Ausgangspunkt der Technik-Kritik: die Stadt

Daß die Umweltschutzbewegung vielfach «Ökologismus» heißt, zeigt den Stellenwert an, den die Öffentlichkeit dem ökologischen Zweig der Biologie inzwischen zugemessen hat, und das durchaus zu Recht. Aber man kann dieser Bewegung nicht gerecht werden, wenn man sie nur unter dem ökologischen Aspekt sieht. Ich habe schon darauf aufmerksam gemacht, daß die gegen die Überflußgesellschaft und Technokratie gerichtete große studentische Protestbewegung nahezu ohne Anleihe bei der Ökologie entstanden war, vielmehr wesentlich in Kultur- und Sozialkritik wurzelte, und dennoch – allerdings zunächst nur in den USA – fast zwanglos in die Umweltschutzbewegung einmündete. Es scheint mir wichtig, besonders auf ein weiteres Fundament der Umweltschutzbewegung hinzuweisen: die Auseinandersetzung mit der Stadt.

Städtebau ist eine Technik, deren soziale Folgen unverschleierter hervortreten als die anderer Technik. Architekten, die Techniker des Städtebaus, haben daher auch im Gegensatz zu Technikern und Naturwissenschaftlern anderer Disziplinen traditionell ein Bewußtsein ihrer sozialen Aufgabe behalten. Anderen Technikern konnten im Verhältnis zu ihrem Geschöpf, der Maschine, Menschen abstrahiert als bedienendes oder bedientes Wesen erscheinen, Architekten werden unmittelbarer an die Sinnlichkeit der Menschen erinnert, an deren Bedürfnis nach Licht, Schlaf, Zähneputzen, an Intimität und Geselligkeit, Arbeit und Muße. So konnte die Architektur nie ganz zur Wissenschaft verkommen, sie behielt einen unmittelbaren Bezug zur Kultur, insbesondere zu deren modernem Surrogat, der Kunst.

Das Verhältnis der Architektur zur industriellen Technik war stets widersprüchlicher als in anderen Bereichen technischer Produktion, in denen erst in jüngster Zeit merklicher Widerstand gegen die technische Heilsdoktrin spürbar wird. Dieser Widerspruch war ähnlich angelegt wie in der Kunst. Ob nun pro oder kontra, Kunst als feinnervigstes kulturelles Sensorium stand seit Anfang dieses Jahrhunderts in der Auseinandersetzung mit der aufziehenden technisierten Welt.

Für die enge Verflechtung von Kunst und Architektur zu Beginn dieser Auseinandersetzung stehen bedeutende Gemeinschaften von Architekten und bildenden Künstlern: Kandinsky und Mondrian, die Pioniere der abstrakten Malerei, waren Mitbegründer des Bauhauses beziehungsweise der De Stijl-Gruppe, die wiederum nachhaltig die Architektur seit Beginn der zwanziger Jahre beeinflußt haben. Darin drückt sich ein von der künstlerischen Avantgarde vorweggenommener Zeitgeist der radikalen Bejahung einer technisierten Welt aus, der in der ausgeführten Architektur noch heute herrscht.

Nun zeigt jeder Gang durch unsere Städte, in denen – ich zitiere Martin Einsele – «durch die sogenannte Flächensanierung mehr Substanz vernichtet wurde als durch die Bomben des Zweiten Weltkrieges, . . . platter Materialismus und einfältiger Fortschrittsglaube Lebensräume und Gemeinschaftsgefüge zerstören»[26], daß nicht die Ansprüche von Bauhaus und De Stijl verwirklicht wurden, sondern

47

die von Autos und Grundstücksspekulationen. Es bleibt aber festzuhalten, daß der Geist der Affirmation alles Technischen in den
vorherrschenden Richtungen der Architektur dieses Jahrhunderts
eben dieses Verbrechen an unseren Städten und Landschaften legitimiert hat. So war beispielsweise Le Corbusier, der wohl bewundert-
ste unter den Architekten und Städtebauern, durchaus Wegbereiter
der technokratischen Auffassung von der Stadt. Seine großartigen,
um 1930 entstandenen Pläne für Algier, Rio de Janeiro, São Paulo
und Montevideo und auch seine Musterentwürfe der «ville radi-
euse», der «machine a habiter», sind Orgien eines Geistes von
Ordnung, Organisation und technischem Gigantismus. Das, obwohl Corbusier mehr als andere zeitgenössische Architekten über
die Bedürfnisse der Bewohner nachgedacht hat; sein Denkansatz
entpuppt sich heute als zuinnerst technokratisch, er begriff Menschen physiologisch, nicht psychologisch. «Sozial» war ihm die
Behebung vordergründiger Unannehmlichkeiten, die Bereitstellung
von Hygiene, Licht, Funktionsgerechtigkeit, ungehemmtem Verkehr, nicht die Begegnung der Menschen auf einladenden Straßen,
Plätzen, gar Festen. Solcherart aber ist der Geist der Flächensanierung, der Stadtautobahn, der begegnungslosen Wolkenkratzer, aber
auch der Satelliten- oder Bungalow-Vorstädte, deren Planer sich
eingehender mit der Psyche des Autoverkehrs als mit der von grünen Witwen befaßt hatten.

Einmal abgesehen davon, daß Bauen in Städten und Siedlungen
auch heute noch vorwiegend diesen Mustern folgt, ist seit Ende des
Zweiten Weltkrieges die Kritik an der – so Alexander Mitscherlich
1965 – *Unwirtlichkeit unserer Städte* so laut geworden, daß ich dem
Leser und mir eine Wiederholung der Argumente ersparen will.
Lehrreich dagegen scheint mir ein Rückblick auf diese Kritik unter
dem Gesichtspunkt, wie diese in die Auseinandersetzung mit Technik und Technokratie einzuordnen sei.

Einer der Fürsten der modernen Architektur, Richard Neutra,
veröffentlichte 1954 ein kritisches Buch, *Survival through Design*[27].
Schon der Titel weist auf das Gefühl der Bedrohung ungezügelter
Technisierung hin, der im Buch verkündete «Biorealismus» auf das
sich ändernde Verhältnis zur Natur. Neutra forderte, Architekten
sollten in Zusammenarbeit mit Individual- und Sozialpsychologen

«Lebensvorgänge fördern und intakt halten». Weniger bekannt, aber weittragender scheint mir das schon 1947 von Paul Goodman zusammen mit seinem Bruder, dem Architekten Percival Goodman, geschriebene *Communitas*.[28] Dieses Buch trifft den Kern der erst seit neuestem gängigen Kritik der modernen Stadt; es propagierte überschaubare, der Bürger-Selbstverwaltung zugängliche Stadtteile, in denen alle sozialen Funktionen integriert sind, auch die Arbeitsstätten, in denen das Auto verdrängt, weil unnötig ist. Das Buch wurde geschrieben, bevor in Europa die genau entgegengesetzte Richtung eingeschlagen wurde: Auflösung in Arbeits- und Schlafstädte, Primat des Autos und, zuletzt, Ausdehnung der Selbstverwaltungszonen durch Gebietsreform.

Es ist sicher kein Zufall, daß ausgerechnet der spätere Mentor zunächst der Studentenbewegung, dann der Umweltbewegung so früh dieses Buch geschrieben hat. Seine Kritik der Stadt beruht auf dem gleichen Ansatz wie später die des «organisierten Systems» in *Growing Up Absurd*: Ausgangspunkt ist die Frage, wie die Stadt unter den Bedingungen der Überflußgesellschaft, der entwickelten Industriegesellschaft zur Selbstverwirklichung ihrer Bürger beitragen kann. So gesehen sollte sie Ort einer kulturellen Gemeinschaft sein, etwas, woran die mit Verkehrsplanung, Grundstückspreisen, Steuern beschäftigte technokratische Stadtplanung vorbeigeht. Eine Gemeinde kann nicht entstehen, wenn ihre Mitglieder zum Arbeiten, zum Einkaufen und zur Erholung jeweils verschwinden.

Um die Arbeit, und zudem eine sinnvolle Arbeit, in die Stadt zurückzuführen, müssen die Produktionsgewohnheiten der Überflußgesellschaft neu durchdacht werden. Die Goodmans tun das so unbekümmert, daß das Buch sich wie eine naive Utopie ausnimmt, etwa in der Nachfolge der utopischen Sozialisten. Aber gerade das ist bemerkenswert: alle tiefgehenden Kritiken der entwickelten Industriegesellschaft bis zu den heutigen Entwürfen alternativer Techniker wirken utopisch; erscheint es nicht fast selbstverständlicher, einen Mann zum Mond zu schießen, die Atombombe über Hiroshima abzuwerfen, als etwa Goodmans Vorschlag zu verwirklichen, Kunstschätze des Metropolitan Museum in die regionalen New Yorker Postämter zu schaffen? Nur, wer vor Utopie nicht zurückschreckt, konnte Vordenker der Umweltschutzbewegung werden, deren Besonderheit und Existenzberechtigung im Gegensatz zu anderen Interessenvertretungen es ist, die «Sachzwänge» der technokratischen Gesellschaft nicht anzuerkennen.

Die lebenslange Beschäftigung mit der Stadt als kulturgeschichtlichem Phänomen führte einen anderen Vordenker der Umweltschutzbewegung, Lewis Mumford, schließlich zu einer umfassenden Kritik an der Technik. Mumford hatte schon seit den dreißiger Jahren Essays über die Stadt geschrieben und mit zunehmender Schärfe gegen die moderne «Megalopolis» protestiert; beispielsweise war sein 1958 erschienenes Buch *The Highway and the City*[29] ein engagiertes Plädoyer für die autofreie Stadt, deren unsägliche Degeneration uns heute als Fußgängerzone beschert wird.

In dem voluminösen Bestseller von 1961 *The City in History*[30] geriet ihm die zusammenfassende Darstellung der geschichtlichen Entwicklung der Stadt zu einer Kulturgeschichte der Menschheit, aus der er generelle Bedenken gegen die moderne Technik ableitete. Dieses Thema verdichtete er dann in dem in zwei Bänden 1964 und 1966 herausgegebenen noch voluminöseren *The Myth of the Machine*[31] zu einer gründlichen Abrechnung mit dem technischen Gigantismus.

Man mag über die Schärfe der Mumfordschen Analyse verschiedener Ansicht sein, sehr beachtenswert jedenfalls ist einerseits die Fülle des in dieser großen Kritik der Technik verarbeiteten Materials und andererseits der Einfluß, den das Buch auf die heutigen Kritiker der Industriegesellschaft ausgeübt hat. Deshalb will ich versuchen, einige Grundgedanken nachzuzeichnen.

Zunächst tritt Mumford auf gegen die «Überschätzung der Rolle, die die Werkzeuge in der menschlichen Entwicklung früher gespielt haben»[32], gegen die Carlylesche Definition des Menschen als Werkzeug herstellendes Tier, als Homo faber, die ihm die Grundlage der vorherrschenden Ideologie der technisierten Gesellschaft ist. Er legt dar, daß Werkzeugherstellung nichts spezifisch Menschliches ist, die kulturelle Entwicklung der Spezies Mensch nicht eine Folge seiner manuellen Fertigkeiten gewesen ist»[33], «daß das Spiel viel eher als die Arbeit das formative Element in der menschlichen Kultur war»[34].

Als Erbsünde galt Mumford, durchaus ähnlich wie etwa gleichzeitig Marcuse, die Quantifizierung der Natur in der modernen Naturwissenschaft. «Galileis Verbrechen» war die Begründung des «mechanischen Weltbildes», in dem Galilei «die Bedeutung der vom Menschen unmittelbar erfahrenen Realität leugnet, von der die Wissenschaft nur ein ideologisch aufbereitetes Derivat ist»[35]. Der bei Ausgang des Mittelalters einsetzende Kapitalismus hatte den Boden dafür vorbereitet: «Wo immer der Geist des Kapitalismus Fuß faßte, wurden die Menschen mit den Abstraktionen des Kontors vertraut: Einteilen, Wägen, Messen.»[36]

Mumford sah aber das erste Auftreten einer technokratischen autoritären Zivilisation bereits im Pyramidenzeitalter, das eine «archetypische Maschine organisierte, die aus menschlichen Teilen bestand» und auf exakten Messungen beruhte. Nicht die Technik an sich, sondern die große Maschinerie, die «Megamaschine», ist die Basis einer «entmenschlichten, machtbezogenen Kultur»,[37] in der der «Kult des Antilebens» herrscht.

Heute nun hat «die unaufhaltsame Expansion des Machtkomplexes, dessen destruktive Möglichkeiten in direkter Proportion zu seiner technologischen Findigkeit und seiner finanziellen Einträglichkeit wachsen» zu einem «kollektiven Zersetzungsprozeß in den tieferen Schichten der Psyche» geführt, der sichtbar wird z. B. an den Statistiken über Verbrechen, Geisteskrankheiten, Drogensucht, Morde und Selbstmorde und an den «Orgien von Haß, Sadismus und blindwütiger Ausrottung» der Weltkriege.[38]

Mumford setzte auf die ökologischen Gegenbewegungen, deren Grundlage die von Darwin begründete Lehre der organischen Evolution sei, der «Lehre vom kumulativen Sieg des Lebens über das Nichtleben»[39]. Die Ökologie verweise auf die Notwendigkeit, das «mechanische Weltbild» durch ein «organisches Weltbild» abzulösen und konsequenterweise die «Megatechnik» durch eine «Biotechnik» zu ersetzen, damit der «unorganischen Machtökonomie» die Grundlage zu entziehen.

Die Vision der Zukunft ist eine «Ökonomie der Fülle» an Stelle der jetzigen «Ökonomie des Überflusses». «Das praktische Ziel einer Ökonomie der Fülle wird nicht darin bestehen, die Maschine mit noch mehr menschlichen Funktionen zu füttern, sondern darin, die unermeßlichen Möglichkeiten der Selbstverwirklichung und

Selbsttranszendierung des Menschen weiter zu entwickeln.»[40] «In einer Ordnung der Fülle wäre auf niedriger Ebene zu sparen und auf hoher mehr auszugeben.»[41] Wesentliche Voraussetzung dafür wäre – zitiert nach Marx – «die knechtende Unterordnung der Individuen unter die Teilung der Arbeit» abzuschaffen; «die produktiven technischen Fortschritte der letzten zwei Jahrhunderte haben die lebenslange Arbeitsteilung irrelevant gemacht.»[42] Dezentralisierte Gemeinschaften wären zu schaffen, die lokale und regionale Initiative entfalten können.

Solcher Wandel der Verhältnisse, der einen «spontanen Wandel im kollektiven Bewußtsein» voraussetze, sei für die meisten Menschen so schwer vorstellbar wie der «Übergang vom klassischen Machtkomplex des römischen Kaiserreiches zu dem des Christentums war. Doch solche Wandlungen sind in der Geschichte wiederholt vorgekommen, und unter dem Druck drohender Katastrophen können sie wieder vorkommen.»[43] «Solange uneingeschränkte Macht als Ideal gilt, das die Handlungen derer, die das System zu ändern suchen, ebenso beeinflußt wie das Handeln jener, die sich stolz mit ihm verbinden, ist eine organische Transformation unmöglich.»[44]

Es lohnt sich, einen Moment mit einem Vergleich der Ansichten Marcuses und Mumfords Mitte der sechziger Jahre zuzubringen, und sie mit ihren jeweiligen Ausgangspositionen zu kontrastieren. Marcuse, marxistischer Philosoph und Soziologe, argumentierte mit methodischer Strenge und natürlich einem ganz anderen Vokabular als Mumford, der liberale, eher romantische Architektur- und Kultur-Kritiker, der gründlich gesammeltes empirisches Material phantasievoll assoziierte und so eingängige Thesen, auch populäre Schlagworte gewann. Trotz dieser Unterschiede – die beiden würdigen sich kaum eines Zitates – ist das Fazit ihrer Ansichten zur modernen Industriegesellschaft sehr ähnlich: Statt daß der erreichte hohe Stand der Produktivität genutzt wird, um die Selbstverwirklichung der Menschen zu fördern, wird er zur Grundlage eines alle Lebensbereiche beherrschenden zerstörerischen Machtkomplexes. Eine Änderung der Verhältnisse kann nur einhergehen mit einer Änderung der Technik selbst, die allerdings nur möglich sein wird über einen tiefgreifenden Wandel des gesellschaftlichen Bewußtseins.

Diese Gemeinsamkeit der Schlußfolgerungen bei so unterschiedlichen Ausgangspositionen macht deutlich, wie sehr die Unzulänglichkeiten der entwickelten Industriegesellschaft im Nachkriegsamerika für jeden kritischen Denker offenbar wurden. Dies einerseits, die sichtbar negative Entwicklung in der Sowjetunion und des relativen Wohlstands des Großteils der Arbeiterklasse in den westlichen Industrieländern andererseits, bewirkten überdies ein Zusammenrücken traditionell marxistischer und liberaler Gesellschaftskritik.

Marcuse und Mumford bezeichnen also polare Positionen, zwischen denen ein mindestens loser Konsens in der Kritik an der entwickelten Industriegesellschaft möglich war. Die Positionen des größten Teils der kritischen Intellektuellen lagen Mitte der sechziger Jahre zwischen diesen Polen, ordneten sich, wie ich an anderen Beispielen schon gezeigt habe, ebenfalls in diesen losen Konsens ein. Aber nur wenige unter ihnen hatten so explizit wie Marcuse und Mumford die moderne Technik selbst als Übel definiert. Erst die entwickelte Umweltschutzbewegung der siebziger Jahre verstärkte diesen Trend.

Der Beitrag der biologischen Wissenschaft

Wenn man den Anfängen des in engerem Sinne ökologischen, also in biologischer Sicht wurzelnden Astes der Umweltschutzbewegung nachspürt, dann fällt auf, daß sie nicht ohne weiteres in den skizzierten «losen Konsens» einzuordnen sind. Ich will das am Beispiel zweier einflußreicher Autoren darlegen. Zunächst aber eine Vorbemerkung.

Die Ökologie, wörtlich übersetzt «Hauswissenschaft», definiert sich seit ihrer Begründung 1866 durch den Biologen Ernst von Haeckel als die Wissenschaft von den Beziehungen zwischen Lebewesen und ihrer Umwelt. Da diese Beziehungen ungeheuer mannigfaltig und zudem dynamisch, das heißt zeitlich veränderlich sind, ist es mühsam, wissenschaftlich gesicherte ökologische Erkenntnisse zu gewinnen und schwierig, Voraussagen über die Folge von Eingriffen in ein natürliches ökologisches System zu machen. Die Ökologie hat daher erheblich profitiert von der in der Nachkriegszeit von den Ingenieurwissenschaften im Wechselspiel mit dem Elektronenrechner entwickelten Methodik der Systemdynamik, eines generellen Hilfsmittels zur Untersuchung des Verhaltens komplexer Systeme. Diese wissenschaftliche Methode hat die Denkgewohnheiten auch der Naturwissenschaften, darüber hinaus sogar der Geisteswissenschaften befruchtet und hatte teil an dem Aufschwung der Ökologie.

Das war eine notwendige, aber nicht hinreichende Bedingung für die plötzliche Popularität der Ökologie. Hinzutreten mußten wohl ein nicht mehr übersehbares Maß an Beeinträchtigung durch Umweltschäden und eine Sensibilisierung der Menschen für die Unzuträglichkeiten der entwickelten Industriegesellschaft. Diese Sensibilisierung hatte sich, wie zuvor gezeigt, in den USA bis Anfang der sechziger Jahre entwickelt, und das dürfte wohl einer der Gründe dafür sein, daß auch die Warnungen der Ökologen wieder zuerst in den USA eine breitere Resonanz fanden.

Es mag noch andere Gründe dafür gegeben haben, über die ich nur Vermutungen anstellen kann. Die Summe der ökologischen Schäden war sicher in den USA nicht erheblicher als in dem dichter besiedelten Westeuropa, Naturschützer, in gewisser Weise Vorläufer der ökologischen Bewegung, hatte es seit langem hüben wie drüben gegeben, und der Stand der ökologischen Wissenschaft dürfte auch nicht fundamental unterschiedlich gewesen sein. Aber in den USA waren solche Öko-Katastrophen, wie sie in Europa beispielsweise durch die Abholzung der Wälder im Mittelmeerraum vor langer Zeit schon erfolgt waren, noch in frischer Erinnerung. So hatten die Folgeerscheinungen von Abholzungen und Baumwoll-Monokulturen in den dreißiger Jahren zu katastrophalen Überschwemmungen des Mississippi geführt, die Beseitigung der Ursachen wurde während Roosevelts «New Deal» zu einer nationalen Anstrengung. Und die Besiedlung des mittleren Westens, die riesige Steppen in Weizenfelder verwandelte, hatte in trockenen Jahren wegen der fehlenden Grasnarbe zu verheerenden Sandstürmen geführt, in deren Folge Millionen verelendeter Farmer ihr Land verließen.

Schließlich konnte eine gute angelsächsische Tradition bei der

Popularisierung der Erkenntnisse der Ökologie nur hilfreich sein, die sich erst jetzt bei uns und auch in den romanischen Ländern einbürgert: Angelsächsische Wissenschaftler sind von jeher weniger dem Hang zu esoterischer Sprache erlegen, die bei uns so recht das Gütezeichen für Wissenschaftlichkeit ist. Sie drücken sich schon untereinander zumeist verständlicher aus und finden kein Fehl daran, sich mit verständlichen Büchern und Aufsätzen an ein fachlich nicht vorgebildetes Publikum zu wenden.

In diesem Geist ist beispielsweise der Biologin Rachel Carsons berühmtes, 1962, erschienenes Buch *Stummer Frühling*[45] in Amerika geschrieben, das eine große öffentliche Wirkung erzielte und eine heilige Schrift der Umweltschützer wurde. Ihr Thema ist der Pflanzenschutz durch chemische Gifte, hauptsächlich chlorierter Kohlenwasserstoffe wie DDT und organischer Phosphor, Insektizide wie E 605, die – während des Zweiten Weltkrieges als Mittel für chemische Kriegführung entwickelt – in nur zwanzig Jahren ungehemmter Anwendung weltweit verheerende Folgen ausgelöst hatten. Zudem sind sie langfristig wirkungslos, einerseits wegen der Entwicklung resistenter Rassen, andererseits weil sie die natürlichen Feinde der schädlichen Insekten mitvernichten, was beides letzten Endes auf die Anwendung immer größerer Giftmengen und neuer noch giftigerer Mittel hinausläuft. Ich will das Engagement, das sich in dem Buch ausdrückt, durch einige Zitate vor Augen führen.

«Zum erstenmal in der Weltgeschichte ist nun jedes menschliche Wesen vom Augenblick der Empfängnis bis zum Tode der Berührung mit gefährlichen Stoffen ausgesetzt. In den nicht ganz zwei Jahrzehnten, in denen die synthetischen Mittel zur Schädlingsbekämpfung in Gebrauch sind, haben sie sich so gründlich über die ganze belebte und unbelebte Welt verteilt, daß sie eigentlich überall vorkommen. Man hat sie in den meisten großen Flußsystemen wiederentdeckt, ja selbst in den Grundwasseradern, die unsichtbar unter der Erde fließen. Rückstände dieser Chemikalien bleiben im Boden liegen, der vielleicht vor einem Dutzend Jahren damit behandelt worden ist. Sie sind so allgemein von Fischen, Vögeln, Reptilien, Haus- und Wildtieren aufgenommen worden und haben sich in deren Körper eingelagert, daß es Naturwissenschaftlern, die Tierversuche durchführen, fast unmöglich wird, Geschöpfe aufzutreiben, die frei von derartigen Verunreinigungen sind. Man hat diese chemischen Stoffe in Fischen weltabgeschiedener Bergseen gefunden, in Regenwürmern, die im Boden wühlen, in Vogeleiern und – im Menschen selbst. Denn sie werden jetzt von der überwiegenden Mehrheit der Menschen, gleichgültig welcher Altersstufe, im Körper gespeichert. Sie sind bereits in der Muttermilch und wahrscheinlich auch in den Geweben des ungeborenen Kindes vorhanden.»[46]

Rachel Carson weist darauf hin, «daß wir den Gebrauch dieser chemischen Stoffe gestattet haben, ohne vorher zu untersuchen, wie sie auf den Boden und das Wasser, auf die Geschöpfe der Wildnis und den Menschen selbst wirken.»

«Immer noch erkennt man nur in sehr beschränktem Maße die wahre Natur der Bedrohung. Wir leben in einem Zeitalter von Spezialisten, von denen jeder nur sein eigenes Problem sieht und den größeren Rahmen, in den es sich einfügt, entweder nicht erkennt oder nicht wahrhaben will. Es ist aber auch ein Zeitalter, das von der Industrie beherrscht wird, in dem das Recht, um jeden Preis Geld zu verdienen, selten angefochten wird. Wenn die Öffentlichkeit protestiert, weil sie auf irgendeinen offenkundigen Beweis für die gefährlichen Folgen der Anwendung von Schädlingsbekämpfungsmitteln stößt, speist man sie mit kleinen Beruhigungspillen, mit Halbwahrheiten ab. Wir haben es dringend nötig, Schluß zu machen mit diesen falschen Versicherungen, die uns bittere Pillen durch einen Zuckerguß schmackhaft machen wollen. Schließlich verlangt man ja von der Allgemeinheit, daß sie die Risiken auf sich nimmt, die von den Leuten, die Insekten bekämpfen, berechnet werden. Das Volk muß entscheiden, ob es auf dem eingeschlagenen Wege weiterzugehen wünscht, und das kann es nur, wenn es alle Fakten genau kennt.»[47]

Ein solcher Mißbrauch der Natur, bei dem wir «den Blick (für) das Gute» verloren haben, sei erst möglich gewesen auf der Grundlage eines Verständnisses von Natur, in der diese einseitig auf die Bedürfnisse und Zwecke des Menschen instrumentalisiert worden sei.

Ich erkenne hier eine tief betroffene Wissenschaftlerin, die sich dem Berufsethos der «Objektivität», also letztlich der Ausschaltung von Gefühlen, auch des Gewissens, nicht beugt, sondern leidenschaftlich die Menschen und deren Existenzgrundlage, die Natur, verteidigt gegen ein bedrohliches Wertesystem und das ihm entsprechende Realitätsprinzip. Rachel Carson schrieb politisch, auch insofern, als sie im übrigen ihr mit untadeliger wissenschaftlicher Präzision und Akribie erarbeitetes Material in einer dem Laien verständlichen Sprache vorführte und natürlich auch, indem sie ihre Erkenntnisse in einen gesellschaftlichen Kontext stellte. Die Erfahrung der Ohnmacht des besorgten Wissenschaftlers gegenüber dem integrierten technokratischen System, die sie auch an Beispielen schilderte, führte zu diesem Anruf der betroffenen Menschen und zu der kämpferischen, missionarischen Sprache der Bürgerinitiativen. Acht Jahre nach Erscheinen des Buches wurde das DDT, das im *Stummen Frühling* im Zentrum ihrer Angriffe steht, in den USA verboten; die Umweltschutzbewegung verbuchte das als Erfolg eines zähen Kampfes gegen wirtschaftliche Interessen.

Rachel Carson plädierte für eine Wendung des Verhältnisses von Mensch und Natur – schon hier zeigt sich dieses übergreifende Motiv der späteren Umweltbewegung. Sie zeigte auch, wie sich diese Wendung und das mit ihr einhergehende tiefere Verständnis der Natur auf die biologische Technik auswirken kann.

Zum einen legte sie dar, daß das Schädlingsproblem im wesentlichen entstand durch die neuzeitliche Landwirtschaftstechnik der intensiven Bewirtschaftung, der Monokulturen, die den Schädlingen beste Existenzmöglichkeiten verschaffen. Zum anderen beschrieb sie Methoden des biologischen Pflanzenschutzes, deren Erforschung und Erprobung infolge der Umstellung der einschlägigen Industrie auf organische Pestizide hintan- oder eingestellt worden war.

Rachel Carsons biologisch-wissenschaftliches Buch erweist sich also als Teil und Stütze des umfassenden Aufbruches zur Kritik an der Industriegesellschaft in den USA der Nachkriegszeit, und es zeigt an, wie auch Naturwissenschaftler sich aus dem technokratischen Weltverständnis lösen. Erst auf diesem breitangelegten geistigen Hintergrund gewannen auch solche Alternativen wie biologische Anbaumethoden an Gewicht, die ja seit den zwanziger Jahren schon in einem esoterischen Kreis von Anthroposophen praktiziert wurden; heute spricht alle Welt davon, für eine umfassende praktische Anwendung gibt es allerdings immer noch wenig Anzeichen.

Nun gibt es keinen ersichtlichen Grund, warum alle oder auch nur der Großteil der Wissenschaftler, die ökologische Gefahren erkennen und damit vor die Öffentlichkeit treten, sich wie Rachel Carson auch aus technokratischem Weltverständnis lösen müßten. Hier zwei Leseproben eines anderen Biologen, Paul Ehrlich, der vor allem mit seinem Buch *The Population Bomb* großes Aufsehen erregt hatte, und für den die Bevölkerungsentwicklung der Angelpunkt einer drohenden ökologischen Katastrophe war und blieb. In diesem Buch kontrastiert er die «unentwickelten Länder» «UDCs» und die «United States» so:

«The UDCs are not industrialized, tend to have inefficient agricultur, very small gross national products, high illiteracy rates and related problems . . . The United States – a rich country with a fine agricultural system, immense industries, and rich natural resources.»[48]

Wem diese fröhlich unbekümmerte Sicherheit, in God's own country zu leben, so wenig über den Autor sagt, wie der von ihm gewählte Buchtitel *Die Bevölkerungsbombe*, dem empfehle ich den folgenden Auszug aus dem Aufsatz: «Bevölkerungskontrolle – Kontrolle der Bevölkerung?» nicht zu überschlagen:

«Aber auch Programme, die mit mehr Zwang verbunden sind, stehen zur Diskussion. Der vollkommenste Zwang wäre wohl durch die Beimischung eines sterilisierenden Präparates zum Trinkwasser gegeben . . . Eher im Bereich des technisch Möglichen liegt der Vorschlag, in den Körper jedes Mädchens bei Beginn der Pubertät eine als ‹Dauerpille› wirkende sterilisierende Kapsel zu implantieren, die nur auf staatliche Genehmigung hin eine beschränkte Anzahl von Malen entfernt würde, um eine Schwangerschaft zu ermöglichen. Diese Kapsel könnte mit einem ‹Kinderbezugsschein›-Programm kombiniert werden. Dabei würde jeder Frau bei der Eheschließung ein Anrecht auf zweieindrittel Kinder zugeteilt; ein Ehepaar, das ein drittes Kind wünscht, könnte dann die fehlenden Berechtigungsanteile von anderen zusammenkaufen, oder aber das Recht auf ein drittes Kind könnte durch eine Lotterie zugewiesen werden.»[49]

Die Verspätung der Umweltbewegung in der Bundesrepublik

Die historische Bedingung der in den sechziger Jahren in den Vereinigten Staaten formierten Umweltbewegung war also die Überflußgesellschaft auf zweifache Weise:

Einmal verschärfte sie den kulturellen Widerspruch, der die Industriegesellschaft von Anbeginn begleitet hatte: fortschreitende Entfremdung, Einschränkung der Selbstverwirklichung der Menschen zugunsten der Befriedigung materieller Bedürfnisse. Der erreichte Stand der Produktivität sicherte die Befriedigung biologischer Bedürfnisse – Nahrung, Kleidung, Wohnung. Der Primat weiterer Steigerung der Produktion und die mit ihm einhergehende Überorganisation der Gesellschaft führte ersichtlich zu rapidem soziokulturellem Verfall. Zudem blieb das Verteilungsproblem trotz des erreichten relativen Wohlstands der Arbeiter ungenügend gelöst; bedeutende Randgruppen und vor allem die Dritte Welt verharrten in Armut.

Zum anderen schuf sie das materielle Problem einer globalen Bedrohung der Natur, deren Rückwirkungen auf die Menschen von schleichender Gefährdung der Gesundheit bis zur möglichen Erschöpfung der für die Ökonomie unentbehrlichen Ressourcen reicht. Das zerstörerische Potential dieser Gesellschaft führte zudem die Atombombe, den Zweiten Weltkrieg und den Vietnamkrieg vor Augen. Die von Menschen gemachte globale Katastrophe wurde aus vielerlei Gründen denkbar, sogar wahrscheinlich.[50]

Die Trennung der Probleme in materielle und kulturelle ist zwar im Grunde willkürlich, die Unwohnlichkeit unserer Städte äußert sich beispielsweise kulturell und materiell. Aber die willkürliche Trennung ist hilfreich zur Klärung der Strukturen der Gegenbewegungen: das Sensorium zur Wahrnehmung beider Problemkreise ist offenbar verschieden. Zumindest die Spitze des materiellen Problem-Eisbergs ist beispielsweise als Luft- und Wasserverschmutzung, Lärmbelästigung, Verkehrschaos für jedermann eindeutig erkennbar, aber auch der Zusammenhang größerer ökologischer Katastrophen mit der Überflußgesellschaft ist unschwer durchschaubar für die vorwiegend naturwissenschaftlich geprägte Denkweise der Menschen der Industriegesellschaft. Der kulturelle Problemkreis versteckt sich dagegen leichter hinter Mythen, der Zusammenhang beispielsweise zwischen überhandnehmender Jugendkriminalität und der Überflußgesellschaft wird dem nicht klar, der nicht umfassend über ihn nachdenkt.

So erwuchs der Widerstand gegen die *kulturellen* Äußerungen der Überflußgesellschaft unter den Studenten und Intellektuellen, doch seine Zuspitzung bis zur Kultur-Revolte 1967/68 endete in Ernüchterung, weil sich – abgesehen vom Widerstand gegen den Vietnamkrieg – keine merkliche Anhängerschaft außerhalb dieser Gruppe fand. Der Widerstand gegen die *materiellen* Äußerungen, gegen die Bedrohung der Umwelt dagegen erwuchs in einer breiteren Bevölkerungsschicht, vorwiegend im Mittelstand, und die Hinwendung eines großen Teils der kämpferisch gestimmten Studenten zum Umweltproblem führte zu einer bedeutenden und dauerhafteren, politisch wirksamen Bewegung. Der lose Konsens von Marcuse bis Mumford bot Studenten und besorgten Bürgern eine Verständigungsbasis.

Am Beispiel Paul Ehrlichs habe ich aber auch hingewiesen darauf, daß technokratisch Eingestimmte nicht unbedingt innerhalb dieses kulturell verstandenen Konsens der Umweltzerstörung entgegentreten mußten, nicht unbedingt die Lösung in einer grundlegenden Umgestaltung der fortgeschrittenen Industriegesellschaft in Richtung auf eine mehr Selbstbestimmung ermöglichende Gesellschaft sehen mußten.

Wer ökologische Bedrohungen aus Sicht nur biologisch, nicht auch anthropologisch verstandener menschlicher Bedürfnisse abwenden will, mag im Gegenteil das Heil in einer weiteren Steigerung technokratischer Macht sehen.

Von Beginn der siebziger Jahre ab konnte sich nun auf der Grundlage einer formierten progressiven, wesentlich kulturelle Ziele einbeziehenden Umweltbewegung, zunächst wieder vorwiegend in den angelsächsischen Ländern, eine praktische Kritik an der Technik entwickeln. Sie befaßte sich mit dem Aufzeigen alternativer

Techniken, vor allem auch unter dem Aspekt der Überschaubarkeit, damit der demokratischen Kontrollierbarkeit als eines Teils der Selbstbestimmung, und sie nutzte die Erfahrungen, die Entwicklungsländer mit der Technik im Zuge der sogenannten Modernisierung gemacht haben.

In der Bundesrepublik dagegen kam die Umweltbewegung mit der gewohnten Verspätung an. Einige der Gründe dafür habe ich schon genannt: die frühzeitige Sensibilisierung der amerikanischen Öffentlichkeit für Probleme der Überflußgesellschaft, die Traditionen amerikanischer Wissenschaftler im Umgang mit der Öffentlichkeit. Als weiteren Grund führt eine 1975 vorgelegte Studie des Frankfurter Batelle-Institutes [51] die in den USA und England lang etablierte Tradition von Bürgerrechtsgruppen an, denen in politischer Theorie und Praxis Machtverantwortung zugebilligt wird. Die gleiche Studie stellt fest, daß in Deutschland «die Zerstörung der Umwelt durch die industrielle Zivilisation eigentlich erst Ende der sechziger Jahre und Anfang der siebziger Jahre in das Bewußtsein einer breiteren Öffentlichkeit drang», und daß sich «in den Jahren 1970 bis 1972 die ersten regionalen und überregionalen Zusammenschlüsse von Bürgerinitiativen im Bereich des Umweltschutzes formierten» [52].

Auch dieser, immerhin im Auftrag des Bundesforschungsministers entstandene Bericht weist, nun speziell für die Bundesrepublik, auf gemeinsame Ursachen der Studentenbewegung und Umweltbewegung hin, «sie sind lediglich phasenhaft verschobene Reaktionen auf Leistungsdefizite des politischen und administrativen Systems» [53], auf mangelnde politische Kontrolle von Entscheidungsprozessen, Funktionsverlust des Parlaments usf.

Die Umweltbewegung in der Bundesrepublik hatte dann zwar ab 1970 einen raschen Start, aber erst seit der spektakulären Entwicklung des Widerstandes gegen die Kernenergie, wie sie 1975 mit der Besetzung des Bauplatzes in Wyhl einsetzte, eine ähnliche politische Wirksamkeit wie schon um 1970 in den USA. Und ihre Leistungen bei der Entwicklung praktischer Technik-Kritik sind heute noch gering im Verhältnis zu den USA und England, wie ich noch belegen werde.

Ein entscheidender Grund für dieses langanhaltende Defizit

scheint mir die im Verhältnis zur USA nur sehr zögernd verlaufende Beteiligung kritischer Intellektueller und der studentischen Jugend an den Bürgerinitiativen zu sein, deren Ursache auf wesentliche Unterschiede der Studentenbewegung beider Länder zurückgeht.

Die Distanz der Neuen Linken

Gewiß war die Auflehnung gegen die technokratische Gesellschaft der bestimmende gemeinsame Grundzug für die internationale Studentenbewegung der zweiten Hälfte der sechziger Jahre. Viele der Ziele und Erscheinungsformen waren international, was sich schon mit den Ende der fünfziger Jahre einsetzenden Ostermärschen für Frieden und gegen Atombombentests abzeichnete. Die Proteste gegen den Vietnamkrieg, die Ausstrahlungen des Pariser Mai 68, die Wirkung Bertrand Russells und Marcuses, der Neo-Marxismus, der Aktionismus, alles waren internationale Phänomene. Aber natürlich war auch jede Bewegung geprägt von Spezifika der nationalen Situation.

In der Bundesrepublik fehlte zunächst Anfang der sechziger Jahre eine eigenständige Gegenkultur der Jugend, wie sie sich in den angelsächsischen Ländern, unter existentialistischen Vorzeichen auch in Frankreich entwickelt hatte. Weder gab es deutsche Gegenstücke zu den Beatles oder Bob Dylan, noch zu Paul Goodman, Norman Brown, R. D. Laing usf. Deutschland hatte sich ganz und mit spektakulärem Erfolg dem Wiederaufbau gewidmet, das politische Leben war geprägt von der Verdrängung des Faschismus, die Folge war eine kulturelle Erstarrung ohnegleichen; allenfalls die «Gruppe 47» hatte einige internationale Resonanz als Ausdruck bundesrepublikanischer Gegenwartskultur. Die internationale Bewegung traf die deutschen Studenten kulturell unvorbereitet, politisch belastet mit dem nicht aufgearbeiteten Nationalsozialismus. In einer kritischen Retrospektive der Studentenbewegung spricht Klaus Hartung von «der Kritik der bürgerlichen Faschismustheorien, die für das politische Bewußtsein der Studentenbewegung fundamental war»[54]. Akzentuiert wurde die Auseinandersetzung mit dem Faschismus durch die mit der Studentenrevolte zusammenfallende, langjährige Debatte um die Notstandsgesetze, deren Verabschiedung auf dem Höhepunkt der Studentenrevolte besondere Erbitterung hinterließ.[55]

Diese Bedingungen trugen sicher wesentlich dazu bei, daß die Studentenbewegung in der Bundesrepublik nicht so breit gefächert war, sich weniger pluralistisch entfaltete als in den Vereinigten Staaten, sich mit der Zeit zur Neuen Linken verengte, «aus einer radikalen Bewegung in eine militante Minderheit verwandelte»[56], deren vulgär-marxistische Ausläufer in Form von K-Grüppchen so dogmatisch wie ergebnislos Anschluß an das Proletariat suchten.

Aber auch die weniger dogmatischen Studenten und Intellektuellen, die von der antiautoritären Bewegung geprägt worden waren, sahen die aufkommende Umweltbewegung als einen kleinbürgerlichen Protest an. Selbst Enzensberger, der 1973 das Thema «Ökologie und Politik» mit dem *Kursbuch 33* innerhalb der Neuen Linken nachhaltig zur Sprache brachte, schrieb dort noch von der «Borniertheit» ökologischer Initiativen, die sich nur «an partikularen Interessen artikulieren können», und stellt der Linken die Aufgabe, «dem Problem ideologiekritisch zu begegnen»[57]. Obwohl Enzensberger die Warnungen der Ökologen ernst nahm, sich auch distanzierte von einer linken Denkweise, die «prinzipiell recht behält», und fragte, «wie weit eine Analyse marxistisch genannt zu werden verdient, die jedes erkennbare Problem pauschal dem Kapitalismus anlastet», blieb er doch weitgehend selbst in dieser Denkweise stecken. So wies auch er nach, daß die Industrie am Umweltschutz verdient, ein Leitgedanke linker Kritik am Umweltschutz, der so richtig wie banal ist: wer im Kapitalismus Kläranlagen produziert, verdient eben daran, was soll das beweisen?

Wie sehr das Thema in der Bundesrepublik im argen lag, wird schon daran deutlich, daß im *Kursbuch 33* von den neun, Enzensbergers Einleitung folgenden Beiträgen zur Ökologie nur einer von deutschen Autoren stammte. Noch eine andere Momentaufnahme mag diese Situation in Erinnerung rufen: 1972 fand in der Evangelischen Akademie Loccum ein auch von ausländischen Futurologen mitgetragenes Kolloquium zur Kritik der Zukunftsforschung statt. Die dort gehaltenen Vorträge wurden als Buch veröffentlicht;[58] die Vortragenden wären repräsentativ für die «linke Futurologie», marxistisch bis links liberal, letztere vertreten durch die Altmeister Ossip Flechtheim und Robert Jungk. Angesichts des Anspruches der Futurologie, die Trends in der Entwicklung der industrialisierten Welt zu analysieren, erscheint es rückblickend erstaunlich, daß nirgends in den Vorträgen auch nur der Ansatz einer Analyse des Phänomens Bürgerinitiativen erscheint. Die ökologische Bedrohung war zwar Hauptthema, aber noch recht vordergründig begriffen als Ergebnis der Konsumgesellschaft oder des Kapitalismus. Nur in zwei Beiträgen wurde eine radikale Kritik der Technik angesprochen: der holländische Soziologe Bart van Steenbergen machte auf Marcuses Kritik aufmerksam, und Robert Jungk auf die neueren Überlegungen zu einer vorstellbaren «Technik, die sich mehr nach dem Menschen und der Umwelt richtet als – wie bis jetzt – nach quantitativer Effizienz und Profitrate»[59].

Kurz, das Bündnis zwischen dem Widerstand gegen die kulturellen Äußerungen der Überflußgesellschaft und dem gegen ihre materiellen Äußerungen war am Anfang der siebziger Jahre in der Bundesrepublik nicht vollzogen worden, und von einer Kritik der Technik war praktisch nicht die Rede. Die vorwiegend traditionell marxistische Gedankenwelt der kritischen Intellektuellen hatte wesentlichen Anteil daran, das verhindert zu haben. Ich betone: «traditionell» marxistisch. Gewiß stand zur Zeit von Marx und Engels die Kritik der Technik nicht an vorderer Stelle auf der Tagesordnung gesellschaftlicher und philosophischer Probleme, auf Ansätze zu solcher Kritik auch bei ihnen habe ich hingewiesen. Marcuse hatte die Verträglichkeit einer Kritik der Technik mit der marxistischen Theorie belegt. Eine profunde Kritik der industriellen Technik war aber ausgerechnet von einem deutschen Marxisten, von Ernst Bloch, schon in *Das Prinzip Hoffnung* geleistet worden, das immerhin 1959 erschienen und lange zuvor geschrieben worden war.

Worauf sich Blochs Prinzip Hoffnung richtet, faßt der Schlußsatz des Werkes zusammen: «Hat er sich erfaßt und das Seine ohne Entäußerung und Entfremdung in realer Demokratie begründet, so entsteht in der Welt etwas, das allen in die Kindheit scheint und worin noch niemand war: Heimat.»[60] Das Maß seiner Kritik ist, was die Technik zu diesem Entstehen der «Heimat» leistet.

Die Kritik setzt an bei dem «von den Dingen entfremdeten Kalkül, das sich in der Naturwissenschaft parallel zum ‹bürgerlichen Denken› des Kapitalismus entwickelt». – «Nur was mathematisch erzeugt ist, ist erkennbar, nur was mechanisch begriffen ist, ist wissenschaftlich verstanden. Was für die Theorie gilt, gilt erst recht für die technische Praxis, sie begnügt sich mit Gesetzen über lauter Zufall. Dampf, Elektrizität erscheinen als Quantitäten von Arbeitskraft, die nach physikalisch technischen Maßeinheiten und nach Herstellungskosten bestimmt werden. So steht gerade die bürgerliche Technik in einem reinen Waren-Bezug, einem von Haus entfremdeten, zu den Naturkräften, mit denen sie von außen operiert. Und eben der inhaltliche Bezug wird desto geringer, je weiter die Technik von der Anschirrung des organischen Pferdes zum Explosionsmotor hinausgeschritten ist oder am ultravioletten Vulkan der Atomenergie Fuß faßt.»[61]

Aus diesem Ursprung industrieller, «bürgerlicher» Technik entwickelt sich «das Falsche, das mit der Natur nur durch die Abstraktion der Fremdheit, gleichsam der kolonialen List, technisch verkehrt», statt die «Natur zum Mitarbeiter» zu machen,[62] ein Begriff von Technik, der «mehr von Domination als von Befreundung» zeugt, «technischer Nihilismus».

Die Sicht einer besseren Technik geht davon aus, daß «das Problem einer konkreten Technik ja gerade darin besteht, die Entorganisierung und ihre Folgen nicht auf ein Nichts sich beziehen zu lassen»[63]. «Je mehr Technik die Reste ihrer alten Bodenständigkeit verliert, vielmehr, je mehr sie überall, wo sie nur will, neue Bodenständigkeit gewinnt, in synthetischer Rohstofferzeugung, in Strahlungsindustrie und was noch sonst in herrlicher Hybris: desto intimer wie zentraler muß die Vermittlung mit dem eingeschalteten Naturwesen geraten.»[64] Die «bürgerliche Verdinglichung» darf nicht in der Entorganisierung fortgesetzt werden.

«Allianztechnik», «Technik ohne Vergewaltigung» sind Blochs Begriffe von einer «konkreten Utopie der Technik», die er nicht losgelöst von der Überwindung des Kapitalismus sieht, sondern «verbunden mit der konkreten Utopie der Gesellschaft». «Erst in dieser genauen Anwesenheit bei der Naturkraft hätte die Technik ihre Katastrophenseite wie ihre Abstraktheit überwunden. Verwandlung und Selbstverwandlung der Dinge zu Gütern, natura naturans und supernaturans statt natura dominata: Das also meinen die Grundrisse einer besseren Welt, was konkrete Technik angeht.»[65] Aber auch: «Marxismus der Technik, wenn er einmal durchdacht sein wird, ist keine Philanthropie für mißhandelte Metalle, wohl aber das Ende der naiven Übertragung des Ausbeuter- und Tierbändigerstandpunktes auf die Natur.»[66]

Man sieht, die wesentlichen Elemente der späteren Kritik an der industriellen Technik von Marcuse und Mumford sind schon in den wenigen Zitaten aus dem umfangreichen Kapitel «Wille und Natur, die technischen Utopien» enthalten. Freilich mag die Blochsche Sprache, ihre Verwahrung gegen eilige Zudringlichkeit die Verbreitung dieser Gedanken gehemmt haben, es bleibt doch bemerkenswert, wie wenige sie aufgegriffen haben. Nicht einmal im *Eindimensionalen Menschen* zitiert Marcuse sie, nichts verweist in den zuvor erwähnten Dokumenten der beginnenden Auseinandersetzung linker deutscher Intellektueller mit der ökologischen Gefahr und Bewegung auf Kenntnis dieser Gedanken, zumindest wurde kein Bezug zwischen ihnen und der ökologischen Krise hergestellt.

In einer soeben erschienenen Untersuchung über *Technik und Herrschaft* hat Otto Ulrich in gründlicherer Weise, als es mir hier angemessen scheint, Einwände erhoben gegen «die vorherrschende ‹marxistisch› orientierte Position, die das Verhältnis von Technik und Herrschaft nur über ein ‹Anwendungsverhältnis› deutet und eine ‹Unschuld der Produktivkräfte› postuliert»[67]. Davon soll später noch die Rede sein.

Der Anstoß zur öffentlichen Diskussion: die «Grenzen des Wachstums»

Das Buch, das zweifellos am meisten zur Popularisierung der Umweltdebatte in der Bundesrepublik beigetragen hat, ist der erste Bericht an den Club of Rome, 1972 erschienen unter dem zum Schlagwort gewordenen Titel *Die Grenzen des Wachstums*.[68]

Erstmals wurde die Aussicht auf die ökologische Katastrophe digitalisiert: der Computer des Massachusetts Institute of Technology wies aus, daß, ginge alles so weiter, das Zusammenwirken von

Bevölkerungswachstum, Umweltverschmutzung, Erschöpfung der Rohstoffe, Nord-Süd-Gefälle innerhalb höchstens eines Jahrhunderts einen die gesamte Menschheit bedrohenden Knoten schürzen wird. Die eigentliche Leistung dieser Studie waren nicht neue Gedanken: ich bezweifle, daß irgendein Gedanke darin neu war, außer dem, den Computer einzuschalten. Die eigentliche Leistung bestand darin, das Umweltproblem zum bevorzugten Gesprächsstoff von Multiplikatoren der öffentlichen Meinung zu machen. Bis 1976 war das Buch in 30 Sprachen übersetzt und viermillionenmal verkauft worden. Geht man den Gründen für die Popularität dieser Studie nach, so lassen sich einige unschwer erkennen.

Zunächst verstärkte die sogenannte Ölkrise von 1973 ihre Wirkung. Sie brachte das von der Studie ein Jahr zuvor besonders herausgestellte Problem der Ressourcen-Verknappung jedermann nahe durch etwas bis dahin Ungehörtes: Sperren im Autoverkehr, die noch dazu gutwillig hingenommen wurden.

Zum zweiten kamen die Warnungen von ungewohnter Seite, von einer internationalen Gruppe anerkannter Macher der industrialisierten Welt, garniert mit wissenschaftlichen Autoritäten. Hier waren offensichtlich nicht irgendwelche querulantischen Professoren, denen die ganze Richtung nicht paßt, am Werk; richtige Autoritäten, darunter Wirtschaftsadmirale, hatten die Studie in Auftrag gegeben und stellten sich nachdrücklich hinter das Ergebnis. Das sicherte eine Rezeption durch die Medien von ganz anderer Breite als sie sonst einem Buch eines jungen Teams von Wissenschaftlern unter Leitung eines unbekannten Assistenzprofessors zugekommen wäre.

Und zum dritten verlieh der Computer dem Buch seine magische Aura von Unbestechlichkeit, noch dazu der ganz große Computer der Welt berühmtester Technischer Hochschule, Massachusetts Institute of Technology, MIT. Zwar hatte die große Ernüchterung hinsichtlich der Grenzen der Computer-Intelligenz unter Naturwissenschaftlern und Ingenieuren längst eingesetzt, aber ich selbst habe seinerzeit bei zahlreichen Gesprächen über die Studie eine erstaunliche Computer-Gläubigkeit festgestellt, auch unter Wissenschaftlern, soweit sie nicht langjährige Erfahrung mit Großrechnern hatten. Die simple Erkenntnis, daß die Rechenergebnisse nicht bes-

ser sein können als die eingefütterten Daten, schien leicht nach-
sprechbar, aber schwer nachvollziehbar.

Viertens schließlich ist in einer eiligen Zeit, die sich mit der
Langatmigkeit differenzierter Argumente schwer tut, recht offenbar
das herzhaft einfache, aus einigen Grafiken ablesbare Bild vom
Weltuntergang erfrischend eingängig.

Jedenfalls verbreiteten die Medien die Kunde von den «Grenzen
des Wachstums» überall und werteten damit das bis dato eher
belächelte Häuflein der Umweltschützer kräftig auf, sorgten so auch
für Zulauf. Und die einsetzende heftige Kontroverse, ihre Belebung
durch die erste Umweltkonferenz der Vereinten Nationen 1972 in
Stockholm, provozierte kräftige Angriffe aus dem Establishment
aller Richtungen, Ost, West und Süd.

Für die Entwicklungsländer war die Sache ein neokolonialistischer Trick der reichen Industrieländer: wegen der knappen Rohstoffe könnt ihr prinzipiell nicht gleichziehen, und in der Praxis
dürft ihr zudem euer bißchen Kapital nicht wie ehemals wir in
umweltverschmutzende Industrialisierung stecken, sondern müßt
gleich teuren Umweltschutz einbauen. Und in der Tat ist saubere
Luft kaum ein vordringliches Problem dort, wo Hungers gestorben
wird. Die tatsächliche Bedeutung der Ökologie für die Entwicklungsländer erschloß sich erst, als der enge ökologische Begriff der
«Grenzen des Wachstums» um Technik-Kritik erweitert wurde.

Im Westen beruhten die Angriffe aus der Wirtschaft, soweit ich
beobachten konnte, nicht auf der Erkenntnis, daß ein Stopp industriellen Wachstums dem Kapitalismus die Existenzfrage stellen
würde. Einmal abgesehen von denen, deren Produktionsstätten
durch die Studie direkt in die Schußlinie gerieten, protestierten die
Herren aus der Wirtschaft zunächst einmal gegen den Angriff auf
ihre Religion, das Wachstum. Für die Großindustrie hatte sich in
den Nachkriegsjahren fast ungestörter Expansion der Begriff
Wachstum verselbständigt, der Maßstab für den Erfolg eines Managers war Wachstum geworden, der Profit nur mehr Mittel zu diesem
Zweck. So sahen es auch die Gewerkschaften, da in Zeiten der
Vollbeschäftigung – wegen des ‹sozialer Friede› genannten Waffen-
stillstandes in der grundsätzlichen Verteilungsfrage – die Lohnsteigerungen letzten Endes mit dem Wachstum verbunden waren;

und die «Arbeitnehmer» waren ja, wenn nun einmal der Lebensstandard genannte Konsum das Maß war, nicht schlecht dabei gefahren.

Im staatskapitalistischen Osten schließlich herrschte die gleiche Wachstumsideologie, angeheizt noch durch das erklärte Ziel der Ära friedlicher Koexistenz, die Überlegenheit des Systems durch wirtschaftliches Gleichziehen mit dem Westen zu beweisen.

Die gegen die Studie des Club of Rome vorgebrachten Argumente waren zwar im einzelnen oft berechtigt, konnten aber deren grundsätzliches Ergebnis nicht erschüttern, das invariant auch gegen wesentliche Änderungen der Eingangsdaten, wie etwa Rohstoffvorräte, war: die Summe von fortgesetztem exponentiellen Wirtschaftswachstum in den Industrieländern, von Bevölkerungswachstum vor allem in den Entwicklungsländern und von wirtschaftlichem Gleichziehen der Entwicklungsländer mit den Industrieländern müßte irgendwann, und keineswegs erst in tausend Jahren, zur globalen ökologischen Katastrophe führen, zur Erschöpfung der Rohstoffe, Hungertod und Ersticken an Schmutz.

Diese wesentliche Aussage, die auch ohne Computer ersichtlich war und schon vielfach vorher gemacht worden war, aber durch die Studie aus den genannten Gründen wirkungsvoll popularisiert wurde, wird heute, nur fünf Jahre nach ihrem Erscheinen, nicht mehr ernsthaft bestritten im stetig angewachsenen Kreis derer, die sich, mit einigem Überblick ausgestattet, mit solchen Fragen auseinandersetzen. Nur noch wenige ergebene Technologie-Gläubige wie Herman Kahn oder die Urheber des Modells von Bariloche bestreiten sie in – hier ist das abgegriffene Bild am Platz – blindem Vertrauen auf technische Entwicklungen.

In Deutschland sind sich von links bis halb rechts, von Wolfgang Harich über Erhard Eppler und Carl Friedrich von Weizsäcker bis Herbert Gruhl alle Informierten einig: weiteres undifferenziertes Wachstum des Bruttosozialproduktes ist heller Wahnsinn. Dem steht die scheinbar unerschütterliche internationale Koalition der Macher aus Politik, Wirtschaft und Gewerkschaften gegenüber, die einträchtig das Wachstum beschwören, sich gegenseitig nichts vorzuwerfen haben als die Verhinderung des Wachstums und speziell hierzulande das Volk um mehr Konsum bitten. Sie wissen zwar alle um die Grenzen des Wachstums, doch hilft ein Wechsel der Argumentationsebene: es geht um Arbeitsplätze.

Nachdenklichere unter den Machern beruhigen ihr schlechtes Gewissen, indem sie vom qualitativen, gar vom organischen Wachstum sprechen, freilich ohne sich vorläufig viel dabei zu denken. An der Basis zumindest der Sozialliberalen regt sich Widerspruch gegen das Wachstumskonzept, in den Gewerkschaften analog dazu das Verlangen nach Verkürzung der Arbeitszeit. Auch in den Bürgerinitiativen hat die Argumentationsebene gewechselt: der ökologische Widerstand wird strategisch, das Wachstum industrieller Produktion wird als Ursache erkannt und angegriffen. Und die Bürgerinitiativen erzeugen den sich fortpflanzenden Druck.

Daß es dazu kam, daran hat die Studie des Club of Rome beachtlich mitgewirkt; nicht, weil sie neue Erkenntnisse gebracht hätte, sondern weil sie die Erkenntnisse anderer unter die Multiplikatoren der Meinung gebracht hat. Und nicht, weil die «Verantwortlichen» sie als Anleitung zum Handeln benutzt hätten, sondern weil sie unübersehbare Argumentationshilfe für Bürgerinitiativen abgab und ihnen Zulauf verschaffte.

Die große Resonanz der *Grenzen des Wachstums* seit dem Erscheinen 1972, ein Jahr später die Belebung der Diskussion durch die Stockholmer Umweltkonferenz der UNO und durch die Ölkrise, verstärkten die Umweltbewegung auch in der Bundesrepublik. Insbesondere nahm sich auch die zuvor abstinente politische Linke des Themas an, damit eine zahlenmäßig bedeutende studentische Jugend, so daß die Umweltbewegung schließlich eine intellektuelle und politische Bedeutung bekam, wie bereits Jahre zuvor in den Vereinigten Staaten.

II
Wie Kritik zur Praxis wird

Es ist besser, zur Biene zu
werden und sein Haus zu bauen
in Unschuld, als zu herrschen
mit den Herren der Welt und,
wie mit Wölfen, zu heulen mit
ihnen.

Hölderlin, *Hyperion*

Das Konzept der
«mittleren Technologie»

Mir kommt, da ich dieses Kapitel beginne, die heutige «Süddeutsche Zeitung» zu Hilfe. Sie berichtet aus Delhi:

> «Nach zehn Monate langen Beratungen hat die regierende Janata-Partei ein Arbeitsdokument vorgelegt, das den ‹indischen Weg zum Wohlstand für alle› weisen soll. Grundlage der gesamten Wirtschaftspolitik . . . soll der Sozialismus Gandhis sein, der auf politischer und wirtschaftlicher Dezentralisierung beruht . . . Gandhis Überzeugung, daß die wirtschaftliche Gesundung beim einzelnen und in den Dörfern beginnen müsse, wird so gegen die Strategie Nehrus gestellt, der mit Stahlwerken, Staudämmen und Atommeilern den Aufstieg Indiens zur Industrienation schaffen wollte. Was in Handwerksbetrieben hergestellt werden kann, soll nach dem Janata-Programm nicht von der Kleinindustrie produziert werden, und die großen Industriebetriebe müssen den kleineren den Vortritt lassen. Bis zur Erreichung der Vollbeschäftigung soll die Errichtung kapitalintensiver Betriebe verboten werden . . . Die Produktionskapazität ausländischer Firmen in Indien soll eingefroren werden.»[1]

Diese Nachricht hat nichts Sensationelles. Das zweitgrößte Land der Welt verwirft den Weg der westlichen und östlichen Industrieländer; man nimmt kurz Notiz. So sehr auch das notorische Desinteresse der Öffentlichkeit an den Vorgängen in Entwicklungsländern da mitspielen mag, vor einem Jahrzehnt wäre eine derartige Nachricht doch wohl als außergewöhnlich empfunden und entsprechend herausgestellt worden. Inzwischen hat man sich an die Skepsis – vor allem auch der Entwicklungsländer – gegenüber dem Industriesystem gewöhnt.

Dennoch gibt es eine bemerkenswerte Informationslücke vor allem in der Bundesrepublik, weniger in den angelsächsischen Ländern oder in Frankreich: zwar berichten die Medien zunehmend über jeweils vereinzelte negative Auswirkungen der modernen Industriegesellschaft, vor allem über Umweltschäden, eine tiefer ansetzende Kritik der industriellen Technik und Organisation oder gar mögliche Gegenentwürfe zur modernen Industriegesellschaft werden bisher öffentlich kaum diskutiert. Trotz einer inzwischen kaum mehr übersehbaren Menge von einschlägigen Publikationen, vorwiegend angelsächsischen, bleibt so das Wissen um die grundlegende Kritik der modernen Technik und um deren Alternativen eine Angelegenheit von Insidern. Einer dieser Insider, Carl Amery, schrieb kürzlich im «Vorwärts» in diesem Zusammenhang von einem «beklagenswerten Theoriedefizit» in der Bundesrepublik und von Ivan Illichs Konvivialitätstheorie als der «wahrscheinlich einzigen fruchtbaren gesellschaftstheoretischen Leistung unserer Jahrhunderthälfte»[2].

Ich will mich nicht gerade diesem Urteil anschließen, möchte aber meinerseits mit einer Übertreibung das Defizit an Öffentlichkeit verdeutlichen: Man stelle sich vor, es gäbe zwar ein verbreitetes Unbehagen am Kapitalismus, aber nur eine kleine Gruppe wüßte um die sozialistischen Gegenentwürfe, die Medien hätten die Frühsozialisten, den Karl Marx, Mao und die Kibuzzim, Allende und die Eurokommunisten schlicht ignoriert.

Wie gesagt, ich übertreibe, schließlich existieren die vielfältigen Formen des Sozialismus als ein Gegenentwurf zum Kapitalismus nicht nur auf dem Papier, sondern in der Hälfte der Welt. Für den Gegenentwurf zum «Industrialismus», der sicher nicht auf einen so einfachen Begriff zu bringen ist wie «Vergesellschaftung der Produktionsmittel», hat sich dagegen bisher nicht einmal ein Name durchgesetzt, obwohl das Unbehagen am «Industrialismus» kaum weniger verbreitet zu sein scheint, als es das am Kapitalismus ist oder je war. Derart verbreitetes Unbehagen ist aber wohl kaum denkbar, lägen ihm nicht Verletzungen der Bedürfnisse vieler Menschen zugrunde, die ihrerseits stets den Antrieb zu gesellschaftlichen Veränderungen abgaben und natürlich auch zu Theorien, die das Unbehagen auf den Begriff bringen und die Richtung der Veränderungen beschreiben.

Aber existieren die Gegenentwürfe zum «Industrialismus» wirklich nur auf dem Papier, ist nicht vielmehr der zitierte Beschluß der indischen Regierung die bewußte Umsetzung solcher Gegenentwürfe in die wirtschaftspolitische Praxis? Oder handelt es sich nur um die Laune einer neuen Regierung, die sich profilieren muß? Nun, ich zitiere aus einer Rede der früheren indischen Regierungschefin aus dem Jahre 1972:

«In den Augen vieler ist der technische Fortschritt zum Synonym der Imitation westlicher Modelle geworden; aber wann immer wir Modelle der industrialisierten Welt übernommen haben, sind die Resultate alles andere als glücklich gewesen. Der Moment ist gekommen, zu überdenken, welche Art Fortschritt wir wollen.»[3]

Seit langem gibt es im indischen Ministerium für industrielle Entwicklung eine Abteilung für «appropriate technology», die alternative Techniken fördert.

Der indische Regierungsbeschluß ist Ausdruck des von langer Hand in vielen Entwicklungsländern wie auch in internationalen Organisationen diskutierten Abrückens von der Art Industrialisierung, wie sie die Industrieländer vollzogen haben. Anlaß waren die katastrophalen Erfahrungen der Entwicklungsländer mit den sozialen Folgen der Industrialisierung. Ähnlich katastrophal waren die Folgen der Industrialisierung im letzten Jahrhundert in den westlichen Industrieländern. Diese Erfahrung – die Verelendung der arbeitenden Bevölkerung – hat die Industriegesellschaft einfach verdrängt; anders jedenfalls ist es nicht zu erklären, daß auch die Wohlmeinenden aus der industrialisierten Welt das Heil der Entwicklungsländer während der ersten zwei Nachkriegsjahrzehnte in deren Industrialisierung nach westlichen Vorbildern sahen. Daß dahinter vor allem wirtschaftliche und politische Interessen der Industrieländer standen und noch heute stehen, muß wohl nicht weiter ausgeführt werden. Wesentlich ist, daß es so scheinen konnte, und der «konventionellen Weisheit» noch heute so scheint, als deckten sich bei Industrialisierungsprojekten die Interessen der involvierten Industrie- und Entwicklungsländer.

Immerhin setzt sich die gegenteilige Erkenntnis nicht nur in den Entwicklungsländern, sondern auch in den Industrieländern langsam durch, am wenigsten noch in der konservativen Bundesrepublik, deren Öffentlichkeit sich ohnehin nicht irremachen läßt an ihrer wirtschaftlichen Leistung als dem Maß aller Dinge und die sich zudem aus dieser Position der Selbstzufriedenheit heraus ein notorisches, ein skandalöses Desinteresse an den Vorgängen in der Dritten Welt erlaubt: man denke nur an die 0,3 % des Bruttosozialproduktes für Entwicklungshilfe, gut ein Drittel des Betrages, den etwa Schweden als Land ohne jede koloniale Vergangenheit im Jahre 1976 zur Verfügung stellte; an die Rolle der Bundesrepublik als «hartnäckigster Widersacher der Dritten Welt» auf den internationalen Konferenzen über wirtschaftliche Zusammenarbeit in Nairobi 1976 und Paris 1977, oder an die antiquierte Verquickung deutscher Entwicklungshilfe mit dem «weltweiten Kampf gegen den Kommunismus»[4].

Ähnlich wie der Industrielle Aurelio Peccei mit der von ihm initiierten Studie des Club of Rome großen Anteil an der Publizität ökologischer Bedrohungen hatte, so hatte ein anderer Industrieller, E. F. Schumacher, großen Anteil daran, daß in den westlichen Industrieländern der mörderische Unsinn der Industrialisierung der Entwicklungsländer bekannt wurde. Auch wenn Schumacher so wenig wie Peccei das Verdienst zukommt, die fraglichen Zusammenhänge eigenhändig aufgedeckt zu haben, so hat er ihnen doch die nötige Publizität verschafft – eine wesentliche Leistung. Schumacher ist Wirtschaftswissenschaftler, war Vorstandsmitglied der verstaatlichten englischen Bergwerksindustrie, und hat 1965 in London die «Aktionsgruppe für mittlere Technologie» gegründet, die unter den um «alternative» Technik bemühten Gruppen am bekanntesten wurde. Schumacher selbst ist besonders durch das 1973 erschienene Buch *Small is Beautiful* bekannt geworden. Ich stütze mich zunächst auf ihn, weil Vorstandsmitglieder großer Gesellschaften nun einmal einen Vertrauensvorschuß als «Realisten» haben und abgenommen bekommen, was anderen leichtherzig als Spinnerei oder subversive Systemveränderei angekreidet werden würde.

In einem Vortrag auf einer UNESCO-Tagung in Santiago de Chile stellte Schumacher 1965 das Konzept der «Intermediate Technology» vor. Er konstatierte, daß in vielen Entwicklungsländern «die Armen ärmer und die Reichen reicher» werden und daß die herkömmliche Entwicklungshilfe diesen Prozeß fördert, indem sie zur Ansiedlung kapitalintensiver Technologie in den Großstädten verhilft.

«Fast alle sogenannten Entwicklungsländer haben einen industrialisierten Bereich, in dem die Lebens- und Arbeitsmuster ähnlich denen der entwickelten Länder sind. Aber sie haben auch einen nicht industrialisierten Bereich, und in ihm lebt die überwiegende Mehrheit der Bevölkerung. Dort sind die Lebens- und Arbeitsmuster nicht nur zutiefst unbefriedigend, sondern auch im Begriff, sich zunehmend rasch zu verschlechtern.» Die Menschen dort sind «unterbeschäftigt oder arbeitslos . . . Einige von ihnen besitzen Land, aber oft zu wenig. Viele haben kein Land und keine Aussicht, jemals welches zu bekommen. Sie ziehen in die Großstädte. Doch auch in den Großstädten gibt es keine Arbeit für sie und natürlich keine Unterkunft . . . Aus Arbeitslosigkeit auf dem Land wird Arbeitslosigkeit in der Stadt. Mithin besteht die Aufgabe darin, in den ländlichen Gebieten und Kleinstädten Millionen neuer Arbeitsplätze zu schaffen. Daß die moderne Industrie, so wie sie sich in den entwickelten Ländern heute zeigt, diese Aufgabe nicht erfüllen kann, müßte völlig klar sein . . . Die Einrichtung eines Arbeitsplatzes in der modernen Industrie verlangt sehr viel Kapital.»[5]

Aus diesen Feststellungen sowie anderen soziokultureller Art, entwickelte Schumacher die folgenden vier, gekürzt wiedergegebenen Thesen:

Erstens müssen Arbeitsplätze in den Gebieten geschaffen werden, wo die Menschen jetzt leben.

Zweitens müssen diese Arbeitsplätze billig einzurichten sein.

Drittens müssen die Produktionsverfahren relativ einfach sein, auch Organisation, Rohmaterialbeschaffung etc.

Viertens muß hauptsächlich aus einheimischen Materialien und hauptsächlich zum Verbrauch am Ort produziert werden.

An Hand dieser Kriterien propagierte Schumacher weiter die Entwicklung und Anwendung «mittlerer Technologien», die nicht kapital-, sondern arbeitsintensiv sind, sich örtlichen Bedürfnissen und vorhandenen Rohstoffen anpassen, deren Ausrüstung am Ort reparierbar ist, die traditionelle Fertigkeiten nutzen und traditionelle Wertvorstellungen berücksichtigen. Dabei ging er sehr sparsam mit ethischen Argumenten um, betonte vielmehr auch die wirtschaftliche Effizienz der «mittleren Technologien». Insbesondere zeigte er auf, wie sehr die aus konventionellem wirtschaftlichem Denken der Industrieländer abgeleiteten Argumente gegen «mittlere Technologien» auf leicht durchschaubaren Vorurteilen beruhen. Die Annahme beispielsweise, daß «die modernsten Maschinen weit mehr pro Einheit des investierten Kapitals erzeugen als einfachere Maschinen, an denen mehr Menschen beschäftigt werden», setzt den Faktor «Kapital» als gegebene Größe und ignoriert den Beitrag produktiver Arbeit zur Kapitalakkumulation. Einem anderen Einwand: der Mangel an unternehmerischen Fähigkeiten in Entwicklungsländern zwinge zur Konzentration der Industrie, setzte Schumacher entgegen, daß die Fähigkeit zur Organisation kleiner Betriebe ganz anderer Art und verbreiteter sei als die zur Leitung von großen Organisationen.[6]

Es spricht für Schumacher, daß er sich nicht als «Erfinder» dieser Einsichten darstellte, vielmehr die Hervorbringung der «mittleren Technologien» in Entwicklungsländern, speziell in Indien, betonte und sich selbst als Propagandisten und Vermittler begriff. Doch kann die von Schumacher im gleichen Jahr 1965, in dem der zitierte Vortrag gehalten wurde, in London gegründete «Intermediate Technology Development Group» (ITDG) heute beachtliche Leistungen aufweisen.

In einem Anhang «Small is possible» zur deutschen Ausgabe von *Small is Beautiful* resümiert George McRobie, einer der Leiter der Gruppe, die praktische Arbeit. Ein Resümee von Hunderten von Einzelaktivitäten läßt sich nicht beliebig komprimieren; trotzdem will ich einiges daraus hier andeuten, um etwas Anschaulichkeit zu vermitteln, und weil die praktische Arbeit durchaus typisch ist für die vieler anderer um alternative Technik bemühter Gruppen.

ITDG ist eine gemeinnützige Gesellschaft mit einem kleinen Stamm festangestellter, aber über zweihundert ehrenamtlicher Mitarbeitern, Ingenieuren und Naturwissenschaftlern der verschiedensten Disziplinen mit Auslandserfahrung, die in Ausschüssen zusammenarbeiten. Es werden systematisch in den verschiedensten Ländern vorliegende Erfahrungen mit einfachen Technologien gesammelt und dokumentiert, neue Entwicklungen durchgeführt oder angeregt, praktische Beratung bei der Einführung neuer Verfahren und Produkte und beim Aufbau analoger Institute in Entwicklungsländern geleistet. Beispiele für die bearbeitete Technik sind etwa: Glasfaserverstärkung von Lehmwänden; tragbare Vergasungsanlagen zur Umwandlung von Abfallholz in Vergaserkraftstoff; Bootsbau mit Ferrozement; ein Stirling-Motor für beliebigen Kraftstoff einschließlich Dung, der sich in einer Dorfschmiede bauen läßt; ein billiges, leicht wartbares Modell einer Röntgen-Anlage; einfache, von Menschen oder Vieh gezogene Fahrzeuge für schlechte Straßen; von Menschen bediente Kreiselpumpen; Entwurf kleiner, einfacher Fabriken zur Herstellung von Kerzen, Glas, Seife, Ziegeln, Eierkartons, Eisenguß; Impfstoff-Kühleinrichtungen für Landkrankenhäuser; Windräder, Biogas-Anlagen etc. Es werden weiter Kataloge und Leitfäden zusammengestellt für die Unterweisung in technischen Verfahren, etwa zur Erleichterung der Arbeitslast von Landfrauen, für Produkte zur Säuglingsernährung, für Wasseraufbereitung und Sanitärtechnik oder auch für die Ausbildung im Genossenschaftswesen. Es wird über Beratungsaufträge aus Kamerun, Ghana, Jamaika, Pakistan, dem Sudan und Tansania berichtet, über Arbeit in UNO-Kommissionen und über ein internationales Netz der Zusammenarbeit mit Organisationen ähnlicher Zielsetzung in den Industrieländern Holland, Kanada, USA und Frankreich und in den Entwicklungsländern Ghana, Tansania, Sambia, Bangladesh, Indien, Pakistan und Sri Lanka.

Zum Verhältnis von technischer und politischer Veränderung in der Dritten Welt

Das Konzept der «mittleren Technologie» findet auch zunehmend Anerkennung in den internationalen Organisationen. David Dickson, Generalsekretär der «British Society for Social Responsability in Science», zitiert in seiner 1974 erschienenen Monographie *Alternative Technik*[7] Beispiele für Dokumente unter anderem der UNO, des Rates der Europäischen Gemeinschaft, der Weltbank, in denen die Ideen der «mittleren Technologie» für Entwicklungsländer aufgegriffen werden. Ich habe, wie gesagt, gleichsam aus «didaktischen» Gründen hier die «mittlere Technologie» am Beispiel Schumachers und der ihm verbundenen Gruppe vorgestellt. Alle ein-

79

schlägigen Autoren sind sich aber einig darin, daß China das Mutterland der «mittleren Technologie» ist.

Seit die Sowjetunion Ende der fünfziger Jahre die technische Hilfe einstellte, hat China die Strategie der ökonomischen Entwicklung «auf zwei Beinen» verfolgt. Das eine Bein ist genau die «mittlere Technologie», wie Schumacher sie formuliert hat: arbeitsintensive, dezentralisierte Industrie, deren Entwicklung mit der einer mäßig mechanisierten Landwirtschaft einhergeht und mit der Pflege traditioneller Fertigkeiten. Dem Ausmaß dieser von «mittlerer Technologien» beherrschten Industrie und Landwirtschaft gegenüber scheint die Bedeutung des zweiten Beines, der hochmechanisierten, zentralisierten Großindustrie gering zu sein.

Zahlreiche Quellen berichten über die westliche Besucher erstaunlich anmutende Leistungsfähigkeit der den Landkommunen angegliederten Kleinindustrie, so beispielsweise Tony Durham[8] über den Besuch je einer Landkommune in der Provinz Kwantung und Shanghai. Dort produzieren kleine Fabriken den Bedarf der jeweils aus mehreren Dörfern bestehenden Produktionsgenossenschaft an Elektromotoren, Generatoren, Dreschmaschinen, Bewässerungs- und Drainage-Einrichtungen, wozu nur wenige in zentralen Fabriken gefertigte Teile verwendet werden. Die Traktoren kommen zwar aus zentralen Fabriken, aber auch große Reparaturen werden örtlich gemacht. Auch einzelne Maschinen wie eine elektrische Kreissäge und ein mechanisches Hammerwerk waren, offenbar nach eigenen Plänen, dort gebaut worden.

Selbst bei vorsichtiger Bewertung jedes solcher Berichte bietet die Menge ähnlicher Aussagen verschiedener Berichterstatter doch wohl die Gewähr dafür, daß in China das Konzept der «mittleren Technologie» nicht nur sporadisch angewendet wird, sondern wesentlich die vorwiegend auf Selbstversorgung ländlicher Bereiche ausgerichtete Industrie bestimmt. Weiter ist offenbar dieses Konzept nicht allein ökonomisch motiviert, sondern auch kulturell, als Element der Selbstverwirklichung und des Selbstvertrauens. Dazu als Beispiel eine Schilderung des britischen Energieministers Anthony Wedgewood Benn vom Besuch einer Landkommune bei Peking:

«Man zeigte mir in einer Scheune eine Werkzeugmaschine, die von vier noch nicht zwanzigjährigen Burschen zusammengebaut worden war. Bis vor wenigen Monaten hatten sie sich nur mit der Herstellung von Pferdegeschirren beschäftigt. Ich erinnerte mich an meine früheren ministeriellen Besichtigungen und zeigte höfliche Aufmerksamkeit für die Maschine. Aber die jungen Männer interessierte die Maschine an sich gar nicht. Das Talent und das Selbstvertrauen, das diese Jungen entwickelt hatten, das wollte man mir vorführen. So lächelte ich ihnen zu, und sie lächelten zurück, und wir sahen nun, daß die Maschine nur ein Werkzeug für ihre Entwicklung war, das sie gut gebrauchen konnten.»[9]

Das der Umweltfreundlichkeit der chinesischen Landwirtschaft und Industrie zugrunde liegende Prinzip verdeutlicht folgendes Zitat aus der «Peking Rundschau»:

«Umweltverschmutzung wird heute hauptsächlich durch industrielle Abfälle . . . hervorgerufen. In einem absoluten Sinn gibt es aber keinen Abfall. Es gibt Materialien in der Welt, die nicht verwendet werden, aber es gibt keine unverwendbaren Materialien.»[10]

Tony Durham interpretiert das Umweltbewußtsein der Chinesen nicht als Ausdruck eines «harmonischen» Verhältnisses zur Natur, sondern als wirtschaftliche Vernunft. «Umweltverschmutzung wird in China nicht als Nebenprodukt, sondern als Hindernis wirtschaftlichen Wachstums angesehen.»[11] Und Enzensberger sieht den «sparsamen Umgang mit den Ressourcen der Natur als wesentlichen Bestandteil der chinesischen Kultur» und schließt, daß sich die chinesische Regierung «der ökonomischen Problematik vollkommen bewußt ist und daß sie, als einzige Regierung der Welt, nicht nur mit ihr rechnet, sondern konsequente Strategien zur Verhinderung der Katastrophe entwickelt hat . . . Die Landwirtschaft hat eine breite Basis, sie ist nur ansatzweise industrialisiert und kann im Notfall ohne Nachschub von technologischen und chemischen Produkten aus den Ballungsräumen funktionieren. Die hochgezüchteten Sektoren der chinesischen Industrie sind zwar sehr leistungsfähig, aber ihr relatives Gewicht in der Gesamtökonomie ist ebenso gering wie ihr Rohstoffbedarf. Die Massenfertigung beschränkt sich auf Güter einer intermediären Technologie, wie Fahrräder und Nähmaschinen, die auch in kritischen Situationen brauchbar sind und die Anfälligkeit der Gesellschaft bei Versorgungsengpässen eher vermindern als erhöhen.»[12]

An zahlreichen Zeugnissen wird deutlich, daß der Erfolg des chinesischen Weges dem Konzept der «mittleren Technologie» bei den Entwicklungsländern Prestige verschafft. Und es ist kaum ein Zufall, daß Schumacher seine Anregungen vor allem Indern verdankte, daß die Tendenzen zu dezentralisierter, «mittlerer Technologie» in Indien besonders stark sind. Die Parallelen zwischen den Nachbarn Indien und China liegen auf der Hand, die fortschreitende Verelendung trotz westlicher Entwicklungshilfe hier und die Beseitigung von Hunger und Arbeitslosigkeit aus eigener Kraft dort fordern den Vergleich heraus. Robert Jungk wußte 1973 zu berichten:

«Das Interesse der Inder an großindustriellen Entwicklungsmodellen läßt nach. Sie blicken hinüber nach China. Der zunehmende Einfluß maoistischer Modelle auf die indische Zukunftsplanung ist in erster Linie nicht politischer Natur. Einflußreiche Planer meinen, sie könnten die dezentralisierten Formen der dortigen Industrieproduktion übernehmen, ohne sich um deren ideologischen Hintergrund kümmern zu müssen.»[13]

Der eingangs dieses Kapitels zitierte Beschluß der indischen Regierung bestätigt Robert Jungks Voraussage. Der Sog des indischen Modells verschafft einem bereits von Gandhi propagierten, eigenständig indischem Konzept Rückendeckung gegenüber den scheinbar progressiven Verfechtern einer massiven Industrialisierung, die seit der Unabhängigkeit Indiens die Übermacht hatten. Schon der zitierte Pressebericht sprach vom Rückgriff auf den Sozialismus Gandhis, der auf politischer und wirtschaftlicher Dezentralisierung beruht, und auch Schumacher beruft sich auf Gandhi. Hier einige Zitate, die zeigen, wie Gandhi das Problem Indiens mit einer einfachen und arbeitsintensiven Technik bekämpfen wollte:

«Wir sparen Arbeit, bis Tausende arbeitslos sind und in den Straßen Hungers sterben . . . Wenn Produktion und Konsumtion dezentralisiert werden (become localized), wird die Versuchung entfallen, die Produktion endlos und um jeden Preis zu steigern . . . Eine gerechte Verteilung der Güter ist nie zu erreichen, solange Weltmärkte erobert werden. Daher müssen wir die zentralisierte Massenproduktion abschaffen und auch die Technologie der Massenproduktion und statt dessen Massenproduktion durch die Produktion der Massen erreichen. Die Produktion durch möglichst wenig Menschen ist heller Wahnsinn und zudem ein raffinierter Weg der Ausbeutung ... Wir brauchen eine einfache Technik, so daß sie Millionen Menschen ins Haus gebracht werden kann.»[14]

Satish Kumar berichtet, daß Gandhi sich um die Wiederbelebung der durch die Briten zerstörten dörflichen Industrien und handwerklichen Fertigkeiten bemühte, daß er ein Laboratorium gründete zur Entwicklung alternativer Werkzeuge für die Produktion von Papier, Schuhen, Zucker und für landwirtschaftliche Geräte, daß er die Produktion von Methan aus Kompost als Haushaltsgas propagierte, und selbst wichtige Verbesserungen an Spinnrädern und Getreidemühlen erfand.

Das Prinzip der «mittleren Technologie» ist also nichts Neues, seine Vorteile für Entwicklungsländer leuchten unmittelbar ein, das Beispiel China belegt sie. Trotzdem setzt es sich nur sehr langsam in Entwicklungsländern durch. Warum eigentlich?

In dem schon zitierten Erfahrungsbericht der «Intermediate Technology Development Group» schildert George McRobie, daß und warum in den Entwicklungsländern die Technik der reichen Länder «am nachhaltigsten und nahezu ausschließlich gefördert wird. Zu den teuren technischen Verfahren der Reichen gehört ein tiefgreifendes und wirksames Kommunikationssystem: sie werden durch private Auslandsinvestitionen gefördert, durch den Handel, durch Kapitalhilfe und technische Hilfsprogramme. Hochschul- und Forschungseinrichtungen sind im allgemeinen ebenfalls mächtige Förderer bei der Weitergabe von teuren technischen Verfahren, da sie normalerweise nach denen in reichen Ländern eingerichtet und entweder von Ausländern oder solchen Einheimischen betrieben werden, die ausschließlich in den Einrichtungen der teuren Technologie ausgebildet wurden, wie sie in den Industrieländern üblich sind.»[15] Und an anderer Stelle spricht McRobie von «dem von Ministerien ausgeübten Druck»[16] gegen die Verfahren der «mittleren Technologie». Aber er analysiert nicht weiter, welche Interessen diesen Druck bewirken.

Hören wir dazu den indischen Landwirtschaftsminister Jaggivam Ram im Jahre 1969:

«Während 47 % der Familien weniger als einen Acre (0,4 Hektar) und 22 % überhaupt kein Land haben, üben 3–4 % der größten Farmer die gesamte politische Macht aus; ihr Einfluß ist beherrschend, sie treffen alle Entscheidungen Hand in Hand mit der staatlichen Verwaltung und nehmen alle Ressourcen und das technische Wissen der Regierungsfachleute für sich in Anspruch.»[17]

Oder aus dem «Bericht über die Welternährungssituation» der UN-Welternährungskonferenz:

«In den meisten ärmeren Ländern herrscht ein hoher Grad der Konzentration an Macht, Reichtum und Einkommen, in den Händen einer relativ kleinen Elite in- oder ausländischer Personen oder Gruppen ... Die auf Befriedigung von Bedürfnissen ausländischer Märkte oder der Märkte für die kleineren inländischen Gruppen mit mittlerem und höherem Einkommen ausgerichteten Produktionsmuster sind nicht auf Diversifizierung und angemessenen Gebrauch der vorhandenen heimatlichen Arbeitskraftreserven angelegt.»[18]

Der holländische Soziologieprofessor und Agrarexperte Ernest Feder schrieb 1975 über einen in den sechziger Jahren einsetzenden Trend der «graduellen Verlagerung bestimmter Zweige der Landwirtschaft aus den Industrieländern in die unterentwickelten Länder ..., indem ineffiziente und unproduktive Betriebe der (einheimischen) agrarischen Monopolcliquen in kapitalintensive, profitorientierte und kommerzielle Unternehmungen umgewandelt werden. Diese Unternehmungen operieren auf einem hohen Niveau fortgeschrittener Technologie und effektiven Managements, ersetzen Arbeitskräfte durch Mechanisierung oder beschäftigen Saisonarbeiter zu sich stets verschlechternden Arbeitsbedingungen. Die Initiative, die Implementierung und die teilweise Finanzierung dieser Art von Modernisierung stammt aus den Industrieländern, hauptsächlich aus den USA. Die Vehikel dieser Entwicklung sind die landwirtschaftliche Kapitalgüter produzierenden großen multinationalen Konzerne, die Entwicklungsprogramme der Regierungen, die großen Stiftungen, die multinationalen Banken, die internationalen Kreditinstitutionen und die Einrichtungen der technischen Hilfe. Letzten Endes arbeiten alle diese Institutionen auf drei Ziele hin:

a) den Absatz bestimmter landwirtschaftlicher Produkte zu vergrößern;

b) den Absatz der von multinationalen Konzernen produzierten oder gehandelten landwirtschaftlichen Produktionsgüter zu steigern und

c) Agrarreformen um jeden Preis zu verhindern, um die Position der sich inzwischen in kapitalistische Unternehmer verwandelnden landbesitzenden Monopolisten zu festigen.»[19]

Und so fort. Man könnte Bände füllen mit Zitaten kompetenter Politiker und Wissenschaftler, die erhellen, warum die «mittlere Technologie» in marktwirtschaftlich orientierten Entwicklungsländern – trotz wachsender Anerkennung des Konzepts – keine breite Anwendung findet, während sie auch in Kuba und Vietnam Teil der offiziellen Entwicklungsstrategie geworden sind.

David Dickson schreibt über die Einführung der «mittleren Technologie» in China:

«Als die chinesischen Planer sich mit der Lösung der Probleme konfrontiert sahen, die auch in vielen anderen unterentwickelten Ländern existieren, verfügten sie über Formen der sozialen Kontrolle, die den Politikern anderer Gesellschaften fehlen ... Es scheint, daß die Möglichkeit eines Nebeneinanders der Technik und der technischen Praxis der verschiedenen Industrien und die Protektion der Märkte der kleinen Industrie auf die nicht wettbewerbsorientierte Struktur der chinesischen Wirtschaft zurückzuführen ist.»[20]

Eine Wirtschaft der «mittleren Technologie», auch wie sie Schumacher vertritt, kann nicht marktwirtschaftlichen Kriterien gehorchen. Sie geht von Bedürfnissen, wie dem Bedürfnis nach sinnvoller Arbeit aus, die in den Gesetzen des Marktes schlicht nicht vorkommen. Ein marktwirtschaftlich organisiertes Entwicklungsland könnte nur durch radikale dirigistische Eingriffe dieses Konzept durchsetzen. Und zwar gegen das Interesse sowohl des einheimischen Großgrundbesitzes und einheimischer Großunternehmen als vor allem auch gegen das Interesse der Wirtschaft der Industrieländer; denn eine Wirtschaft, die mit mittlerer, größtenteils am Ort herstellbarer Technik hauptsächlich für den Konsum am Ort arbeitet,

- verträgt sich nicht mit agrarischen Monokulturen, die für den Weltmarkt produzieren,
- bildet während ihres Aufbaus keinen wesentlichen Markt für die Investitionsgüter der Industrieländer,
- eignet sich nicht für die Verlagerung von Produktionsstätten aus den Industrieländern, die für große Märkte fertigen müssen,
- schafft auch nach erfolgreicher Einführung, nach Beseitigung von Hunger und Stillung der sonstigen, biologisch bedingten Bedürfnisse keinen wesentlichen Absatzmarkt für zentral gefertigte Konsumgüter.

Angesichts solcher Interessenlagen, angesichts der Ballung wirtschaftlicher Macht in den Händen weniger in den meisten Entwicklungsländern, angesichts des Einflusses der multinationalen Konzerne und der Bedingungen, die zumeist mit Entwicklungshilfe verbunden sind, stehen somit die Chancen für eine Wirtschaft der «mittleren Technologie» denkbar schlecht, selbst dann, wenn – wie das zunehmend der Fall ist – die Vorurteile der einheimischen Eliten verschwinden. Man darf gespannt darauf sein, was aus dem Beschluß der indischen Regierung in der Praxis wird, ob er etwas ändern wird an dem empörenden Zustand, den kürzlich drei Mitarbeiter des renommierten Starnberger Max-Planck-Institutes in einer überaus gründlichen und sorgfältig dokumentierten Studie über *Die neue internationale Arbeitsteilung* wie folgt resümieren:

«Seit 1975 ist die Zahl der Arbeitslosen in den westlichen Industrieländern nahezu konstant. Die Wirtschaftspolitik in den Industriestaaten ist nicht mehr in der Lage, Vollbeschäftigung trotz Wachstum zu erreichen. Die meisten Unternehmen weisen dagegen in ihren Geschäftsberichten nach, daß sie gerade in den Jahren der Rezession ‹weltweit sehr erfolgreich gearbeitet› haben. Sie investieren nicht in der Heimat, sondern expandieren in den Entwicklungsländern.

Dort wächst die Zahl der Arbeitslosen in den übervölkerten Slums und Elendsvierteln. Dort sind Millionen Menschen gezwungen, Arbeit um jeden Preis und zu den unwürdigsten Bedingungen zu suchen. In dieser unerschöpflichen Quelle billigster und fast beliebig ausbeutbarer Arbeitskraft ist der entscheidende Grund für den Prozeß der neuartigen Industrialisierung der Entwicklungsländer zu sehen. Diese Industrialisierung zielt fast ausschließlich auf die Exportmärkte. Die Menschen der Dritten Welt sind zu arm, um das bei ihnen Produzierte zu kaufen.»[21]

Bisher habe ich zu zeigen versucht, daß in jüngster Zeit das Dogma einer «neutralen» Technik zunehmend erschüttert wurde, daß zunächst eine intellektuelle Elite nun zunehmend eine breitere Öffentlichkeit wahrnimmt, wie sehr Politik durch die Technik bestimmt wird. Der Bericht über die Durchsetzbarkeit «mittlerer Technologie» mag umgekehrt zeigen, wie sehr auch die Technik von der Politik bestimmt wird und wie sich diese Bestimmung hinter Mythen verbirgt. Es gibt kein Primat des einen vor dem anderen, aber ein umfassendes Bewußtsein von den Zusammenhängen zwischen Politik und Technik wäre eine notwendige, wenn auch nicht hinreichende Bedingung dafür, der Politik das Primat gegenüber der Technik zu verschaffen.

«Small is Beautiful» als kulturelle Alternative

Die «mittlere Technologie» ist zwar offenbar ein unter geeigneten politischen Verhältnissen erfolgreich durchführbares Gegenkonzept zum hochtechnisierten Industrialismus, es ist aber zu fragen, ob sie nicht nur, der Not gehorchend, eine Übergangslösung auf dem langen Weg der Entwicklungsländer zum «modernen» Industriestaat ist.

Über die Motive der Chinesen, eine «mittlere Technologie» zu favorisieren, machte Carl Friedrich von Weizsäcker nach einem China-Besuch im März 1976 einige Anmerkungen: «Man könnte sich, von einer Interpretation der Linie Maos her, vorstellen, daß China . . . seinen Fortschritt nicht am technischen Fortschritt der anderen, sondern an der Ausgewogenheit seines inneren Gefüges, an der Bewußtseinshebung der Massen bemesse.»[22] Und er verweist darauf, daß andererseits auch als Ziel verkündet würde, «etwa im Jahre 2000 eine vollmoderne Industrienation zu sein». Robert

Jungk plaudert im *Jahrtausendmensch* über Gespräche mit Mitgliedern der chinesischen Delegation auf der Stockholmer Umwelt-Konferenz 1972, die «bestätigen, sie richteten ihre Politik bewußt und planvoll gegen großindustrielle Anlagen», durch die «die Überschaubarkeit der Produktionsanlagen für jeden einzelnen verlorengehe»[23]. Ich frage mich, warum «die Chinesen» so viel genauer als beispielsweise «die Deutschen» wissen sollten, wohin ihr Weg langfristig führt; die Fraktionskämpfe in China, ausgelöst nicht zuletzt durch Meinungsverschiedenheiten über den wirtschaftlichen Weg, sind hinreichend bekannt. Mehr Gewicht als die momentanen Meinungen politischer Führer dürfte die Eigendynamik haben, die eine einmal dezentralisierte Wirtschaft und eine schon im Frühstadium der Industrialisierung systematisch an Partizipation gewöhnte Bevölkerung entwickelt. Die chinesische Politik der auf die Unterstützung der Landwirtschaft als wichtigster Lebensgrundlage ausgerichteten, dezentralisierten Industrialisierung ist auch keineswegs primär als Reaktion auf den Ausfall der russischen technischen Hilfe zu verstehen; gerade die behutsame chinesische Politik gegenüber den Bauern, im Gegensatz zu der rücksichtslosen Industrialisierung der Landwirtschaft in der UdSSR, war der wesentliche Anlaß für den ideologischen Zwist, der schließlich zum Bruch führte.

Nicht nur in China mischen sich bei den Verfechtern der «mittleren Technologie» wirtschaftliche Motive mit soziokulturellen Traditionen und politischen Überlegungen – wie das schon an den Gandhi-Zitaten deutlich wird. Und mit der zunehmenden Krise der Industrieländer gewinnt generell die Skepsis gegenüber dem «Industrialismus» an Gewicht, treten zudem die kulturellen Motive der Partizipation und der sinnerfüllten Arbeit stärker hervor.

Auch bei E. F. Schumacher wird das deutlich. Der zitierte Vortrag aus dem Jahre 1965, von dem er selbst spricht als von der «Grundlage, auf der in London die Intermediate Technology Development Group gegründet wurde»[24], argumentiert im wesentlichen mit den wirtschaftlichen Bedürfnissen der noch nicht industrialisierten Länder. Später trat Schumacher für die «mittlere Technologie» als notwendige Alternative auch in den Industriestaaten ein. *Small is Beautiful* ist vor allem eine umfassende Kritik der Wirtschaft und Technik der Industrieländer, die «von unersetzlichem Kapital lebt, das

sie sorglos als Ertrag betrachtet», wobei er unter diesem Kapital
nicht nur Rohstoffe und eine tolerable Umwelt versteht, sondern
auch «die menschliche Substanz»; er plädiert für «die Entwicklung
von Technologien in kleinerem Maßstab, relativ gewaltloser Technologie, Technologie mit menschlichen Zügen, so daß uns allen
Gelegenheit gegeben ist, bei der Arbeit Freude zu empfinden, statt
ausschließlich für die Lohntüte zu arbeiten und, gewöhnlich verge-
bens, Freude lediglich von der Freizeit zu erhoffen»[25].

Die folgende Passage aus der als Gegenmodell zu den *Grenzen des
Wachstums* entstandenen Studie *Grenzen des Elends* der Bariloche-
Stiftung dürfte wohl den unter Ökonomen, Intellektuellen und
Politikern der Dritten Welt heute verbreiteten Konsens über die
langfristige Gültigkeit des Konzepts der «mittleren Technologie»
bezeichnen:

«Die unterentwickelten Länder können nicht den gleichen Weg
beschreiten, den die heute industrialisierten Länder in der Vergangenheit gegangen sind. Das bedingt die Notwendigkeit, eine
neue Kultur zu schaffen, eine Kultur, die einerseits die positiven
Elemente beibehält, die durch die Entwicklung der ‹industriellen
Zivilisation› entstanden sind, andererseits aber auch die Werte,
Ziele und Ansprüche der unterdrückten Mehrheiten in den unterentwickelten Ländern einbezieht, um somit im Endeffekt die
kulturelle Vielfalt der Menschheit zu bewahren und zu erweitern.
Dieser neue Weg der Entwicklung – mit den vorauszusehenden
Veränderungen der Werte und der Lebensart – macht es fast
unmöglich, abzuschätzen, wie groß die wirtschaftliche Kluft sein
wird, die man in bezug auf den Lebensstandard eventuell zu
erwarten hat. Hat man es mit gleichwertigen Kulturformen zu
tun, so widerspiegelt diese Kluft im allgemeinen getreu die Unterschiede im Lebensstandard. Sind jedoch die sozialen Ansprüche
verschieden, so bedeutet ein Unterschied im wirtschaftlichen Niveau nicht notwendigerweise auch einen entsprechenden Unterschied im Lebensstandard. Denn letzterer kann sich in Wertbe-
griffen äußern, die sich von den verschiedenen Möglichkeiten der
materiellen Befriedigung stark unterscheiden.
Eine neue Gesellschaft setzt jedoch eine neue Technologie voraus, weil die Technologie in anthropologischem Sinne ein ent-

scheidendes Element der Kulturformen ist. Auch für die entwikkelten Länder wäre eine Neuorientierung und neue Zielsetzung des technologischen Fortschritts von wesentlicher Bedeutung. Die Errichtung einer mit der Umwelt gut vereinbaren Gesellschaft, in der die Menschheit alle ihre Fähigkeiten voll zur Geltung bringen kann, hängt weitgehend vom Typ der in der Produktion verwandten Technologie ab. Eine Reduzierung der im Modell vorgeschlagenen wirtschaftlichen Zuwachsrate würde, wie bereits festgestellt, zur Umkehr des bisher vorherrschenden antiökologischen Trends führen und die allmähliche Anpassung des Produktivsystems an die Ziele und Werte der neuen Gesellschaft gestatten. Nur so, durch Abstimmung bei der Suche nach gemeinsamen Idealen, wird man endlich zu der auf Gleichheit, Freiheit und Solidarität basierenden Gesellschaft gelangen.»[26]

An dieser Stelle scheint mir eine Abschweifung angebracht. Ich habe schon bei der Schilderung der Wirkungen des ersten Berichtes an den Club of Rome darauf hingewiesen, daß die ökologischen Warnungen aus den Industriestaaten vielfach in den Entwicklungsländern starke Ressentiments hervorriefen. Das ist nur zu verständlich angesichts etwa der ebenso stumpfsinnig wie hartnäckig von Ökologen vom Schlage Paul Ehrlichs verbreiteten Rückführung des Elends in der Dritten Welt ausschließlich auf das Bevölkerungswachstum. Generell zeichneten sich die ökologischen Warner der Industriestaaten, auch des Berichts an den Club of Rome, durch mangelndes Verständnis der Probleme der Dritten Welt aus. Schon die unkritische Anführung von Globalzahlen etwa über das Bruttosozialprodukt oder die Nahrungsmittelproduktion pro Kopf der Bevölkerung verdeckt, daß in hungernden Entwicklungsländern Konsumgüter und Nahrungsmittel für den Weltmarkt produziert werden, deren Erlöse nur zum kleinen Teil im Lande und dort größtenteils zur Verfügung einer reichen Elite bleiben. Erbitternd wirkt weiter in den Entwicklungsländern die in den Industrieländern gängige Ignorierung der Tatsache, daß erst die mit der Kolonialisierung einhergehende Zerschlagung der agrarisch-handwerklichen Wirtschafts- und Sozialstruktur zur Verelendung der Massen geführt hat; die früheren Strukturen hatten in den meisten Ländern der heutigen Dritten Welt dem Großteil der Bevölkerung, ähnlich wie im durchaus nicht so finsteren europäischen Mittelalter, befriedigende Lebensumstände verschafft. Während diese Zerschlagung traditioneller Strukturen durch den Neokolonialismus noch weitergeführt wird, präsentiert er sich nicht selten noch als «Entwicklungshilfe».

All das ignorieren noch heute nicht nur die rücksichtslosen Industrialisierer, sondern auch viele der vornehmlich um Erschöpfung der Ressourcen und Zerstörung der Umwelt besorgten Verfechter der Grenzen des Wachstums. Angesichts dieser Verdrängungen schüttete die Gegenreaktion aus der Dritten Welt häufig das Kind mit dem Bade aus, bestritt generell die Relevanz der ökologischen Bedrohungen und die Gefahren des Bevölkerungswachstums. Dieser Trend gehört aber der Vergangenheit an, die zuvor gebrachten Beispiele belegen eine ausgewogene Sicht ökologischer und sozialer Faktoren; Reste der ersten Überreaktion bleiben aber spürbar, beispielsweise in einem allzu unkritischen Vertrauen auf das technisch Machbare auch im Bericht der Stiftung Bariloche.

Ansätze der Veränderung
in der Industriegesellschaft

Während sich in den westlichen Industriestaaten, allen voran in den USA, nach dem Zweiten Weltkrieg zunächst ein Unbehagen an der industrialisierten Welt ausbreitete, eine intellektuelle Elite zu einer philosophisch fundierten Kritik der industriellen Technik vorstieß und, gefördert durch die in der Studentenrevolte gipfelnde Aufbruchstimmung Ende der sechziger Jahre eine beachtliche Minderheit Widerstand gegen weitere Industrialisierung zu leisten begann, waren also in Entwicklungsländern bereits Gegenmodelle entwickelt und praktiziert worden für eine Wirtschaft, die nur geringen Gebrauch macht von der hochkonzentrierten Technik der Industriestaaten. Diese Wirtschaft nutzt die Erkenntnisse der Natur und Ingenieurwissenschaften zur Fortentwicklung handwerklicher Techniken hin zu einer mäßig mechanisierten, auf mäßiger Arbeitsteilung beruhenden umwelt- und ressourcenschonenden Technik, die den Menschen Arbeit erleichtert, aber nicht «abnimmt».

Weniger beachtet als der zunächst auf Verhinderung angelegte, in Bürgerinitiativen organisierte Widerstand gegen weitere Industrialisierung, notabene gegen Atomenergie, hatte sich aber auch seit Ende der sechziger Jahre, vorwiegend in den angelsächsischen Ländern, eine Bewegung für alternative Technik entwickelt. Ich habe schon am Beispiel E. F. Schumachers auf die Bezüge zwischen diesen Bewegungen für alternative Technik in den Industrie- und Entwicklungsländern hingewiesen. Schumacher und seine Gruppe nahmen zunächst Ideen aus der Dritten Welt auf, unterstützten sie sowohl durch Propagierung als auch durch technische Projekte für Entwicklungsländer, plädierten im weiteren Verlauf aber für ihre Anwendung auch in der industrialisierten Welt. Und das zunehmend nicht aus der engen Sicht etwa nur der Ressourcenverknappung, oder der Umweltverschmutzung, sondern im Rahmen eines umfassenden Konzeptes zu Bewältigung der Krise des Industrialismus, die ökologisch, ökonomisch und soziokulturell verstanden wird.

Diese Zusammenschau ist das Charakteristikum der ansonsten diffusen Bewegung für alternative Technik, die in ihren Spielarten auch mit Begriffen wie ‹utopische Technik›, ‹sanfte Technik›, ‹Biotechnik›, ‹radikale Technik› oder, wie Schumacher, ‹mittlere Technik› operiert. Sie ist Teil des ‹losen Konsens› von Marcuse bis Mumford, sie begreift sich politisch als links, aber nicht als traditionell marxistisch, wobei der liberale, wohl dem gemäßigten britischen Labour-Flügel zuzurechnende Schumacher eher den konservativen Rand markiert. Der wesentliche Unterschied zu all denen, die, in der Nachfolge der Studentenbewegung oder aktiv in Bürgerinitiativen stehend, sich ebenfalls in diesen «losen Konsens» einordnen, ist ihr aktives Engagement in der Entwicklung alternativer Technik als wesentlicher Grundlage zur Überwindung der in die Sackgasse geratenden Industriegesellschaft. Und im Gegensatz zu Umweltschützern konservativer Provenienz, wie etwa dem Christdemokraten Herbert Gruhl in der Bundesrepublik oder dem Marxisten Wolfgang Harich in der DDR, begreifen sie im allgemeinen die Krise des Industrialismus, die ökologischen Grenzen, nicht als eine über die Menschheit hereinbrechende Not, der man nur mit autoritären Mitteln Herr werden wird, sondern als eine nachdrückliche Aufforderung zu wieder mehr Spaß. Sie sind nicht technik-feindlich gestimmt, sondern Enthusiasten einer Technik mit menschlichen Ausmaßen, einer Technik, die jedermann durchschauen kann, die jeden auffordert, Ingenieur zu sein. Also wirken sie nicht seriös, ich nähere mich ihnen vorsichtig auf einem weiteren Umweg.

Wenn alternative Technik eine Technik ist, die sich dem bisherigen Trend aus ökologischen und soziokulturellen Motiven entgegenstemmt, dann gibt es eine Reihe von isoliert erscheinenden Entwicklungen, etwa des letzten Jahrzehnts, die der Öffentlichkeit viel vertrauter sind als der eigentliche Begriff alternative Technik. Ich verstehe als solche alternativen Techniken nicht etwa die im letzten Jahrzehnt unter dem Druck der Öffentlichkeit und einer ihm folgenden Gesetzgebung forcierte Entwicklung oder Anwendung von umwelt- und ressourcenschonender Technik, wie etwa die Rauchgasentschwefelung, Müllpyrolyse, Rohstoffrecycling, Abwasserbehandlung, Fernwärmeversorgung, Kohlevergasung und -Hydrie-

rung, Schall- und Wärmedämmung, Sonnen- und Gezeitenkraft-
werke. Das sind zwar äußerst wichtige, auch menschenfreundliche
Entwicklungen, können aber durchaus Fortschreibungen bisheriger
Trends der Industrialisierung sein, Anpassungen an eine sich ändernde Umwelt- und Ressourcensituation, die der Stabilisierung
einer auf weiteres Wirtschaftswachstum bedachten Industriegesellschaft heutigen Typs dienen sollen. Ebensowenig zähle ich zu den
alternativen Techniken die unter dem euphemistischen Schlagwort
«Humanisierung der Arbeitswelt» firmierenden Forschungen und
Techniken zur Verminderung von Arbeitsunfällen und Berufskrankheiten, die Ergonometrie, Stressforschung, Kraftverstärker,
Entstaubungsvorrichtungen, Lärmschutz- und Sicherheitstechni-
ken. Für sie gelten die Prädikate wichtig und menschenfreundlich in
noch stärkerem Maß, angesichts von «immer noch fast 2 Millionen
Arbeitsunfällen und Berufskrankheiten», die jährlich laut Hans
Matthöfer «in der Bundesrepublik registriert» werden.[27] Schon diese Zahl zeigt aber auch an, daß es dabei lediglich um die Durchsetzung des bereits im letzten Jahrhundert von der Arbeiterbewegung
erkämpften Prinzips vom Primat der Gesundheit des Arbeiters vor
der Produktion geht.

Humanisierung der Arbeitswelt

Durchaus ein Ansatz in Richtung auf alternative Technik ist dagegen die ebenfalls unter «Humanisierung der Arbeitswelt» firmierende soziotechnische Arbeitsorganisation, bekannter unter den Stich-
worten «job enlargement», «job enrichment» und «job rotation»,
bekannt geworden am Beispiel des revolutionär anmutenden Ersatzes des Fließbandes durch autonome Arbeitsgruppen in der Auto-
mobilproduktion bei Saab und Volvo in Schweden. Hier handelt es
sich um einen ersten Ansatz zum Abbau der Entfremdung, um eine
Anpassung der Produktionstechnik an den Menschen, statt, wie
bisher stets seit Beginn der industriellen Revolution, der Menschen
an die Produktionstechnik. Der seit Beginn der Industrialisierung
durchgehende Trend der Taylorisierung der Arbeit, der hochgezüchteten Arbeitsteilung, der auch heute noch in den meisten Berei-

chen von Produktion und Verwaltung fortdauert, wird hier nicht nur angehalten, sondern revidiert.

Fritz Vilmar, aus der «Frankfurter Schule» hervorgegangener Soziologe, hat im Rahmen eines 1973 erschienenen Sammelbandes *Menschenwürde im Betrieb* die Vorgeschichte des neuen «Protestes gegen das Fließband» untersucht. Er stellt fest, daß es «weitgehend auch bei Arbeitern und ihren Gewerkschaften als ausgemachte Sache galt, daß die Arbeitsorganisation einem Sachzwang der Monotonie unterliegt». Während es «bereits in den fünfziger Jahren einige erfolgreiche Versuche des Job Enlargement gab», konstatiert er eine wirkungsvolle Bewegung in der Arbeiterschaft gegen «die monotone und zugleich verstresste Arbeit» erst seit Ende der sechziger Jahre; sie wurde ausgelöst durch mit der antiautoritären Bewegung verbundene «kritische Minderheiten innerhalb der Lehrlinge, der besser ausgebildeten Arbeiter». Eine nach dem Zweiten Weltkrieg im Londoner Tavistock-Institut entwickelte soziotechnische Theorie, die auf einer «gleichzeitigen Gestaltung zweier Systeme, nämlich eines technischen und eines sozialen Systems» im Produktionsprozeß beruht, «ist fast zwei Jahrzehnte kaum beachtet worden» und wird erst jetzt «relevant, weil sie eine Teilantwort darstellt auf das wachsende Selbstbewußtsein der heranwachsenden Generation insgesamt und gewisser Teile der Arbeiterschaft innerhalb dieser Generation und innerhalb der industriellen Zentren»[28].

Vilmar verweist darauf, daß es «in den USA die meisten Versuche zur Gestaltung interessanterer, weniger hierarchisch kontrollierter Arbeitsaufgaben gibt», daß dort «eine Kritik der tayloristischen Arbeitsorganisation auf breiter Front in Gang gekommen ist, und zwar auf Grund eines sozusagen individuellen, nicht organisierten, aber durchaus kollektiv wirksamen Widerstands». Vilmar nennt als weitere Länder, in denen es erfolgreiche Versuche soziotechnischer Arbeitsgestaltung gibt, Kanada, Schweden und Norwegen, England, die Niederlande und Italien, wobei besonders in Italien die anderenorts noch zurückhaltenden Gewerkschaften sich des Themas angenommen haben. Den Trend zur Soziotechnik gibt es also vor allem in den angelsächsischen und skandinavischen Industrieländern, in denen sich auch die Bürgerinitiativen als Verhinderer weiterer Industrialisierung zunächst organisiert hatten, in denen es von vornherein zum Bündnis dieser Initiativen mit den antiautoritären Studenten gekommen war und in denen, wie noch zu zeigen ist, sich auch die Bewegungen für alternative Technik entwickelt haben.

Dagegen seien keine Ansätze in der BRD bekannt, schrieb Fritz Vilmar 1973. Der seinerzeitige Bundesminister für Forschung und Technologie Hans Matthöfer wußte 1976 im Kapitel «Humanisierung der Arbeit» seines Berichtes über *Sozialdemokratische Forschungs- und Technologiepolitik* zwar viel über – ich betone, sicher sehr wichtige – dem Schutz der physischen Gesundheit der Arbeiter dienende Forschung und Entwicklung zu berichten, aber kaum etwas über Soziotechnik; so warnt er denn mit Bezug auf Volvo und Saab davor, «schwedische Ergebnisse, die zudem nicht an Hand wissenschaftlich-statistisch gesicherter Daten nachgeprüft werden können, zu verallgemeinern und vorbehaltlos auf deutsche Verhältnisse zu übertragen»[29]. In der Tat, dort, wo das öffentliche Bewußtsein für die Krise des Industrialismus so sehr fehlt, wo die Wachstumsideologie Staatsreligion ist, wo ihre Gegner zwar nicht als Ketzer verbrannt, aber doch von der öffentlichen Meinung als Spinner oder gar Subversive isoliert werden, da sind auch, um Hans Matthöfer nochmals zu zitieren, «die meisten Arbeitnehmer mit ihren Arbeitsbedingungen zufrieden», weil «diese Art von Zufriedenheit durch jahrelange Gewöhnung und Verdrängung von Interessen und Bedürfnissen zustande kommen kann»[30].

Bei der Bewertung der Bedeutung solcher Reparaturen am Industrialismus wie der Soziotechnik scheiden sich die Geister. Einmal gibt es die Pseudo-Progressiven, die ohne bezug auf und zumeist wohl ohne Wissen um das – so Fritz Vilmar – «psychische Leid» derer, die ein Leben lang monotoner Arbeit ausgeliefert sind, «entlarven», daß es sich hier nur um Stabilisierung des «Systems» handelt. Diese unbarmherzige Position ist weit weniger verbreitet unter denen, für die neuerdings «das System» die hochkonzentrierte Industriegesellschaft in Ost und West ist, als unter denen, die es allein auf den Begriff Kapitalismus brachten. Zum anderen gibt es Liberale, die aus grenzenlosem Bedürfnis nach Harmonie von dieser Art Reparaturen die Lösung aller Konflikte erwarten. Doch selbst Fritz Vilmar beeilt sich zu betonen, daß bei Einführung der Soziotechnik «die Produktivität nicht zurückfällt». Bislang hat die vor 20 Jahren erhobene Forderung des Liberalen Galbraith, den Spaß an der Arbeit vor die Produktivität zu stellen, in der Bundesrepublik jedenfalls noch keine reelle Chance.

Medizin und Landwirtschaft nach menschlichem Maß

Heutige Medizin ist hochkonzentrierte Technik, von der Pille bis zur Krebsbestrahlung; ihre Alternativen wie auch die psychosomatische, die Sozialmedizin und die Naturheilmedizin, weniger suspekt unter dem Namen Homöopathie, finden seit Ende der sechziger Jahre immer mehr Anhänger. Die Allensbacher Meinungsforscher stellten 1976 fest, daß fast die Hälfte der Bundesbürger natürlichen Heilmethoden zuneigt.[31] Hier handelt es sich offensichtlich um Reaktionen sowohl auf die von der Umweltbewegung publik und bewußt gemachte Verseuchung der Menschen mit Chemikalien als auch auf Entfremdung. Diese spezifische Form der Entfremdung des eigenen Körpers durch einen hochspezialisierten und technisierten Apparat, gefertigt aus Fachärzten, Kliniken, Pharma- und Elektromedizin-Industrie und Gesundheitsbürokratie, die Ivan Illich *Enteignung der Gesundheit*[32] getauft hat, spüren die Menschen in kritischen Situationen, wenn sie als Patient dieses Apparates hastig und wortlos von einer Spezialstation zur anderen geschoben oder mit einem Rezept für eine Dosis Chemie in die Apotheke geschickt werden.

Die öffentliche Debatte um die «Kostenexplosion im Gesundheitswesen» verweist auf die Übertechnisierung der Medizin. Die Sensationsberichterstattung um medizinische Wunder wie die für die erdrückende Mehrzahl der Menschen belanglosen Herzverpflanzungen müssen dem, der einmal mißtrauisch geworden ist, zu weiterem Denken reizen. Die so recht erst seit den sechziger Jahren fortgeschrittene Popularisierung der Psychologie hat das Wissen um sozialpsychologische Ursachen von Krankheiten weit verbreitet, und jeder kann ermessen, daß der medizinische Apparat diese Ursachen schlicht ignoriert.

Es ist einsichtig, daß die Menschen gerade im Bereich der Gesundheit nach einer menschlichen Wissenschaft und Technik verlangen, die «Leib und Seele» nicht trennt, durchschaubare Mittel anwendet, einschließlich dem des Zuspruchs. Das bieten die verschiedenen Schulen der Naturheilkunde, deren gemeinsame Grundeinstellung es ist, die natürlichen Heilbestrebungen des Organismus zu unterstützen und nur in seltenen Fällen mit schwerwiegenden Eingriffen wie Chirurgie oder Antibiotika zu operieren.

Bezeichnenderweise trifft dieser Trend sich wieder mit der «mittleren Technologie» der Entwicklungsländer. Die Kunde von der Betonung traditioneller Heilverfahren in China ist verbreitet; man weiß, daß China mit dem System der nebenberuflichen Barfußärzte und wenigen hochtechnisierten Kliniken die Gesundheit der Menschen sichern konnte. Von Akupunktur spricht man heute mehr als von Dr. Barnard; weniger bekannt dürfte sein, daß die Homöopathie in Indien die offizielle Medizin ist und sehr verbreitet auch in Südamerika, speziell in Argentinien und Mexiko.

Bezeichnend für die auf den Mythos eines eindimensionalen Wissenschaftsbegriffs abgestützte Resistenz des Industriesystems ist aber auch der offizielle Status der Naturheilverfahren: sie existieren für unsere Universitäten nicht. Die Homöopathen haben das Industriezeitalter als belächelte Sonderlinge, oft am Rand der Legalität, überdauert, werden jetzt zwar zahlreicher, erarbeiten sich aber ihr Wissen, wie die meisten Widerständler gegen die Industriegesellschaft, in einer Art Subkultur. Der Wissenschaftsbetrieb beginnt soeben erst, von ihnen Notiz zu nehmen, im Zuge einer ansetzenden Skepsis gegenüber dem totalitären Anspruch heutiger Wissenschaft, allein die Schlüssel zur Erkenntnis zu besitzen. Ein profilierter Skeptiker, der wissenschaftstheoretische Berkeley-Professor Paul Feyerabend, beendete 1976 das Vorwort zur deutschen Ausgabe seiner renommierten *Skizze einer anarchistischen Erkenntnistheorie* – in der er feststellt, daß «der Streit zwischen Wissenschaft und Mythos unentschieden ausgegangen ist» – in der Hoffnung, seine durch Krankheit unterbrochene Arbeit «mit Hilfe von Handauflegern und Akupunkturisten bald wieder weiterführen zu können»[33].

Eines ist erstaunlich: der offenkundige, von Allensbach auch demoskopisch belegte, verbreitete Widerstand gegen eins der – nach Ivan Illich – «radikalen Monopole» der Industriegesellschaft, das «Gesundheitswesen», konnte sich entfalten, obwohl der Mythos von den Segnungen der modernen Medizin kaum angekratzt war.

Ivan Illich, der in seinem Buch *Die Nemesis der Medizin* diesen Mythos attackiert, führt dort zunächst vor Augen, was jedermann als Segnung der Medizin erscheint:

«Die letzten drei Generationen erlebten einen merklichen Wandel im Bild der in den westlichen Gesellschaften verbreiteten Krankheiten. Poliomyelitis, Diphtherie und Tuberkulose sind beinah verschwunden; Lungenentzündung oder Syphilis ist mit ein paar Antibiotika-Injektionen heilbar; und inzwischen sind so viele einseitigen Massenseuchen unter Kontrolle gebracht, daß heute zwei Drittel aller Todesfälle durch Altersleiden bedingt sind. Wer in jungen Jahren stirbt, ist meist Opfer eines Unfalls, von Gewalt oder Selbstmord. Dieser Wandel der allgemeinen Gesundheitsbedingungen wird für gewöhnlich mit verringertem Leiden gleichgesetzt und auf mehr oder bessere ärztliche Versorgung zurückgeführt.»[34]

Und doch unternimmt es Ivan Illich in der Folge, an Hand einer Fülle von Material nachzuweisen, daß «die Medizin, im Gegensatz zur landläufigen Meinung, wenig zu der tatsächlichen Veränderung der Lebenserwartung beigetragen» hat,[35] daß vielmehr verbesserte Ernährung und Hygiene dafür ausschlaggebend waren. Es finden sich zunehmend auch Ärzte, die diese These Illichs stützen, wie auch seine zentrale These vom «krankmachenden medizinischen Fortschritt», von einer durch die «Kontrolle der Standesorganisationen hervorgerufenen Epidemie». Illich belegt dies unter anderem mit dem Nachweis, daß in den hochindustrialisierten Ländern die Lebenserwartung stagniert oder zurückgeht trotz einer Jahrzehnte anhaltenden Kostenexplosion im Gesundheitswesen, für die es «in keinem anderen Sektor der Wirtschaft ähnliche Beispiele gibt», während «in allen Industrienationen die Wachstumsrate des Gesundheitssektors höher war als die des Bruttosozialproduktes»[36].

Ich habe mich kaum mehr als der Durchschnittsbürger mit dem Gesundheitswesen befaßt und dabei die vermutlich typische Art Unbehagen am medizinischen Betrieb entwickelt, die sich in der Allensbacher Umfrage niederschlägt. Ich bin nicht geneigt, jeden Hackethal ernst zu nehmen; Dissidenten hat es stets und in jeder

Disziplin gegeben. Daß alles immer teurer wird, weiß ich schon von meinem Großvater. Mir ist nicht jeder Fehlschlag oder Mißstand Anzeichen einer Krise. Aber die Lektüre der *Nemesis der Medizin* hat mich überzeugt; die Krise des Gesundheitswesens ist fundamental, die in diesem Jahr beschlossenen politischen Maßnahmen zur «Kostendämpfung» gehen an ihren Ursachen vorbei. Man kann skeptisch bleiben gegenüber einzelnen Argumenten, Beweisführungen, angeführten Statistiken und vielleicht überzogenen Folgerungen Ivan Illichs: die Bezüge zu der grundsätzlichen Heilserwartung an das hochtechnisierte Industriesystem, dessen spezielle Ausprägung hier der aberwitzige Glaube an die «Reparierbarkeit des Menschen» ist, kulminierend in dem absurden Ziel der Kopftransplantation des Dr. R. J. White, deckt Illich präzise auf.

Daß sich die Menschen scharenweise von diesem «Gesundheitswesen» absetzen, ohne vermutlich von der grundlegenden Kritik Genaueres zu wissen, erscheint mir wie die von C. F. von Weizsäcker berufene «Rationalität des Irrationalen». Dieses Phänomen begegnet mir häufig bei den Nachforschungen über den Widerstand gegen den Industrialismus, notabene bei den Kernenergiegegnern, die meiner – hier wohl fundierteren – Meinung nach mit zunächst diffusen bis falschen Argumenten eher instinktiv ein Ziel verfolgten, dessen solidere Begründung sich erst bei der später schrittweise erfolgten Verfeinerung der Argumentation erwies.

Die Abwendung von einem inhuman gewordenen Gesundheitssystem ist ein Beispiel für den Vormarsch alternativer Techniken, die landwirtschaftlichen «biologischen Anbaumethoden» und die Hausheizung mit Sonnenenergie zwei weitere. Beide sind nicht nur Anpassungen an geänderte Umwelterfordernisse, sie stehen auch für den Trend gegen die hochtechnisierte, konzentrierte, in ein Netz von Abhängigkeiten eingebaute Produktion.

Biologische Anbaumethoden, von den Anthroposophen über chemiefreudige Zeiten hinweggerettet, sind im Kommen in dem Maße, wie die Esser und Trinker gegen die gespritzten und geschmacklosen Erzeugnisse einer überindustrialisierten Landwirtschaft reagieren; schon die rasch zunehmenden Reformhäuser, Health Food Shops bezeugen das. Wie sehr die biologischen Anbaumethoden alternative Technik sind, ermißt man an einigen Charakteristika der nach dem Zweiten Weltkrieg, speziell in den letzten 10 Jahren, zumeist mit Subventionen überindustrialisierten Landwirtschaft der Industriestaaten:

Die Mechanisierung hat es zuwege gebracht, daß ein Arbeitsplatz in der deutschen Landwirtschaft im Schnitt heute 157000.- DM an Investitionen kostet – fast dreimal soviel wie noch vor zehn Jahren, doppelt soviel wie durchschnittlich in der Industrie.[37] In den Industrieländern werden zur Produktion einer Kalorie Nahrung fünf bis zehn Kalorien Energie in Form fossiler Brennstoffe verbraucht, in den Entwicklungsländern nur ein Fünftel bis ein Fünfzigstel einer Kalorie.[38] Neben der für die Mechanisierung von Produktion und Verarbeitung verbrauchten Energie spielt bei dieser immensen Energieverschwendung die zur Kunstdüngererzeugung verbrauchte Energie eine große Rolle. Der Verbrauch an Kunstdünger ist weltweit von 1949 bis 1973 auf das Siebenfache gestiegen. Würde dieser Trend anhalten, was insbesondere dann zu erwarten wäre, wenn der Düngerverbrauch der Entwicklungsländer auf das Niveau des Verbrauchs der Industrieländer anstiege, dann wären die abbaubaren Kalivorräte der Welt in wenigen Jahrzehnten erschöpft; Kali ist als Bestandteil der künstlichen Düngung unentbehrlich.[39] Da die dauernde Zufuhr von Kunstdünger die bakterielle Mikroflora zerstört, die im Boden die Nährstoffe für die Pflanzen aktiviert, würde Entzug des Düngers Ausfall der Ernte bedeuten,[40] ein ähnlicher Teufelskreis wie der von chemischen Pflanzenschutzmitteln hervorgerufene, von deren katastrophalen Umweltfolgen schon die Rede war. Vom Kunstdünger geht ein großer Teil in die Gewässer, so auch ins Trinkwasser.

Biologische Anbaumethoden verwenden Kompost statt Kunstdünger und verzichten auf chemische Pflanzenschutzmittel. Bei Verwendung wissenschaftlicher Methoden zur Unterstützung des natürlichen Regelkreises können sie mit der auf Chemie aufbauenden Landwirtschaft vergleichbare Hektarerträge erreichen. Sie vermeiden die immensen Umweltschäden, ihre Produkte sind ungiftig und schmecken besser, ihr Verbrauch an Rohstoffen und Energie ist geringer. Ihnen ist, wegen Schädlingsbekämpfung und Bodenpflege eine Tendenz gegen Monokulturen eigen und eine höhere Arbeitsintensität. Ihr stark verminderter Verbrauch an Rohstoffen und

Energie macht sie unabhängiger von der industrialisierten Welt, stabilisiert sie so langfristig auch in wirtschaftlicher Hinsicht. Sie sind, nicht zuletzt wegen dieser Unabhängigkeit, im vollen Sinn alternative Technik.

Sonnenheizung

Ein besonders interessantes Beispiel für alternative Technik ist die Nutzung der Sonnenenergie für Heizung mit Warmwasserversorgung. Ich zitiere Hans Matthöfer, 1976:

«In der Bundesrepublik . . . wurde bis in die jüngste Vergangenheit von den meisten Experten keine Möglichkeit für fühlbare Beiträge der Sonnenenergie zur Energieversorgung gesehen. Ein Grund für diese Fehleinschätzung lag gewiß in der Tatsache, daß man sich zu sehr auf die Nutzung der Sonnenenergie zur Elektrizitätserzeugung, wie sie beispielsweise für die Weltraumtechnik entwickelt wurde, konzentrierte . . . Besonders aussichtsreich ist auf Grund der Untersuchungen und der technischen Fortschritte der jüngsten Vergangenheit die Nutzung der Sonnenenergie zur dezentralen Wärmeversorgung, zunächst zur Warmwasserbereitung insbesondere in den Sommermonaten, später auch als Beitrag zur Raumheizung.»[41]

Man kann diese für die Bundesrepublik getroffene Feststellung verallgemeinern: das wissenschaftlich-technische Establishment nicht nur in Deutschland, sondern in allen Industriestaaten hat bis vor kurzem diese Energiequelle ignoriert. Querulantische Alternativ-Techniker, verstärkt durch Bürgerinitiativen gegen Kernenergie, haben keine Ruhe gegeben, bis sich seit zwei, drei Jahren doch das Establishment zögernd der Sache angenommen hat, auch staatliche Entwicklungsförderung einsetzte und sich alsbald die Meinung bildete, daß hier tatsächlich eine wirtschaftlich nutzbare, zudem jede Umweltschädigung vermeidende, bedeutende Energiequelle vorliegt. Ich spreche hier nicht von der ebenfalls in weiterer Zukunft bedeutsamen Elektrizitätserzeugung durch Sonnenenergie, sondern von der bekannten, simplen Technik der Aufheizung von Wasser oder Luft durch auf Hausdächern oder -wänden angebrachte Kollektoren. Diese Technik hat viele Varianten. Ich will ein gängiges Beispiel der Anschaulichkeit halber umreißen:

Die Südseite eines Hausdaches ist mit dunkel gebeiztem, auf einer Isolierschicht liegenden Blech belegt, in dichtem Abstand darüber mit Glas abgedeckt. Ähnlich wie beim Treibhaus wirkt das Glas wie ein Filter, das zwar die kurzwelligen Lichteinstrahlungen durchläßt, die, von der dunklen Oberfläche absorbiert, das Blech aufheizt, dagegen die von dieser aufgeheizten Oberfläche emittierte langwellige Wärmestrahlung zurückhält. Das erwärmte Blech erwärmt seinerseits Wasser, das im einfachsten Fall rieselt oder beispielsweise in Rohrschlangen geführt wird. Das erwärmte Wasser gelangt durch natürliche Konvektion oder zumeist über eine elektrisch angetriebene Umwälzpumpe in einen Warmwasserspeicher, der die Nachtperiode ausgleicht, größer ausgelegt auch Schlechtwetterperioden mit geringem Lichteinfall. Solch ein einfaches System kann in unseren Breiten die Brauchwasserversorgung ein- und zweistöckiger Häuser liefern, bei guter Wärmeisolierung des Hauses und relativ steilem Dach auch die Hausheizung. Da diese Sonnenheizung nur für niedrige Wassertemperaturen unterhalb 50° C effizient ist, kann sie nicht eine konventionelle Zentralheizung betreiben, die mit etwa 80° C arbeitet, sondern nur spezielle Heizsysteme wie Luft- oder Zimmerdeckenheizung. Eine Kombination dieses Systems mit einer elektrisch angetriebenen Wärmepumpe kann entweder höhere Wassertemperaturen oder mehr Brauchwasser liefern.

Man mag schon dieser knappen Darstellung, die viele Alternativen unterschlägt, entnehmen, daß die Möglichkeiten der Sonnenheizung nur voll genutzt werden können bei speziell konzipierten Neubauten; bei denen kann man auf fossile Heizung verzichten, aber nicht auf Elektrizität. Die Rentabilität des nachträglichen Einbaus einer Sonnenheizung hängt dagegen stark von einer Reihe baulicher Gegebenheiten ab; die Mehrheit der Sachverständigen hält dafür, daß sie im allgemeinen in unseren Breiten nur als Unterstützung der Brauchwasserheizung Aussicht hat. Eine Minderheit bestreitet diese Einschränkung entschieden. Die rechnerische Rentabilität von Sonnenheizung hängt ab von Annahmen über die langfristige Entwicklung der Preise für Öl und Elektrizität und von der erwarteten Kostensenkung wichtiger Elemente, wie der Kollektoren, durch eine Massenfertigung. Eine koordinierte staatliche Politik zinsgünstiger Kredite für Sonnenheizung im Verein mit – ohnehin energiepolitisch erstrebenswerten und schon aus Umweltfolgekosten gerechtfertigten – langfristigen Zielsetzungen für erhöhte Energiepreise und mit Starthilfen für Massenproduktion könnte natürlich entscheidend den Durchbruch der Sonnenheizung beeinflussen.

Angesichts all dieser Faktoren wird es verständlich, warum die mittelfristigen Schätzungen über den möglichen oder zu erwartenden Anteil der Sonnenenergie radikal divergieren. In den meisten Schätzungen aus Wirtschaft und Verwaltung kommt die Sonnenenergie quantitativ nicht vor, sie wird allenfalls mit freundlichen Worten als womöglich langfristig aussichtsreich kommentiert. Hans Matthöfer ist kürzlich einen Schritt weitergegangen:

«Würde man für alle Neubauten (einschließlich der Hochhäuser, was unrealistisch ist)[42] durch volle Subvention der Unwirtschaftlichkeit die Wärmeversorgung mit Sonnenenergie decken, so könnten bis 1990 maximal 20–40 Mio t SKE substituiert werden.»[43]

Das entspräche etwa 7–15 % unseres gegenwärtigen Energieverbrauchs. Im gleichen Zusammenhang schloß Matthöfer schließlich:

«Bis zum Jahr 2000 kann man 3–5 % vom Primärenergieverbrauch auch bei einer massiven öffentlichen Subvention als die oberste erreichbare Grenze ansehen.»[44]

Sonnenenergie-Enthusiasten stellen natürlich wesentlich höhere Prognosen, die sich an einer raschen Substitution von bisheriger Raumheizung und Brauchwasserversorgung durch Sonnenenergie orientieren. Zu bedenken ist, daß gegenwärtig in der Bundesrepublik 40 % der Endenergie in Raumheizung geht, davon die Hälfte in private Haushalte, gut ein weiteres Drittel an die sogenannten Kleinverbraucher, für die sich die Sonnenenergie ebenfalls eignet. Brauchwasser für diese Gruppen benötigen etwa weitere 5 % der Endenergie. Zum Vergleich: Elektrischer Strom macht insgesamt etwa 11 % des Endenergieverbrauchs aus, allerdings – wegen des schlechten Wirkungsgrades der Stromerzeugung – fast 30 % des Primärenergieeinsatzes. Dies ist der Sektor, um den es bei der Einführung der Kernenergie geht. Nicht etwa noch um die Nutzung der

Kernenergie für Prozeßwärmeerzeugung, denn das ist ein langfristiges Problem, daß mit Sicherheit bis Ende dieses Jahrhunderts keinen fühlbaren Beitrag zur Energiebilanz bringen kann. Und es würde zudem viele Milliarden an Entwicklung und Subvention unrentabler Prototypen kosten; man bedenke, was vergleichbare Beiträge für Entwicklung und vor allem Subvention von Sonnenenergieheizungen für die Energiebilanz bringen würden, von den langfristigen Aspekten der Elektrizitätserzeugung durch Sonnenenergie ganz abgesehen.

Ich habe etwas ausführlicher wirtschaftlich-technische Argumente behandelt, um nun etwas für das Problem alternativer Technik Grundsätzliches aufzuzeigen:

Man stelle sich einmal vor, seit Beginn der Kernenergieentwicklung, etwa seit Anfang der fünfziger Jahre, wäre die Hälfte des auf Kernenergie verwendeten Augenmerks, Entwicklungsaufwandes und der durch Staat und Industrie bereitgestellten Subventionen der Sonnenenergie zugekommen – nur der bescheidenen Kollektortechnik. Es ist recht wahrscheinlich, daß dann bereits jetzt oder in wenigen Jahren die Sonnenenergie auch in der klimatisch nicht begüngstigten Bundesrepublik den Anteil von etwa 20 % an der Energieerzeugung hätte, den die bislang energiewirtschaftlich bedeutungslose Kernenergie nach Ansicht von Regierung und Wirtschaft im Jahr 2000 erreichen soll. 1949 war bereits das heute berühmte «Dover House» konstruiert worden, das nach dem Kollektorprinzip mit Sonnenenergie geheizt wird. Die Einführung und Verbreitung dieser einfachen Technik kann viel schneller erfolgen, als die einer Kernenergietechnik, deren Rhythmus bestimmt wird durch den jeweils zwischen fünf und zehn Jahre währenden Bau sukzessiver Prototypen. Ich brauche die Szene nicht weiter auszumalen, nicht etwa noch zu fragen, was geschehen wäre, hätte man die andere Hälfte Kernenergieaufwand auf Umwandlung von Sonnenenergie in Strom verwandt. Statt dessen will ich mich mit den denkbaren Einwänden gegen ein solches Gedankenexperiment beschäftigen:

Einwand: Seinerzeit waren die Energiepreise so gering, daß die Sonnenenergie weit entfernt davon war, wirtschaftlich zu sein.

Antwort: Aber die Kernenergie war es ebenfalls, nach heutiger Erkenntnis ist sie erst durch die Ölpreissteigerungen ab 1973 wirtschaftlich geworden. Frühere Annahmen über geringere Kosten haben sich als herbe Enttäuschung erwiesen und Großindustrien in böse Schwierigkeiten gebracht.

Einwand: Aber das konnte man seinerzeit nicht wissen, während man die Kosten der Sonnenheizung leichter übersehen konnte.

Antwort: Das zeigt, welchen auch wirtschaftlichen Risiken man sich mit Supertechniken aussetzt.

Einwand: Aber für Sonnenenergie lag seinerzeit erkenntlich überhaupt kein wirtschaftlicher Anreiz vor, also auch kein Grund zur Förderung, während man für Kernenergie unter den gegebenen Verhältnissen doch wirtschaftliche Anreize vermutete.

Antwort: Trotz einer bei manchen Fachleuten anfangs verbreiteten Kosteneuphorie war von vornherein die zu erwartende Erschöpfung fossiler Brennstoffe das bestimmende Argument für die Entwicklung der Kernenergie. Unter Energiefachleuten war diese Erkenntnis, die der Öffentlichkeit erst durch die Ölkrise 1973 bewußt wurde, schon vor Beginn der Kernenergieentwicklung verbreitet.

Einwand: Aber man bedenke den Spin-off-Effekt der Kerntechnik, die Befruchtung anderer Zweige der Technik.

Antwort: Aber man bedenke den Spin-off-Effekt der simplen Sonnenheizung, die Erkenntnis, daß man große wirtschaftliche Probleme mit einfachen technischen Mitteln lösen kann.

Man braucht kein eingefleischter Gegner der Kernenergie zu sein, auch nicht ein Sonnenanbeter, um im Rückblick das weltweite einseitige Engagement für die Supertechnik Kernenergie bei Ignorierung der simplen Technik Sonnenenergie als Groteske erkennen zu können. Ich habe – als ehemaliger Akteur dieser Groteske – eine simple Erklärung: den Mythos der hochtechnisierten Industrie, die Eile, alle Supertechniken zu adoptieren, die in den USA aufkommen, regelmäßig als Nachgeburt der Kriegstechnik. Kein Realist von Schrot und Korn wäre auf die Idee gekommen, daß, wenn nicht die Lösung des Energieproblems, so doch ein beachtlicher Beitrag zu dieser Lösung von einer Technik zu erwarten sei, die etwa so komplex ist, wie die der Ölzentralheizung, wohlgemerkt abzüglich deren Vorbedingung, abzüglich der ganzen Kette von Rohölförderung bis zum Transport des raffinierten Heizöls. Eine Technik, die zwar auch gut durchdacht sein will, die man aber getrost klein und – für die Massenfertigung einfacher Elemente wie Kollektoren, Umwälzpumpen, Isolierung – mittleren Betrieben anvertrauen kann, die auf das hochkonzentrierte Know-how der Großkonzerne der Elektro-, Apparatebau-, Öl- und Energieversorgungsindustrie verzichten kann. Mit dem Mythos der hochtechnisierten Industrie einhergeht der des Wirtschaftswachstums, der Verschwendung. Auch er gehört zur Kernenergie, wohingegen die Heizung mit Sonnenenergie verlangt, mindestens in unseren Breiten, sparsame Verwendung von Energie, gute Wärmeisolation, vernünftige Regelung von Heizung und Brauchwasser, kurz: Umweltbewußtsein.

Wer meine These zu unglaubwürdig findet, den verweise ich auf das vorige Matthöfer-Zitat, «daß man sich zu sehr auf die Nutzung der Sonnenenergie zur Elektrizitätserzeugung, wie sie beispielsweise für die Weltraumtechnik entwickelt wurde, konzentrierte». Wennschon Sonnenenergie, dann über Weltraumtechnik! Abgesehen davon, daß das Wort «konzentrieren» in diesem Zusammenhang durchaus fehl am Platz ist.

Die Sonnenheizung ist der Archetyp alternativer Technik: umweltfreundlich, dezentral, ein großer Schritt zur Autonomie, vorteilhaft für Nachbarschaften mit gemeinsamem Speicher, einladend zum Do it yourself für Enthusiasten einer nach Handwerk wie nach Wissenschaft riechenden Technik. Warnung: Ein amerikanischer Verfechter der Kernenergie befürchtet, daß beim Reinigen verschneiter Kollektordächer mehr Leute zu Tode kommen als durch Kernenergie!

Die konkrete Utopie

Als Mittler zwischen einer philosophischen und gesellschaftstheoretischen Kritik der modernen Technik und den Praktikern, die solche Kritik in technische Alternativen umbasteln, wäre vorzüglich Ivan Illich zu nennen. Von Carl Amery hören wir, daß Illich «wahrscheinlich die einzige fruchtbare gesellschaftstheoretische Leistung unserer Jahrhunderthälfte» erbracht hat. Für Daniel Bell, den Harvard-Soziologie-Professor und Autor des – laut «Neue Zürcher Zeitung» – «fundiertesten und interessantesten Werkes über die Zukunft der westlichen Industriestaaten», ist Illich «auf Grund seiner mysteriösen Rolle als katholischer Erzketzer und Bummler in den Gängen der Macht eine höchst sonderbare Erscheinung, ja geradezu schon eine kulturelle Kuriosität».[45] Peter Harper, ein Häuptling in der Subkultur alternativer Technik, findet Illich «brilliant and tantalizing», fragt sich, ob, was er schreibt «alles eine Illusion ist? Romantische Soziologie?», gesteht: «I dunno» und findet: «jedenfalls ist er auf unserer Seite».[46]

Illich, 1926 geboren, gelernter Philosoph und Theologe, zunächst katholischer Priester in den Slums von New York, zeitweise Rektor der Universität von Puerto Rico und seit Anfang der sechziger Jahre in Mexiko am «Center for Intercultural Documentation Cuernavaca» engagiert, war schon durch Auseinandersetzungen mit Papst Paul VI. bekannt geworden, ehe er 1970 mit einem streitbaren Buch, *Deschooling Society*,[47] sozusagen erschien.

In diesem Buch vertrat Illich, «daß das Recht zu lernen für die meisten Menschen durch die Pflicht des Schulbesuchs eingeengt wird, . . . allgemeine Bildung weder durch eine neue Einstellung der Lehrer zu ihren Schülern noch durch die Vermehrung von Lernmitteln oder Lehrstoffen zu erreichen ist»[48], daß «der ärmere Schüler durchweg zurückbleiben wird, solange er für sein Wissen oder für sein Weiterkommen auf die Schule angewiesen ist»[49]. Das mit der Pflichtschule einhergehende Zivilisationsgeflecht monopolisiere eine spezifische, der industriellen Zivilisation angepaßte Art von Wissen und spezifische Lernmethoden, werte anderes Wissen, andere Arten zu lernen ab, hinterlasse das Gefühl von Wertlosigkeit bei denen – vor allem den Armen –, die nicht nach den von der Schule gesetzten Kriterien Wissen akkumuliert haben, vernichte systemfremdes Wissen. Traditionelle Fähigkeiten und Gepflogenheiten, wie der Bau des eigenen Hauses, das Heilen von Kranken, generell die Fürsorge, die auch Armen ermöglichten sich einzurichten, gehen verloren, und es treten an ihre Stelle Fertigkeiten, die die Menschen «zurechtmachen für eine Gesellschaft, die auf disziplinierte Spezialisierung ihrer Produzenten und ihrer Verbraucher angewiesen ist»[50]. So wird die gesellschaftliche Wirklichkeit «verschult», die Menschen geraten in Abhängigkeiten, die besonders die Armen auf eine institutionelle Fürsorge verweist, die «ihrer Hilflosigkeit eine neue Dimension verleiht: seelische Ohnmacht, die Unfähigkeit, für sich selber aufzukommen»[51].

Soweit wäre das noch, um 1970, fast schon traditionelle Kritik, etwa in der Nachfolge von *Growing Up Absurd* des Paul Goodman, dem Illich auch häufig Anregung bezeugt. Die Forderung allerdings, das staatliche Bildungsmonopol abzuschaffen, «dem einzelnen Gelegenheit zu geben, sich dem Lehrer, Führer, Ratgeber oder Heilkundigen seiner Wahl anzuvertrauen»[52], mußte Konservative wie Progressive gleichermaßen irritieren. Sie erscheint so überzogen, daß ich Illich Rückendeckung verschaffen möchte: Der Wiener Philosoph Paul Feyerabend, untersucht in *Wider den Methodenzwang*, ob Wissenschaft «ein Mythos unter vielen, entstanden unter besonderen historischen Bedingungen»[53] ist, was sie *wert* ist. Er schließt, methodisch durchaus wissenschaftlichen Regeln folgend, an Hand von Fallstudien, daß «die Wissenschaft eine der vielen Formen des Denkens ist, die der Mensch entwickelt hat, und nicht unbedingt die beste. Sie ist laut, frech und fällt auf; grundsätzlich überlegen ist sie nur in den Augen derer, die Wissenschaft akzeptiert haben, ohne jemals ihre Vorzüge und ihre Schwächen geprüft zu haben». Dieser Schluß bewog ihn nicht nur, sich von Handauflegern heilen zu lassen, sondern auch zur Forderung, «die Trennung von Staat und Kirche durch die Trennung von Staat und Wissenschaft, der jüngsten, aggressivsten und dogmatischsten religiösen Institution, zu ergänzen. Eine solche Trennung könnte unsere einzige Chance sein, eine Menschlichkeit zu erreichen, zu der wir fähig sind, die wir aber noch nie vollständig verwirklicht haben.»[54]

Im gleichen Sinn wie Illich, wenn auch in anderer Terminologie, diagnostiziert Feyerabend ein Monopol einer bestimmten Art zu denken, die allen öffentlichen Institutionen gemein ist und in der Schule wurzelt: «Während sich die Eltern eines sechsjährigen Kindes entschließen können, ihr Kind protestantisch oder katholisch oder religionslos aufwachsen zu lassen, besteht eine solche Freiheit im Fall der Wissenschaft nicht. Physik, Astronomie, Geschichte *müssen* gelernt werden. Man kann sie nicht durch Astrologie, natürliche Magie oder Legenden ersetzen.» Er nennt das «eine peinliche Paradoxie für die Demokratie und das liberale Denken ... unvereinbar mit dem ungestörten Überleben spezieller Kulturen»[55].

Rückgewinnung der Selbstbestimmung durch konviviale Werkzeuge

Illich war für die – wie das Beispiel Feyerabend zeigt – um sich greifende politische Kritik des Monopols einer bestimmten Art zu denken nur ein Ausgangspunkt; offenbar kann man nicht die Schulkinder diesem Monopol entziehen wollen und sie dann einer Umwelt aussetzen, in der nur das zu Lohn und Brot verhilft, was dieses Monopol vermittelt. Untersuchungen des Verkehrssystems[56] und, wie schon erwähnt, des Gesundheitssystems[57] folgten, an Hand deren er eine in *Tools for Conviviality*[58] zusammengefaßte Theorie einer «konvivialen» Technik entwickelte als Grundlage einer utopischen, nachindustriellen Gesellschaft. Als Anschauungsmaterial für Untersuchungen dienten Illich nicht nur die bereits hochindustrialisierten Länder, sondern besonders auch die Folgen des Einzugs der technischen Zivilisation in Entwicklungsländern. Auf dem Weg zur Konvivialitätstheorie destilliert Illich zunächst aus den Untersuchungen verschiedener Ausschnitte der industriellen Zivilisation allgemeine Regeln, deren wichtigste ich andeuten will.

Die industrielle Technik als die Entwicklung der Werkzeuge auffassend, geht Illich dem Umschlag vom zunächst effizienteren zum «übereffizienten Werkzeug» nach, das zur «Perversion des Werkzeugs» führt als der auf ständiges Wachstum ausgerichteten industriellen Produktion, die sich auch die Dienstleistungen einverleibt. Übereffiziente Werkzeuge können nicht nur, wie inzwischen verbreitete Erkenntnis, «das Gleichgewicht zwischen Menschen und Natur stören und die Umwelt zerstören», sondern sie können auch «das Verhältnis ändern zwischen dem, was die Menschen selbst machen müssen, und dem, was sie von der Industrie beziehen. In dieser zweiten Dimension schafft eine übereffiziente Produktion das radikale Monopol»[59].

Dem Studium solcher «radikalen Monopole», ihrer sozialen, aber auch materiellen Folgen, widmete Illich einen großen Teil seiner Arbeit. Er versteht darunter «eine Form der Beherrschung durch ein Produkt, die weit über das hinausgeht, was man als Gewöhnung bezeichnet ... die Beherrschung durch einen Produkttypus und nicht nur die Beherrschung eines Marktes ... So können Transportmittel ein Monopol über den Verkehr besitzen. Die Autos können eine Stadt nach ihrem Bild formen, wobei sie die Fortbewegung zu Fuß oder mit dem Fahrrad eliminieren, wie in Los Angeles.»[60]

Radikale Monopole spürte er in den schon besprochenen Studien im Gesundheits- und Schulwesen auf; als besonders einfaches und durchsichtiges Beispiel für das Entstehen und Funktionieren eines radikalen Monopols wie auch für dessen kulturellen Folgen führt er das Bestattungswesen in Mexiko an; dort «waren noch vor einer Generation das Ausheben der Grube und die Einsegnung der Leiche die einzigen Handlungen, die von Spezialisten ... vorgenommen wurden ... Dann ließen sich in allen größeren Städten Begräbnisunternehmer nieder. Anfangs hatten sie Schwierigkeiten, Kunden zu finden. In den sechziger Jahren erlangten diese Unternehmen die Kontrolle über neue Friedhöfe und begannen Pauschalangebote zu machen, in denen der Sarg, die Zeremonie und die Einbalsamierung des Toten enthalten war. Jetzt wurde ein Gesetz verabschiedet, das die Einschaltung eingeführter Totengräberfirmen de facto erzwingt.»[61]

Illich zeigt, wie mit dem einhergehenden Verlust von Traditionen auch die das Gemeinschaftsleben ordnenden Funktionen der Totenfeierlichkeiten degenerieren. Generell berauben die radikalen Monopole die Menschen ihrer natürlichen Fähigkeiten – zu trösten, zu heilen, zu lernen –, zwingen sie in die Abhängigkeit von Institutionen, machen sie hilflos und schaffen durch ständige Erhöhung von Standards eine neue Art von Armut trotz steigernder Ausstattung mit Gütern und Dienstleistungen.

Das «verallgemeinerte radikale Monopol» ist die industrielle Produktionsweise schlechthin, die alle anderen Produktionsweisen verdrängt. Es ist viel «heimtückischer und gefährlicher . . . aber weniger sichtbar» als die Marktmonopole einzelner Firmen, etabliert seine Herrschaft nicht nur über Ressourcen und Werkzeuge, sondern auch über die Phantasie und die Wünsche.[62] Es «industrialisiert» die Menschen, es «entgleitet der Kontrolle der politischen Systeme».

Illich begnügt sich nicht mit der Analyse und Kritik der kulturellen Folgen der «übereffizienten Werkzeuge»; er zeigt auch, daß ab einer gewissen Schwelle die Technisierung – in rein quantitativen materiellen Kategorien gemessen – zu einem Verlust an Bedürfnisbefriedigung führt, zu «Kontraproduktivität». Ich habe schon die in *Nemesis der Medizin* belegte Diskrepanz zwischen stark expandierenden Gesundheitskosten und stagnierender bzw. sinkender Lebenserwartung erwähnt. Ein besonders illustratives Beispiel bringt Illich in *Die sogenannte Energiekrise*. Er errechnet: «der typische amerikanische Mann widmet seinem Auto mehr als 1600 Stunden im Jahr», eingeschlossen die im Auto verbrachte Zeit und die Zeit zur Erarbeitung der Anschaffungs- und Betriebskosten. Dieser Mann fährt 7500 Meilen im Jahr: «das sind weniger als fünf Meilen pro Stunde (etwa 8 km/h). In Ländern, in denen eine Transportindustrie fehlt, schaffen die Menschen dieselbe Geschwindigkeit und bewegen sich dabei, wohin sie wollen, und sie wenden für den Verkehr nicht 28 %, sondern nur 3 % bis 8 % ihres gesellschaftlichen Zeitbudgets auf»[63].

Die Erkenntnisse seiner Analysen goß Illich in *Selbstbegrenzung* um in «fünf Gefahren», die der Bevölkerung des Erdballs durch die fortgeschrittene industrielle Entwicklung drohen:
«1. Das übersteigerte Wachstum bedroht das Recht des Menschen auf Verwurzelung in der Umwelt, mit der zusammen er entstanden ist.

2. Die Industrialisierung bedroht das Recht des Menschen auf Autonomie des Handelns.
3. Die Überprogrammierung des Menschen im Hinblick auf seine neue Umwelt bedroht seine Kreativität.
4. Die zunehmende Verbündelung aller Produktionsprozesse bedroht sein Recht auf Mitsprache, das heißt auf Politik.
5. Die Verstärkung von Verschleißmechanismen bedroht das Recht des Menschen auf seine Tradition, seinen Rückgriff auf das Vorhergegangene durch Sprache, Mythos und Ritual.»[64]

Diesen Gefahren zu begegnen entwickelte er die Utopie der auf das «konviviale Werkzeug» gegründeten «konvivialen Lebensweise». «Konvivial», abgeleitet von dem spanischen Wort Convivencia, Anteilnahme am Mitmenschen, ist ihm «jene Gesellschaft, in der der Mensch das Werkzeug durch politische Prozesse kontrolliert»[65]. Da das Werkzeug – im Illichschen Sinne ist das jede Produktionsweise, auch eine Dienstleistungsorganisation – «der sozialen Beziehung wesentlich innewohnt», kann die konviviale Gesellschaft nur mit konvivialen Werkzeugen bestehen. «Das konviviale Werkzeug ist jenes, das mir den größten Spielraum und die größte Macht verleiht, die Welt nach meiner Absicht zu ändern ... Das Werkzeug ist konvivial in dem Maß, als jeder es ohne Schwierigkeiten benutzen kann, so oft oder so selten er will, und zwar zu Zwecken, die er selbst bestimmt!»[66]

Illich will nun keineswegs wissenschaftlich-technischen Fortschritt abschaffen; er weist darauf hin, daß der bisherige Weg der Technik nicht etwa «Auswirkung der Logik des Wissens» war, sondern «Konsequenz eines ideologischen Vorurteils ... Folge einer absoluten Parteinahme zugunsten der Entfaltung der industriellen Produktionsweise ... Eine fortgeschrittene Technik könnte ebensogut die Mühsal der Arbeit verringern und auf hunderterlei Weise der Entfaltung persönlich produzierter Werke dienen.»[67]

Illich ist kein Konstrukteur von «konvivialen Werkzeugen», er will «Indikatoren bestimmen, die signalisieren, wenn das Werkzeug den Menschen manipuliert»[68]. Er erläutert an vielen Beispielen die sinnvolle Anwendung der Konvivialitätskriterien. Die technisch hochgezüchtete Institution Telefon ist «prinzipiell konvivial», obwohl sie eine komplexe zentrale Verwaltung erfordert. Die mehrspurigen Autobahnnetze sind grundsätzlich zerstörerische Werkzeuge im Gegensatz zu einem «System von Fahrrädern und Dreirädern, dem ein Netz von Pisten und Raststätten entspräche». Die Institution Fernsehen, die «unter Millionen Menschen in ein und demselben Augenblick das bunte Bild eines Hanswurstes verbreitet», ist nicht konvivial, wohl aber eine andere Institution Fernsehen, «die jeder Menschengruppe die Möglichkeit geben will, ihre eigenen Programme in Video-Zentren herzustellen und zu verbreiten»[69]. Energieverbrauch ist eines der wichtigen Kriterien der Konvivialität: jenseits einer gewissen Grenze des Energiekonsums arbeitet der Mensch nicht mit dem motorbetriebenen Werkzeug, sondern wird zu dessen Verwalter.[70]

Die Kriterien der Konvivialität will Illich nicht als strikte Vorschriften für eine ideale Sozialorganisation verstanden wissen. Es geht ihm nicht darum, durch Verbannung jedes nicht konvivialen Werkzeugs eine lupenrein konviviale Gesellschaft anzustreben, sondern darum, «Auswahlkriterien für politisches Handeln» in Richtung eines höheren Grades an Konvivialität bereitzustellen. Er wehrt sich gegen Prinzipienreiterei, hält es zum Beispiel für «beinahe sicher, daß Elektrizität nicht überall das Resultat einer heimischen Produktion sein wird»[71].

Das «konviviale Werkzeug» ist in etwa gleichzusetzen mit alternativer Technik. Man kann sich der alternativen Technik nicht mit einer präzisen, allgemein anerkannten Begriffsbestimmung nähern; die vielen, schon erwähnten, umlaufenden Benennungen bezeugen bereits unterschiedliche Auffassungen. Ich wähle hier den Sammelbegriff alternative Technik, weil er am klarsten einen gemeinsamen Nenner aufzeigt: es handelt sich nicht um Fortsetzung der bisherigen Richtung technischen Fortschritts, etwa Ausweichen auf Sonnenenergie angesichts der Knappheit fossiler Brennstoffe, sondern um Gegenentwürfe zur heutigen Technik. Diese Gegenentwürfe orientieren sich selbstverständlich, wie die bisherige Technik, an wissenschaftlichen und wirtschaftlichen Kriterien, aber sie ordnen, im Gegensatz zu bisheriger Technik, diese Orientierung nicht-technischen und nicht-ökonomischen Zielsetzungen unter: der Selbstverwirklichung der Menschen.

Dieser vagen Formulierung dürften wohl alle Verfechter alternativer Technik zustimmen, ebenso wohl ihrer etwas konkreteren Fassung von David Dickson:

«Eine Technik, die eine Befriedigung bei der Arbeit verschafft, die kontrollierbar ist sowohl durch den, der sie anwendet, als auch durch die Gemeinschaft, die sich ihrer bedient, die natürliche Ressourcen schont und möglichst wenig die Umwelt beeinträchtigt!»[72]

Offenbar läßt sich der Illichsche Begriff «konvivial» in diese Definition einordnen, und ich will ihn, wegen seiner Handlichkeit, als abkürzende Bezeichnung der Eigenschaften alternativer Technik weiter verwenden.

Aus einer Reihe von Gründen erschien mir die eingehendere Darstellung Illichscher Gedanken als geeignete Einführung zum Verständnis der, wie schon gesagt, diffusen Bewegung für alternative Technik, obwohl der eigensinnige Illich das Wort vermeidet und keineswegs der allgemein anerkannte Prophet dieser Bewegung ist. Aber einmal ist Illich derjenige, der die philosophische Kritik der Technik wohl am gründlichsten empirisch nachprüft und zugleich umgießt in handhabbare Kriterien für alternative Technik. Zum zweiten geht Illich von vornherein aus von Analysen sowohl der Entwicklungs- als auch der Industrieländer und versucht, seine Konvivialitätskriterien so zu fassen, daß sie in Ländern mit verschiedener Stufe der Industrialisierung dienlich sein können, vermittelt also die Bezüge zu der schon vorgestellten «mittleren Technologie» der Entwicklungsländer. Drittens erweitert Illich den Begriff von Technik, vom «Werkzeug», in einer der alternativen Technik adäquaten Weise, indem er ihn auf die der Technisierung folgenden Institutionen ausdehnt, auch auf die Dienstleistungs-«Wesen». Schließlich entzieht er sich der Zuweisung zu einer der klassischen Ideologien oder politischen Richtungen, verstellt also nicht den Blick auf die Breite des Spektrums alternativer Technik.

Es gibt nur einen grundlegenden Unterschied zwischen der alternativen Technik der Industriestaaten und der «mittleren Technologie» der Entwicklungsländer: eben den, daß die Bewegung für alternative Technik in den Industriestaaten erwächst und auf Anwendung in den Industriestaaten aus ist.

Das schafft zunächst bedeutende Unterschiede in der Betonung der Zielsetzungen. In den Entwicklungsländern rangiert naturgemäß Arbeitsbeschaffung und Fortentwicklung noch bestehender agrarisch-handwerklicher Produktionsformen vor Umweltschutz und «job enrichment». Verfechter der «mittleren Technologie» in den Entwicklungsländern treten selbstverständlich auch für Wirtschaftswachstum ein. Verfechter der alternativen Technik in den Industriestaaten sind genauso selbstverständlich erklärte Gegner zumindest des am Bruttosozialprodukt orientierten Wachstums. Die Arbeitsintensität der alternativen Technik ist vielen ihrer Verfechter nur einen Seitenblick wert; das wird sich sicher ändern angesichts des in letzter Zeit rapide gewachsenen Bewußtseins dafür, daß die Vollbeschäftigung innerhalb des bestehenden Industriesystems eine vorübergehende Illusion war.

Mindestens so gewichtig wie diese unterschiedliche Auswahl der Prioritäten aus im Grunde gleichartigen Zielsetzungen sind die Rückwirkungen der unterschiedlichen gesellschaftlichen Funktionen auf die «mittleren» beziehungsweise «alternativen» Techniker. Schon die – nie ganz zufällig entstehende – Wortwahl deutet dies an: die «Alternativen» setzen sich in Gegensatz zu einer ausgebildeten gesellschaftlichen Organisation, die «Mittleren» vermitteln in einem andauernden Prozeß zwischen Resten einheimischer Tradition und der Adaption fremdländischen Modernismus.

Ich habe schon darauf hingewiesen, daß und warum parallele Interessen der Industrieländer und einheimischer Machteliten in harten Konflikt treten mit dem Weg der «mittleren Technologie» zumindest in den marktwirtschaftlich orientierten Entwicklungsländern, daß daher die Chancen für eine breite Durchsetzung dieses Weges zweifelhaft sind. Aber die Notwendigkeit der «mittleren Technologie» ist so unabweisbar zutage getreten, daß ihre Verfechter in den Entwicklungsländern nicht mehr zu versponnenen Außenseitern abgestempelt werden können, daß sie – wenn auch von Land zu Land recht unterschiedliche – Möglichkeiten zur Realisierung ihrer technischen Konzepte haben. Es hat sich herumgesprochen, daß eine dieselgetriebene Pumpstation mitten in der Steppe sinnlos ist, schon und nicht allein weil sie eine nicht bezahlbare Infrastruktur von Straßen- und Transportsystem zur Heranschaffung ohnehin nicht bezahlbarer Brennstoffe erfordert, daß etwa ein robustes, örtlich reparierbares Windrad den Zweck, die Mühe der Wasserbeschaffung zu erleichtern, besser erfüllt. Die das vertreten, bekommen auch einigen Hinterhalt aus den Industrieländern.

Die Phantasie an die Macht: alternative Technik

In den Industrieländern sind die alternativen Techniker viel eindeutiger Außenseiter. Natürlich kann jemand als Konstrukteur von Sonnenheizungen, als biologisch anbauender Landwirt oder Homöopath seine Neigungen verwirklichen, wenngleich ihm gemeinhin die Wege dabei nicht so geebnet werden wie seinen sich an die übliche Technik haltenden Kollegen. Wer aber alternative Technik nicht als einseitiges Hobby, sondern als «konviviales» Konzept anstrebt, stellt sich in bewußten Gegensatz zur bestehenden gesellschaftlichen Ordnung der Industriestaaten. Eine breite Anwendung alternativer Technik ist nicht denkbar ohne die politische Durchsetzung durchgreifender Veränderungen des Bezugsrahmens für die Wirtschaft, was letztlich durchgreifende Veränderungen der gesamten gesellschaftlichen Organisation nach sich zöge. Das sollte wohl nach allem Vorstehenden einsichtig sein; ich will es am Beispiel nur eines von vielen Gründen zusätzlich verdeutlichen: Würde man in einem System konkurrierender Güter der Produktion einigen dieser Güter die Bedingung «Konvivialität» auferlegen, so könnte deren Produktion nicht nach den ansonsten herrschenden Wirtschaftlichkeitskriterien optimiert werden. Die «konvivialen» Güter würden, von Ausnahmen abgesehen, teurer sein. «Alternative» Techniker haben ergo geringe Chancen, ihre technischen Konzepte im Rahmen des herrschenden Industriesystems zu verwirklichen; eine frustrierende Situation.

Das ist eine Seite der Außenseiterrolle der Verfechter alternativer Technik in den Industriestaaten. Die andere Seite ist die, daß sie ja Konvivialität anstreben, weil sie sie nicht vorfinden, also von vornherein mit der alternativen Technik die gesellschaftliche Organisation, eben «das System verändern» wollen. In dieser doppelten Außenseiterrolle müssen sie der «konventionellen Weisheit» als Spinner oder als Subversive erscheinen, oder gar als subversive Spinner.

Natürlich gibt es keine Lehrstühle und Institute für alternative Technik, wenngleich sich an einigen Universitäten interdisziplinäre Gruppen gebildet haben; wie sollte man auch alternative Technik zwischen etwa Strömungsmaschinen und Landmaschinentechnik einordnen? Alternative Technik gedeiht daher in den Industriestaaten zumeist in Subkulturen, wird selten von gestandenen Profis repräsentiert, hat wenige Vermittler hin zur Öffentlichkeit, wird von den Massenmedien kaum wahrgenommen, kurz, ist unterbekannt. In den angelsächsischen, auch skandinavischen Ländern hat sie mehr Publizität als in der Bundesrepublik, in der sie selbst als Subkultur kaum existiert. Die Gründe dafür sind die gleichen, wie ich sie schon aufgezeigt habe für die vorlaufende Kette vom Unbehagen an der Industriegesellschaft über die Kritik der Industriegesellschaft, Kritik der Technik, Kritik der Umweltzerstörung bis zur Amalgamierung von Studenten- und Umweltbewegung. Die alternativen Techniker sind das letzte und konsequenteste Glied dieser Kette.

Robert Jungk, dem die alternative Technik das bißchen Publizität im deutschen Sprachraum vor allem verdankt, verweist im *Jahrtausendmensch* auf diese Entstehungsgeschichte:

«Gruppen kritischer Forscher und Ingenieure bildeten sich während der sechziger Jahre . . . Sie meinten rücksichtsloses, lebensfeindliches Herrschaftsdenken schon in der Art und Weise zu entdecken, wie Forschung und Entwicklung mit der Welt als ihrem ‹Objekt› verfahren.»[73]

Der 1973 erschienene *Jahrtausendmensch* enthält eine Schilderung vieler Spielarten der alternativen Technik mit dem Schwerpunkt weniger auf dem technischen Gehalt, mehr auf Darstellung der «Szene», ihrer Protagonisten, deren Auffassungen von zukünftigem gesellschaftlichen Wandel und deren Wirkungen. Jungk ist mit der Szene wissenschaftlich-technischer Utopisten bestens vertraut, hat sich seit langem mit den gesellschaftlichen Folgen der Technik befaßt.

Als die geschlossenste Darstellung der alternativen Technik und ihrer historischen, soziokulturellen Hintergründe erscheint mir die schon mehrfach zitierte, 1974 erschienene Monographie *Alternative Technologie* des Engländers David Dickson. Für den politischen

Standort, den er ihr zuweist, steht das dem Buch vorangestellte Motto:

> «Die jetzt beginnende Revolution wird nicht nur die kapitalistische Gesellschaft in Frage stellen, sondern überhaupt die industrielle Gesellschaft. Die Konsumgesellschaft muß sterben. Die Gesellschaft der Entfremdung soll aus der Geschichte verschwinden. Wir werden eine neue Welt erfinden. Die Phantasie an die Macht.
> Sorbonne, Paris, Mai 1968.»

Phantasie ist gewiß ein Stichwort unter dem man alternative Technik aufrufen kann. Robert Musil müßte das Wort vom «flügellosen Geist der Ingenieure» widerrufen, könnte er etwa das 1976 erschienene Handbuch *Radical Technology* von Godfrey Boyle und Peter Harper lesen. Schon in dessen, den konventionellen Themen Landwirtschaft, Energie, Hausbau, Materialien und Kommunikation gewidmeten Abschnitten sind «mindblowers» verstreut, etwa die Konstruktion von «Inflatables», in denen man nicht nur wohnt, mit denen man auch über Wasser gehen oder über Heißluft schweben kann; unter dem Stichwort «Andere Perspektiven» gibt's dann auch Anleitungen für «innere Technologien», alternative Techniken zur Erfahrung der Realität, zu denen auch eine Methode zum berührungslosen Schärfen stumpfer Rasierklingen gehört, die sich, obgleich physikalisch unerklärlich, als patentfähig erwies; der mystische Zug der pluralistischen angelsächsischen Studentenbewegung ist auch in die Bewegung für alternative Technik gefahren.

Die inzwischen zahlreichen Gruppen alternativer Techniker müssen aus den schon besprochenen Gründen ihre technische Phantasie vorwiegend auf Papier bannen, das der Phantasie und Innovationsfreude wenig Widerstand leistet. Die Bewegung zieht auch verspielte Exzentriker an: Robert Jungk erzählt von einem ihrer «Mitstreiter», von dem die Besucher einer Ausstellung «sanfter Technik» erfuhren, «die Automobilindustrie lebe in geradezu panischer Angst vor seinem mit angeheiztem Hühnerdreck arbeitenden Methangasmotor»; lebte er in Amerika, so wäre er «längst um die Ecke gebracht worden».[74] Aber auch eine alternative Technik, die sich in der Praxis bewähren müßte, böte den Innovatoren sicher größere Chancen als das vorherrschende Industriesystem, dessen

Managern die Erfinder zumeist ein Greuel sind wegen des mit dem Zwang zur Massenfertigung einhergehenden finanziellen Risikos von Neuerungen.

Einige Gruppen von Wissenschaftlern erproben integrierte Konzepte alternativer Technologie auf eigene Faust. Bekannte Beispiele sind «Biotechnic Research and Development» abgekürzt «BRAD» in England, das «New Alchemy Institute» in USA, «De kleine Aarde» in Holland. Die Grundidee dieser und einiger anderer Experimente ist es, ähnlich Landkommunen auf der Basis von Landwirtschaft – auch Fischzucht – möglichst autonom zu leben, dabei aber weiterreichende Forschung zu betreiben. Dazu gehört der Eigenbau speziell entworfener Häuser, eine autonome Energieversorgung für Haus und Landwirtschaft durch Sonnendach, Windräder und Methangas-Gewinnung aus organischem Abfall, biologische Landwirtschaft bei Züchtung von Saaten, die resistent gegen Insektenbefall sind, Experimente in Fischzucht auf der Basis von Futter aus landwirtschaftlichen Abfällen, Wiederbelebung und Weiterentwicklung handwerklicher Fähigkeiten, Konstruktion von Hilfsgerät etc.

Das sind natürlich gleichzeitig soziale Experimente; eine Gruppe von Menschen, als Wissenschaftler einer materiell eher verwöhnten Mittelschicht zugehörig, muß sich aus der gewohnten Umgebung lösen und ungewohnte Strapazen dulden. Der Initiator des «New Alchemy Institute», John Todd, hatte zuvor als Ozeanograph Forschung betrieben; der Gründer von BRAD, Robin Clarke, war zuvor erst Chefredakteur des Londoner «Science Journal» und dann leitender Beamter in der «Science Division» der UNO gewesen. Daß «Profis» diese Experimente durchführen, sichert ihnen eine marginale Beachtung auch in der wissenschaftlichen Welt, teilweise auch einige Zuschüsse aus öffentlichen Forschungsmitteln. Der Nutzen solcher Experimente ist auch unter den Anhängern der alternativen Technik umstritten. Anders als bei der auf Entwicklungsländer gemünzten «mittleren Technologie» liegen solche Beispiele alternativer Technik zu weit ab von den umgebenden Realitäten, als daß sie unmittelbar Vorbilder für veränderte Lebensformen sein könnten. Aber sie bringen, wenn auch bescheidene, technische und soziale Erfahrungen. Sieht man sie in der Folge der Erkundungen neuer Lebensformen, wie sie etwa mit den zunächst nur parasitär lebenden Beatniks begann, dann sich in den zwar nicht mehr parasitären, größtenteils aber gesellschaftsflüchtigen Landkommunen fortsetzte, dann ermißt man eher die Zukunftsträchtigkeit solcher Experimente. Und wie hartnäckig sich das Bedürfnis nach neuen Formen des Gemeinschaftslebens seit den sechziger Jahren festgesetzt hat, zeigt die zunehmende Zahl von Wohngemeinschaften in den Großstädten wie auch ihre sich wandelnden Formen.

Zumeist arbeiten die alternativen Techniker nebenberuflich in Gruppen. Faßt man den Begriff sehr weit, so daß er auch an Einzelproblemen, etwa Videotechnik, Energieeinsparung, Windrädern und Zeppelinverkehr Bastelnde erfaßt, dann ist die Zahl der Gruppen unübersehbar. Sie bleibt selbst dann noch schwer überschaubar, wenn man den Begriff verengt auf solche, die alternative Technik als kohärentes System auffassen. In Deutschland sind meines Wissens bisher allerdings nur zwei den «Kohärenten» zuzurechnende Gruppen hervorgetreten. PROKOL – Projekt Kooperative Lebensgemeinschaft – ist eine in Berlin auf Anregung von Robert Jungk entstandene Gruppe von Wissenschaftlern und Studenten, zumeist der Technischen Universität, die sich auch in einem 1976 erschienenen Buch *Der sanfte Weg*[75] vorgestellt hat. Katalyse ist eine Gruppe von im Ruhrgebiet, zumeist in der Industrie tätigen Technikern. Sie veröffentlicht seit 1972 eine lose Folge von Heften, die weniger eigene technische Entwicklungen, mehr kritische Analysen industrieller Technik und Organisation enthalten. Einen Überblick über alternative Technik im deutschsprachigen Raum banden Theodor Leuenberger und Rudolf Schilling in einen Strauß bunter Beobachtungen über «nachmoderne» Tendenzen ein, den sie jüngst als *Plädoyer für eine nachmoderne Gesellschaft* der Öffentlichkeit schenkten.[76]

Viele der Gruppen alternativer Techniker publizieren; so gibt es eine umfangreiche Literatur über alternative Technik, häufig allerdings – entsprechend den subkulturellen Gepflogenheiten – nicht über den normalen Buchhandel beziehbar. Den technischen Gehalt will ich hier auch nicht andeutungsweise zusammenzufassen versuchen; die schon gebrachten Beispiele, auch aus der «mittleren Technologie», mögen eine Vorstellung von der Vielfalt der Themen geben. Die zitierten Zusammenfassungen können dem weiterhelfen, der mehr wissen will. Die folgende Kriterien-Liste des «BRAD»-Gründers Robin Clarke zeigt, was alles von alternativer – hier «sanfter» – Technik zu leisten wäre auf dem Weg zum Paradies:

Gesellschaft harter Technik	Gesellschaft sanfter Technik
ökologisch gefährlich	ökologisch eingepaßt
hoher Energiebedarf	niedriger Energiebedarf
hohe Verschmutzung	niedrige oder keine Verschmutzung
Ein-Weg-Gebrauch von Material und Energie	Rezyklierung (Wiederverwendung von Material und Energie)
enger Zeitrahmen	weiter Zeitrahmen
hohe Spezialisierung	geringe Spezialisierung
Massenproduktion	handwerkliche Akzente
Kleinfamilie	Großfamilie
Überwiegend städtisch	überwiegend dörflich
Naturentfremdung	Naturintegration
Politik der Massen durch Akklamation	demokratische Politik
technische Grenzen ökonomischer Art	technische Grenzen natürlicher Art
Welthandel	lokaler Tauschhandel
Zerstörung lokaler Kultur	Erhaltung lokaler Kultur
Mißbrauch technischer Möglichkeiten	Gesetze gegen den Mißbrauch der Technik
destruktiv für andere Lebewesen	vom Gedeihen anderer Lebewesen bestimmt
Innovation motiviert durch Profit und Krieg	Innovation bestimmt durch Bedürfnisse
Wachstumswirtschaft	Nullwachstum
kapitalintensiv	arbeitsintensiv
entfremdet Junge und Alte	führt Junge und Alte zusammen

zentralistisch	dezentralisiert
Leistung steigt mit Größe	Leistung steigt durch Begrenzung
Verfahrensweise zu kompliziert	Verfahrensweise allgemeinverständlich
technische Unfälle häufig und ernsthafter Natur	technische Unfälle selten und unbedeutend
totalitäre Lösungen für technische und soziale Probleme	verschiedene Lösungen für technische und soziale Probleme
Monokultur in der Landwirtschaft	Verschiedenartigkeit in der Landwirtschaft
Quantität höchstbewertet	Qualität höchstbewertet
Lebensmittel durch Spezialindustrie	Nahrungsbeschaffung durch alle
Einkommen als Arbeitsmotiv	Befriedigung als Arbeitsmotiv
völlige Abhängigkeit aller Produktionseinheiten	selbstgenügsame kleine Einheiten
Wissenschaft und Technik kulturentfremdet	Wissenschaft und Technik Teil der Kultur
Wissenschaft und Technik der spezialisierten Eliten	Wissenschaft und Technik von allen betrieben
Auseinanderklaffen von Arbeit und Freizeit	schwacher oder nicht existierender Unterschied zwischen Arbeit und Freizeit
hohe Arbeitslosigkeit	Begriff der Erwerbsarbeit nicht existent
technische Ziele für einen Teil des Planeten und für begrenzte Zeit	technische Ziele gültig für alle Menschen zu jeder Zeit

Das wäre nun offenbar des Guten zuviel, und ich beeile mich hinzuzusetzen, daß alle der alternativen Technik zugetanen Kommentatoren gleich im Anschluß an diese Liste anfangen, über die «Gesellschaft mit gemischter Technik» nachzudenken, etwa so, wie am Beispiel Illichs schon vorgeführt. Auch angesichts solcher Kompromisse fällt Optimismus nicht leicht. Theodore Roszak weiß der Skepsis zu begegnen:

«Ich kann mir vierzig Gründe ausdenken, wegen deren keines ihrer Projekte jemals Erfolg haben kann und vierzig Tonarten, in denen ich mit trockenem Zynismus meine wohldokumentierten Einwände vorbringe. Aber ich weiß auch, daß es sehr viel großherziger ist, den Mißerfolg bei der Suche nach verborgenen Quellen zu riskieren, als sich mit einer verwüsteten Welt ohne Zukunft abzufinden.»[77]

Eine erst vor einem Jahrzehnt entstandene Bewegung für alternative Technik, die fast ohne moralische und materielle Unterstützung gegen die mächtigste aller modernen Institutionen, die industrielle Technik, antritt, muß schlechterdings von Kinderkrankheiten geplagt sein, weltfremd aufmüpfig erscheinen, vorlaut und ungelenk auftreten. Ihr Anliegen kann aber kaum eine kurzlebige Mode sein angesichts der – in den beiden vorhergehenden Kapiteln geschilderten – Anstalten alternativer Technik, sich in der Welt fest einzurichten. Während manche ihrer Anhänger noch ziemlich tolpatschig mit technischen, wirtschaftlichen und politischen Bedingungen hantieren, hat gleichzeitig ein Reifeprozeß stattgefunden, vorwiegend in den angelsächsischen Ländern, in denen die Bewegung die längsten Erfahrungen sammeln konnte.

Amory B. Lovins, ein der amerikanischen Umweltschutzorganisation «Friends of the Earth» seit langem verbundener Wissenschaftler, hat im Oktober 1976 in der Zeitschrift «Foreign Affairs» ein alternatives, langfristiges Energieprogramm für die USA vorgeschlagen.[78] Darin wandte er sich gegen die offizielle Energiepolitik der Ford-Administration, die zur Minimalisierung von Ölimporten bei gleichzeitiger Steigerung der Energieerzeugung die gigantische Expansion dreier Sektoren vorsieht: Steigerung der einheimischen Kohleförderung zu Zwecken der Verstromung und Gewinnung synthetischer Treibstoffe, Erschließung von Öl- und Gasvorkommen in Arktis und küstennahem Meer, Kernenergie. Dem setzte er ein Programm entgegen, das auf die arktischen und Küsten-Projekte sowie auf Kernenergie verzichtet und im wesentlichen auf Energieeinsparung, Sonnenenergie für Heizung und Brauchwasser, Biogaserzeugung aus den Abfällen der Land- und Forstwirtschaft als

Treibstoff für den Verkehr und, während eines noch langfristigen Übergangs, technisch modernerer Kohlenutzung beruht. Im Gegensatz zur geplanten massiven Elektrifizierung soll Elektrizität vorwiegend dezentral erzeugt werden und nur für den Bedarf, der tatsächlich Elektrizität erfordert, also nicht für Heiz- und Prozeßwärme. Das Programm ist nach Kriterien der «sanften» Technik konzipiert. Lovins zeigt, daß thermodynamische Kriterien, die Zuschnitt der Energieerzeugung auf den Endverbraucher fordern, in die gleiche technische Richtung weisen.

Soweit wäre das nichts Außergewöhnliches. Bestechend an dem Artikel ist dagegen die Ausgewogenheit des gesamten Konzepts, der Argumente und die Psychologie der Darstellung. Ohne ein Verlust an Engagement rückt die Tonart von dem missionarischen Eifern ab, das den «Alternativen» so oft eigen ist; den skeptischen Lesern, die gewonnen werden sollen, wird in dem Energie-Szenario nicht eine drastische Umstellung der Lebensgewohnheiten zugemutet, sondern eine gewisse Disziplin, ein Stück «eleganter Genügsamkeit». Die soziokulturellen und politischen Vorzüge der Alternative werden ruhig dargelegt in einer Sprache, die nicht von vornherein Ein- und Vorverständnis erheischt. Die Kernenergie ist nicht der aufgeblasene, beim nächsten Nadelstich explodierende Buhmann der frühen Tage; bis auf das Thema Proliferation werden ihre Risiken und soziokulturellen Auswirkungen eingereiht in die der anderen Technikgiganten. Als die bedrohlichsten Umweltrisiken werden nicht die probaten technischen Katastrophen dargestellt, sondern die klimatischen Folgen von Flußwasseraufheizung und CO_2-Erzeugung. Großtechniken, wie die bestehenden fossilen Großkraftwerke, werden nicht einfach abgeschafft, lediglich nicht weiter forciert.

Dieser außerökonomische Teil der Argumentation bezeugt das in langjähriger Kontroverse gewonnene Augenmaß einer neuen Generation von alternativen Technikern. Ich kann nur vermuten, daß Lovins eine Lebensform à la BRAD akzeptabel findet für sich selbst, aber auch weiß, daß die «konventionelle Weisheit» das anders sieht. Der – zumindest für mich – überraschendere Teil seiner Argumentation ist der, in dem er uneingeschränkt die Spielregeln «wirtschaftlicher Vernunft» akzeptiert. Er macht zwar seine Distanz klar –

«economic answers are not always right answers» –, unternimmt es aber, sein Energiekonzept auch auf diesem Terrain zu verteidigen gegenüber dem der «harten» Technik. Dabei erweist er exakte Detailkenntnisse und überlegenen Durchblick in wirtschaftlichen Fragen. Sein inzwischen erschienenes Buch *Soft Energy Paths*[79] – der Artikel war ein Vorabdruck daraus – belegt die Akribie, mit der er wirtschaftliche Daten über verschiedene Energiearten gesammelt und gesichtet hat. Er legt überzeugend dar, wie schwer eine aus langfristig volkswirtschaftlicher Sicht unsinnige, an – zumeist noch indirekt subventionierten – Tagespreisen orientierte, gängige Wirtschaftlichkeitsrechnung die «sanften» Energietechniken benachteiligt. Er rechnet vor, daß bei einer an den langfristigen Ersatzkosten für Energie orientierten Preispolitik die bestehenden, noch keineswegs optimierten «sanften» Energietechniken wirtschaftlicher sind als die «harten»; insbesondere sei unter dieser Voraussetzung die Sonnenheizung mit ganzjähriger Speicherkapazität in Verbindung mit Wärmeisolation selbst bei Altbauten und selbst in nördlichen Breiten wie Dänemark wirtschaftlich überlegen.

Der Artikel hat Beachtung bei Politikern und Energiefachleuten gefunden, insbesondere auch weil Lovins in Repliken auf veröffentlichte Zuschriften zwei renommierte Verfechter «harter» Energietechnik auspunkten konnte. Dem Physik-Nobelpreisträger Hans Bethe, auch Regierungsberater in Energiefragen, mißlang ein wirtschaftlicher Gegenbeweis – das passiert Physikern nicht selten. Der Industrielle Bert Wolfe von General Electric, den ich als ausgezeichneten Kernenergiefachmann kenne, argumentierte genau so auf der falschen Ebene, wie ich das vor zwei Jahren auch getan hätte: er übersetzte Lovins' sanfte, dezentralisierte Technik in zentralisierte Großtechnik; so beispielsweise stellte er Biogas dar als Produkt gigantischer Monokulturen und zentraler Großchemie mit einhergehendem landesweiten Verteilungsnetz, während Lovins von bisher ungenutztem land- und forstwirtschaftlichem Abfall für lokalen Verbrauch ausgegangen war. Das ist ein klassisches Beispiel für die Ideologie, die ein einspuriger Industrialismus ansonsten klugen, sogar weitsichtigen Technikern und Ökonomen aufprägt.

Ich will nicht mißverstanden werden: Lovins' Darstellung ist mir nicht Beweis, aber beachtliches Indiz für die auch wirtschaftlichen

Vorteile eines konsequent verfolgten alternativen Energiekonzeptes. Wirtschaftlichkeit darf nicht das entscheidende Kriterium für den Einsatz alternativer Technik sein, ist aber deswegen keineswegs belanglos; Kapital ist allemal, in jeder Wirtschaftsordnung, akkumulierte Arbeit.

Vor allem mag das Beispiel Lovins den Reifeprozeß der «Alternativen» verdeutlichen; wenn die Phantasie Vernunft annimmt, wird sie wohl den Fortschreibungen des Bestehenden gefährlich.

Kommunismus ohne Wachstum?

Bislang habe ich die Bewegung für alternative Technik nur an Hand von Beispielen aus den westlichen Industriestaaten vorgestellt. In den Industriestaaten des Ostblocks scheint sie, wie auch alle Vorläufer – Unbehagen an der Industrie- und Konsumgesellschaft, Umweltbewegung, philosophische Kritik der Technik – mit einigen Jahren Phasenverschiebung einzutreffen. Das mag teils dem gegenüber Westländern noch nachhinkenden Ausmaß an Industrialisierung und Konsum zuzuschreiben sein, teils der geringeren Meinungsfreiheit. Trotzdem, und trotz des Defizits an Information über Interna der Ostblockstaaten, läßt sich die Kette geistiger Strömungen, die im Westen zur alternativen Technik geführt hat, auch im Osten deutlich ausmachen.

Das Moment der Kritik an der Technokratie ist evident. Die grundlegende – wohlgemerkt marxistische – Analyse der Herrschaft der Technokratie im Wirtschaftssystem der Ostblockstaaten hat Milovan Djilas, einst Cheftheoretiker der jugoslawischen Kommunisten und Stellvertreter Titos, schon 1957 mit seinem Buch *Die neue Klasse*[80] geleistet, für das er Ungnade und Gefängnis auf sich nahm. Zwar hatte Djilas anderes im Sinn, als eine Kritik des Industriesystems an sich zu schreiben, aber insbesondere das Kapitel «Wirtschaft nach dem Dogma» ist voller Erkenntnisse über die Verselbständigung der Technokratie, die weit über das Ziel, Kritik am politischen System des «realen Sozialismus», hinausgreifen.

Bewegungen, die äquivalent der westlichen Studenten- und Umweltbewegung wären, sind nicht deutlich auszumachen, würden auch kaum toleriert werden. Zweifellos gab es im Prager Frühling geistige Strömungen, die denen der gleichzeitigen westlichen Studentenbewegung verwandt waren. Vom Unbehagen einer intellektuellen Jugend an den Wertvorstellungen der Konsumgesellschaft, speziell in der DDR, weiß man in der Bundesrepublik, seitdem als Folge der Ausweisungswelle die kritische DDR-Literatur mehr Aufmerksamkeit genießt. Aber eingehendere Trendanalysen sind mir nicht bekannt.

Umweltschutz wird offenbar ähnlich halbernst genommen wie im Westen und eher noch stärker zurückgestellt, wenn er allzusehr mit wirtschaftlichen Zielsetzungen kollidiert. Mir ist bekannt, daß die Sicherheitsmaßnahmen sowjetischer Kernkraftwerke etwa dem westlichen Stand Ende der sechziger Jahre entsprachen, bevor hier die Rückwirkungen des öffentlichen Widerstands zu einer bedeutenden Verschärfung der Sicherheitsbestimmungen führten.

Auch die Diskussion um die Grenzen des Wirtschaftswachstums trifft auf besonders ungünstige Bedingungen. Zwar ist Wirtschaftswachstum in Ost wie West Staatsreligion, aber im Osten bekommt sie noch den zusätzlichen Akzent des seit dem Beginn der Ära friedlicher Koexistenz selbst auferlegten Zwanges, im «friedlichen wirtschaftlichen Wettstreit mit den kapitalistischen Ländern» zu obsiegen. «Es muß praktisch die historische Aufgabe gelöst werden, die am weitesten entwickelten kapitalistischen Länder in der Produktion pro Kopf der Bevölkerung einzuholen und zu überflügeln», verkündete Chruschtschow auf dem XXI. Parteikongreß der KPdSU[81], und das ist seitdem das A und O der Wirtschaft der COMECON-Staaten.

Gleichwohl gibt es Vertreter der These von den «Grenzen des Wachstums» im Ostblock und sie melden sich auch zu Wort. Seit der Veröffentlichung der von Freimut Duve 1974 geführten Interviews mit dem Ostberliner marxistischen Philosophen Wolfgang Harich[82] sind viele Interna der Debatte um «Kommunismus ohne Wachstum» hierzulande bekannt. Harich, ein Bewunderer ausgerechnet des Club of Rome – worin Freimut Duve «das Denken in fest gefügten Organisationen geschulter Kommunisten» zu erkennen glaubt –, beruft sich auf sowjetische Naturwissenschaftler mit – vermutlich in jener Welt klangvollen – Namen wie Kapiza, Rytschkow, Budyko, Medunin, wenn er dem «einhelligen Urteil der Wissenschaft entnimmt» – ich fange mitten im Satz an:

«. . . daß umfassender Naturschutz und sparsamer Umgang mit den natürlichen Ressourcen das einzige Mittel sind, das Verhängnis aufzuhalten, und wenn sie mit dieser Erkenntnis die ihnen aus dem *Kapital* von Marx vertraute Einsicht verknüpfen, daß der Kapitalismus bei Strafe seines Untergangs zur erweiterten Reproduktion, die Naturschutz und Schonung der Ressourcen nun einmal ausschließt, gezwungen ist, dann werden sie unweigerlich, unentrinnbar zur Konzeption eines Kommunismus gelangen, der die Befriedigung der menschlichen Bedürfnisse auf die Erhaltung der Biosphäre abstimmt, der dadurch in den industrialisierten Regionen ein einfaches, bescheideneres, weniger hektisches Leben entstehen läßt . . .»[83]

Ich höre mitten im Satz auf. Für Harich bedeutet die ökologische Krise eine Offenbarung bleibenden Mangels, die die Marxsche Vision eines Kommunismus des «jedem nach seinen Bedürfnissen» obsolet macht und die statt dessen einen Staat der «Verwaltung des Mangels» erfordert. Das begründet die Zielvorstellung eines preußischen Kommunismus, eine «wahre, ursprüngliche Demokratie, die in Europa als erste die Jakobiner, geführt von Robespierre, verwirklicht haben und die Babeuf mit seiner Verschwörung der Gleichen wiederherstellen wollte»[84], zu etablieren, möglichst mit einer ordentlichen Revolution.

Fürwahr, die ökologische Krise stiftet seltsame Allianzen; den einen, von Harich bis Gruhl, verschafft sie heimliche Genugtuung über die Rationalisierung der Disziplin, den anderen, von Illich bis Lovins, unheimliche Freude an der Chance für die Phantasie.

Zu diesen Hoffnungsvollen gehört auch ein anderer Ostberliner Philosoph, der hausarretierte Robert Havemann, dem die Wachstumsgrenzen als die Chance zur Verwirklichung von «Rosas roter Demokratie» erscheinen. Ähnlich Harich sieht er die Crux des Westens darin, daß «aufgrund des Gesetzes des tendenziellen Falls der Profitrate die Aufrechterhaltung großer Profite nur durch ständiges wirtschaftliches Wachstum mit Hilfe des technischen Fortschrittes möglich» ist, meint, die ökologische Bedrohung würde einen «letzten Akt der Revolution» erzwingen, aber die «Umwälzung des kapitalistischen Überbaus und die Abschaffung aller Privilegien des Kapitals wird nicht auf den Barrikaden erkämpft werden»[85].

Nun zur letzten Stufe der alternativen Technik. Fritz Vilmar hat über die Anstalten zur «Humanisierung der Arbeitswelt» in der DDR recherchiert, auch Diskussion dieses Themas gefunden, konstatiert aber schließlich «dieselbe Monotoniemisere wie bei uns»[86]. In der Medizin ist zwar das Interesse an Alternativen in der Sowjetunion, bis hin zur Parapsychologie, notorisch, aber gleichzeitig gibt es auch dort Tierexperimente zur Kopftransplantation, der absurdesten Ausprägung technischer Heilserwartung. Daß das COMECON-Programm zum Ausbau der Kernenergie vergleichsweise bescheiden ist, hat kaum mit Umwelt- oder gar «alternativem» Bewußtsein zu tun, sondern mit der relativ günstigen Verfügbarkeit fossiler Brennstoffe – das weiß ich auch aus Gesprächen mit östlichen Energie-Technokraten.

Ausgesprochene Technik-Kritik mit der Zielsetzung alternative Technik ist mir nur bekannt aus Polen, wo Intellektuellen offenbar mehr Freiraum bleibt als in den übrigen Ostblockländern. Robert Jungk berichtet im *Jahrtausendmensch* über mehrere einschlägige polnische Arbeiten.[87] Es sei nicht vergessen, daß einer der beiden Herausgeber des schon zitierten Berichtes von Bariloche der Tscheche H. D. Scolnik ist.

Der industrialisierte Osten, so läßt sich's wohl zusammenfassen, zieht zögernd nach. Aber auch dieses Nachziehen unterstreicht den universellen Charakter der neuen Technik-Kritik.

III
Die sichtbare Gegenwart der Krise und die Suche nach Auswegen

Widersprüchliche Reaktionen auf die Krise
der Industriegesellschaft

Es ist Zeit, den Standort zu überprüfen. Ich habe zu zeigen versucht, wie zum einen aus dem Unbehagen an der heutigen Industriegesellschaft eine Kritik der Technik entstanden ist, wie zum zweiten sich Gegenentwürfe einer anderen Technik entwickelt haben. Mein Anliegen erforderte die schrittweise Verengung der Kritik an der Industriegesellschaft auf das Thema Technik. Geht man davon aus, daß der Ausgangspunkt, das Unbehagen an der Industriegesellschaft, wohl in der einen oder anderen Form die Mehrzahl zumindest der Menschen in den westlichen Industriestaaten erfaßt hat, daß demgegenüber die bloße Existenz des Begriffs alternative Technik der überwiegenden Mehrzahl dieser Menschen unbekannt sein dürfte, so stellt sich die Frage, welche Realität sich in der Technik-Kritik denn offenbart? Geht es hier, überspitzt gefragt, um eine Spielart der Suche nach der verlorenen Religion oder um eine Substitution – oder Weiterentwicklung – des großen, bisher nirgends geglückten oder vollendeten Gegenentwurfs Sozialismus? Dieser Frage will ich im weiteren nachzugehen versuchen.

Heute, zwanzig Jahre nach den ersten, amerikanischen Ansätzen zu einer Artikulation der Krise der Industriegesellschaft, ist diese Krise jedermann sichtbar. Ihr zuletzt aufgetretenes Symptom, die seit drei Jahren anhaltende Arbeitslosigkeit, die in den westlichen Industrieländern ihresgleichen – von Kriegsfolgen abgesehen – seit den dreißiger Jahren nicht hatte, hat den in den technisch-wirtschaftlichen Fortschritt gesetzten Heilserwartungen den Rest gegeben.

Die Reaktionen sind, wie stets in Krisenzeiten, widersprüchlich. Manche der vielfältigen Manifestationen der Krise sind von der Mehrzahl begriffen worden, wie etwa die von vielen erfahrbare Umweltzerstörung; die, denen sich die vielen Einzelerscheinungen der Krise zu einem Gesamtbild fügen, sind noch eine kleine, aber wachsende Minderheit. Die Zukunftsangst lauert; ihre meßbarste

Ausprägung ist die rapide Zunahme psychischen Verfalls, erkennbar etwa in den Statistiken über Gewaltverbrechen, Drogensucht, Alkoholismus: die Zahl der registrierten Alkoholiker hat sich in der Bundesrepublik von 200000 im Jahr 1950 auf etwa 1,8 Millionen erhöht, der Alkoholismus hat eine Parallele nur im Elendsalkoholismus der Gründerjahre vor 1900.[1] Die aufsehenerregendste Reaktion, der in allen westlichen Industriestaaten entwickelte Widerstand gegen Kernkraftwerke, zeigt an, wie verbreitet zumindest die Ahnung von der technischen Wurzel des Übels ist; daß innerhalb dieses Widerstands das Motiv, Wirtschaftswachstum zu stoppen, im Verlauf des letzten Jahres entscheidend an Boden gewonnen hat, ist Beleg für einen Klärungsprozeß, einer Verwandlung von Ahnungen in Bewußtsein.

Wie kaum anders zu erwarten, ist das Pendant zur Klärung, die Verdrängung, verbreiteter. Dies insbesondere, weil die von der Krise bedrohten Institutionen zur Inganghaltung der Maschinen auf Durchhalten bei minimalen Reparaturen setzen, daher den Verdrängungsprozeß unterstützen. Ihre Antwort auf die – durch das in der Geschichte beispiellose, auf Technik gegründete Wirtschaftswachstum der Nachkriegsjahre hervorgerufenen – Krise ist eben Wiederankurbelung des Wachstums durch Technik. Weil's so schön war oder weil nun mal alles so eingefahren ist oder weil Machtpositionen gefährdet sind, einerlei.

Mit dieser Verdrängung einher geht ein massiver Zug zur Restauration, zwar besonders ausgeprägt in der von Haus aus konservativen Bundesrepublik, spürbar aber auch in den meisten anderen Industriestaaten. Die Verdrängung benötigt Sündenböcke. Schuld ist die «Permissivität». Ob es nun Kriminelle sind, die doch so offenbar die Ursache zunehmender Kriminalität sind, die «Arbeitsscheu», das «hohe Lohnniveau», oder die «Systemkritiker», gar «linke Systemveränderer», es sollte härter durchgegriffen werden: «Zucht und Ordnung» ist noch nicht wieder dran, wohl aber schon «Gesetz und Ordnung», der besondere Begriff von «Leistung» als Ursprung unserer Ordnung darf nicht erodieren. Die aggressiven Konservativen à la Strauß und Dregger, aber auch Chirac und Thatcher – dies die Charakterisierung des liberalen Ralf Dahrendorf[2] – stellen nicht oder noch nicht die Regierungen, aber sie gewinnen beachtlich Terrain innerhalb der Rechten, und ihr erfolgreicher Appell an die Verdrängung, an die «konventionelle Weisheit», an das gesunde Volksempfinden zwingt auch die Liberalen zum Nachziehen.

Dieser restaurative Zug auch im öffentlichen Bewußtsein als Ausdruck der Verdrängung der Krisenursachen – von dessen Bedrohlichkeit noch die Rede sein soll – darf nicht den gegenläufigen Wandel von Anschauungen und Wertvorstellungen verdecken. Der Widerspruch von restaurativer «Tendenzwende» und zukunftsträchtigem Wandel führt teils zu Polarisierungen – siehe die jüngste Entwicklung der Atomkontroverse –, teils tritt er innerhalb derselben Bewußtseinslage auf.

Man bedenke, daß vor einem Jahrzehnt das Wort Umweltschutz in der Öffentlichkeit unbekannt war. Heute sind selbst die Waschmittel ‹Bio›, keine Produktreklame ohne Beschwörung von «Natur» oder «Umwelt». Lebensqualität, ein Jahrzehnt nach ihrer amerikanischen Geburt hierzulande von Willy Brandt unter die Leute gebracht, ist heute jedermanns Ziel, Lebensstandard passé. Gewiß, diese Schlagworte nützen sich im Gebrauch ab, werden pervertiert; dennoch zeigen sie neue Sensibilitäten an, beginnen, Folgen zu zeitigen.

Die Umweltverschmutzung geht weiter, aber der Bodensee ist wieder beriechbar. Die Autosucht ist ungebrochene Stütze der Wachstumsillusion: 10 % Wachstum der Branche von 1976 bis 1977! Aber stärker wachsen die Flohmärkte, vorbei am Bruttosozialprodukt, am Wirtschaftskreislauf; nicht Industrie noch Dienstleistungssektor haben dort teil am lustigen Konsum des ehedem Weggeworfenen. Es werden weiter «konviviale» Stadtteile zerstört, aber «Altbauten» sind die große Entdeckung, für ihre Erhaltung und Modernisierung gibt's sogar Steuergelder. Präsident Carter läuft gar auf für ihn gefährliche Weise vor seinen Wählern her mit einem Energiesparprogramm, das Konzeption verrät.

Es gibt Meinungsumfragen, die gewandelte Einstellungen zu Umwelt und Konsum belegen. In Deutschland hat Infas 1977 ermittelt, daß 73 % der Bevölkerung für Maßnahmen des Umweltschutzes materielle Opfer bringen wollen; 1974, es gab noch kaum Arbeitslosigkeit, waren es nur 44 %; 62 % würden sich 500,- DM

Mehrkosten für ein umweltfreundliches Auto leisten, 82 % würden auf die Einwegflasche verzichten.[3]

In Frankreich hat das Institut «Sofres» 1975 im Auftrage der Frauenzeitschrift «Elle» ermittelt, daß «53 % der Franzosen eine Einschränkung des Konsums und des Wachstums akzeptieren würden, vorausgesetzt, sie ginge mit einer neuen Lebensweise einher»; 75 % wollten die Wegwerfpackungen und -flaschen nicht, 68 % würden klassische, dauerhafte Kleider dem Zwang zur wechselnden Mode vorziehen und sogar 78 % würden einen Abend pro Woche ohne Fernsehprogramm begrüßen.[4]

Solche Umfragen erhärten zudem, was auch mit bloßem Auge sichtbar ist: die Jüngeren sind überproportional bereit zu Konsumverzicht. Hieran offenbart sich auch eine Umwertung des Begriffes von konservativ, also erhaltend, wie sie auch in Erhard Epplers «Wertkonservativität» durchscheint. Carl Friedrich von Weizsäcker bemerkt im gleichen Zusammenhang: «Die Konservativen wissen aber meist so wenig wie die Sozialisten, daß sie in der Zeitkritik auf der halben Strecke Weggenossen sind»[5], was tatsächlich der Schlüssel für manche Verwirrung der Fronten zu sein scheint; sie entwirren sich, sobald von Gleichheit, von Privilegien und Herrschaft die Rede ist. Sind auch hier Tendenzen als Folge der «Lebensqualität»-Welle erkennbar? Eine im Auftrag der Deutschen Forschungsgemeinschaft durchgeführte große sozialpolitische Studie behauptet, daß für die Öffentlichkeit «ein Mehr an Lebensqualität weniger durch hohe Einkommenssteigerung für alle als durch eine höhere Verteilungsgerechtigkeit erreichbar erscheint»[6].

Konsum und Umwelt waren die an der Oberfläche ansetzenden Ausgangspunkte der neuen Kritik der Industriegesellschaft; die Entfremdung war ihr Kern. Wie sehr sich Gegentendenzen unter Sammelbegriffen wie «Selbstverwirklichung» oder «Kreativität» seit einem Jahrzehnt im Bewußtsein der Öffentlichkeit festgesetzt haben, dafür bedarf es wohl keiner Belege, soweit sie den privaten Bereich betreffen. Gibt es aber auch ein breitangelegtes Bedürfnis nach Dezentralisierung als Folge der Technokratisierung der Politik und ihres Defizits an Partizipation der Bürger?

Dieses Leitmotiv der weiland außerparlamentarischen Opposition, ist vermutlich der Mehrzahl der etwa zwei Millionen in der

Bundesrepublik in Bürgerinitiativen Organisierten nicht einmal so vertraut[7], aber was fordern sie anderes als eine Partizipation, die ihnen die demokratischen Institutionen, Parteien und Parlamente, verheißen, aber nicht verschaffen können. Diese neuartige Volksbewegung zählt wahrscheinlich mehr Mitglieder als die politischen Parteien und hat an deren Selbstverständnis gerüttelt. «Wo die Parteien nicht mehr Forum des – natürlich auch konflikthaften – Austrags unterschiedlicher Überzeugungen sind, kann sich schnell Ersatz entwickeln»[8] – so Willy Brandt im Jahre 1977 zum Thema Bürgerinitiativen. Die Medien, Verwalter der öffentlichen Meinung, sprechen von der «Staatsverdrossenheit» der Bürger, vom «Funktionsverlust der Parlamente», in denen nur mehr «zum Fenster hinausgeredet» wird, von der dem Bürger unverständlichen Sprache der Politiker. Das Wort «Sachzwang», doch offenbar ein Synonym für «Ohnmacht der Politik», tritt mit inflatorischer Tendenz auf.

Zum Bedürfnis nach Dezentralisierung: Willy Brandt rechnete der SPD vor: «Kommunale Neuordnungen mußten mit dem Verlust von fast der Hälfte der Mandate ehrenamtlicher Stadt- und Gemeinderäte in der Bundesrepublik erkauft werden.»[9] Eine zuinnerst technokratische Politik der Zentralisierung, von den heißersehnten «Vereinigten Staaten von Europa» bis zur kommunalen Neuordnung, sprich Zusammenlegung oder Vergrößerung gewachsener Orte und Landkreise zum Zwecke rationellerer Verwaltung, stößt auf Widerstand in einer Bevölkerung, deren verschüttet geglaubtes Bedürfnis nach Tradition, Überschaubarkeit, Autonomie wieder erwächst. Bomben in der Bretagne, Korsika, Katalonien, im Baskenland, Südtirol und Schweizer Jura sind dramatischerer Ausdruck dieses Bedürfnisses. Small is beautiful, Dialekt ist wieder in, in den Kommunen wächst der Widerstand gegen Konzessionen für Supermärkte. Wem das als «Nostalgie» erscheint, der begreift nicht, was sich anbahnt unter den gleichen Menschen, die – im bundesrepublikanischen Durchschnitt – zehn bis zwölf Stunden wöchentlich vor der Glotze sitzen.

Gibt es auch einen Wandel in der Einstellung der Öffentlichkeit zur Technik, der korrespondiert mit der letzten Ausprägung der Kritik an der Industriegesellschaft: der Technik-Kritik? Vertraut man dem, was die Verwalter der öffentlichen Meinung sagen, so ist der Glanz technischen Fortschrittes arg verblichen. Der spektakulärste Einbruch der Technik-Kritik war natürlich die Anti-Atombewegung, die aber auch eine breiter angelegte Technik-Kritik überwuchert hat, wie sie impliziert ist in der verbreiteten Hinwendung zu Homöopathie, biologischer Landwirtschaft, Humanisierung der Arbeitswelt. Ein besonders markanter Erfolg einer von breiter Öffentlichkeit unterstützten Technik-Kritik war 1971 die Einstellung der amerikanischen Entwicklung eines zivilen Überschallflugzeuges, von Robert Jungk als «historischer Wendepunkt in der Geschichte der wissenschaftlich-technischen Revolution» begrüßt, denn «erstmals weigerte sich der Mensch, etwas, das er hervorbringen kann, tatsächlich herzustellen»[10]. (Die unter massivem Einsatz zweier Regierungschefs erstrittene Concorde-Landeerlaubnis in den USA stimmt da nachdenklich.) Das wachsende Mißtrauen der Öffentlichkeit gegenüber Computern, insbesondere im Zusammenhang mit Datenschutz, ist ein weiteres Beispiel.

Doch der entscheidende Prüfstein für einen Bruch mit der Tradition, technischen Fortschritt als unaufhaltsam zu akzeptieren, wird die durch die Arbeitslosigkeit jetzt erstmalig aufgeworfene Frage der Rationalisierung und Arbeitsplatzvernichtung, insonderheit durch Mikroelektronik, sein. Volker Hauff, seinerzeit parlamentarischer Staatssekretär im Forschungsministerium, hat kürzlich in diesem Zusammenhang unter dem Titel: «Die Technik birgt Gefahren für die Freiheit» etwas geschrieben, was einem alternativen Techniker lächelnd als typisch weltfremd nachgesehen würde:

«Wir stehen heute vor der Herausforderung, durch international abgestimmte Maßnahmen die zeitweise Nichtverbreitung jener ziviler Technologien zu ermöglichen, deren Anwendung schwere soziale Verwüstungen nach sich ziehen würden.»[11]

Wie nun reagieren die politischen Institutionen der westlichen Industrieländer auf diesen so offenbaren Bewußtseinswandel, besser «Ahnungswandel», um dessen Tiefe zu ermessen man sich vor Augen halten muß, daß er – zahlenmäßig unbedeutende Vorläufer ausgenommen – vor noch nicht einem Jahrzehnt angesetzt hat, vor wenigen Jahren durch die «Ölkrise» den entscheidenden Anstoß bekam. Haben sie als die besser Informierten die Chance dieses

Ahnungswandels genützt, um durch Darlegung der Zusammenhänge zur Umwandlung in einen Bewußtseinswandel beizutragen, der einen demokratisch legitimierten Strukturwandel gewährleisten würde?

Jeder halbwegs Aufgeklärte – und dazu gehören durchaus die Mehrzahl der «verantwortlichen» Politiker, Gewerkschaftler, Industriellen – ist sich im Grunde darüber klar, daß beispielsweise das bedeutendste politische Problem der westlichen Industriestaaten, die anhaltende Arbeitslosigkeit, nicht mehr über Wirtschaftswachstum als Wachstum der Produktion zu lösen ist. Es gibt allenfalls noch eine Kontroverse über die Frage, ob ein stabiles Wirtschaftsniveau, sprich «Nullwachstum», oder die Verschiebung des Wachstums in den Dienstleistungsbereich eine Lösung bietet.

Schon der sich zunehmend festsetzende Begriff «strukturelle Arbeitslosigkeit» kennzeichnet dieses Bewußtsein. Selbst Wirtschaftsbosse machen aus ihm kein Hehl mehr; so erklärte beispielsweise Johannes Welbergen, Chef der Deutschen Shell, im «Spiegel»-Gespräch vom 21. 11. 1977, daß und warum er das «Wirtschaftswunder für nicht wiederholbar» hält und beantwortete die anschließende Frage: «Das heißt, das Problem Arbeitslosigkeit verschärft sich?» trocken: «Ich fürchte ja.»[12] Der Bundeswirtschaftsminister erklärt wenig später, im «Spiegel»-Gespräch vom 26. 12. 1977 – zwar dezidiert nur für 1978 – , daß er «nicht mit einem nennenswerten Abbau der Arbeitslosigkeit im nächsten Jahr rechne», läßt aber auch auf lange Sicht keine Hoffnung durchscheinen.[13]

Trotzdem ist es erklärte Politik aller Regierungen westlicher Industrieländer, die «Arbeitslosigkeit zu bekämpfen» durch Wiederankurbelung des Wirtschaftswachstums, so, als handle es sich nur um Überwindung einer Konjunkturflaute. Als Maßnahmen dienen vornehmlich Globalsteuerungen, die von vornherein dem erhofften Wachstum keine Richtung aufprägen. Ich will an dieser Stelle nicht die Interessen und Ideologien analysieren, die sich in diesem Widerspruch offenbaren, sondern nur Phänomene konstatieren. Eine unter Sozialdemokraten und Gewerkschaftlern häufig vertretene Ansicht könnte diesen Widerspruch auflösen. Hans Matthöfer formulierte sie im November 1976 in einem Streitgespräch mit Carl Amery wie folgt:

«Nullwachstum würde eine dramatische Änderung unserer Wirtschaftsstrukturen voraussetzen, die auf demokratische Weise
nicht zu erreichen ist . . . Es kommt darauf an, ein realistisches
Übergangsprogramm hin zu einem qualitativen Wachstum zu
formulieren und Mehrheiten dafür zu finden.»[14]

Also gut, einmal abgesehen vom Problem der Existenzfähigkeit
des Kapitalismus bei Nullwachstum, das in der «dramatischen Änderung unserer Wirtschaftsstrukturen» anklingt, kann es auch keinen ernsthaften Zweifel geben, daß die Mehrzahl der Bundesdeutschen heute nicht ohne weiteres bereit wären, die Folgen eines – wie
immer strukturierten – raschen Übergangs auf Nullwachstum zu
bejahen, obwohl sie das gar nicht strukturierte Minimalwachstum
ohnehin ertragen muß. Die Frage ist aber, ob der Hinweis auf
Mehrheiten eine Legitimation abgibt für ein sich in Konjunkturma-
nagement erschöpfendes Weiterwursteln, wie es sich im geflügelten
Wort «Krisenmanagement» widerspiegelt, oder ob das realistische
Übergangsprogramm formuliert wird und versucht wird, Mehrheiten zu finden.

Zunächst ist festzustellen, daß weder Regierung noch Opposition, weder Parteien, Gewerkschaften noch Wirtschaftsverbände
irgendein Übergangsprogramm haben oder zur Diskussion stellen.
Aber vielleicht will gut Ding Weile haben, inszenieren die Spitzen
unserer demokratischen Institutionen sorgfältig den Dialog mit den
Bürgern, um Mehrheiten zu finden?

Jede Ausrede wird zunichte, wenn man sich die Ereignisse im
Zusammenhang mit der Atom- und Wachstumsdebatte im Jahr
1977 vor Augen führt. Die Institutionen haben nicht etwa den seit
der Bauplatzbesetzung in Wyhl 1975 dramatisch angewachsenen
Widerstand gegen die Kernkraftwerke, der sich zunehmend mit der
Kritik am Wirtschaftswachstum verband, genutzt, um eine breitan-
gelegte Struktur- und Wachstumsdebatte in Gang zu setzen, sondern sie haben sie im Gegenteil zu verhindern gesucht. Noch im
Wahlkampf-Herbst 1976 war das Thema Wachstum, wie auch
Atomkraftwerke, schlicht ausgeklammert worden, läßt man einmal
die peinlich substanzlosen Lippenbekenntnisse zu «qualitativem
Wachstum» beiseite. Dann wurde der Druck der Basis in den Ge-
werkschaften und Koalitionsparteien so stark, daß die Sozialdemo-

kraten Ende April 1977 mit der großen Kölner Fachtagung «Energie, Beschäftigung, Lebensqualität» die innerparteiliche Diskussion einläuten mußten – der Vorstand des Deutschen Gewerkschaftsbundes hatte bereits am 5. April in einer umkämpften Stellungnahme gefordert: «Vor der Erteilung der Baugenehmigung für die Wiederaufarbeitungsanlage sollte keine Baugenehmigung für neue, jetzt in der Planung befindliche Kernkraftwerke erteilt werden», was einem mehrjährigen Moratorium gleichkam.

In einer vielbeachteten Rede hat Erhard Eppler auf der Kölner SPD-Fachtagung die Ziele der Wachstumsgegner dargelegt. Er forderte die Genehmigungspause bei Kernkraftwerken weniger zwecks Klärung sicherheitstechnischer Probleme, sondern vorwiegend, um «das große Gespräch zu führen über . . . die Zusammenhänge von Energieverbrauch, Technologie und Lebensqualität», damit nicht «scheinbare Sachzwänge fragwürdiger technokratischer Fortschreibung» die Zukunft bestimmen und um «die Politik wieder in ihre Pflichten und Rechte einzusetzen».[15]

Einen kurzen Sommer lang mochte es so scheinen, als werde die Politik wieder in ihre Pflichten und Rechte eingesetzt, die Wachstumsdebatte ernsthaft geführt. In Vorbereitung der Bundesparteitage des Herbstes 1977 beschloß im Juni der Hauptausschuß der Freien Demokraten die mit Symbolwert behaftete Genehmigungspause für Kernkraftwerke; Landesverbände der Sozialdemokraten folgten. Doch im Herbst war der Anti-Wachstumsspuk vorbei, der Sachzwang wieder in seine Rechte eingesetzt: Parteitage der SPD und FDP gaben grünes Licht für Baugenehmigungen. Der CSU-Parteitag hatte die Problematik gar nicht erst lange diskutiert, sich mit einer Gegenstimme für zügigen Ausbau der Atomenergie ausgesprochen, auf dem CDU-Parteitag blieb Herbert Gruhl ein einsamer Streiter gegen Wachstum und Atomenergie.

Die Regierungsmannschaft hatte innerhalb der Sozialliberalen gesiegt – und nicht etwa die Chance ergriffen, sich durch Unterstützung der Wachstumsgegner eine politische Legitimation für einen Strukturwandel zu verschaffen. Im Gegenteil, der schon konsumskeptische Bürger wurde ganz ungeniert zu stärkerem Konsum aufgerufen, die Umweltschützer als «Verhinderungspotential» dargestellt, das «Arbeitsplätze vernichtet», und so auch in den Gewerkschaften der Wachstumsflügel bestärkt. Zudem eignete sich die im Gefolge der terroristischen Anschläge auftretende «Sympathisanten»-Welle auch zur Diskriminierung der Bürgerinitiativen. So konnte etwa Innenminister Hirsch, ohne den Protest der Medien hervorzurufen, die Bürger auffordern, der Kalkar-Demonstration wegen voraussehbarer gewalttätiger Ausschreitungen fernzubleiben, was jeden, der diese Warnung ausschlägt, also jeden Demonstranten, von vornherein qualifiziert. Und als die Demonstration friedlich verlaufen war, konnte der gleiche Innenminister, wiederum ohne Protest der Medien, es der Polizei zuschreiben, daß es nicht zu «Todesopfern» gekommen war.

Regierung, Parlament, die Spitzen der Parteien förderten nicht den in Gang gekommenen Bewußtseinswandel – sie suchten, ihn zu verhindern. Sich angesichts dieser Rolle darauf zu berufen, daß sich keine Mehrheiten für Strukturwandel finden, ist Doppelstrategie. Ein Resultat dieses Sommers ist aber die Formierung einer kritischen Antiwachstumsfraktion auf dem linken Flügel der Sozial- und Freien Demokraten, eine Plattform für das gewandelte Bewußtsein nun auch in der Politik.

Das Pendant zum beschriebenen Ahnungs- oder Bewußtseinswandel ist eine exponentielle Vermehrung der Literatur, die sich, ökologische und soziokulturelle Kritik zusammensehend, mit der Krise der Industriegesellschaft auseinandersetzt. Wie ich schon dargelegt habe, begann die Zusammenführung ökologischer und soziokultureller Kritik in der Bundesrepublik mit einigen Jahren Verspätung erst 1972/73, im Gefolge der durch den Club of Rome und die «Ölkrise» angefachten Ökologiediskussion. Des Linkskatholiken Carl Amerys Buch *Das Ende der Vorsehung*[16], erschienen 1972 – Vorläufer des wichtigen *Natur als Politik*[17] –, bezeichnet den Anfang einer entsprechenden deutschen, auf die Öffentlichkeit wirkenden Literatur; Amery knüpfte an die amerikanische Kritik der christlichen Tradition an, die ich an Hand eines aus dem Jahre 1967 stammenden Aufsatzes des Historikers Lynn White vorgestellt hatte. Robert Jungks 1973 erschienener *Jahrtausendmensch* hat, wie ich schon hervorgehoben habe, erstmalig im deutschen Sprachraum eine breitere Öffentlichkeit mit dem Anliegen der alternativen Technik vertraut gemacht. Darauf, daß Enzensbergers Kursbuch 33,

Ökologie und Politik das Thema ebenfalls 1973 für die Linke erschloß, habe ich schon hingewiesen.

1975 segneten zwei Bücher bekannter Politiker die politische Relevanz des Themas ab: Erhard Epplers *Ende oder Wende?*[18] und Herbert Gruhls *Ein Planet wird geplündert*. Sie bezeichneten gleichzeitig die beiden charakteristischen, gegensätzlichen Konsequenzen, die aus der ökologischen Misere gezogen werden: für Erhard Eppler ist sie die Chance für eine bessere Welt, für Herbert Gruhl die bittere Pille, die zu verordnen ist. Ungeachtet der kritischen Randbemerkungen, die ich dieser Haltung wegen Herbert Gruhl schon gewidmet habe, halte ich sein fast zum Bestseller gewordenes Buch für einen wichtigen Beitrag zur einschlägigen deutschen Literatur, weil es politische Kritik mit einer umfassenden Aufarbeitung ökologischen Materials verbindet; Technik-Kritik ist bei Gruhl allerdings nicht expliziert, fällt nur aus ökologischer Sicht an. 1977 hat ein weiterer Politiker, Frank Haenschke, der aus freien Stücken sein SPD-Bundestagsmandat aufgegeben hat, ein einschlägiges Buch vorgelegt; sein *Modell Deutschland?*[19] übt ausgesprochene Technik-Kritik am Beispiel seiner früheren parlamentarischen Arbeitsbereiche Atomenergie und Datenschutz, ist wichtig vor allem als Bericht eines naturwissenschaftlich vorgebildeten Augenzeugen zum Thema Technokratie und Politik.

Mit dem seit Anfang 1975 von Freimut Duve herausgegebenen Magazin «Technologie und Politik» erhielt die Technik-Kritik in der Bundesrepublik ein regelmäßiges, anspruchsvolles Forum, das auch Originalbeiträge namhafter ausländischer Wissenschaftler bringt.

Die ansteigende Flut der Literatur, die sich unter Einbeziehung ökologischer Aspekte mit der Krise der Industriegesellschaft auseinandersetzt, hinterläßt ein heterogenes Bild. Das Spektrum der Neuerscheinungen des Jahres 1977 reicht von der schon erwähnten sorgfältigen Dissertation *Technik und Herrschaft* von Otto Ulrich, über Johano Strassers anspruchsvolle Analyse der Frage *Grenzen des Wachstums – Grenzen der Freiheit?*[20] und das schon zitierte, etwas hastige *Plädoyer für eine nachmoderne Gesellschaft* bis zu so Bravem wie des Soziologen Burghard Strümpels *Modell einer humanen Wirtschaft*[21], welches auch «zeigen will, daß die wirtschaftlichen Probleme dieses Jahrzehnts als Teilaspekte des kulturellen, institutionellen und technischen Wandels in reifen Industriegesellschaften verstanden und gelöst werden müssen». Professor Strümpel dankt siebzehn in der Bundesrepublik aufgesuchten Persönlichkeiten, deren Äußerungen die Gedankenführung wesentlich beeinflußt haben»[22], Männern der Wirtschaft, wie F. Wilhelm Christians, und der Politik, wie Gerold Tandler. Ja, die Zeichen der Zeit.

Diese Auflistung eines Dutzends deutscher Titel soll nur der Orientierung helfen. Ich habe bisher nichts erwähnt aus der großen Untergruppe der kritischen Literatur, die von der Energieproblematik, speziell der Atomkontroverse ausgeht; internationales Niveau, gesetzt etwa durch die besprochene Arbeit von A. B. Lovins oder durch Barry Commoners *Energieeinsatz und Wirtschaftskrise*[23], ist auf diesem Gebiet in der Bundesrepublik bei weitem noch nicht erreicht. Aber auch ansonsten gilt für die soziokulturelle mit ökologischer und Technik-Kritik zusammenfassende Auseinandersetzung mit der Industriegesellschaft in der Bundesrepublik Carl Amerys Wort vom Theoriedefizit.

Neben der dominierenden angelsächsischen Literatur spielen auch französische Kritiker eine Rolle in der internationalen Diskussion. Jacques Elluls *The Technological Society* war wohl die einzige zeitgenössische kontinentaleuropäische Arbeit, die für die amerikanische Technokratie-Diskussion der sechziger Jahre größere Bedeutung hatte. Der marxistische, technik-kritische Philosoph André Gorz, dessen *Ökologie und Politik* auch ins Deutsche übersetzt vorliegt, ist bekannt wegen seiner Synthese aus, sozusagen, Marx und Illich. Das Niveau der technik-kritischen Diskussionen wird in Frankreich generell gehoben durch das der gängigen politischen Abstinenz deutscher Ingenieure entgegengesetzte gesellschaftspolitische Engagement der französischen technisch-wissenschaftlichen «Cadres». Das wirkt mit in der technik-kritischen Diskussion auch – und das wieder im Gegensatz zur Bundesrepublik – in der Gewerkschaftsbewegung, vornehmlich in der den Sozialisten nahestehenden CFDT. Angesehene Wissenschaftler aus den «Grandes Écoles» wie Lalonde und Lenoir sind die Köpfe der Partei der «Ecologistes» und oft in Personalunion auch der Bürgerinitiative «Les amis de la terre», der französischen Sektion von Friends of the Earth. Bei den Gemeindewahlen Anfang 1977 sorgten die Ecologistes für eine Sensation, als sie auf Anhieb 10 % Stimmenanteil in Paris, 7 % im Landesdurchschnitt gewannen. Für das gesellschaftspolitische Engagement der französischen Naturwissenschaftler steht auch ein interessanter Versuch – *Das Makroskop*²⁴ – des Biologen Joel de Rosnay, die in der Ökologie so erfolgreiche angewandte ingenieurwissenschaftliche Methode der Systemanalyse auszudehnen auf Analysen aller Problembereiche der Industriegesellschaft.

Soweit zum Stand derjenigen gesellschaftskritischen Literatur, die Technik-Kritik teils impliziert, teils expliziert. Faßt man sie unter der Blickrichtung meines Anliegens zusammen, so stellt man fest: Analog zum Wandel der öffentlichen Meinung herrscht auch in dieser stark anschwellenden Literatur eine reservierte Abwehr der Großtechnik vor, aber noch ist, speziell hierzulande, die Zahl derer gering, die eine grundlegende Kritik der Technik als eigenständigen Bestandteil heutiger Gesellschaftskritik wahrnehmen oder gar als unerläßlich ansehen. Es zeigt sich weiter, daß trotz des, historisch gesehen, konservativen Ursprungs des Unbehagens an der Großtechnik die bewußte Technik-Kritik politisch links angesiedelt ist, von links-liberal bis «aufgeklärt»-marxistisch.

Einen Schlüssel zur Auflösung dieses scheinbaren Widerspruchs liefert die im Vorfeld jeder Technik-Kritik angesiedelte und mit ihr eng verbundene Technokratie-Kritik, die ja wesentlich verbreiteter ist als die eigentliche Technik-Kritik. Technokratie-Kritik ist im Grunde Kritik an der Herrschaft einer neuen Elite, anwendbar auf beide industrialisierte «Welten». Wer heute noch nur konservativen Ekel vor der Banalität der technisierten Welt empfindet, der verlangt, wenn er denken kann, nicht nach Auflösung oder besserer Kontrolle der neuen Eliten, der kehrt, wie Ernst Jünger, anmutig dieser alternativlosen Welt den Rücken, weil «die Gleichheit die Freiheit konsumiert hat».

Ein weiterer scheinbarer Widerspruch ist mir aufgefallen: Die Anti-Atombewegung hat einerseits einer «irgendwie» gearteten Technik-Kritik mächtigen Auftrieb gegeben, sie andererseits so überwuchert, daß grundlegende Technik-Kritik es schwer hat, durch das Atom-Syndrom hindurch in das Bewußtsein vorzustoßen. Ein Beispiel für diesen Effekt liefert Carl Friedrich von Weiz-

145

säcker in seinem 1976 erschienenen Buch *Wege in der Gefahr*. Er stellt in dieser, wenn ich so urteilen darf, gescheiten und besorgten «Studie über Wirtschaft, Gesellschaft und Kriegsverhütung» bei der Schlußfrage: «Welche Bewußtseinsänderung ist heute nötig?» fest, daß er sich «der prinzipiellen Technik-Kritik nicht angeschlossen hat», daß es «gegen technisch bedingte Gefahren technische Mittel gebe, und die eigentlichen Gefahren die menschlich-bedingten seien . . . Technik ist ein Mittel des verständigen Willens. Soweit unsere Vernunft ausreicht, kann Technik gesteuert werden.»[25] Kurz, nicht die Technik ist das eigentliche Problem, sondern die Vernunft.

Der Leser wird geneigt sein, diese Bewertung eines gleichermaßen als Philosoph wie als Naturwissenschaftler Hervorgetretenen als schwerwiegendes Indiz gegen die Gültigkeit der «prinzipiellen» Technik-Kritik zu werten, dies um so mehr, als Weizsäcker alles andere als ein Wachstumsfetischist, sicher kein leichtfertiger Apologet technischer Heilserwartung ist, sondern im Gegenteil die «unvermeidliche Krise der technischen Welt» konstatiert, seinerzeit entschieden gegen Adenauersche Tendenzen zur Atombewaffnung der Bundesrepublik aufgetreten war, und auch nicht immun ist gegenüber dem Verlangen nach Partizipation, wie er durch Sympathie mit dem Anliegen der Studentenbewegung bekundet. Geht man aber das Buch durch, so ergibt sich, daß Weizsäcker seine Aussage aus einem Exkurs über die Gefahren der Atomenergie herleitet, und zwar ökologisch verstandener Gefahren und solcher für Leib und Leben. Er schließt, nach Prüfung der so eingeschränkt definierten Argumente der Atomgegner, daß die Gefahren technischen Versagens in der Kerntechnik geringer sind als andere zivilisatorische Risiken, und «bedauert», daß die Atomgegner ihr «so wichtiges Anliegen» durch «dilettantische . . . Argumente verunklart und dadurch eher diskreditiert» haben[26], begründet dann seinerseits ernste Bedenken gegen Kernenergie mit den Argumenten steigender Kriegsgefahr. Daß ihm der soziokulturelle Aspekt der grundsätzlichen Technik-Kritik entgangen ist, zeigt sich überdeutlich an einem Abschnitt über Sonnenenergie, den er mit der knappen Bemerkung: «Als zusätzliche Energiequelle, z. B. für Raumheizung, verdient sie fraglos intensive Förderung», einleitet, um dann im Folgesatz zur Tagesordnung zu schreiten: «Sollte sie zu einer echten Alternative für die anderen Energiequellen werden, so ist das Problem die rentable Verwertbarkeit im großen Maßstab»[27], sprich Großkraftwerke in der Sahara. Hier äußert sich die noch nicht angekratzte Befangenheit in großtechnischem Denken – trotz gewisser Skepsis gegenüber Großtechnik –, wie ich sie schon am Beispiel der Polemik B. Wolfes gegen A. B. Lovins aufgezeigt habe und von der ich an jener Stelle bekannte, daß ich ihr vor noch zwei Jahren auch erlegen wäre.[28]

Was die ökologische und Strahlengefährdung durch Kernenergie betrifft, so teile ich Weizsäckers Auffassung und sehe wie er die Gefahr nicht so sehr in technischem Versagen oder ökologischer Belastung, sondern in der negativen Auswirkung auf Möglichkeiten der Kriegsverhütung. Ich würde aber sehr viel vorsichtiger als Weizsäcker mit dem Prädikat «dilettantisch» für die – im übrigen aus heutiger Sicht sozusagen «frühen» – Argumente der Kernenergiegegner umgehen, obwohl ich ebenfalls der Ansicht bin, daß sie den Kern der Sache nicht treffen. Denn ich bin zu grundlegender Technik-Kritik hingeführt worden, gerade weil ich mir die Frage gestellt habe, warum denn die Argumente der Atomgegner so «dilettantisch» waren, mir der gängige Hinweis auf «vagabundierende Ängste» zu bequem erschien, der ohnehin Erklärung nur vortäuscht. Ich meine, und will das später ausführen, daß gerade dieser «Dilettantismus» Folge einer prinzipiellen «Fast-nicht-mehr-Durchschaubarkeit» der Großtechnik ist, der mit einer noch so hochgezüchteten Informatik nicht mehr beizukommen ist und die eben deshalb letztlich unvereinbar ist mit dem Anspruch einer Gesellschaft auf Demokratie.

Im übrigen vermute ich, daß die widersprüchliche Rolle der Atomkontroverse in der Vergangenheit nunmehr ausgespielt ist. Der rasche Wandel von einer Sicherheits- zu einer Wachstumsdebatte, der in dem Jahr 1977 auch die Bundesrepublik erreicht hat, wird den Blick wieder freigeben auf die soziokulturellen Aspekte. Qualifizierte Arbeiten wie die von A. B. Lovins mögen helfen, den Bezug zur grundlegenden Technik-Kritik herzustellen.

Das Dogma von der Zweckrationalität von Technik und Wissenschaft

Für die, die einen Ausweg aus der Krise wissen, und dabei einer gradlinig fortschreitenden Wissenschaft und Technik eine besondere Rolle zuweisen, scheinen mir zwei Namen zu stehen: Gerhard Mensch und Daniel Bell; Mensch für die Innovatoren, Bell für die Propheten der verwissenschaftlichten Dienstleistungsgesellschaft.

Gerhard Mensch baut in seinem 1975 erschienenen, inzwischen schon als Taschenbuch aufgelegten *Das technologische Patt*[29] auf J. A. Schumpeter auf, dem Stammvater der Innovationsforscher, nach dem «der fundamentale Antrieb, der die kapitalistische Maschine in Bewegung setzt und hält, von den neuen Konsumgütern kommt, den neuen Produktions- und Transportmethoden, den neuen Märkten, den neuen Formen der industriellen Organisation . . .»[30] kurz, von der Innovation. Diese berühmte Einsicht Schumpeters verkürzt Mensch schnurstracks zu: «Die menschliche Gesellschaft ist eine innovative Gesellschaft»[31], womit er wohl für das, was er darlegen will, die Legitimationsprobleme überstanden hat. Darlegen tut er, durchaus geistreich, an Hand einer technik-geschichtlichen Analyse, daß echte technische Innovationen – er nennt sie Basisinnovationen im Unterschied zu Folgeinnovationen und Scheininnovationen – diskontinuierlich erfolgen, daß jeweils während weniger Jahrzehnte vor den großen Weltwirtschaftskrisen von 1825, 1873 und 1929 ein besonders niederer Stand von Basisinnovationen herrschte und daß dem auch so ist etwa seit Ende des Zweiten Weltkrieges. Als Konsequenz haben wir nun die Wirtschaftskrise, die seit 1967 schwelt und seit 1974 voll ausgebrochen ist. Rezept: «Die greifenden Maßnahmen des Staates . . . liegen deshalb nicht auf dem Gebiet der wirtschaftspolitischen Globalsteuerung. Es ist die Politik der Glättung der Innovationsrate, eine struktur- und stabilitätsorientierte Forschungs- und Technologiepolitik, die den Innovationsmangel beseitigen helfen kann.» Und warum der konsumierende Mensch die technischen Innovationen auch ersehnt, ist ebenfalls erklärt: «Innovationen eröffnen ihm neue Identifikationsmöglich-keiten», oder «die Fülle der realen Innovationen lockt und stachelt seine Lebenslust und den sozialen Leistungsdruck an mit einem kategorischen Imperativ: ‹Handelt damit . . .!› (Lukas 19,13).»[32]

Gerhard Mensch ist ein belesener Mann; von Marx bis Popper, von Galbraith bis Dahrendorf, wer einen gesellschaftskritischen Namen hat, wird zitiert. Kommen ihm 1975 keine soziologischen, kulturellen, ökologischen Bedenken bei dieser Übertragung von – vermutlich sogar richtig beobachteten – vergangenen Mechanismen zur Anheizung von Konsum durch forcierten Fortschritt der Technik? Nun, da ist von «qualitativem» Wachstum, von Fortschritt, der «an den wirklichen Bedürfnissen der Menschen orientiert ist» die Rede, aber es ist schließlich nicht seine Sache, zu erörtern, was die wirklichen Bedürfnisse sind. Und der Begriff «Grenzen des Wachs-tums» kommt auch vor; die Grenzen sind eben mangelnde Innova-tion. Von ökologischen Grenzen kein Wort, und das 1975! Was wunder, daß solche «Technik-Kritik» ein großer Erfolg wurde bei den Technokraten, die nun mal die Wirtschaft ankurbeln sollen. Um so mehr, als das Buch im übrigen durchaus wichtige Einsichten in die Interaktion von Wirtschaft und Technik vermittelt, dabei dem Mythos von der Innovationsfreundlichkeit der kapitalistischen Wirtschaft, speziell der Großindustrie, zu Leibe rückt.

Nicht so einfach liegen die Dinge bei dem Harvard-Soziologen Daniel Bell, schon weil er sich dem Problem der Krise viel umsichti-ger nähert als Mensch, sie keineswegs zur Wirtschaftskrise verkürzt, eher vorwiegend als Kulturkrise begreift. Bell gehört aber zu denen, die von einer unangefochtenen Rationalität von Wissenschaft und Technik ausgehen.

Deren wohl überspitzteste Folgerungen aus der Technik- und Technokratiedebatte finden sich in Helmuth Schelskys *Der Mensch in der wissenschaftlichen Zivilisation* von 1961, in welcher «das Herrschaftsverhältnis seine alte persönliche Beziehung der Macht von Personen über Personen verliert und an die Stelle der politi-schen Normen und Gesetze Sachgesetzlichkeiten» treten. Nach Schelsky bedarf «die moderne Technik keiner Legitimität; mit ihr herrscht man, weil sie funktioniert und so lange sie optimal funktio-niert. Sie bedarf auch keiner anderen Entscheidungen als der nach technischen Prinzipien»[33]. Und deshalb sei auch der Politiker ein Konstrukteur, der im Rahmen von Sachgesetzlichkeiten wirkt.

Das ist die Technokratiethese, nach der die Politik den Handlungsspielraum verliert, zur Technokratie degeneriert – nur bei Schelsky von den Füßen auf den Kopf gestellt, die Politik *degeneriert* nicht zur Technokratie, sie erhält durch sie erst ihre volle Legitimation. Wer wird auf alternative Technik kommen, wo alles in Ordnung ist, da ja auch die heutige Technik nicht dem Menschen aufgezwungen wurde, sondern von ihm selbst infolge seiner anthropologischen Konstitution produziert?

Daniel Bell ist nicht wie Schelsky schnell eingereiht als «aggressiver Struktur-Konservativer», um einmal Dahrendorfs und Epplers Worte zu kreuzen. Seine *nachindustrielle Gesellschaft*,[34] erschienen 1973, und *The Cultural Contradictions of Capitalism*, erschienen 1976, verdeutscht unter dem Breitwandtitel *Die Zukunft der westlichen Welt*[35], sind Bestandsaufnahmen von Entwicklungstendenzen der Industriegesellschaft aus eher liberaler Sicht. Er beschreibt – und begrüßt – eine nachindustrielle Gesellschaft, die er in westlichen wie östlichen Industrieländer kommen, und ansatzweise in den USA schon verwirklicht sieht. Der Angelpunkt dieser Gesellschaft ist die starke Zunahme theoretischen Wissens; sie geht Hand in Hand mit einer Verlagerung des ökonomischen Schwerpunktes von der Warenproduktion zu Dienstleistungen. Sie stellt «intellektuelle Technologien» bereit für die Politik und für die Planung technologischen Wandels. Sie schichtet die Gesellschaft um, «eine technisch-akademische Klasse übernimmt die Führung der Gesellschaft»[36]. Die politischen Ordnungen in östlichen und westlichen Industriestaaten konvergieren, da das «Management der techno-ökonomischen Ordnung, die demokratische Planung oder das Management der Wirtschaft immer stärker vom Kapitalismus unabhängig wird»[37].

Bell entgeht keineswegs, daß diese Gesellschaft zentralisierten Wissens auch eine der zentralisierten Ordnung sein muß. Er beruft sich auf Max Weber, wenn er den einhergehenden «Prozeß der Bürokratisierung, der das Arbeitsleben und die sozialen Beziehungen der meisten Menschen von Grund auf verändert, als Teil eines übergreifenden, das gesamte Leben der modernen Gesellschaft umfassenden Rationalisierungsprozesses» sieht; dieser Rationalisierungsprozeß ist die Schiene, die industrielle und nachindustrielle Gesellschaft miteinander verbinden. Aber da die Rationalität der Wissenschaft gar nicht zur Debatte steht, widmet Bell zwar den erkennbaren Bestrebungen nach mehr Partizipation, auch nach mehr Gleichheit, wohlwollende, um Kompromiß bemühte Kapitel, verbündet sich aber im Zweifel mit dem Sachzwang.

Er schwärmt vom Ethos der Wissenschaft, von dessen Kraft es abhängen wird, «wie weit sich die Wissenschaft . . . gegen die Unterwerfung durch die Politik verteidigen kann»[38], er spricht von einer «Wissensgesellschaft». Illichs Absage an die Schule paßt da nicht ins Konzept. Bell gesteht Illich «einleuchtende Argumentation» zu, aber Illich «verwechselt Erfahrung mit Wissen»[39], ein Urteil, das die Verabsolutierung der besonderen Art theoretischen Wissens charakterisiert, um das Bells nachindustrielle Gesellschaft kreist; in der, da hat Bell recht, ist das von Illich gemeinte Wissen unbrauchbar. Bell nimmt nicht wahr, oder will nicht wahrnehmen, daß Illich gerade auch die Rationalität des Wissensbetriebes in Frage stellt.

Johano Strasser hat in Bells Argumentation die Rechtfertigung eines «Sachzwangs zur Einschränkung persönlicher Freiheit und zu autoritär-meritokratischer Herrschaft»[40] gesehen, Bell dann aber mit dem Hinweis, daß er «noch nicht von der ökologisch begründeten Notwendigkeit der Wachstumsbegrenzung ausgeht»[41], ad acta gelegt. Aber so leicht kann man Bell nicht beikommen. Der Trick der Dienstleistungsgesellschaft scheint ja darin zu liegen, daß sie die Güterproduktion nicht steigert, nicht, wie es bei Bell heißt, auf Energie, sondern auf Information gegründet ist. Die Wyhler Weinbauern haben einmal vorgeschlagen, ihnen doch eine IBM-Fabrik statt eines Kernkraftwerkes in den Kaiserstuhl zu bauen. Die Dienstleistungsgesellschaft scheint nahtlos in das «qualitative Wachstum» zu passen; Bell beruft sich auch darauf, zeigt zudem, daß Dienstleistungen nicht so schnell wachsen können wie die Güterproduktion.

Welche Folgen das um sich greifende Konzept «Dienstleistungsgesellschaft» hat, erhellt der planungsbewußten Franzosen Plan für die Periode 1976–1980, der die Verminderung der aktiven Landbevölkerung um 370000 Personen vorsieht bei stagnierender Zahl von

Arbeitsplätzen in der Industrie und Schaffung von 1 080 000 Arbeitsplätzen in Banken, Versicherungen, Handel und sonstigen Dienstleistungen.[42]

Die französische Landwirtschaft wird vollends, wie zuvor die deutsche, saniert; die Lebensqualität wird herrlich zunehmen sowohl für die restlichen vollindustrialisierten Landwirte, als auch für diejenigen, die ins Büro umziehen, und vor allem für die ganze Bevölkerung, die endlich auch auf Retorten-Camemberts umgestellt wird. Und das alles nicht etwa weil der Franzose für sein vorläufig noch geliebtes Essen mehr ausgibt als für sein Auto, sondern wegen einer Konkurrenzfähigkeit, die durch die «Rationalität» des technisch-wissenschaftlichen Fortschritts bestimmt wird.

Bells «Wissensgesellschaft» legt die Frage nahe, wie es denn heute um ihr Fundament, um die Rationalität des technisch-wissenschaftlichen Fortschritts steht?

Diese Frage leitet über zu einem Einwand gegen grundsätzliche Technik-Kritik von Jürgen Habermas, den Bell respektvoll den «führenden marxistischen Gelehrten von heute»[43] nennt. Für Habermas ist Partizipation, «die allgemeine und chancengleiche Teilnahme an diskursiven Willensbildungsprozessen»[44], eine der wesentlichsten Zielsetzungen – oder Voraussetzungen – für erstrebenswerten gesellschaftlichen Wandel. Gerade deswegen tritt er gegen die Technokratiethese auf, da «der propagandistische Hinweis auf die Rolle von Wissenschaft und Technik erklären und legitimieren kann, warum in modernen Gesellschaften ein demokratischer Willensbildungsprozeß über praktische Fragen seine Funktion verlieren und durch plebiszitäre Entscheidungen über alternative Führungsgarnituren des Verwaltungs*personals* ersetzt werden ‹muß›»[45].

Deshalb bestritt er in *Technik und Wissenschaft als «Ideologie»* 1968 Marcuses verlorene Unschuld der Technik, ähnliches durchzieht auch die späteren Auseinandersetzungen mit Luhmann. Der Schlüssel dafür liegt auch in Habermas' Überzeugung von der «Zweckrationalität» und Ersatzlosigkeit unserer heutigen Wissenschaft und Technik:

«Die neuzeitliche Wissenschaft könnte als ein historisch einmaliges Projekt nur aufgefaßt werden, wenn mindestens ein alternativer Entwurf denkbar wäre. Und ferner müßte eine alternative Neue Wissenschaft die Definition einer neuen Technik einschließen . . . Arnold Gehlen hat, wie mir scheint zwingend, darauf hingewiesen, daß zwischen der uns bekannten Technik und der Struktur zweckrationalen Handelns ein immanenter Zusammenhang besteht . . .»[46]

Otto Ulrich, selbst Ingenieur und, wie der Klappentext zu seinem *Technik und Herrschaft* spröde verrät, «sozialwissenschaftlich belehrt», hat sich mit der Habermasschen Argumentation auseinandergesetzt.[47] Ich darf feststellen, daß ich ihm beipflichte, wenn er ad eins den von Habermas durch den Bezug auf Gehlen mitgeführten Begriff von Technik als Verlängerung menschlicher Organe «antiquiert» nennt und schon damit eine «Verfehlung der zur Debatte stehenden Problematik» konstatiert. Schon Bloch hatte festgestellt, daß die Technik dieses Terrain verlassen hat, «von der Vermittelbarkeit abrückt». Ad zwei zeigt Ulrich, daß Habermas' «handlungstheoretischer Technikbegriff auch einen Zugang zum Problem der Herrschaft und Verdinglichung durch Technik und Wissenschaft verbaut»[48].

Nicht nur das Beispiel Habermas zeigt, daß es einen Kernpunkt der Auseinandersetzung um Technik gibt. Wer einem Abbau von Großtechnik und einem Übergang zu vorzugsweise überschaubarer Technik das Wort redet, muß sich fragen, ob die heutige Technik und ihre vorhersehbare Fortschreibung, gleich ob nun in Industrie oder Dienstleistung angewandt, «zweckrational» ist, zwingende Folge einer anthropologisch angelegten Auseinandersetzung mit der Natur. Wenn ja, dann wäre alternative Technik nur ein liebenswertes Hobby, Technik-Kritik nur ein Mosern.

Sicher, die ökologische Debatte ist real und hat das Dogma von der zweckrationalen Technik erschüttert. Aber die Dienstleistungsgesellschaft Bellschen Zuschnitts scheint da einen Ausweg zu eröffnen. Sie löst nicht das Problem fortschreitender Entfremdung, schon gar nicht das darin enthaltene der Partizipation, stellt im Gegenteil schon erstrittene und kostbare bürgerliche Freiheiten in Frage. Aber schon hier setzt die zweite Frage an: ist die Technokratiethese, also letztlich die Unkontrollierbarkeit der hochtechnisierten Gesellschaft triftig, oder könnte, wie etwa Habermas hofft, eine anders organisierte Gesellschaft auch gradlinig fortschreitender Technik Herr werden.

Beide Fragen, die nach Zweckrationalität und Beherrschbarkeit, können nur empirisch geprüft werden. Es war eines meiner wesentlichen Anliegen bis hierher, durch Hinweise auf zumeist verstreutes Schrifttum und Aufzeigen von Zusammenhängen auf empirisches Material hinzuweisen. Es ist aber zumeist schwierig, in der Natur der Technik liegende Effekte zu trennen von solchen, die gesellschaftlicher Organisation zuzuschreiben sind. Ich will im folgenden Teil aus eigener Erfahrung einiges beisteuern zur Diskussion der beiden aufgeworfenen Fragen: Zweckrationalität und Kontrollierbarkeit der Großtechnik.

Zuvor möchte ich aber vor Überspitzung warnen. Es geht gar nicht um Technik und Wissenschaft insgesamt, niemand sollte grundsätzlich die Zweckrationalität und Kontrollierbarkeit aller Ausprägungen von Technik und Wissenschaft ernsthaft in Frage stellen. Illichs Theorie der Schwellen, bei deren Überschreiten die Technik kontraproduktiv wird, zeigt das eigentliche Problem an. Auch alternative Technik will nicht einem «historisch einmaligen Projekt» neuzeitlicher Technik ein geschlossenes, auf einer anderen Wissenschaft beruhendes Projekt einer völlig anderen Technik entgegensetzen, sondern sie will, allenfalls auf der Basis einer im Sinne Feyerabends pluralistischeren Auffassung von Wissen, gewissen Trends neuzeitlicher Technik andere entgegensetzen. An deren technischer Machbarkeit gibt es keinen Zweifel, die Frage ist die Durchsetzbarkeit.

Auch die Technokratiethese sollte man nicht überspitzen. Johano Strasser, beispielsweise, hält einerseits dafür, man könne «den demokratischen Prozeß in einer Gesellschaft so organisieren, daß die Grundsatzentscheidungen hinter den Detailfragen für jedermann deutlich werden und daß Expertenwissen in den Dienst demokratischer Grundsatzentscheidungen tritt, statt sie zu verhindern»[49], warnt andererseits vor «Verkomplizierung der Lebenssachverhalte . . . Nur der Abbau von Überzentralisierung . . . stellt eine wirksame Sicherung der Demokratie vor dem Zugriff übermächtiger Technokraten dar»[50]. Die Synthesen bahnen sich an.

IV
Der Mythos
von der Zweckrationalität der
Großtechnik: Einsichten
eines Technokraten

Die Unberechenbarkeit der Großtechnik

Großtechnik und Organisation: die Anarchie

E. F. Schumacher, wie schon erwähnt ehemals Vorstandsmitglied des verstaatlichten englischen Bergbaus, hat einmal seinen Zwiespalt als nachdenklicher Manager beschrieben:

«Wer heute in der Wirtschaft steht – und Augen und Ohren offenhält –, befindet sich in einer außergewöhnlich schwierigen und verwirrenden Lage. Denken und Handeln haben für ihn ihre Einheit verloren; er führt ein Doppelleben, und seine Gedanken haben einen doppelten Boden. In seinem Büro, von neun Uhr morgens bis fünf Uhr abends, fünf Tage die Woche, denkt und handelt er auf Grund gewisser Voraussetzungen, die jedoch völlig von denen abweichen, ja ihnen diametral entgegengesetzt sind, die sich ihm aufdrängen, wenn er abends nach Hause kommt ... Die Probleme, mit denen er von neun bis fünf zu ringen hat, beziehen sich zwar auf die gleichen Sachlagen wie die, denen er nach Geschäftsschluß begegnet, haben aber sonst kaum etwas gemein. Das Vokabular ist anders, die Diagnose ist anders und die Zielsetzungen und Zukunftsaussichten sind andere.»[1]

Ich habe gestutzt, als ich das las; es beschrieb zwar meine eigenen Empfindungen, aber ich hatte nicht das Gefühl, das diese auf einen nennenswerten Teil der vielen deutschen Manager zutreffen könnten, denen ich in meinem Berufsleben begegnet war. Ganz im Gegenteil hatte es mich immer wieder frappiert, wie bruchlos sich das, was sie tagsüber taten und dachten, in ihrem Privatleben widerspiegelte. Schumacher sprach allerdings vom Arbeitstag von «neun Uhr morgens bis fünf Uhr abends», also von einer deutschen Managern höheren Ranges unbegreiflichen Vernachlässigung der täglich drängenden Probleme. Was wunder, daß die englische Wirtschaft so darniederliegt und daß es sich in England, unter anderem auch weil

Manager noch Zeit für die Empfindung von Widersprüchen haben, besser leben läßt – nicht nur für Manager.

Michael Maccoby, amerikanischer Psychoanalytiker und Soziologe, hat kürzlich eine, wie mir scheint, sorgfältige und umsichtige Untersuchung über die Manager veröffentlicht, «deren Tätigkeit die Arbeits- und Lebensqualität in aller Welt beeinflußt»[2]. Sie schließt ab mit der Quintessenz: «So wie die Dinge in den meisten Unternehmen, in führenden Universitäten und in Bürokratien stehen, leben die erfolgreichen Manager als Sklaven ihrer Karrieren und als sich und anderen entfremdet.»[3] Meine eigenen Erfahrungen bestätigen das.

Jedenfalls spüren auch ranghohe Technokraten Sachzwänge noch unmittelbarer als die meisten übrigen Menschen, wenn diese nicht gerade am Fließband arbeiten. Sicher gibt es einen gewissen Handlungs- und Entscheidungsspielraum für einen Wirtschaftsmanager, etwa wenn er eine Fusion anbahnt oder das Startsignal für einen neuen Produkttypus gibt; aber seine Qualifikation bemißt sich vornehmlich daran, das Netz sachlicher und psychologischer Gegebenheiten möglichst gut zu durchschauen und seine Entscheidungen einzupassen. Den größten Teil seiner Zeit aber laviert er, besorgt, die Organisationsmaschinerie vor «Sand im Getriebe» und vor von außen heraufziehenden Unwettern zu schützen. Fast jeder Manager ist vor allem Krisenmanager; dies um so mehr, je größer die Organisation, die er leitet.

Das bedingt und erzeugt die Sensibilität eines Maschinisten, der von feinen Maschinengeräuschen gewarnt wird; da die Organisationsmaschinen nicht nur mechanische, sondern auch menschliche Bestandteile haben, gehört auch ein besonderer Ausschnitt von psychologischer Sensibilität dazu, sie beherrschen zu können, analog etwa der eines guten Händlers, der «Verkaufspsychologie» versteht, sich aber vor umfassendem psychologischen Einfühlen schützen muß – sonst verschenkt er seine Ware. Das Manager-Sensorium ist derart auf diese spezielle Sensibilität zentriert, daß andere Sensibilitäten verkümmern. Schumacher spricht in einem ähnlichen Zusammenhang von einem «kulturlos machenden Reduktionsprozeß», so daß es «kein Zufall ist, daß erfolgreiche Businessmen oft erstaunlich unkultiviert sind»[4].

Wer täglich vom Inganghalten der stets bedrohten Organisations-maschine in Anspruch genommen wird, dem gerät das zum Zweck, so wie etwa dem mit der Überwachung einer Turbine betrauten Maschinisten nicht die Erzeugung elektrischen Stroms, sondern der störungsfreie Lauf der Turbine als Zweck erscheint. Doch der Maschinist hat dem Manager eines voraus: er weiß, daß alle zwei Jahre die Turbine zur großen Revision stillgesetzt wird, große Organisationen aber müssen ständig laufen. Unzählige interpendente Aktivitäten müssen jederzeit funktionieren, damit heute der Bürger auch in einem Dorf inmitten von Getreidefeldern sein Brot kaufen kann; noch bis zum Zweiten Weltkrieg war das anders.

Hat man diesen Zusammenhang erkannt, dann erschließt sich manche Ungereimtheit leichter. Beispielsweise die, daß ein doch zweifellos intelligenter Bundeskanzler lange daran festhielt, die strukturelle Wirtschaftskrise sei nichts als eine «Strukturkrise in euren Hirnen». Die berühmten Sachzwänge sind größtenteils Zwänge, die Maschinerie kurzfristig in Gang zu halten, und sie produzieren die kurzatmige Zähigkeit der Manager, die wiederum die Bedeutung des Sachzwangs überdimensioniert.

Ich will damit nicht ein eindimensionales Modell zur Erklärung der Funktionsweise großer Organisationen liefern. Selbstverständlich erklärt sich die Kurzatmigkeit von Politikern auch aus dem Blick auf die nächste Wahl, und ähnlich erklärt sich die von Verwaltungs- und Wirtschaftsmanagern, deren Karriere von kurz- oder mittelfristigen Erfolgsnachweisen bestimmt wird. Und genauso prägen die Interessen mächtiger Institutionen das Verhalten der Manager und damit das der Organisationen. Das alles ist hinreichend bekannt. Kaum bekannt ist hingegen in der Öffentlichkeit, welche Eigengesetzlichkeiten die moderne Technokratie zusätzlich in die Staats- und Wirtschaftsmaschine einbringt. Und wer nicht selbst als Manager jahrelang unter der beständigen Drohung einer großen Organisation gelebt hat, irgendwo ein Zahnrad zu verlieren oder in einer Kurve zu entgleisen, der wird kaum der so erzeugten Kurzatmigkeit auch qualifiziertester Technokraten die ihr zukommende eigenständige Bedeutung zumessen.

Das Beispiel der Technologiepolitik mag verdeutlichen, wie sich das auf die so zweckrationale Technik auswirkt. Jeder, der auch nur den «Spiegel» liest, hat etwas mitbekommen von den Milliarden-Projekten der Supertechnik, die ein Jahrzehnt lang dahinsiechen, um am Ende, wie Concorde und vermutlich eines Tages die Bundes-schnellbahnen, durch Subventionsbeatmung am Leben erhalten zu werden, oder auch um, wie kürzlich der VFW-Focker City-Jet, lange nach zwölf zuckend zu verenden.

Je nach Standort wird der eine hinter solchen Geschichten Machenschaften des Kapitals, der andere unfähige Manager vermuten. Ich behaupte, die Ursachen sind in erster Linie Eigengesetzlichkeiten der Technokratie und die prinzipielle Undurchschaubarkeit der Großtechnik. Ich darf mich darauf berufen, daß ich selbst einmal die Beendigung eines solchen Superprojektes, das zu meinem Verantwortungsbereich gehörte, zusammen mit meinem damaligen «Vorgesetzten» gegen Widerstände von unten, oben und allen Seiten buchstäblich erkämpft habe.[5] Viele andere habe ich aus der Nähe erlebt.

Diese Großprojekte werden durchweg staatlich subventioniert. Jeder neue in der langen Reihe der für Forschungsförderung zuständigen Minister, die ich erlebt habe, trat sein Amt an mit dem festen Vorsatz, sich seine Sporen auch damit zu verdienen, irgendwo reinen Tisch zu machen, unnützer Verschleuderung von Steuergeldern sichtbar Einhalt zu gebieten. Keiner hat je etwas beendet, was nicht ohnehin bei Amtsantritt schon am Verröcheln war. Nicht, weil er unfähig, unentschlossen oder zu sehr an Interessen gebunden war – das mag hinzukommen–, sondern weil er ohne den Sachverstand der Ministerialbeamten nichts ausrichten kann, die wieder nichts ohne den Sachverstand der für das Projekt verantwortlichen Industriemanager, die wieder nichts ohne den Sachverstand der ihnen verantwortlichen technischen Manager. Alle diese Manager haben aber ein vornehmstes Ziel: Die Organisationsmaschine am Laufen zu erhalten, und sie benutzen ihren Sachverstand um, bewußt oder unbewußt, ihre Argumente entsprechend zuzurichten. Daß dies so ist, ahnt wiederum jeder, aber es ist nichts gegen die erforderliche Kette von Sachverständen auszurichten.

Ist ein Großprojekt lange genug – zu Recht oder zu Unrecht – verdächtig gewesen, so kommt die Zeit der Kommissionen unabhängiger Sachverständiger. Das Ministerium beruft Wissenschaftler

– natürlich Institutsmanager, denn nur die haben Überblick, und technische Manager aus Konkurrenzunternehmen. Auch Aufsichtsrat und Vorstandsvorsitzender der das Projekt durchführenden Gesellschaft sind besorgt, sie müssen ihren Teil an Subvention drauflegen, weil der Staat ja nichtmilitärische Entwicklung nie vollständig finanziert. Sie hetzen ihre Revisoren auf, die dem Sachverstand der Projektverantwortlichen nichts entgegenzusetzen haben, renommierte Manager anderer Firmenbereiche, auch unabhängige Wissenschaftsmanager. Nun haben alle diese unabhängigen sachverständigen Manager zunächst einmal ein verinnerlichtes Vorverständnis für das allgemeine Manageranliegen, die Organisationsmaschine in Gang zu halten, und eine Krähe hackt der anderen so leicht kein Auge aus, es sei denn, die hätte ihr zuvor eins ausgehackt. Zudem sind aber die unabhängigen Sachverständigen zumeist nicht sachverständig genug, denn komplexe Supertechnik durchschaut ein Außenstehender nicht, nur weil er ein tüchtiger Physiker oder Ingenieur ist. Also bekommen die sachverständigen Institutsmanager längerfristige Aufträge zur Untersuchung von Teilaspekten des Projektes; nun werden sie langsam sachverständig, aber gleichermaßen interessiert, ihre Institutsmaschine mit immer weiteren Untersuchungen dieses Projekts am Laufen zu halten, und dazu muß das Projekt zwar einerseits in Frage stehen, darf aber andererseits nicht sterben.

Dieser allgemeine Sachverstands-Manager-Knoten wird zumeist – nachdem sich schon über Jahre die allgemeine Ahnung verdichtet hat, daß am Ende die Maschine nicht in Gang zu halten ist – durch ein spektakuläres, aber zufälliges und letztlich irrevelantes Ereignis gelöst. Beliebt ist eine technische Panne, deren Behebung eine zwar merkliche, aber gegenüber schon aufgelaufenen Gesamtkosten geringe Budgetaufstockung erfordert und zudem mal wieder Terminverschiebungen größeren Ausmaßes. Am feinsten sind aber alle raus, wenn ein Parallelprojekt in den USA abgebrochen wird – dem Land der zukunftssicheren Verheißungsindustrie. Das ist Beweis genug, die Sache ist nichts wert. Vom Minister bis zum Projektsachbearbeiter registriert jeder kontinuierlich jedes noch so feine Beben von «drüben», und je nach Interessenlage kommt jeder von dort mit anderen Nachrichten zurück, da ja auch drüben jeder sachverständige Manager die Dinge anders sieht und irgendeiner dort schon die passende Meinung vertritt.

Ist das spektakuläre Ereignis eingetreten, so ist das erst der Anfang vom Ende. Jetzt macht irgendein Manager, der den Gedanken an Stillstand seiner eingefahrenen Maschine nicht ertragen kann, zudem seine inzwischen mit dem Projekt eingetauschte Identität entschwinden sieht, einen Betriebsrat mobil, der ja auch Manager ist und die Maschine in Gang halten muß. Nun geht es um Arbeitsplätze. Die Erkenntnis, daß lange vorher ein geplanter Abbruch des Projektes mit Umstellung auf andere Arbeit die Arbeitsplätze besser gesichert hätte, kommt offenbar zu spät. Die Idee, die Leute bei Lohnfortzahlung einige Monate heimzuschicken, bis das Management – Kopf frei von den Kämpfen ums Projekt-Überleben – die Umstellung bewirkt hat, ist absurd. Sie würde zwar Staat wie Kapitalgeber unnütze Betriebskosten ersparen, vielen zudem eine Gaudi bereiten, aber was absurd ist, ist absurd. So rollt das Projekt lustlos weiter, bis allgemeine Gewöhnung an das Schicksal das letzte Wort ermöglicht.

Und tatsächlich geht es jetzt um Arbeitsplätze. Nicht um alle, denn Supertechnik wird von Großfirmen gemacht, Großfirmen gehen nicht ein, sie werden saniert, und zur Sanierung gehört Personalabbau. Kein Staat wird sich heutzutage erlauben, eine große, technologieträchtige Firma dem Konkurs auszusetzen; seit 1961 die mittelgroße Borgward in Konkurs ging, gab es das hierzulande nicht mehr. Ich arbeitete Anfang der sechziger Jahre bei General Atomic, damals einer Tochter des vorwiegend in Luft- und Raumfahrt tätigen General Dynamics-Konzerns in Kalifornien. General Dynamics war vom Konkurs bedroht, da ihr Superprojekt, die für zivile Luftfahrt entwickelte Convair 880, sich nicht verkaufte und eine große amerikanische Fluggesellschaft Verträge stornierte, was eine Kettenreaktion auslöste. Nach bangen Monaten rettete die Marine die Firma mit einem langfristigen Großauftrag zur Entwicklung eines Militärflugzeuges. Dies als Randnotiz zur freien Marktwirtschaft.

Die meisten großtechnischen Entwicklungsprojekte sterben irgendwann, ohne daß es zu einer «Kommerzialisierung» kommt; die sich durchsetzen, formen maßgeblich unsere technisierte Welt. Wäre der Steuerungsmechanismus auch nur annähernd so chaotisch, wie ich ihn hier gezeichnet habe, träfe er nicht nur für Sonderfälle zu, sondern wäre die Regel, hätte ich nicht übergreifende rationale Mechanismen der Auswahl unter verschiedenen Projekten unterschlagen, dann wäre es offenbar um die Möglichkeit einer politischen Steuerung der Großtechnik – sei es durch eine Elite oder gar durch Partizipation der Allgemeinheit – schlecht bestellt. Dann würde nicht einmal das Management der Konzerne der Großtechnik die Entwicklungen ihrer großtechnischen Produkte steuern können. Dann läge der Verdacht nahe, daß es mit der Rationalität der Großtechnik nicht weit her ist.

Nun, ich meine, cum grano salis entziehen sich großtechnische Entwicklungen rationaler Steuerung, die Großtechnik entwickelt sich zumeist anarchisch, unvorhersehbar, irrational. Ihre Entwicklung gehorcht größtenteils nicht einmal Marktgesetzen, sondern das, was sich durchsetzt, *definiert* einen Markt.

Ich will vorsichtig umgehen mit der Rationalität. Da der Volksmund das Nach-den-Sternen-Greifen kennt, der Ikarus in der Mythologie vorkommt, mag man Luft- und Raumfahrt als Verwirklichung menschlicher Sehnsüchte mit rationalen Mitteln ansehen; auf dieser Ebene will ich das Problem der Großtechnik nicht diskutieren. Die Erfüllung solcher Wünsche, aber auch die faßbarer materieller Bedürfnisse durch die Großtechnik gerät in zunehmenden Widerspruch mit anderen Bedürfnissen soziokultureller Art und mit der Ökologie; daß von daher die Rationalität der Großtechnik in Frage steht, davon war bisher hauptsächlich die Rede. Ich will jetzt von einem Begriff der Rationalität ausgehen, wie er der gängigen «wirtschaftlichen Vernunft» entspricht; «rational» in diesem Sinne wäre eine großtechnische Entwicklung, die ein vorhersehbares Aufwand-zu-Nutzen-Verhältnis erfüllt. Im übrigen will ich mir und dem Leser den Aufbau eines umfänglichen Kategoriengerüstes ersparen; es kann mir im Rahmen dieses Exkurses nicht an einer wissenschaftlichen Beweisführung gelegen sein, sondern lediglich daran, an Hand bekannter Beispiele einige Grundzüge großtechnischer Entwicklungen, die ich in langjähriger Praxis beobachtet habe, plausibel darzulegen.

So will ich auch nur grob umreißen, daß ich hier unter Großtechnik eine Technik verstehe, deren hervorragendstes Kennzeichen Komplexität ist, die sich gleichzeitig äußert

- in der Größe der mit ihrer Entwicklung und Planung befaßten technisch-wissenschaftlichen Organisationen, die mehr als tausend Wissenschaftler und Ingenieure umfassen,
- in der Langfristigkeit der Entwicklungen und Planungen, die länger als ein Jahrzehnt dauern, und
- in der Höhe des über diesen Zeitraum eingesetzten Risikokapitals, das nach Milliarden DM zählt.

Eine erste Frage im Zusammenhang mit der Steuerbarkeit und Rationalität großtechnischer Entwicklungen wäre die, wie sie entstehen. Ich will nicht über Heuristik reden, mich nicht wissenschaftstheoretisch versuchen, sondern an eine Beobachtung anknüpfen, die jeder machen kann: nahezu ausnahmslos ist die nach dem Zweiten Weltkrieg in der Bundesrepublik verwendete Großtechnik in irgendeiner Form amerikanischen Ursprungs. Wir haben Luft- und Raumfahrtfirmen, die am laufenden Band staatlich Subventioniertes entwickeln, aber die Lufthansa fliegt Boeing und die Bundeswehr Starfighter und Phantoms. Die Computer kamen aus Amerika; die gesamte Elektroindustrie versuchte sich an Computern, wieder staatlich unterstützt, Newcomer Nixdorf plazierte sich gar in einer Marktlücke, für die meisten blieb es ein Fiasko – am deutschen Markt führt IBM. Die deutsche Industrie hat, mit massiver Unterstützung durch staatliche Fördermittel und Forschungszentren ein gutes halbes Dutzend Kernreaktortypen zu entwickeln versucht; zur Stromerzeugung werden ausschließlich Leichtwasserreaktoren amerikanischen Typs gebaut, zunächst in Kooperation und über Lizenz, später eigenständig weiterentwickelt. Automatische Getriebe sind eine amerikanische Entwicklung wie die Hühnerfabriken, selbst die Modelle der Organisation der Großfirmen sind den Amerikanern abgeschaut. Und alle Wellen im Gefolge der tiefgreifendsten großtechnischen Entwicklung, der Mikroelektronik, wie etwa Taschenrechner, Quarzuhren, fotomechanischer Druck, gingen von Amerika aus; an der Produktion mikroelektronischer Elemente versucht sich die deutsche Elektroindustrie mit ähnlich schlechten Aussichten wie an der von Großrechnern.

Nun führe ich diesen Tatbestand nicht vor Augen, um ihn zu

bejammern, sei es aus nationalem Technikerstolz oder aus Angst vor langfristig verheerenden Folgen für die hiesige Wirtschaft. Die wurden in der Diskussion um die «technologische Lücke» Mitte der sechziger Jahre befürchtet, etwa in dem seinerzeit berühmten Buch über *Die amerikanische Herausforderung* des französischen Politikers Jean-Jacques Servan-Schreiber artikuliert. Es ist aber der deutschen Nachkriegsindustrie im großen und ganzen zumindest bisher gar nicht schlecht bekommen, hinter der technischen Führung der Amerikaner herzulaufen, ihnen die «Basisinnovationen» – in der Terminologie Gerhard Menschs – zu überlassen und selbst mit deutscher Gründlichkeit vorwiegend «Folgeinnovationen» zu machen. Deutsche Technik ist auf Exportmärkten der amerikanischen Konkurrenz keineswegs unterlegen, selbst die deutschen Leichtwasserreaktoren, Zierde der Großtechnik, gelten weithin inzwischen als zuverlässiger als die der Amerikaner; nur in wenigen Branchen, wie Flugzeugen und Großrechnern, ist die deutsche Industrie bleibend abgeschlagen.

Umgekehrt ist es den nationalstolzen Franzosen und Engländern gar nicht bekommen, daß sie in den prestigeträchtigen technischen Entwicklungen der sechziger Jahre die amerikanische Herausforderung angenommen haben. Ihre eigenständige Kernreaktor-Entwicklung und die ihrer Überschall-Concorde kosteten viele Milliarden Dollar verlorener Steuergelder; die französische Gas-Graphit-Reaktor-Linie durfte zugunsten des Lizenzbaus amerikanischer Leichtwasserreaktoren erst eingestellt werden, als de Gaulle, der entschieden gegen solche Pläne eingeschritten war, abtrat. Die britische Regierung beschloß 1973, nach jahrelangem Gerangel, weitere Reaktoren der dortigen Gas-Graphit-Linie nicht mehr zu bauen, aber auch keine amerikanischen Lizenzbauten zuzulassen, sondern eine britische Schwerwasser-Reaktor-Entwicklung weiterzuführen; uneingestanden war die Ratio dieses Beschlusses, erst einmal auf Jahre gar nichts zu tun und doch die Entwicklungsorganisationsmaschine augenzwinkernd in Bewegung zu halten. Und vom englisch-französischen Überschallflugzeug Concorde weiß alle Welt, daß es seit 1971 im Koma liegt, seit die Amerikaner ihre Parallelentwicklung SST einstellten, daß der Verkauf eines dieser Vögel im Schnitt einen Staatsbesuch Giscard d'Estaings oder Callaghans erfordert, und daß es Giscard eine ernste Verstimmung des Weißen Hauses wert war, darauf zu bestehen, mit der Concorde in Washington anzureisen.

Wer nun aber glaubt, wenigstens den amerikanischen Technologieriesen sei ihr Engagement in der Supertechnik stets gut bekommen, sieht sich wieder enttäuscht. Solange es um militärische Auftragsentwicklung geht, gibt's kein Risiko. Wird es aber «zivil», beginnt das Chaos. Das fehlgeschlagene Abenteuer des General Dynamics-Konzerns mit der Convair als seinerzeit «schnellstem Verkehrsflugzeug der Welt» habe ich schon erwähnt. Der Welt größter Elektrokonzern, General Electric, sorgte um 1970 für ungläubiges Erstaunen, als er sich endgültig aus der Großrechnerherstellung verabschiedete, die Anteile an Honeywell verkaufte und sich fortan mit bescheidenen Prozeßrechnern zufriedengab. Die aufgelaufenen und weiter absehbaren Verluste der General Electric aus den «zukunftssicheren» Supertechniken waren derart, daß entweder die Computer oder das Kernreaktor-Geschäft eingestellt werden mußte; an die zwanzig Kernreaktoren waren bestellt oder in Bau, und an einen Rückzug war hier nicht zu denken, er hätte das Vertrauen der als Kunden lebenswichtigen Elektrizitätsunternehmen zu sehr erschüttert. Westinghouse, neben General Electric mit großem Abstand zu allen übrigen Firmen führend in der Welt-Kernenergie-Szene, ist seit Jahren wegen der Verluste aus dieser Branche in einer Existenzkrise.

General Atomic, eine der fünf Kernreaktor-Firmen in den USA, ist ein besonders deutliches Beispiel für die Misere der Supertechnik. Sie wollte dem Leichtwasserreaktor der vier anderen Firmen einen eigenständigen Typ entgegensetzen, den auch in Deutschland schon seit 20 Jahren so hochgelobten wie dahinvegetierenden Hochtemperaturreaktor. Gulf Oil, eine der finanzstärksten Firmen der Welt, kaufte die General Atomic von der durch die Supertechnik «Convair» angeschlagenen General Dynamics, um – als Öl-Multi nicht gerade fürs Jahr 2000 gerüstet – in die Zukunft zu investieren. Auf der Basis eines kleinen, fertiggestellten und eines im Bau befindlichen mittelgroßen Reaktors gelang der nunmehr Gulf-General-Atomic Anfang der siebziger Jahre der große, von der Elektrizitäts- und nuklearen Welt gefeierte Durchbruch: acht große Kernreaktor-

Blöcke wurden in den USA bestellt, die bis Anfang der achtziger Jahre fertiggestellt werden sollten. Nach wenigen Jahren wurden selbst einer Gulf Oil die sich abzeichnenden Verluste zu hoch; ein anderer Öl-Multi, Shell, trat mit 50 % der Anteile ein. Und 1975 wurde das Fiasko offenbar, der zukunftsträchtige Hochtemperaturreaktor verendete, sämtliche Verträge wurden gelöst, für den letzten noch 125 Millionen Dollar Ablösung gezahlt.

Die Beispiele mögen vorerst genügen. Die international bekannte π-Regel faßt die Vorausschaubarkeit großtechnischer Entwicklung bündig zusammen: man multipliziere Kosten und Zeitplan eines Projektes zunächst einmal mit $\pi = 3,14159$, dann sehe man weiter. Sicher, es gibt Firmen wie IBM, die mit der Zukunftsindustrie groß geworden sind. Aber eins wird schon prima vista an diesen Beispielen deutlich: die Entwicklung der modernen verheißungsvollen Großtechnik ist selbst aus der eindimensionalen Sicht der Kapitalverwertung ein Lotteriespiel, alles andere als auch nur unter Kosten-Nutzen-Aspekten voraussehbar. Keine Firma in der kapitalistischen Welt hätte, wissend, was ihr blüht, etwa die Kernreaktor-Entwicklung angefaßt; ich selbst war verantwortlich für Entwicklung, Kalkulation, Verkauf und Bau des halben Dutzends großer Leichtwasserreaktoren, deren Verluste später bekanntlich die AEG-Telefunken an den Rand des Ruins brachten, obwohl einige kleinere Vorläufer vorher mit gutem Erfolg gebaut worden waren. Niemand, auch ich nicht, ahnte noch Anfang 1972, als ich zur Interatom überwechselte, welche finanzielle Katstrophe sich aus dem Bau dieser Leichtwasserreaktoren in zwei, drei Jahren entwickeln würde.

Auf der Suche nach der verlorenen Rationalität

Weiter wird aus den Beispielen ein wesentliches Motiv für großtechnische Entwicklungen deutlich: Prestige. Ich habe de Gaulles, Giscards, Callaghans massive Demarchen in Angelegenheiten der Großtechnik erwähnt, die ersichtlich nichts mit volkswirtschaftlichem Nutzen zu tun hatten. Prestige ist überall im Spiel. Eine beliebte Rationalisierung solchen Prestigedenkens in den Chefetagen großer Konzerne ist der propagandistische und technische «spin-off». Man redet sich ein, die Waschmaschinen und Farbfernseher der Firma verkaufen sich besser, wenn das Firmenimage auch durch den Bau von Superflughäfen und Kernreaktoren geprägt wird. Ich kenne keine Meinungsforschungsergebnisse, die das belegen würden, vermute, daß schon aus methodischen Gründen der Beweis nicht zu erbringen ist, halte aber den propagandistischen Effekt für nicht ausgeschlossen, solange die Supertechnik allgemein hohes Prestige genießt. Technischen «spin-off» gibt es zweifellos, er ist zumeist schwer zu erfassen, wird im allgemeinen stark überschätzt, die Qualität etwa des AEG-Heimwerkers, eines überaus «konvivialen» und technisch hervorragenden Geräts, wird nicht im mindesten darunter leiden, daß die AEG sich von Kernreaktoren getrennt hat, schon weil die Know-how-Linien erst beim Vorstandsvorsitzenden – also gar nicht – zusammenlaufen. Aus Prestigegründen ziehen es Hunderttausende von Ingenieuren vor, jahrelang an einem winzigen Ausschnitt einer Supertechnik zu arbeiten, dessen Zusammenhang mit dem ganzen Projekt sie mehr ahnen als verstehen, anstatt in einem mittleren Betrieb an biederer Technik wesentlich umfassendere, befriedigendere Arbeit zu leisten, noch dazu bei besseren Aufstiegs- und Verdienstmöglichkeiten. Ganze Nationen sind so stolz auf ihre Supertechnik wie auf ihre Fußballnationalmannschaften; welche Industrienation fände ihre Identität schon in einer technisch noch so perfekten Fahrrad- oder Nähmaschinenproduktion – es sei denn, mit «elektronischer Steuerung»?

Dem Prestige der Großtechnik entspricht ein Mythos der Großtechnik. Ich will nicht mit schnellen Assoziationen plausible Erklärungen für diesen Mythos anbieten, etwa die immerhin naheliegende, daß ein vagabundierendes Mythenbedürfnis sich nach der Entmythologisierung der Welt durch die Wissenschaft niederließ in einer verschwommenen, irrationalen Heilserwartung an die Wissenschaft und Technik. Ich will nur konstatieren, daß es diese verschwommene, irrationale Heilserwartung gibt und daß sie insbesondere die nach landläufiger Meinung so zweckrational ausgerichteten Hirne der Manager besetzt.

Dies führt auch zurück auf die Ausgangsfeststellung, daß nahezu alle Nachkriegsgroßtechnik aus den USA stammt. Am Zustandekommen dieses Tatbestandes ist der Mythos von der zukunftssicheren amerikanischen Verheißungsindustrie, dem insbesondere Manager aller Länder einschließlich der Sowjetunion erliegen, wesentlich beteiligt. Wer solide, moderne, aber gut abgelagerte Technik will, schaut nach Deutschland. Doch der Visionär blickt nach Amerika.

Natürlich gibt es auch andere Ursachen für den Siegeszug amerikanischer Nachkriegstechnik, die leichter dingfest zu machen und hinreichend bekannt sind. Während alle übrigen großen Industrieländer Kriegsfolgen beseitigen mußten, gab eine intakte Industrie, die während des Kriegs ohne nennenswerte Einschränkung der zivilen Produktion sprunghaft gewachsen war, den USA einen einmaligen Startvorsprung. Die Rüstungsindustrie blieb, angeheizt durch den Kalten, den Korea- und Vietnamkrieg unangefochten führend vor der anderer westlicher Industrieländer: fast alle Nachkriegsgroßtechnik ist aber eine Folge des «Spin-off-Effekts» der Rüstung und der ihr wesensverwandten Raumfahrt. Hinzu kommt ein riesiger Binnenmarkt, wichtige Voraussetzung zur Kommerzialisierung speziell von Großtechnik, und schließlich ein oft auch von verbündeten Industriestaaten als rüde empfundenes Zusammenspiel amerikanischer Außenpolitik und Exportwirtschaft.

Das alles mag bis zu einem gewissen Grad die beherrschende Rolle amerikanischer Großtechnik erklären; zweifellos aber hat sich diese Rolle längst verselbständigt, zum Mythos verdichtet, der nun seinerseits via Managergehirnen lenkend in die großtechnische Entwicklung eingreift. Selbst intellektuelle Großtechnik, die nicht verkauft wird, nichts mit Rüstung, Binnenmarkt, Außenpolitik zu tun hat, kommt aus Amerika. Beispielsweise waren große amerikanische Konzerne, wie General Electric, nicht nur Pioniere großtechnischer Entwicklungen unter Leitung eines wissenschaftlichen Managements, sondern auch der wissenschaftlich fundierter Organisationstechniken, der Dezentralisierung, des mangement by objectives, by motivation etc; die analogen Organisationen anderer Industrieländer schauten auch diese Techniken den zukunftssicheren Amerikanern ab und krempelten in jahrelanger Anstrengung ihre schwerfälligen Organisationen um.

Alle Ingredienzen großtechnischer Entwicklung sind auch in anderen großen Industrieländern vorhanden, es gibt Erfinder, Kapital, staatliche Förderung, moderne Fabriken, Facharbeiter, Ingenieure, Manager, alles im wesentlichen in gleicher Qualität wie in den USA und wenn nicht in gleicher, so doch für zumindest einen maßgeblichen Anteil an großtechnischer Entwicklung in ausreichender Menge. Aber jeder beobachtet unverwandt die Zeichen, die von drüben ausgesendet werden. Zum Erstreiten größerer Entwicklungsbudgets ist der Hinweis, daß in den USA Ähnliches verfolgt wird, unerläßlich geworden. Umgekehrt versucht man sich an jeder Entwicklung, die die Amerikaner betreiben, wobei ein eigenständiger Dreh stets dazugehört, eine möglichst in die Augen springende Variante technischer Details, mit der man sich selbst und anderen Unabhängigkeit vortäuscht. Das Dilemma, angesichts des undurchschaubaren Sachverstandsknäuels Grundsatzentscheidungen zu treffen, wird durch den amerikanischen Mythos gelöst; das gleiche Sachverstandsknäuel sorgt auch dafür, daß technische Kosmetik als eigenständige Variante erscheint.

Der Kern jeder großtechnischen Zukunftsbranche ist eine internationale Subkultur. Der Wandel der Großtechnik wird durch ähnliche Kommunikationsformen innerhalb dieser Subkulturen bewirkt wie der Wandel der Mode. Die Couturiers sitzen in einigen wenigen, vorwiegend amerikanischen, Konzernen und Forschungsinstituten. Sie führen ihre Entwürfe vor auf den Modemessen der Zukunftsbranche, den großen internationalen Fachtagungen, berichten in den Modejournalen, den Fachzeitschriften. Selbst Zukunftsklatschblätter gibt's; «Nucleonics Week» beliefert die gesamte westliche Kernreaktorwelt wöchentlich über ein weltweites Korrespondenten-Netz mit den heißesten Nachrichten.

Daß nahezu alle Nachkriegsgroßtechnik eine Folge des Spin-off-Effekts der Rüstungs- und Raumfahrttechnik ist, mag manche irrationalen Züge erklären. Bei ziviler Luftfahrt und Kerntechnik ist der militärische Ursprung für jedermann erkennbar. Jeder Elektrotechniker weiß um die Impulse, die alle Elektronik aus Raumfahrt, Lenkraketen, militärischer Warntechnik bezieht; die Mikroelektronik, von der die Öffentlichkeit noch kaum ahnt, daß sie weit stärker als etwa die Kernenergie unsere Lebensverhältnisse zunehmend beeinflussen wird und als Erreger von Arbeitslosigkeit und zunehmender Entfremdung eine soziale Seuche hervorrufen wird, die wegen geringen Energie- und Rohstoffverbrauchs nicht mit ökologischen Argumenten bekämpft werden kann, diese Mikroelektronik hat ihren Ursprung im Zwang zur Miniaturisierung in Raumfahrt und militärischer Raketentechnik. Selbst die landwirtschaftliche Schädlingsbekämpfung ist ein Ableger der Entwicklung chemischer Kampfstoffe.

Jedermann weiß, daß der Rüstungswettlauf zwischen den USA und der Sowjetunion von keinem der beiden zu gewinnen ist, dies nicht einmal ernsthaft geplant ist. Billigte man einer klassischen Rüstung mit dem Ziel, einen Krieg zu führen und den «Feind» zu unterwerfen, Rationalität zu, dann hat die Rüstung der Großmächte selbst diese fragwürdige Rationalität verloren. Ihre Ratio ist zwar die, sich gegenseitig in Schach zu halten – jede neue Superwaffe ist die Antwort auf einen Schachzug des «Gegners» –, aber sachverständige Friedensforscher behaupten, daß im Gegenteil das Wettrüsten die Kriegsgefahr erhöht. C. F. von Weizsäcker faßt das so zusammen: «Auf die lange Frist würde es jeder historischen Erfahrung widersprechen, wenn dieses Wettrüsten nicht zum Krieg führte.»[6] Selbst die ideologische Verbrämung des Rüstungswettlaufes, wie sie zur Zeit des Kalten Krieges üblich war, schwindet dahin; wer würde noch gegen Weizsäckers Feststellung polemisieren: «Die Spannungen zwischen dem Westen und der Sowjetunion beruhen . . . nicht vor allem auf dem Gegensatz der Gesellschaftssysteme, sondern auf dem unvermeidlichen Konflikt zweier Imperialismen.»[7]

Aus welcher Perspektive auch immer betrachtet – der Rüstungswettlauf ist irrational, mithin auch seine supertechnischen Zielsetzungen; als Ziel bleibt nur noch ein «Mehr, Schneller, Präziser» erkennbar. Das ist die Vorgabe für die Entwicklung militärischer Supertechnik; für Wissenschaftler und Techniker, die ihr Geschäft als l'art pour l'art begreifen, natürlich eine berauschende Spielwiese. Liegt es nicht nahe, angesichts der engen Verschränkung und personeller Verzahnung von Rüstung und großtechnischer Entwicklung zu vermuten, daß diese verselbständigte Zielsetzung auch auf die Supertechnik übergegriffen hat?

Ich zitiere aus einer Rede Kennedys im Februar 1958, also aus der Zeit des «Sputnik-Schocks»:

«Wir befinden uns in einer Krisenzeit. Sie hat nicht mit den russischen Sputniks angefangen. Der amerikanische Explorer hat sie nicht beendet. Denn unsere Krise ist nicht bloß militärischer Natur, unsere größte Bedrohung liegt nicht in einem nuklearen Angriff. Die harte Wahrheit ist vielmehr, daß wir in größter Gefahr sind, in dem titanischen Wettkampf mit den Russen den kürzeren zu ziehen, ohne daß jemals ein einziges Fernlenkgeschoß abgeschossen wird.»

Nach einigen Sätzen über den Zusammenhang von wissenschaftlicher Ausbildung und Rüstung fuhr Kennedy fort:

«Unser Rückstand auf dem Gebiet des Schul- und Bildungswesens kommt uns aber sogar noch teurer zu stehen im Wettbewerb um das internationale Prestige und das Wohlwollen der Völker. Alexander Nesmejanow, der Vorsitzende der Sowjetischen Akademie der Wissenschaften, hat ‹große Anstrengungen› versprochen, ‹um die Vereinigten Staaten an allen Fronten der Wissenschaft zu schlagen›. Während wir uns beeilen, den Vorsprung der sowjetischen Weltraumsatelliten einzuholen, mögen die Sowjets bereits dazu übergehen, andere spektakuläre Siege zu erringen. Vielleicht werden wir ein sowjetisches Zyklotron erleben, das größer ist als irgendein Zyklotron in der freien Welt. Vielleicht erleben wir ein kommunistisches Handelsschiff oder Flugzeug mit Atomantrieb. Wir können sogar auf solchen amerikanischen Spezialgebieten wie dem der elektronischen Rechenmaschinen oder dem der Automation überholt werden. Oder die Sowjets mögen das nächste Mal durch verblüffende Erfolge in der Biologie, Meteorologie oder Ozeanographie ein weltweites Prestige gewinnen.»[8]

Hier haben wir die ganze Ratio der Supertechnik. Ein sportlicher Wettkampf der Eliten mit Weltraumsatelliten, Zyklotrons, Atomantrieb, Computern, Automation, Biologie, Meteorologie, Ozeanographie um das internationale Prestige und «das Wohlwollen der Völker», den zu «gewinnen» das amerikanische Volk zu einer großen, nationalen Anstrengung aufgerufen wurde. Dies alles gemischt mit einem ebenfalls sportlich erscheinenden Rüstungswettkampf gegen einen achtbaren und hervorragenden Gegner. Nicht in einem Nebensatz der Rede sprach Kennedy von Bedürfnissen der Menschen, deren Befriedigung die Supertechnik dienen könnte. Es erscheint mir ein hoffnungsvolles Zeichen, daß knapp zwanzig Jahre später kein Politiker mehr eine solche Rede halten könnte. Doch heißt dies sicher nicht, daß in den mit der Supertechnik verwobenen Eliten ein durchgreifender Bewußtseinswandel stattgefunden habe.

Die Verwandtschaft militärischer mit ziviler Großtechnik wird augenfällig in der Raumfahrt. Unbezweifelbar war Prestige das wesentlichste Motiv dieses teuersten aller technischen Abenteuer. Dessen Verfechtern kann man zumindest zugute halten, daß sie einem – wie Kennedy in seiner Rede – diesbezüglich nichts vormachen. Die großen Verwirrer aber sind die Visionäre der Nützlichkeit. Sie reden sich und anderen ein, der ganze Aufwand lohne sich auch wirtschaftlich, nicht nur über Nachrichten- und Wettersatelliten, auch über Mondbergwerke, Einkristallzüchtung, Raum-Sonnenkraftwerke. Noch vor einigen Tagen habe ich den Radiovortrag eines italienischen Physikprofessors gehört, der verkündete, in der Raumfahrt sei nun die Zeit der Entdecker vorbei, jetzt bräche die Ära der Kolonisatoren an. Die Amerikaner – wer auch sonst – hätten ausführungsreife Pläne für Satellitenstädte mit zehntausend Bewohnern, Pflanzen, Tieren – allem Komfort. Was man da Nützliches machen könnte! Ihn schmerze nur die Lichtgeschwindigkeitsgrenze: vielleicht würde man durch extraterrestrische Forschung in Satellitenstädten herausfinden, daß die Relativitätstheorie nicht stimmt, und dann sei der Weg zu den – eben wegen der dummen Lichtgeschwindigkeit für Menschen sonst nicht erreichbaren – Welten jenseits des Sonnensystems frei.

Die großen Verwirrer, die Visionäre der Nützlichkeit, sind die Schrittmacher der sich rational gebärdenden zivilen Supertechnik. Wer wissen will, wie alles anfängt, der blättere nach in den Berichten über die erste, von der UNO ausgerichtete große internationale Konferenz zur friedlichen Nutzung der Kernenergie. Dort zeigten Physikprofessoren begeistert auf, was man schnell noch erforschen müsse, um eines Tages die Menschheit mit Kernenergie-Elektrizität praktisch zum Nulltarif zu beglücken. Nulltarif, weil man so wenig Uran dazu brauche, daß dessen Preis kaum ins Gewicht fällt. Denn

alles, was diese Visionäre der Mühe wert hielten, von Elektrizitätswirtschaft zu wissen, war, daß seinerzeit der Preis des geförderten
Rohstoffs Öl oder Kohle den Hauptfaktor in den Kosten der Elektrizitätserzeugung – ab Kraftwerk – bildete. Während in der Praxis
der Preis des Rohstoffes Uran verschwindet hinter den sonstigen
Kosten des Brennstoffkreislaufes und vor allem hinter den Kapitalkosten des Kernkraftwerks, nicht zu reden von den Kosten der
Elektrizitätsverteilung. Alle Welt war entzückt. Eisenhower verkündete 1953 der Welt sein Atoms for Peace-Programm. Die Regierungen schufen Atomministerien und Atomkommissionen, die wiederum Forschungszentren bis dato unbekannten Ausmaßes zur
Entwicklung der friedlichen Nutzung der Kernenergie. Diese Zentren beschäftigen in der Bundesrepublik an die zehntausend Mitarbeiter, die – der Teufel will's – nichts, wirklich nichts, beigetragen
haben zur Entwicklung eben jener Leichtwasserreaktoren, die als
einziger Reaktortyp zur Stromerzeugung in der Bundesrepublik in
Betrieb sind, gebaut und auf jede absehbare Zeit geplant werden. So
geht's nicht nur den Deutschen. Das Trauma des französischen
Commissariats à l'Energie Atomique, (CEA), zeitweise bis zu
30 000 Mitarbeiter, war und ist es, daß 1970, nach de Gaulles Abtritt,
die staatliche Elektrizitätsversorgung und die private Elektroindustrie den Lizenzbau amerikanischer Leichtwasserreaktoren wiederum als auf absehbare Zeit einzigen Reaktortyp zur Stromerzeugung durchsetzten, zu deren Entwicklung CEA nichts, wirklich
nichts, beigetragen hatte. Und so weiter, überall in der industrialisierten Welt laufen die Organisationsmaschinen dieser fehlgeplanten Kernforschungszentren leer, die mit Aufgaben gefüttert werden
müssen, weil Organisationsmaschinen eben laufen müssen.

Der Himmel bewahre uns vor den Visionären der nützlichen
Raumfahrt. Haben die erst entsprechende Organisationen gezeitigt,
dann wird die Raumfahrt nützlich, koste es, was es wolle, und es
wird via Sachverstandskette vorgerechnet werden, daß die Menschheit ohne die nützliche Raumfahrt nicht existieren kann.

Bis hierher habe ich versucht, an Hand von Beobachtungen, die
teils jeder Interessierte machen kann, teils nur der Insider, Eigengesetzlichkeiten der Entwicklung heutiger Großtechnik herauszuarbeiten. Sie schreitet fort in Richtung verselbständigter Ziele, die

kaum mehr als die hektisch wechselnde Kleidermode an menschlichen Bedürfnissen orientiert sind. Sie wird vorwiegend kreiert als Ableger der Rüstungsindustrie von einigen Visionären des Nützlichen aus amerikanischem Wissenschaftsbetrieb und amerikanischen Konzernen der Zukunftsbranche. Ihre Komplexität läßt weder eine annähernde Vorhersage eines Aufwand-zu-Nutzen-Verhältnisses zu, noch eine rationale Steuerung; Eigengesetzlichkeiten großer Organisationen und ihres Managements setzen Änderungen der Richtung oder gar Abbruch von einmal angefangenen Entwicklungen zähen Widerstand entgegen. Unsummen an Steuergeldern fließen so nur scheinbar kontrolliert in die Förderung von Entwicklungen, die sich selbst für die Großfirmen, die sie kommerzialisieren, selten auszahlen, sie zuweilen an den Rand des Konkurses bringen – wirkliche Zusammenbrüche solcher Großfirmen werden aber durch von Staat und Wirtschaft unterstützte Sanierungen verhindert.

Nun erscheint dieses Bild nur dann negativ, wenn man von einer an der Befriedigung materieller Bedürfnisse orientierten Zweckrationalität großtechnischer Entwicklung ausgeht. Billigt man ihr dagegen die gleiche Zweckfreiheit zu wie der Grundlagenforschung, von der man zunächst Erkenntnis und im übrigen nur pauschal iter nützlichen Spin-off erwartet, dann erscheint das Bild als normal. Von der Grundlagenforschung erwartet man zwar, daß sie diszipliniert durchgeführt wird, daß sie in einem Zeit- und Budgetrahmen gewisse Ziele anvisiert, nicht jedoch, daß die Ergebnisse voraussehbar sind. Die Ziele werden nicht von der Gesellschaft oder einer politischen Elite gesetzt, sondern ergeben sich aus dem Diskurs einer internationalen Subkultur der jeweiligen Disziplin; die Anfälligkeit für Moden ist da unvermeidlich und wird als liebenswerter menschlicher Zug den Gelehrten nachgesehen. Daß Eigengesetzlichkeiten der Gelehrtenrepublik den Fortgang der Grundlagenforschung prägen, ist so selbstverständlich wie die Tatsache, daß nur wenige die Grundlagenforschung durchschauen.

Großtechnische Entwicklung schreitet offenbar ähnlich fort wie Grundlagenforschung: zwar nicht ziellos und auch nicht undiszipliniert, aber eigengesetzlich und unter nur sehr beschränkter Vorsehbarkeit der Ergebnisse. Mißt man sie aber an ihrer Nützlichkeit – sei es im Sinne der Befriedigung materieller Bedürfnisse der Menschen, oder sei es auch nur im engeren Sinn «wirtschaftlicher Vernunft» –, so enthüllt sich ihr Fortschreiten als recht anarchisch. Ob ihre Ergebnisse rentabel oder sonst in weiterem Sinne nützlich sind, erweist sich erst in einem späten Stadium, wenn sie zumeist Züge von Irreversibilität angenommen hat.

Die Großtechnik widersetzt sich
wirtschaftlicher Ordnung

Willkür und Ausschließlichkeit:
die Auswahl technischer Konzepte

Selbst der wohlwollende Leser wird schwerwiegende Bedenken haben, sich dieses Bild der großtechnischen Entwicklung zu eigen zu machen; ganz offensichtlich ist doch zumindest ein Steuerungsmechanismus, der Markt, außer acht gelassen worden. Es ist jedenfalls bekannt, daß die Concorde von den Fluglinien schon deswegen abgelehnt wird, weil sie Verluste einfliegt. Die Elektrizitätsversorger wollen Kernkraftwerke, weil sie billigen Strom produzieren, die englischen und französischen Gas-Graphit-Reaktoren-Linien wurden abgestellt, weil sie der Konkurrenz mit Leichtwasserreaktoren nicht standhalten. Die Konkurrenz des Luft- und Autoverkehrs zwingt die Bundesbahn zum Bau von Schnellbahnen. So unvollkommen der Markt als Steuerungsmechanismus den menschlichen Bedürfnissen gerecht werden mag, immerhin schafft er doch offenbar eine Ordnung, wählt aus zwischen erfolgreichen und erfolglosen Entwicklungen.

Ich will nicht grundsätzlich abstreiten, daß der Markt eine gewisse Steuerungsfunktion erfüllt, aber bei genauerem Hinschauen bleibt davon sehr wenig übrig. Großtechniken treten nämlich selten in Konkurrenz zueinander, weil es viel zu aufwendig wäre, verschiedene Großtechniken nebeneinander zur Erfüllung des gleichen oder eines ähnlichen Zwecks einzuführen; zuweilen ist das offenbar, zuweilen erkennt man das nur als Insider. Ich will das an einigen Beispielen verdeutlichen.

Es käme wohl keinem Magistrat in den Sinn, parallel ein komplettes Straßen- und U-Bahnnetz aufzubauen, um herauszufinden, welches System nützlicher oder rentabler ist. Man wird es trotzdem nicht als ungewöhnlich empfinden, etwa von der Konkurrenz zu sprechen, die die U-Bahn neuerdings der Straßenbahn macht. Die ersten Untergrundbahnen wurden schon Ende des letzten Jahrhunderts gebaut, elektrisch betrieben, schienengeführt, im Prinzip die gleiche Technik wie heute. Und doch gab es sie bis Ende des Zweiten Weltkrieges nur in etwa einem Dutzend sehr großer Städte, während in der Nachkriegszeit das Buddeln allüberall begann, die Straßenbahnen im Gegenzug schrittweise stillgelegt werden. Dafür gibt es gute – oder vielmehr schlechte – Gründe: die Veränderungen des Charakters der Städte, vor allem der straßenverstopfende Autoverkehr. Die Gründe haben aber kaum mit dem veränderten Charakter der Systeme Straßen- oder Untergrundbahn zu tun, die sich etwa gleichsinnig technisch weiterentwickelten. Zudem sind die Gründe für den Beschluß, den Bau einer Untergrundbahn in Angriff zu nehmen, stets nur sehr unzureichend quantitativ erfaßbar. Trotz des umfassenden zuvor getriebenen Planungsaufwandes bleibt der Baubeschluß weitgehend eine Ermessensfrage, und in Ermessensfragen verläßt man sich gern auf das Vorbild anderer; die U-Bahn-Baubeschlüsse der deutschen Städte verliefen wie eine Kettenreaktion. Am Ende ist es nie beweisbar, ob die Entscheidung richtig oder falsch war, weil eben die beiden Systeme oder ein drittes nie in direkter Konkurrenz standen; die Entscheidung hat einfach für Jahrzehnte irreversible Fakten geschaffen, denen sich die weitere Entwicklung der Stadt geplant und ungeplant anpassen muß, bis hin zu den auch verkehrstechnisch begründeten Entscheidungen von Firmen über die Standorte neuer Büros oder Filialen.

An Hand dieses trivial anmutenden, leicht durchschaubaren Beispiels lassen sich eine Reihe von Zügen aufzeigen, die in immer neuen Abwandlungen bei der Kommerzialisierung von Großtechnik auftreten.

Eine bescheidene technische Verbesserung etwa in einem Produktionsprozeß, die keine weitreichenden Folgen hat, setzt sich schnell durch, wird auch schnell durch eine andere wieder verdrängt. Großtechnik setzt sich zumeist nicht kraft ihrer eingeprägten Charakteristika durch, sondern als Folge des kaum vorhersehbaren Wandels von ihr unabhängiger sachlicher und psychologischer Faktoren. Der Einsatz der für Militärflugzeuge während des Zweiten Weltkriegs forciert entwickelten Gasturbine zur Stromerzeugung war die große Erwartung begeisterter Techniker während der fünfziger Jahre; doch erst Ende der sechziger Jahre begann plötzlich ihr Boom, ohne daß sich seitdem technisch einschneidende Entwicklungen vollzogen hatten. Der Hauptgrund unter einer Reihe von Gründen war der, daß im Verlauf der Triebwerksentwicklung für immer größere und schnellere Düsenflugzeuge Gasturbinen entstanden, die sich, geringfügig abgewandelt, zur Serienproduktion als Spitzenlast- und Vorschaltturbinen eigneten. So war der U-Bahn-Boom hauptsächlich eine Folge des angeschwollenen Autoverkehrs. Der kommerzielle Bau von Kernkraftwerken wäre sehr wahrscheinlich ohne die plötzlichen Ölpreissteigerungen seit 1973 für eine Weile wieder eingeschlafen, weil es sich im Zuge des Baus der ersten kommerziellen Serie gerade zu jener Zeit erst herauszustellen begann, daß sie wesentlich teurer sind als erwartet. Der zivile Luftverkehr wäre heute vermutlich mitten in der Umstellung auf Überschallflug, hätte nicht die Umweltbewegung 1971 in USA einen Stopp der Entwicklung durchgesetzt.

Die Entscheidung für eine Großtechnik ist weiter wegen ihrer Komplexität in technischer Hinsicht wie auch wegen ihrer Verschränkung mit außertechnischen Faktoren weitgehend eine Ermessensfrage, trotz allem zuvor betriebenen Planungsaufwand. Wegen der schwerwiegenden Folgen solchen Ermessens setzt Großtechnik sich zumeist als Kettenreaktion durch oder sie verendet als Kettenreaktion. Sie ist überhaupt in ein psychologisches Klima eingebettet; gilt etwas allgemein als zukunftssicher, fällt die positive Entscheidung leichter. Wer bei einer schwerwiegenden Ermessensentscheidung vor Augen hat, daß er im Falle des Scheiterns darauf hinweisen kann, andere hätten den gleichen Fehler gemacht, fühlt sich schon im wesentlichen abgesichert. Umgekehrt könnte langes Zögern, «zukunftssicher» zu investieren, nachdem andere schon vorangegangen sind, den Vorwurf der Kurzsichtigkeit einbringen.

Natürlich begründet niemand seine Entscheidung mit solchen Überlegungen, Ermessensentscheidungen haben die Eigenschaft, daß man für sie immer plausible sachliche Gründe findet. Selbst denen, die in unmittelbarer Nähe der Entscheidungszentren an der technischen Vorplanung mitarbeiten, erscheint zumeist die Entscheidung als sachlich begründet. Für den Außenstehenden stellt sich der Vorgang nur als Statistik dar, wie bei der U-Bahn-Welle.

Spektakulär war die Kette der Stornierung von Optionen auf die Concorde; von der Kettenreaktion bei der Stornierung der Convair hatte ich schon berichtet. Nachdem in den USA zwischen 1953 und 1965 insgesamt nur ein Dutzend meist kleinerer Kernkraftwerke in Angriff genommen worden waren, gingen einige große Elektrizitätsversorger 1965 mit der Bestellung von sechs kommerziellen Blöcken voran; 1966 folgten nicht weniger als 21, 1967 28 Blöcke, dann flaute die Welle ab, 1969 waren es nur mehr fünf, und erst 1973 erreichte sie wieder das Niveau von 1966. Eine ähnliche Welle entsprechend kleineren Maßstabs und mit der üblichen Phasenverschiebung gegenüber den USA folgte in der Bundesrepublik der Bestellung des ersten großen Kernkraftwerksblockes Biblis A durch den größten deutschen Stromversorger, das RWE, Ende 1969. In keinem Fall war irgendein wirklich relevantes technisches oder ökonomisches Ereignis Auslöser der Welle, wenngleich sich natürlich vor Beginn der Welle über Jahre technische und ökonomische Trends sukzessive entwickelt hatten. Es gab Computer-Wellen und Organisationsmodell-Wellen. Die gleiche Unsicherheit in der Bewertung von Großtechnik, die den Blick der Großtechnik-Entwickler nach den USA lenkt, lenkt auch den der Anwender von Großtechnik auf heimische Vorbilder.

Die Pioniere der Anwendung großtechnischer Entwicklungen betreiben aufwendige Vorplanung – die Nachläufer können sich mit weniger begnügen, sie fühlen sich von vornherein geborgener in der Menge. Dieser Vorplanungsaufwand zeitigt stets einen Drall in Richtung auf Anwendung der vorgeplanten Technik. Große Teams, die an die Vorplanung gesetzt werden, werden zu Organisationsmaschinen, die weiterlaufen wollen; Identifikationen mit der neuen Technik schleichen sich ein, die Interessenlagen der zu Auskünften hinzugezogenen Lieferanten tun das ihre. Der Manager, der sich als Pionier für die Anwendung großtechnischer Entwicklung betätigt, kann sich auf sein Planungsteam verlassen: es deckt die Entscheidung, richtet ihm die Argumente zu, auch in späteren Zeiten, wenn Rückschläge zu kritischen Fragen Anlaß geben. Das gleiche Beharrungsvermögen großer Organisationen, das eine einmal eingeleitete Entwicklung vorantreibt, treibt auch eine einmal eingeleitete Anwendung weiter.

All diese mannigfaltigen Zufälligkeiten und Technik-fremden Eigengesetzlichkeiten, die den Prozeß der Durchsetzung einer einmal entwickelten Großtechnik bestimmen, wiegen aber leicht im Verhältnis zu dem Moment der Ausschließlichkeit, das jeder einmal eingeführten Großtechnik anhaftet. Die geschilderten Zufälligkeiten sind verwandt anderem, weniger hochkarätigem Geschehen auf dem Markt; der Außenseiter wird sie nur gerade bei der mit wissenschaftlicher Aura umgebenen Großtechnik nicht vermuten, er vertraut darauf, daß dort alles nach Sachgesetzlichkeiten abläuft. Das Moment der Ausschließlichkeit erst ist es, das die Marktgesetze oder andere Konventionen der Nützlichkeit weitestgehend außer Kraft setzt; die Zufälle des Auswahlprozesses können später kaum mehr korrigiert werden.

Keineswegs ist diese Ausschließlichkeit immer so deutlich zu erkennen wie an dem Beispiel U-Bahn. Sie äußert sich unterschiedlich, wird aber im Grunde stets aus der gleichen Quelle gespeist: der Komplexität der Großtechnik, die Undurchschaubarkeit bewirkt, hohe Investitionen über lange Zeiträume erfordert und beharrende Organisationen assoziiert.

Das Beispiel U-Bahn ist einleuchtend, weil augenfällig wesentliche Züge der weiteren Entwicklung des komplexen Systems Stadt durch eine einzige Entscheidung für ein großtechnisches System bestimmt werden. Ein Gedankenexperiment verdeutlicht das. Man stelle sich vor, die U-Bahn-Welle wäre nicht in den sechziger Jahren hereingebrochen, sondern die Entscheidung der Städte, wie mit dem Verkehrschaos fertig zu werden, stünde noch bevor. Die Anschauungen der Stadtplaner haben sich seitdem gewandelt; viele würden heute dafür plädieren, über infrastrukturelle Maßnahmen die Autos sukzessive aus den Innenstädten zu verdrängen, den Verkehr dort oberirdisch über ein System von Straßenbahnen, Bussen, Taxis oder auch Kabinenbahnen zu bewältigen. Die Bevölkerung ließe sich heute eher als seinerzeit für diesen Eingriff in die heilige Freiheit der Autos gewinnen. Jeder kann sich ausmalen, wie grundsätzlich verschieden die weitere Stadtentwicklung verlaufen würde.

Ein anderes akutes Beispiel aus der Verkehrsplanung scheint prima vista diese Ausschließlichkeit der Großtechnik nicht zu bestätigen. Die Bundesbahn plant ein Netz von neuen Trassen für superschnelle Züge mit Geschwindigkeiten um 200 km/h und mehr; Teilstrecken sind schon im Bau. Naturgemäß ist eine Entscheidung für ein solches System nahezu reines Ermessen, selbst wenn Tausende von Planern über Jahre sorgfältigst alles Errechenbare vorausberechnen. Kosten und Termine werden, wie bei allen Superprojekten, der internationalen π-Regel gehorchen, obwohl der eigentliche Trassenbau nicht gerade etwas Neues ist. Vor allem aber müssen weitgehend willkürliche Annahmen getroffen werden über langfristige Trends etwa der Gewohnheiten potentieller Passagiere oder der Entwicklung des konkurrierenden Auto- und Flugverkehrs, des Widerstands von Bürgerinitiativen und der Rechtsprechung. Die unvermeidbare Bandbreite irgendwie verteidigbarer Annahmen sorgt dafür, daß man aus umfangreichen Gutachten, die vor allem wegen der Stöße beigeordneter Computer-Auszüge die Aura von Exaktheit verbreiten, jede Prognose destillieren kann, die man haben möchte. Und da nun mal alle Eisenbahner fasziniert sind von der Tokio-Osaka-Schnellbahn, der Fortschritt ohnehin unaufhaltsam ist, werden Steuergelder und Natur – die, wie Umweltschützer behaupten, zum Nulltarif in die Rentabilitätsberechnungen eingesetzt sind – in Bahnkörper verwandelt, Anwohner zeitlebens belästigt, damit die immergleiche dünne Schicht Geschäftsreisender, die man fast ausschließlich in den Intercity-Zügen und innerdeutschen Flugzeugen trifft, sich fortan irgendwie anders bewegen kann.

Trotzdem wird man sagen, hier ist kein Moment der Ausschließlichkeit zu erkennen. Man wird einige Strecken bauen, Erfahrungen sammeln, und nur im Fall der Bewährung das Netz weiter ausbauen.

Nach meinen Erfahrungen mit der Eigengesetzlichkeit von Supertechnik halte ich das für äußerst unwahrscheinlich. Die Strecken müssen sich bewähren, technische Pannen wird man im Lauf der Zeit ausbügeln, der Rentabilität mit Tarifgestaltung und Reklame nachhelfen und im übrigen – sogar zu Recht – argumentieren, daß die volle Rentabilität nicht mit solchen kurzen Strecken wie Würzburg–Hannover und Stuttgart–Köln zu erreichen ist. Der Bau wird Kapital binden, das sonst zur Modernisierung der vorhandenen Strecken dienen könnte. Entwicklungsgelder werden vorzugsweise in Richtung der Super-Schnellbahn-Technik fließen, von Lokomotiventwicklung über Signaltechnik bis hin zur Verschleißforschung, statt in die Richtung überschaubarer, biederer, in ihrer Wirksamkeit zuverlässig abschätzbarer Verbesserungen existierender technischer Strukturen. Zulieferer werden sich bei Investitionsentscheidungen an der kommenden Technik orientieren, Hirne werden sich darauf einstellen. Das alles wird eines späten Tages, beim Beschluß zum Ausbau weiterer Strecken, in der Form technischer und ökonomischer Fakten und auch deren Ermessensbewertung zugunsten der Schnellbahnen sprechen, niemand wird für diesen Drall verantwortlich zu machen sein, kaum jemand erkennen, wie er zustande gekommen ist. Supertechnik ist self fulfilling prophecy.

Das volle Ausmaß des vermutbaren Moments der Ausschließlichkeit in der Entscheidung zum Bau der Schnellbahnstrecken mag wieder ein Gedankenexperiment zum Vorschein bringen. Man stelle sich vor, der Verkehrsminister setzte sich mit sich selbst in seinen verschiedenen Eigenschaften und mit dem einen oder anderen Kollegen an einen Tisch, um folgenden Alternativplan auszuhecken, der sicher nicht von heute auf morgen, aber ebenso sicher kurzfristiger zu verwirklichen wäre, als der über Jahrzehnte dauernde Ausbau des Schnellbahnnetzes.

Erste Maßnahme: Tempo-Limit 100 oder 120 km/h auf Autobahnen, wie es in nahezu allen industrialisierten Staaten der Welt längst eingeführt worden ist. Das um die persönliche Sicherheit besorgteste aller Völker, die Bundesdeutschen, hatte sich mit dem fadenscheinigen, von der Autolobby kolportierten Grund, die Zahl der Verkehrsopfer würde durch Tempolimit nicht sinken, über diese zivilisierte Sitte hinweggesetzt. Ein langjähriges Großexperiment, dessen Ergebnisse im Herbst 1977 vorgelegt wurden, belegte, daß die Zahl der Todesopfer bei Tempolimit auf den Autobahnen fallen wird. Also wäre es glatter Zynismus, nun nicht endlich die Konsequenz zu ziehen, von der wirkungsvollen Energieeinsparung, die jeder im Munde führt, einmal ganz abgesehen.

Zweite Maßnahme: Der staatlichen Lufthansa wird langfristig ein Programm sinkender Investitionen im Inlandsverkehr vorgegeben: Kurzstreckenflugzeuge, die nach Ablauf der technischen Lebensdauer aus Sicherheitsgründen aus dem Verkehr zu ziehen sind, werden nur teilweise ersetzt. Intercity-Züge der Bundesbahn werden mit internationalem Flugverkehr koordiniert – beispielsweise durch Halt im Frankfurter Flughafen –, so daß sie einen Teil der Zubringerdienste übernehmen können. So wird die Zahl der Inlandsflüge langfristig gesenkt.

Dritte Maßnahme: Stopp der Schnellbahn, Umleitung eines Teils des für den Ausbau und für Entwicklung eingeplanten Budgets in Modernisierungsmaßnahmen vorhandener Strecken und rollenden Materials. Ein anderer Teil dient zur Einrichtung von Video-Konferenzräumen in staatlichen Verwaltungen zwecks Einsparung von Dienstreisen, vor allem über lange Strecken.

Was wäre der mit bloßen Auge abschätzbare Nettoeffekt? Umsteigen eines Teils des Geschäftsverkehrs von Auto und Flugzeug auf mäßig verbesserten Intercity-Verkehr, also genau das, was man mit der neuen Super-Schnellbahn erreichen will. Ersatz eines Teils vor allem des Langstrecken-Geschäftsverkehrs vom Typ Hamburg–München durch wesentlich rentablere Video-Konferenzen, denen sich auch private Unternehmen wohl anschließen würden, einmal wegen des propagandistischen Effekts, zum anderen weil auch sie mit staatlichen Ämtern verkehren. Energieeinsparung: Autos – besonders schnellfahrende Autos – und Flugzeuge verbrauchen je Personenkilometer ein Vielfaches der Energie, die Eisenbahnen verbrauchen. Abbau der Luftverpestung und Lärmbelästigung. Weniger Autobahn-Todesopfer. Einsparung von Steuergeldern infolge geringerer Investitionen und besserer Auslastung bestehender Bundesbahnstrecken. Erhaltung von Natur. Und von einer irgendwie merklichen Beeinträchtigung des Reiseverkehrs könnte nicht im Ernst die Rede sein.

Das Programm, im Zusammenhang präsentiert, unverzerrt vermittelt, wäre leicht verständlich und enthielte viel weniger Imponderabilien als allein der Schnellbahnbau, weil kein neuartiges Superprojekt darin enthalten ist. Schwer vorstellbar, daß es nicht den Beifall des größten Teils der Bevölkerung finden würde. Warum erscheint es trotzdem als nahezu utopisch?

Es entspricht nicht dem Mythos technischen Fortschritts. Alle involvierten Organisationen würden heftigst protestieren: die Lufthansa, die Bundesbahn, deren Zulieferer technischen Fortschritts, die Automobillobby. Es wird von führender Industrienation, Exportabhängigkeit und Arbeitsplätzen die Rede sein. Ganz so, als sei nicht der bescheidene Volkswagen, sondern der Porsche das Auto gewesen, das sich auf dem Weltmarkt durchgesetzt hat und das der amerikanischen Autoindustrie, die sich lange Jahre dem Bewußtseinswandel der Amerikaner widersetzt hat, nicht etwa Super-Autos, sondern zähneknirschende Umkehr zu bescheideneren Compact-Cars aufgezwungen hat.

Die positiven Aspekte des Programms liefen Gefahr, von den Verwaltern der öffentlichen Meinung unterschlagen zu werden. Nur in wenigen kritischen Zeitungen war im Herbst 1977 mehr als ein versteckter Vierzeiler über die Autobahnstudie zu finden. Die freie Presse hat ihren Verhaltenskodex, die Journalisten wissen, was zu schreiben angemessen ist, auch wenn das Fast-Verschweigen der Autobahnstudie der weiteren Hintanstellung eines Tempolimit-Gesetzes Vorschub leistet, wodurch stillschweigend viele Menschen zum Tode verurteilt werden.

Was sich aber an Argumenten gegen ein Verkehrssparprogramm seinen Weg in die Zeitungen bahnen würde, kann ahnen, wer verfolgt, welche umfänglichen Kommentare jeder konkrete Vorschlag für das so platonisch geliebte Energiesparen erweckt, wie kürzlich der, die progressiven Stromtarife abzuschaffen. Die gleichen Wirtschaftsredakteure, die einstimmig und unentwegt das «hohe Lohnniveau» als Hauptschuldigen an der Wirtschaftskrise dingfest machen, ergriffen empört die Partei des kleinen Mannes, den, so errechneten sie, hauptsächlich die Last der Tarifänderung treffen würde. Vermutlich lieferte der einschlägige Sachverstand ihnen auch zur Kommentierung des Verkehrssparprogrammes Informationen über die Not des kleinen Mannes; so gut wie sicher voraussehbar ist dabei das Lied von den Arbeitsplätzen.

Das Beispiel Schnellbahn gibt Anlaß zu einer methodischen Betrachtung. Ich habe ein Beispiel aus dem Verkehr gewählt, weil die meisten Menschen auf Grund ihrer Lebenserfahrung damit vertrauter sind als mit anderen Zweigen der Technik. Ich mußte aber derart viele Problemkreise stichwortartig berühren, daß trotz der relativen, aber eben auch nur relativen, Durchschaubarkeit des Beispiels dem kritischen, selbst dem wohlwollend kritischen Leser sicher

Zweifel an meiner Argumentation bleiben werden, er ihr allenfalls eine gewisse Plausibilität zubilligen wird.

Genau das verweist wieder auf die Crux der Großtechnik, ihre Undurchschaubarkeit. Würde man jedem dieser Problemkreise im einzelnen nachgehen, so müßte man sich in eine Vielzahl von Einzelthemen wie beispielsweise den langfristigen Schienenverschleiß, die Investitionsgewohnheiten von Maschinenbaufirmen, die Problematik von Video-Konferenzen vertiefen, und man würde in den meisten Einzelgebieten auf in sich zerstrittene Gruppen von Fachleuten stoßen. Politische, psychologische und ökonomische Gegebenheiten und die Erwartungen über ihre zukünftigen Entwicklungen kommen hinzu. Selbst dem Manager, der in diesem Knäuel organisatorisch günstig eingefügt ist, also optimalen Zugang zu Informationen und Meinungen hat, bleibt schließlich nur übrig, sich auf Grund von Indizien für eine durchsetzbare, das heißt auch dem psychologischen Klima angepaßte Marschrichtung zu entscheiden; ist die gesetzt, dann orientieren sich all die vielen Sachverstände gen Ziel, und alles arbeitet an der Überwindung von Widerständen, so daß es trotz aller Komplexität irgendwie erreicht werden kann.

Bei weitem den meisten der Mitarbeitenden enthüllt sich das Willkürliche des ganzen Vorganges nicht; sie haben im Problemausschnitt, an dem sie arbeiten, Zielvorgaben, die sie als Fachleute mit rationalen Mitteln zu erreichen suchen und auch irgendwie erreichen, wenn auch zumeist nicht in der vorgegebenen Zeit und mit den vorgegebenen Mitteln – was sich über viele solcher Abweichungen eben zum berühmten Faktor π integriert. Aber auch die Manager, die von der Spitze großer Behörden oder Konzerne auf ein großtechnisches Vorhaben blicken, übersehen keineswegs das Ganze; sie sind auf vielfach filtrierte, zweckdienlich eingefärbte Informationen angewiesen.

Die absolute Herrschaft: Konzentration und Innovationsfeindlichkeit

Die Komplexität, das Kreuz der Großtechnik, macht diese einerseits immer angreifbar – auch wenig triftige Argumente können über lange Zeit Gefolgschaft finden –, andererseits unverwundbar, solange sie von einer positiven Stimmung getragen wird; man kann endlos disputieren. Ich will das noch an einem auf den technisch-wirtschaftlichen Gehalt beschränkten Beispiel umfassender verdeutlichen, an der Entwicklung der Kernreaktoren, zuvor aber noch einen allgemeinen Zug großtechnischer Entwicklung behandeln, den zur Konzentration.

Daß die kapitalistische Wirtschaft zur Konzentration in Großunternehmen tendiert, sieht jeder mit bloßem Auge. Daß Marx die zugrunde liegenden Gesetze zutreffend aufgezeigt hat, wird auch von der nicht-marxistischen Wirtschaftswissenschaft weitgehend anerkannt. Großtechnik aber entwickelt einen Zwang zur Konzentration, der auch in einer sozialistischen Wirtschaft wirken muß, sofern sie Großtechnik verwendet.

Solange Flugzeuge klein waren, gab es eine große Zahl Flugzeughersteller – wie auch heute noch für Sportflugzeuge. Aber den Weltmarkt – außerhalb des Ostblocks – an Linien-Verkehrsflugzeugen beherrschen zwei amerikanische Firmen: Boeing und McDonnell-Douglas. Dies trotz massiver staatlicher Förderung der traditionsreichen einheimischen Luftfahrtindustrie in England und Frankreich, auch Deutschland. Die für Entwicklung und Produktion der Flugzeuge heutiger Größe erforderlichen Investitionen in Produktionsstätten, Entwicklungslaboratorien, technisch-wissenschaftlichen Teams, Service-Netzen etc. würden als Gemeinkosten die Kosten der eigentlichen Produktion überwuchern, wenn nicht einige hundert Flugzeuge der gleichen Serie mit allenfalls geringfügigen Abwandlungen gebaut werden würden.

Die Elektrizitätserzeugung der Industrieländer verdoppelte sich im Schnitt der letzten Jahrzehnte etwa alle zehn Jahre. Aber die Größe der Kraftwerksblöcke stieg schneller, ihre Anzahl nahm daher ab. In den zwei Jahrzehnten zwischen Anfang der fünfziger und Anfang der siebziger Jahre nahm zwar die Produktion von Turbinen – gemessen an ihrer Stromerzeugungskapazität – etwa um den Faktor vier zu, aber die Kapazität der einzelnen Turbinen für die Kraftwerke der öffentlichen Versorgung stieg auf das Zehnfache – die jährlich produzierte Stückzahl nahm ab. Dampfturbinen waren von jeher Prunkstücke der Technik; Ingenieursteam, Facharbei-

terstamm und Maschinenpark eines erfolgreichen Dampfturbinen-
herstellers mußten erstklassig sein. Doch in den fünfziger Jahren
gab es weltweit viele Dutzende erfolgreicher Hersteller von Kraftwerksturbinen, in deren Fabriken häufig die Turbinenproduktion
gemischt war mit anderem Maschinenbau. Mitte der sechziger Jahre
blieben in den USA, wo ein Drittel des elektrischen Stroms der Welt
erzeugt wird, nur noch zwei Hersteller von Kraftwerksturbinen
übrig, General Electric und Westinghouse. Der letzte Konkurrent,
Allis-Chalmers, gab auf, als die Investitionen für den Sprung in die
Klasse der 1000-Megawatt-Blöcke notwendig wurden, nachdem er
zuvor, mit technischen Tricks, sogar noch die erste Turbine der
Welt dieser Größe gebaut hatte. Die deutschen Konkurrenten Siemens und AEG fusionierten 1969 ihren Turbinen- und Kraftwerksbau unter dem Druck der für den Übergang auf diese Super-Block-
größe notwendigen Investitionen. Das Produkt dieser Fusion, Eu-
ropas größter Turbinen- und Kraftwerkshersteller, die Kraftwerk
Union, produziert in einem eigens geschaffenen neuen Werk kaum
mehr als eine Dampfturbine im Monat, immer noch mehr, als der
deutsche Markt aufnehmen könnte.

Dieser der Großtechnik innewohnende Zug zur Konzentration,
die bei weitem noch den allgemeinen Trend der kapitalistischen
Wirtschaft übertrifft, begünstigt amerikanische Großfirmen wegen
des immensen Inlandsmarktes. Europäische Großfirmen kooperie-
ren häufig auf dem Gebiet der Großtechnik. Ein bekanntes Beispiel
aus der Computerbranche war «Unidata», der Versuch dreier Großer, der deutschen Siemens, der holländischen Philips und der französischen CII, zur Kooperation bei Großrechnern, der 1975 mit
einem Affront von den Franzosen, die sich über Nacht nach den
USA orientierten, beendet wurde. Bekannt sind die englisch-fran-
zösische Kooperation bei der Concorde, die gleich fünf Länder
umfassende Kooperation beim Airbus. Ich selbst habe viele internationale Kooperationsverhandlungen geführt, die deutsch-hollän-
disch-belgische Kooperation im Schnellbrüterprogramm geleitet,
speziell beim Bau des Kraftwerks Kalkar, und weiß um die Schwierigkeiten solcher Kooperationen; sie verlaufen selten gut.

Die Politik ist gegen diesen durch Supertechnik erzwungenen
Konzentrationsprozeß noch viel machtloser, als sie es schon gegen

sonstige Konzentrationen ist. Selbst die ernstgemeinteste Antikartellpolitik muß die Sachgesetzlichkeiten zur Kenntnis nehmen, die der Großtechnik innewohnen. Anfang der sechziger Jahre waren sieben bundesrepublikanische Firmen engagiert in der Entwicklung von Kernreaktoren – insgesamt zehn technischer Konzepte (!) –, unterstützt durch staatliche Fördergelder und staatliche Forschungszentren. Wenn aber selbst ein optimistisches, unbehindertes Kernenergieprogramm nicht mehr als etwa vier Blöcke der heutigen 1300-MW-Klasse pro Jahr erfordert, wenn der erforderliche Planungssachverstand zum Bau solcher Reaktoren kaum mit weniger als tausend Ingenieuren und Wissenschaftlern zu bewältigen ist, dann wird sich auch ein aggressives Kartellamt, das auf politischen Rückhalt vertrauen könnte, der Argumentation beugen, daß schon zwei Hersteller in der Bundesrepublik des Guten zuviel sind. In England und Frankreich hat der Staat, der dort über eine verstaatlichte Elektrizitätsversorgung im Kraftwerksbau wirkungsvoll eingreifen kann, während eines jahrelangen Prozesses sogar die widerspenstige Privatindustrie zur Konzentration, zuletzt auf jeweils einen einzigen Hersteller von Kernreaktoren, gezwungen.

Im Prinzip ist es natürlich nicht die physische Größe der Einzelprodukte der Großtechnik, die zur Konzentration zwingt, sondern das Risikokapital, das in großen Entwicklungsteams, Laboratorien, Produktionsstätten und Servicenetz gebunden ist. Gerade die winzige Mikroelektronik, die sozial folgenschwerste Technik der Nachkriegszeit, bewirkt einen der durchgreifendsten Konzentrationsprozesse. Uhrenhersteller, einst feinmechanische Betriebe, die viele Elemente ihrer Uhren selbst herstellen, degenerieren weltweit zu einer Art besserer Verpackungsindustrie, der nicht viel anderes mehr übrigbleibt, als aus den USA bezogene Mikroprozessoren in modische Gehäuse einzubauen. Aber auch die großen in der Elektrobranche, die bisher stets noch ihre eigene Produktion elektronischer Bauelemente betrieben, sowohl zum Einbau in ihre Investitions- und Konsumgüter als auch zum Verkauf an kleinere Gerätehersteller, kommen mit der neuen Technik nicht mehr mit, müssen ihre Elemente aus den USA von Texas Instruments oder Intel beziehen und werden so mit der Zeit auch bei unauffällig anmutenden Produkten von wenigen amerikanischen Spezialfirmen abhängig.

Man kann sich ausmalen, was angesichts solcher Konzentrationsprozesse vom freien Spiel marktwirtschaftlicher Kräfte übrigbleibt:
nicht viel mehr als ein Slogan. Wo die Konkurrenz auf zwei, drei
Lieferfirmen geschrumpft ist, gibt es mannigfache Möglichkeiten
zur Vermeidung von Preiskämpfen – von den Frühstückskartellen,
um die viele wissen, und über die niemand spricht, bis hin zu legalen
Signalisierungsmethoden, beispielsweise über Preislisten. Es wäre
auch unter jedem volkswirtschaftlichen und sozialen Aspekt unsinnig, wenn sich wenige verbliebene Träger von Großtechnik gegenseitig aufrieben; niemand kann ernsthaft ein Interesse daran haben.
Zudem liegt es in der Natur der Sache, daß sich die Abnehmer von
Großtechnik zumeist in langfristige infrastrukturelle Abhängigkeiten von einmal ausgewählten Lieferfirmen begeben, die dann Konkurrenz weitgehend ausschalten: Die Lufthansa fliegt praktisch nur
Boeing-Maschinen, wer sich einmal mit IBM-Rechnern ausgerüstet
hat, steigt kaum mehr um.

Ich habe lange genug aus der Nähe durch Großtechnik hervorgerufene Konzentrationsprozesse beobachten können; sie entsprin-
gen wohl selten einer Firmenstrategie zur Ausschaltung der Konkurrenz. Die großtechnischen Konzepte entstehen in den Subkulturen der Zukunftsbranchen, von denen schon die Rede war, und
nicht in den Gehirnen von Vorstands- oder Aufsichtsratmitgliedern
großer Konzerne. Denen erscheinen sie eher als unvermeidbarer
Zug der Zeit, auf den die Branchenführer aufspringen müssen,
wollen sie nicht absacken ins zweite Glied. Die für die Zukunftsbranchen verantwortlichen Techniker, zweite und dritte Garnitur
großer Organisationen, boxen die Investitionen gegen die Bedenken
von Finanzchefs durch und bezahlen dafür mit einem unsicheren
Dasein; geht etwas schief, und es geht meistens etwas schief, werden
sie abgeschoben, das von ihnen Angezettelte läuft mit ausgewechsel-
tem Management weiter. Ihre subkulturellen Kollegen, die Visionäre der Nützlichkeit auf Lehrstühlen und in Direktionssesseln von
Forschungsinstituten, werden in Ehren grau und erfinden weiter.
Die gefallenen Supertechnik-Manager landen oft weich auf solchen
bequemeren Stühlen und Sesseln.

Der Widerstand der Finanzchefs hat seine Gründe. So paradox es
klingt, die Supertechnik ist extrem *innovationsfeindlich*. Investitio-

nen und Risiken sind derart, daß ein ständiger Wechsel unerträglich wäre, daß so lange wie irgend denkbar möglichst das Gleiche produziert werden muß bei sukzessiven, geringfügigen Verbesserungen. Auch konkurrierende Firmen der gleichen Zukunftsbranche produzieren tunlichst die gleiche Technik, die durch etwas spektakuläre Kosmetik als firmenspezifisch ausgewiesen wird. Man überdenke einmal das bunte Bild der kleinen Verkehrsflugzeuge, die nach dem Ersten Weltkrieg die zivile Luftfahrt begründeten: Hoch- und Tiefdecker, Ein-, Doppel- und Dreidecker, einer bis zwölf Motoren verschiedenster Ausführung, Landung und Wasserung – eine Spielwiese der Ingenieure. Seitdem vor zwanzig Jahren die Düsenflugzeuge eingeführt worden sind, gleichen sich alle, sieht man davon ab, daß einige die Triebwerke hinten anbringen und daß vor zehn Jahren Boeing die bis dahin bei gut hundert Passagieren angesiedelte Kapazität sprunghaft auf die Größenordnung vierhundert erhöhte. Aber, bitte, was ist denn technisch der große Unterschied zwischen der Boeing 747, der Douglas DC-10 und dem Airbus, mit dem die Europäer gegen die beiden Amerikaner antreten wollen?

Es gibt keinen Grund, warum nicht ein Dutzend oder mehr Typen von Kollektoren für Sonnenheizungen auf dem Markt nebeneinander bestehen könnten – Investitionskosten für Entwicklung und Produktion sind relativ bescheiden und rentieren sich nicht erst bei einem maßgeblichen Weltmarktanteil; auch das technische Risiko bleibt überschaubar. Aber über 90 % der weltweiten Kernkraftleistung, die heute in Betrieb, im Bau oder bestellt ist, und mit einer Kapazität von einer halben Million Megawatt das Siebenfache der insgesamt in öffentlichen Kraftwerken der Bundesrepublik installierten Leistung darstellt, entfällt auf die von Westinghouse und General Electric entwickelten Leichtwasserreaktoren, der schmale Rest auf das Dutzend Kernkraftwerkstypen, die zumeist in der Frühzeit der Kernkraftwerkstechnik mit großer Zukunftserwartung gebaut wurden. Während der letzten Jahre meiner bis 1971 währenden Verantwortlichkeit für die Leichtwasserreaktorbranche der AEG war meine Hauptsorge, eine standardisierte Ausführung der verschiedenen Bauprojekte durchzusetzen, um das Risiko technischer Fehlschläge zu minimalisieren; eine unbedachte Kleinigkeit kann ein Kernkraftwerk, dessen Kosten von der Größenordnung der jährlich von der Bundesrepublik geleisteten Entwicklungshilfe sind, für Wochen oder Monate stillegen. Es war eine immer wiederkehrende Mühsal, Professoren, die zuweilen recht intelligente, in ihren Instituten entwickelte Erfindungen zur Verwertung anboten, höflich und geduldig das Unbegreifliche begreiflich zu machen, nämlich, daß Neuerungen das allerletzte seien, was in dieser Branche gebraucht wurde – übergenügend Details erwiesen sich ohnehin als verbesserungsbedürftig.

Zusammengefaßt zeigen auch diese Beobachtungen über die Konzentrationen im Gefolge der Großtechniken, wie sich deren Komplexität zur Unkontrollierbarkeit und nur Eigengesetzen gehorchenden Willkür auswächst. IBM kontrolliert trotz Fusionen und Kooperationen anderer Großfirmen zwei Drittel des Weltmarktes an Großrechnern, obwohl die größeren Industriestaaten die einheimische private Industrie seit Jahren gegen diese Konkurrenz zu stützen versuchen; es ist undenkbar, daß eine einzelne Firma mit einfachem, wenn auch technisch anspruchsvollem Gerät, etwa mit Fahrrädern oder Bandsägen, eine beherrschende Weltmarktstellung erringen könnte, noch viel weniger mit Hämmern und Zangen. Eine einmal angelaufene Großtechnik leitet diese Konzentrationsprozesse eigengesetzlich ein, sie sind politisch nicht verhinderbar, werden zumeist nicht einmal von den Firmen selbst bewußt angezettelt. Die als Folge der Großtechnik entstandenen Quasimonopole entziehen diese weitgehend den Marktgesetzen; die der Großtechnik innewohnende Innovationsfeindlichkeit verhindert es zudem weitgehend, daß Marktgesetze über die Auswahl zwischen verschiedenen, dem gleichen Zweck angemessenen, möglichen Großtechniken entscheiden. Eine Großtechnik, die sich einmal durchgesetzt hat, verdrängt konkurrierende technische Möglichkeiten.

Ich will am Beispiel der mir vertrauten Entwicklung der Kerntechnik besonders die mit der Ausschließlichkeit und Innovationsfeindlichkeit verbundene Willkür des Selektionsprozesses der Großtechnik einmal ausführlicher beleuchten.

Beispiel Kernkraftwerke

Zur Undurchschaubarkeit:
Wirtschaftlichkeit als Zufallsergebnis

Wie schon erwähnt, arbeiteten in den fünfziger Jahren viele Firmen und eigens dafür in aller Welt geschaffene staatliche Kernforschungszentren an der Entwicklung einer großen Zahl verschiedener Typen von Kernreaktoren, im wesentlichen charakterisiert durch die verschiedenen Kombinationen von Moderator und Kühlmittel des Reaktorkerns. Erst gegen Ende der sechziger Jahre machte der kommerzielle Erfolg der von General Electric und Westinghouse entwickelten Leichtwasserreaktoren den Insidern klar, was aller Welt Mitte der siebziger Jahre offenbar wurde: daß sich nur der Leichtwassertyp durchsetzen würde; lediglich die eigensinnigen Kanadier halten an ihrer Eigenentwicklung, einem Schwerwasserreaktor, mit Erfolg fest. Zudem wird weltweit die Brüterentwicklung, die sich inzwischen auch auf einen Typ, den Natriumtyp, konzentriert hat, mit dem Ziel betrieben, später die Leichtwasserreaktoren abzulösen. In einigen Ländern wird zwar immer noch an Typen weiterentwickelt, denen, bezeichnend für großtechnische Entwicklungen, das Sterben überaus schwerfällt, aber nur für einen, den Hochtemperaturreaktor, mag es noch eine Chance geben; davon soll noch die Rede sein.

Ich habe behauptet, der Großtechnik hafte immer ein Moment der Ausschließlichkeit an, sie entwickle sich auf Grund ihrer Undurchschaubarkeit kaum nach Marktgesetzen. Das scheint für Kernreaktoren nicht zuzutreffen: Die Elektrizitätsversorgung baut in die gleichen Netze Kernkraftwerke neben Öl- oder Kohle-Kraftwerken ein, und die Kernkraftwerke haben sich, zumindest als Leichtwasserreaktoren, an den meisten Standorten in der öffentlichen Versorgung der Industrieländer für den Grundlastbetrieb als wirtschaftlich überlegen erwiesen.

Das stimmt, ich will mir auch nicht die Argumente derjenigen unter den Kernenergiegegnern zu eigen machen, die die Wirtschaftlichkeit von Kernkraftwerken gegenüber Kohle oder Öl anzweifeln, etwa weil Entwicklungskosten oder Entsorgungskosten für Kernenergie nicht in die Vergleichsrechnungen einbezogen würden. Wie problematisch solche Argumente sind, wird deutlich an der Frage, ob man beispielsweise etwa 10 Milliarden von der öffentlichen Hand in Deutschland ausgegebene Entwicklungskosten auf das Dutzend jetzt im Bau oder Betrieb befindlichen Kernkraftwerke umlegen müßte – dann wären diese unrentabel –, oder auf ein Hunderttausend-Megawatt-Programm bis Ende des Jahrhunderts – dann wäre kaum ein Effekt merkbar.

Schwerwiegender, aber immer noch nicht den Kern der Sache treffend, ist die bekannte Tatsache, daß zwei unabhängige Prozesse, die nichts mit Kernenergie zu tun hatten, die Wirtschaftlichkeit der Kernenergie erst hergestellt haben: zum einen die ständig steigende Blockgröße konventioneller Kraftwerke der öffentlichen Versorgung und zum anderen die Ölpreiserhöhungen seit 1973. Die Kosten sowohl der Kernkraftwerke als auch ihres Brennstoffkreislaufs sind bis in den Anfang der siebziger Jahre auch von den erfahrenen Fachleuten der Kraftwerksindustrie dramatisch unterschätzt worden. Das haben die Pioniere der Leichtwasserreaktoren, General Electric und Westinghouse, mit vielen Milliarden Dollar Verlusten bezahlen müssen, die außerhalb Amerikas als erste ihnen nachfolgenden Siemens und AEG immer noch mit einigen Milliarden DM Verlusten; ich selbst habe diesen harten Lernprozeß bei einem hohen Maß eigener Verantwortung für Fehleinschätzungen erlebt. Er zog sich hin über etwa 15 Jahre, begann mit dem Bau der ersten kleineren Kraftwerke und endete erst vor wenigen Jahren, als eine Reihe der ersten Blöcke der 1000-Megawatt-Klasse fertiggestellt und in Betrieb genommen waren. Am Ende des Brennstoffkreislaufs, bei der Entsorgung, ist der Lernprozeß noch lange nicht beendet.

Niemand hatte in den fünfziger Jahren ernsthaft mit 1000-Megawatt-Blöcken gerechnet. Noch Mitte der sechziger Jahre, als in Deutschland erste 300-MW-Blöcke konventioneller Kraftwerke in Betrieb gingen und drei erste Leichtwasserkraftwerke dieser Größe in Bau waren, rechneten wir mit Entwicklungen bis maximal 600 MW, glaubten sogar, daß aus Gründen des Transports der Reaktorgefäße größere Blöcke gar nicht machbar waren, und waren überzeugt, daß bei diesen Größen die Leichtwasserkraftwerke konkurrenzfähig seien. Es war allerdings von Anfang an einsichtig, daß steigende Blockgrößen die Wirtschaftlichkeit von Kernkraftwerken gegenüber fossilen Kraftwerken begünstigen würden.

Ende der sechziger Jahre erschienen dann endlich Leichtwasserkernkraftwerke mit Blockgrößen um 1000 MW wirtschaftlich – zu den Preisen, zu denen sie angeboten und verkauft wurden. Bei kostendeckenden Preisen würden, wie man erst seit wenigen Jahren weiß, auch die 1000-MW-Kernkraftwerke unrentabel sein, wären die Ölpreise nur mit allgemeiner inflatorischer Tendenz und nicht 1973 sprunghaft gestiegen.

Ist damit die These von der Undurchschaubarkeit der Großtechnik auch für die Entwicklung der Kernkraftwerke bestätigt? Wohl nur teilweise. Denn angesichts der beschränkten fossilen Ressourcen war ein späterer Anstieg der Ölpreise voraussehbar. Weiter hätte jeder Einsichtige von vornherein erkennen können, daß für den Verbraucher die Kosten des Atomstroms grundsätzlich in der gleichen Größenordnung liegen mußten wie die des Kohle- oder Ölstroms; denn, so revolutionär die Technik des Kernreaktors gegenüber der des Dampfkessels auch ist, den überwiegenden Kostenanteil bestimmt die Energieverteilung – die gar nicht wahrnimmt, wie der Strom erzeugt wird –, einen weiteren großen Anteil der Turbinen-Generator-Teil der Kraftwerke, der prinzipiell gleich bleibt beim Übergang von Dampfkesseln zu Kernreaktoren. Aus der Gesamtsicht der Großtechnik Stromversorgung ist der Übergang von ölgefeuerten Kesseln zu Kernreaktoren keine wirklich tiefgreifende Änderung. Die irgendwann einmal stark steigenden Ölpreise hätten den Atomstrom in jedem Fall konkurrenzfähig gemacht. Irgendwie hatten die Visionäre der Nützlichkeit also doch recht?

Malen wir uns aus, was geschehen wäre, wenn die Ölpreise den Gesetzen des Marktes überlassen geblieben wären und nicht plötzlich und unvorhergesehen politisch gesteuert, zum unbedankten langfristigen Nutzen der Industriestaaten. Spätestens Mitte der siebziger Jahre wäre offenbar geworden, daß die Kernenergie nicht konkurrenzfähig ist. Die großen Lieferanten, General Electric, Westinghouse, Kraftwerkunion, hätten nicht für unvorhersehbare Zeiten zu ruinösen Preisen angeboten. Die Stromversorger, ob staatlich oder privat, hätten keine Kernkraftwerke mehr bestellt, sie hatten sich in der Geschichte der Entwicklung der Kernenergie nie zu bedeutenden Vorleistungen bereit gefunden. Entweder hätten die Staaten massive Subventionen bereitstellen müssen, die das Maß der vorher in die Entwicklung der Kernenergie gesteckten Fördermittel weit überstiegen hätten, oder der Kernenergieapparat wäre, wegen seiner Trägheit sehr langsam und unter schrecklichem Ächzen, bei mäßigeren Subventionen geschrumpft – wie der deutsche Kohlebergbau in den sechziger Jahren, als die große Umstellung von Kohle auf Erdöl für Hausbrand und Stromerzeugung ablief, unbekümmert um die voraussehbare Erschöpfung des Erdöls.

Mit anderen Worten: Während Wirtschaft und Politik der Industriestaaten ansonsten keine Notiz davon nahmen, daß sich die fossilen Energievorräte, vor allem Erdöl und Erdgas, angesichts des beglückenden Wirtschafts- und Energieverbrauchswachstums in wenigen Jahrzehnten erschöpfen würden, stürzten sie sich weltweit in das bis dahin teuerste nichtmilitärische Abenteuer großtechnischer Entwicklung, dessen Verlauf in keiner Weise einer rationalen, langfristigen Zielsetzung angemessen war und das nur durch Zufälle noch gerade rechtzeitig in Wirtschaftlichkeit einmündete.

Zur Ausschließlichkeit: der Erfolg des Leichtwasserreaktors

Doch selbst dieser chaotische Verlauf der kerntechnischen Entwicklung deckt nicht die eigentliche Willkür der Großtechnik auf; sie tritt erst hervor, wenn man das Moment der Ausschließlichkeit sucht. Es tritt nicht etwa hervor als Unverträglichkeit der Kernkraftwerke mit fossilen oder auch Wasserkraftwerken, aber eine neue Technik verdrängt eine einmal eingeführte ohnehin nicht so schnell. Das Moment der Ausschließlichkeit manifestiert sich in der Kernenergieentwicklung anders und gleich auf drei verschiedenen

Ebenen: als Stabilisierung der übergeordneten Großtechnik der zentralen Stromerzeugung und -verteilung, als Verdrängung der Entwicklung von technischen Alternativen, die den gleichen Zweck innerhalb dieser übergeordneten Großtechnik erfüllen können, und schließlich als Verdrängung konkurrierender Varianten zugunsten einer einzigen Ausprägung der Kernenergietechnik, nur eines Typs von Kernkraftwerk. Auf keiner dieser Ebenen ist mit Hilfe von Wirtschaftlichkeits- oder sonstigen Nützlichkeitskriterien unter verschiedenen Möglichkeiten eine ausgewählt worden, wie das bei überschaubarer Technik kleinen Formats normalerweise im Laufe der Zeit geschieht.

Kernkraftwerke erschienen als die langfristige Rettung der Supertechnik zentralisierter Stromerzeugung und -verteilung, die sich angesichts einer absehbaren Verknappung fossiler Brennstoffe einen Ausweg aus dem Dilemma suchen mußte. Diese Supertechnik, Domäne der Elektrizitätswirtschaft, war eine der größten Wachstumsbranchen der Nachkriegszeit. Während zwischen 1960 und 1974 das Bruttosozialprodukt jährlich im Schnitt um etwa 5 % anstieg, die gesamte Stromerzeugung um 7 %, stieg die Stromerzeugung der Elektrizitätswirtschaft jährlich um 9 %. Sie verdrängte weitgehend, und mit nicht immer feinen Methoden, die einst gleichbedeutende Eigenerzeugung der Industrie, übrigens auch die der kommunalen Elektrizitätswerke. Die Wachstumsraten der überregionalen Stromerzeuger lagen noch wesentlich über 9 % jährlich; fast ausschließlich sie sind es, die Kernkraftwerke bauen.

Ein dezentralisiertes Konzept der Energieerzeugung, wie ich es am Beispiel der Arbeiten A. B. Lovins' angedeutet habe, würde dieser Supertechnik und dem mächtig aufstrebenden Wirtschaftszweig – der übrigens in vielen Industrieländern wie Frankreich, England, Italien verstaatlicht ist, auch in den übrigen großenteils der öffentlichen Hand gehört, und der in jedem Fall Monopol- oder Quasimonopol-Charakter hat – schlicht den Garaus machen. Da der Elektrizitätserzeugungs- und -verteilungssachverstand in diesem Wirtschaftszweig und dessen Zulieferern, der Elektroindustrie, konzentriert ist, kann man sich vorstellen, welche Chance die Verfechter einer dezentralisierten Energieerzeugung in einem Sachverstands-Knäuel-Disput hätten. Dies ist nicht die Schrift, diesen Disput für die Bundesrepublik zu eröffnen; ich weiß auch nicht, ob eine dezentrale Stromerzeugung sich tatsächlich unter rein wirtschaftlichen Kriterien als günstiger erweisen würde als die jetzige zentrale. Ich will hier nur feststellen, daß sich die zentrale Stromerzeugung durchgesetzt hat, allein deswegen zur Verewigung tendiert, und daß es die Alternative einer auf moderner Technik aufbauenden, sukzessive optimierten dezentralen Stromerzeugung nicht gibt, schon deshalb der Beweis für ihre eventuelle Überlegenheit kaum zu erbringen wäre. Gerade das aber demonstriert beispielhaft die Ausschließlichkeit der Großtechnik auf der ersten Ebene, der die Kernenergie dient.

Das Moment der Ausschließlichkeit der Kernenergie auf der zweiten Ebene haben die gegen Kernenergie eingestellten Wissenschaftler ins Bewußtsein der Öffentlichkeit gerückt; die Entwicklung alternativer Möglichkeiten *zentraler* Stromerzeugung, von Sonnenkraftwerken in Form von Sonnenöfen oder Sonnenbatterien, von Wind-, Gezeiten- und geothermischen Kraftwerken ist völlig vernachlässigt worden. Besonders die Sonnenbatterien finden seit einigen Jahren seriöse Befürworter in zunehmender Zahl, vielleicht allerdings, weil sie eine faszinierende Wissenschaft verheißen; Sonnenöfen oder Windkraftwerke riechen dagegen nach biederer Ingenieurstechnik, tun es dem Geist der Visionäre nicht an, es sei denn als die Sahara bedeckende Giganten zur zentralen Versorgung der Welt mit Flüssiggas. Diese von der Raumfahrt ausstrahlende Sonnenbatterie-Technik ist bei dem jetzigen Entwicklungsstand weit entfernt von einer Konkurrenzfähigkeit als Großkraftwerkstechnik, aber ihre zahlreichen Befürworter argumentieren, daß sie höchstwahrscheinlich heute wirtschaftlich einsetzbar wäre, hätte man sie parallel zur Kernenergietechnik und mit auch nur einem merklichen Teil des in sie gesteckten Aufwandes entwickelt. Auch hier will ich nicht werten, wie weit diese Argumente gerechtfertigt sind. Es genügt die unbestreitbare Feststellung, daß die Entwicklung der Kernenergie einäugig gemacht hat und eine auch nur halbwegs ernstgemeinte Entwicklung von Alternativen für zentrale Stromerzeugung ausgeschlossen hat, von Sonnenheizung, Biogas und kleinen Windkraftwerken als dezentralen Energiealternativen ganz zu schweigen.

Es fällt schwerer, das Moment der Ausschließlichkeit auf der dritten Ebene darzustellen. Zwar habe ich schon an Hand der Statistik gezeigt, daß sich nur einer unter einem guten Dutzend anfänglich entwickelter Kernreaktortypen durchgesetzt hat, der Leichtwasserreaktor amerikanischer Herkunft. Die meisten Fachleute werden jedoch guten Glaubens beschwören, daß dessen immanente technische Charakteristika dafür den Ausschlag gaben; ich bezweifle das stark.

Wenn ich die sowjetische Reaktorentwicklung unterschlage, weil sie im wesentlichen isoliert von der in der westlichen industrialisierten Welt ablief, dann nahmen die ersten tatsächlich zur Stromerzeugung eingesetzten Kernkraftwerke der Welt schon Ende der fünfziger Jahre in England und Frankreich den Betrieb auf, eines auch in den USA. Die englischen und französischen Kraftwerke waren Gas-gekühlt und Graphit-moderiert. Die Gas-Graphit-Typen wurden zur militärischen Plutoniumerzeugung gebaut, und man hatte ihnen kurzerhand Turbinen nachgeschaltet, die je Block 40 MW Leistung erbrachten. Die staatlichen Atomenergiekommissionen beider Länder erbauten und betrieben sie, und sie bewährten sich technisch auf Anhieb so glänzend, daß sie heute noch arbeiten. Das etwas größere amerikanische Leichtwasserkraftwerk wurde im Auftrag der amerikanischen Atomkommission von Westinghouse erbaut; es war nicht zur militärischen Verwendung vorgesehen, sondern sogleich als Prototyp für kommerzielle Kraftwerke. Der Reaktorteil war aber die Fortentwicklung der ebenfalls von Westinghouse im Auftrag der amerikanischen Marine gefertigten U-Boot-Reaktoren.

Zwischen diesen beiden Grundtypen, Gas-Graphit und Leichtwasser, spielte sich während der folgenden gut 15 Jahre der Wettkampf um die Zukunft ab, bis 1970 die Franzosen, 1973 die Engländer und 1975 die amerikanische General Atomic die Gas-Graphit-Linie aufgaben. Alle anderen Konzepte hatten, weil sie nicht auf dieser langjährigen Erfahrung aufbauen konnten, von vornherein keine echte Chance. Daß sich in Kanada ein anderer Typ durchsetzen konnte, ist einfach damit erklärt, daß dort von vornherein im Rahmen einer staatlich koordinierten Politik nur der von der staatlichen Atomkommission entwickelte und gebaute Schwerwasserreaktor überhaupt zur Debatte stand.

Der amerikanische Leichtwasserreaktor hatte aber einen bedeutenden Startvorsprung: schon sein Vorläufer, der U-Boot-Reaktor, war ein Kraftwerks-, allerdings ein Schiffskraftwerksreaktor, während die ersten englisch-französischen Gas-Graphit-Reaktoren gar nicht mit Blick auf einen optimalen Kraftwerksreaktor konzipiert worden waren. Sie eigneten sich auch in ihrer ursprünglichen Form nicht für die großen Blockleistungen, zu denen der konventionelle Kraftwerksbau in der Folge überging. Die Engländer begannen daher bereits Ende der fünfziger Jahre mit dem Bau zweier fortentwickelter Gas-Graphit-Prototypen, die grundsätzlich besser auf Kraftwerkstechnik zugeschnitten waren, dem sogenannten Advanced Gas Cooled Reactor, kurz AGR, und dem Hochtemperaturreaktor, kurz HTR. Das waren große Entwicklungsschritte, die eine große technische Unstetigkeit einbrachten, während die amerikanischen Leichtwasserreaktoren sich ohne größere Sprünge stetig entwickeln konnten. Ebenfalls noch Ende der fünfziger Jahre nahm die amerikanische General Atomic und eine Kooperation von BBC und Krupp, unterstützt vom staatlichen Kernforschungszentrum Jülich in Deutschland die HTR-Entwicklung mit dem Bau zweier kleiner Prototypen auf.

Noch schwerwiegender als diese ungünstige technische Ausgangsposition der Gas-Graphit-Reaktoren war aber die organisatorische. Die Leichtwasserreaktorlinie wurde von Anfang an getragen von zwei finanzstarken Konzernen, Westinghouse und General Electric, die der Welt bedeutendste Lieferer von Kraftwerksausrüstungen waren: General Electric hatte mit einer technischen Variante bald nachgezogen und schon 1960 das erste Kernkraftwerk der Welt mit einer 200 MW-Leistung fertiggestellt, damals eine im konventionellen Kraftwerkbau gängige Leistungsgröße. Die beiden beherrschten nicht nur den riesigen amerikanischen Markt für Kraftwerksausrüstung, sondern kooperierten auch, zumeist über Lizenzvergaben, traditionsgemäß mit den bedeutendsten Elektrofirmen in aller Welt. Dieser Tradition folgend, hatten die größten Elektrokonzerne Deutschlands (Siemens und AEG), Japans (Hitachi, Mitsubishi Toshiba) und Italiens (IRI – Ansaldo) auch ihrerseits in der ersten Hälfte der sechziger Jahre Kooperationen und Lizenznahmen mit entweder Westinghouse oder General Electric vereinbart und in verschiedenen Kooperationsformen bereits mit dem Bau erster mittelgroßer Leichtwasserkraftwerke zu Demonstrationszwecken begonnen.

Die Organisation der Träger der Gas-Graphit-Linie war dagegen von vornherein ungeeignet zur Kommerzialisierung dieses Typs. In Frankreich versuchte die mächtige staatliche Atomenergiekommission CEA – die technisch und organisatorisch Hervorragendes in der Entwicklung und dem Bau von Reaktoren geleistet hat –, der staatlichen Elektrizitätsversorgung EdF gegen deren Widerstand eine von vornherein unrealistische Linie aufzuzwingen: statt den Gas-Graphit-Typ durchgreifend fortzuentwickeln, sollte er in nahezu der ursprünglichen Konzeption während der sechziger Jahre als Stromerzeuger gebaut werden und schon Anfang der siebziger Jahre von dem forciert entwickelten Zukunftstyp Schnellbrüter abgelöst werden.

In England entstanden drei Konsortien verschiedener Firmengruppen, die in Lizenz der staatlichen Atomenergiekommission für die staatliche Elektrizitätsversorgung während der sechziger Jahre zunächst die erste Generation von Gas-Graphit-Reaktoren, dann eine Serie des fortentwickelten AGR bauten. England hatte anfangs das aktivste Kernkraftwerksprogramm; 1965 liefen in England Blöcke der ersten Generation von 150 MW und 250 MW Leistung mit insgesamt 3500 MW, auch zwei solcher von englischen Firmen in Japan und Italien gebauten Blöcke. Erst ab dann überflügelte das amerikanische Bauprogramm das englische; in Deutschland und Japan wurde erst zehn Jahre später die gleiche installierte Leistung erreicht. Dennoch erwies es sich, daß drei Firmen auf dieser Basis nicht nebeneinander existieren konnten, vor allem weil die Blockgrößen von zunächst 150 MW auf 300 MW, ab 1964 auf 600 MW angehoben wurden, die Stückzahlen also drastisch schrumpften. Ab Mitte der sechziger Jahre erfolgten ständige Umorganisationen, schließlich Umschmelzung zu zwei Gruppen, am Ende zu nur mehr einer. Diese Umorganisationen wirkten sich verheerend auf das 1965 begonnene Programm des Baus der fortgeschrittenen AGR-Version aus. Die Verantwortlichkeiten verschoben sich mehrfach während des Baus, die einst so erfolgreichen Planungs- und Bauteams resignierten, jeder interessierte sich vorwiegend dafür, wo er beim nächstenmal seinen Posten finden könne. Technische Pannen, wie sie von einem Team, das von einer optimistischen und entschlossenen Stimmung getragen wird, relativ schnell überwunden werden, führten zu jahrelangen Verzögerungen und drastischen Kostenerhöhungen. Hinzu kam Anfang der siebziger Jahre eine mehrere Jahre während, mit englischer Wirtschaftskrise, Nordseeöl, Kohle- und Industrieinteressen verwobene politische Debatte um die zukünftige Nuklearpolitik, die mit der Aufgabe des Gas-Graphit-Programms endete.

Zur gleichen Zeit, 1965, als in England die Bauserie der einen fortgeschrittenen Gas-Graphit-Version, des AGR, begann, startete die General Atomic in Amerika den Bau eines ersten mittelgroßen 300-MW-Kraftwerks der zweiten fortgeschrittenen Version, des Hochtemperaturreaktors HTR. Die organisatorischen Voraussetzungen waren eher noch ungünstiger als in England. Das amerikanische Leichtwasserprogramm war gerade voll angelaufen, General Electric und Westinghouse hatten im gleichen Jahr Aufträge auf je drei Blöcke der 600-MW-Klasse bekommen, was im Folgejahr die Kettenreaktion mit der Bestellung von 21 Blöcken auslöste, die faktisch das Rennen um die Reaktortypen für alle Welt mit der Ausnahme von Kanada entschied. Weder General Atomic noch deren Besitzer, die General Dynamics, hatten irgendwelche Erfahrung im Kraftwerksgeschäft, außer dem vorgelaufenen Bau eines kleinen 40-MW-Prototyps. Es war naiv zu hoffen, daß man, gestützt auf nichts als das Vertrauen in eine vielversprechende Technik und die Erfahrung mit einem kleinen und einem mittleren Prototyp die Markteinführung dieses Typs gegen den etablierten und von großer Erfahrung getragenen Leichtwasserreaktor und gegen Firmen durchsetzen könne, die bei der Elektrizitätswirtschaft von eh und je als finanziell und technisch erste Adressen eingeführt waren.

General Dynamics zog später die Konsequenzen und verkaufte die General Atomic an die Gulf Oil, die ihrerseits noch die Shell beteiligte. Angesichts der ungeheuren Finanzkraft dieser beiden Ölmultis, die Milliarden Dollar riskieren konnten, um sich in eine Zukunftsbranche einzukaufen, stiegen die Chancen des HTR. Die neuen Besitzer wendeten denn auch die einzig mögliche Strategie an: sie wechselten das Management der General Atomic aus und

verkauften Anfang der siebziger Jahre bei Unterbietung der Leichtwasserkosten und Gewährung von folgenschweren, absichernden
Garantien acht große Blöcke von 800 MW bzw. 1200 MW fast auf
einen Streich. Wer – als gut informierter Insider einer der wenigen
Reaktorbaufirmen – sich damals bereits ein Bild machen konnte von
der unvorhergesehenen Entwicklung der Kosten von Kernkraftwerken, der konnte vermuten, daß das unerfahrene Team der General Atomic dem in dieser Materie noch unerfahreneren Management
der Gulf Oil keine auch nur annähernd zutreffenden Kostenschätzungen für dieses Abenteuer liefern konnte. Diesen wenigen Insidern nicht, wohl aber dem Rest der Kernenergiewelt erschienen die
HTR-Aufträge als bare Erfolgsmünze der Technik des HTR; so
schien es unbegreiflich zu sein, daß einige Jahre später, 1975, die
General Atomic alle Aufträge zurückgab, noch hohe Ablösungen
dafür bezahlte. Was sich an Verlusten angebahnt hatte, war selbst
der Gulf Oil und Shell des Guten zuviel.

Noch dilettantischer verlief das deutsche HTR-Abenteuer. BBC
und Krupp, unterstützt durch das Kernforschungszentrum Jülich,
hatten 1966 einen kleinen Prototyp fertiggestellt, der durch den
geistreichen Trick, kugelförmige statt zylindrische Brennelemente
zu verwenden, als eigenständige, nationale Entwicklung durchging.
Ein großer Elektrizitätsversorger hatte sich danach bereit gefunden,
ein mittelgroßes HTR-Kraftwerk zu betreiben, falls Staat und Hersteller ihm für die Mehrkosten der Stromerzeugung einstünden. Der
Staat wollte auch den Herstellern einen Teil der Garantien aufbürden, was Krupp in letzter Minute, wieder einmal zum Erstaunen der
gläubigen Reaktorwelt, bewog, sich endgültig als Reaktorhersteller
zu verabschieden. Die gerade durch ihre neue finanzstarke Gulf-
Mutter so zukunftssicher gewordene General Atomic stieg, als Dauerpartner der BBC, in Deutschland ein, was das nationale Image des
Projektes ankratzte, aber da es bei den Kugeln blieb, konnte der Bau
1970 endlich beginnen. Und sogleich schmiedeten der pionierende
Elektrizitätsversorger und die neue deutsch-amerikanische Herstellerallianz Pläne, bald einen großen 1200 MW-HTR kommerziellen
Zuschnitts folgen zu lassen, diesmal allerdings unter Verzicht auf die
nationalen Kugeln. Das Forschungsministerium dachte über Markteinführungszuschüsse und -garantien nach. Damit war's dann Ende

1975, im Gefolge der Stornierung der amerikanischen Aufträge, auch aus.

Ich mußte diese Geschichte der Kernkraftwerkstypen etwas ausführlich darstellen, um Konsequenzen daraus ableiten zu können. Sie steht nirgends so geschrieben; die nicht sehr vielen, die sie durchschauen, haben anderes zu tun und auch alles andere als ein Interesse daran, sie zu schreiben.

Ich fasse zusammen. Der Gas-Graphit-Reaktor wie der Leichtwasserreaktor sind militärischen Ursprungs, aber der letztere hatte auf Grund seiner militärischen Vergangenheit als U-Boot-Antriebskraftwerk einen Startvorsprung für die zivile Verwendung. Entscheidend aber war, daß die auf dem Kraftwerksgebiet potentesten Elektrofirmen der Welt, General Electric und Westinghouse, diesen Typ von Anfang an kommerzialisiert haben und über bestehende Verbindungen wiederum sehr bald die Großen der außeramerikanischen Elektrobranche in ihr Fahrwasser zogen. Was sich um den Gas-Graphit-Reaktor scharte, waren zwar aus nationaler Sicht auch Großfirmen, aber sie waren im Weltmaßstab entweder Größen zweiter Ordnung oder auf dem Kraftwerksgebiet unerfahren.

Ich glaube, daß es keine immanenten technischen Gründe sind, die dazu geführt haben, daß der Leichtwasserreaktor den Gas-Graphit-Reaktor verdrängt hat, sondern daß dies allein aus der geschilderten Ausgangskonstellation zu erklären ist. Ich darf hinzusetzen, daß ich intime technische Kenntnisse beider Typen besitze auf Grund langjähriger beruflicher Beschäftigung mit ihnen. Der Erfolg oder Mißerfolg hat auch kaum mit der Qualifikation der jeweiligen Teams von Ingenieuren und Wissenschaftlern zu tun. Addiert man die wissenschaftliche Qualität der Mitarbeiter, so hatte in den sechziger Jahren General Atomic wohl das nach diesem Maß qualifizierteste Team; doch wichtiger ist die Möglichkeit für das Team, Erfahrungen zu sammeln.

Ich hätte soweit auch die Ausschließlichkeit der Großtechnik Kernenergie auf der dritten Ebene dargelegt, insofern als ein Typ die anderen verdrängt hat aus Gründen, die nicht in einer seiner Technik eingeprägten Wirtschaftlichkeit oder Nützlichkeit liegen. Offenbar kann ich das Dargelegte nur behaupten, nicht beweisen. Den Beweis könnte man nur erbringen, wenn die beiden Typen unter gleichen äußeren Bedingungen hätten nebeneinander ausreifen können. Das geschieht eben kaum je bei konkurrierenden großtechnischen Systemen; wir sind wieder bei der Ausschließlichkeit.

Wenn sich der Erfolg bzw. Mißerfolg der beiden konkurrierenden Kernreaktortypen so einfach auf eine Ausgangskonstellation zurückführen ließe, so mag der kritische Leser fragen, wieso haben denn die Beteiligten in den großen Organisationen das nicht bald erkannt und sich den mühevollen Weg in den Mißerfolg erspart? Nun, einmal abgesehen davon, daß man hinterher bekanntlich immer klüger ist, ist das, wie ich schon an anderen Beispielen in Erinnerung gerufen habe, nichts Ungewöhnliches bei der Entwicklung von Großtechnik – siehe die fruchtlosen langjährigen, staatlich geförderten Bemühungen zum Beispiel der deutschen Luftfahrtindustrie oder der Rechnerbranche. Der Grund ist immer wieder die Undurchschaubarkeit, im Verein mit dem Mythos der Großtechnik; niemand ahnte so recht, worauf er sich einließ, aber jeder mußte dabeisein. Auch die erfolgreichen Firmen, General Electric, Westinghouse, haben es nicht gewußt – sie wären nie bewußt das Risiko solch enormer Verluste eingegangen, wie sie tatsächlich tragen mußten.

Eingangs hatte ich festgestellt, daß meiner Erfahrung zufolge die meisten Kernenergiefachleute der Ansicht sind, der Leichtwasserreaktor habe sich auf Grund seiner technischen Charakteristika durchgesetzt. Ich hatte schon zuvor dargelegt, daß und warum den meisten der an einer großtechnischen Entwicklung Beteiligten, selbst Spitzenmanagern, die Eigengesetzlichkeiten dieser Entwicklung größtenteils verborgen bleiben. Das zeigt sich auch daran, daß nahezu jeder der an einer erfolgreichen großtechnischen Entwicklung Beteiligten davon überzeugt ist, dieser Erfolg sei das Ergebnis eines rationalen Prozesses: ein tüchtiges Management, das sich tüchtiger Mitarbeiter versicherte, hat dem von vornherein richtig ausgewählten technischen Konzept zum Durchbruch verholfen. Die an einer gescheiterten oder verkümmernden großtechnischen Entwicklung Beteiligten haben dagegen die unterschiedlichsten Erklärungen für den Mißerfolg parat, glauben selten an immanente technische Gründe. In welchem Maße die Undurchschaubarkeit der Großtechnik die Köpfe verwirrt, dafür will ich noch ein Beispiel geben, das man in der Bundesrepublik aus der Nähe betrachten kann.

Das vollkommene Chaos: der Hochtemperaturreaktor

Ich hatte zuvor der Rückgabe der HTR-Aufträge durch General Atomic die Bedeutung eines Endes der Gas-Graphit-Linie zugemessen. Offiziell allerdings ist der Hochtemperaturreaktor keineswegs gestorben, es wird allüberall an ihm weiterentwickelt – nur nichts gebaut, sieht man von der Fertigstellung des deutschen 300-MW-Prototyps ab. Der HTR ist für viele weiterhin verheißungsvolle Zukunft, und unter seinen Verehrern befinden sich nordrheinwestfälische Landesminister und Spitzenfunktionäre der IG Bergbau, seit nämlich die HTRler dessen besondere Affinität zur Kohleveredlung entdeckten.

Zunächst einmal ist es selbstverständlich, daß der HTR, sollte er wirklich als Folge der Einstellung aller großen Bauprojekte sterben, das nur sehr langsam könnte; die Organisationen sind ja nicht mit diesem Ereignis plötzlich verschwunden, sie müssen noch lange weiterlaufen, wie es die Eigengesetze der Organisationen befehlen. Die General Atomic existiert noch, auch deren deutsche Tochter aus gemeinsamer Ehe mit BBC. Wenn ein Ölmulti vor vielen Milliarden Dollar Verlusten eines Bauprogramms zurückschreckt, dann heißt das nicht, daß er nicht einige Jahre lang einige zehn Millionen drauflegen kann, um erst mal weiter zu sehen, ob nicht zum Beispiel der Staat das nächste Abenteuer finanziert. Und so lange wird er kaum erklären, daß er dem HTR keine Zukunftschancen gibt. Kein Elektrizitätsversorger hat ein Interesse daran, öffentlich zu bekunden, daß er den Typ für erledigt hält, und sich deshalb mit staatlichen Stellen anzulegen.

Gar erst Organisationen wie die staatlichen Kernforschungszentren! Da sie samt und sonders, wie aus der Entwicklungsgeschichte des Leichtwasserreaktors erhellt, für die Entwicklung des in der Praxis zur Stromerzeugung eingesetzten Reaktortyps nichts als allenfalls Marginales beitragen konnten, mußten sie neue Aufgaben suchen. Das ist den beiden größten deutschen Zentren recht gut geglückt: mit etwa einem Drittel der Kapazität betreibt man in Karlsruhe Entwicklung für den Brüter, in Jülich für den HTR. Das gibt den Zentren eine Art Identität. Und die sollte Jülich plötzlich geraubt werden? Und sollte etwa das Bundesministerium für Forschung und Technologie öffentlich bekunden, es habe zwar bisher eine gute Milliarde DM für die Entwicklung des Hochtemperaturreaktors zugeschossen, da aber eine gewisse Gulf Oil in Amerika sich plötzlich eines Besseren besonnen hat, wolle man auch Schluß mit den ach so nationalen Kugeln machen?

Man sieht, so geht das nicht. In aller Welt hatten Kernforschungszentren kleinere Teams an die HTR-Entwicklung gesetzt, da er nun mal neben dem Brüter noch als einzig ernstzunehmender Zukunftstyp übriggeblieben war und da die von der Industrie hinter ihrem Rücken eingeführten Leichtwasserreaktoren ihre Dienste kaum gebrauchen konnten. Auch große Leichtwasserfirmen leisteten sich kleine Gruppen, die Papier-HTRs bauten, um die Szene beobachten zu können. Sie alle singen, zusammen mit den verbliebenen Großen, weiter das Lied von HTR, was sollten sie sonst singen? Denn der HTR ist ja doch ein vielversprechender Typ – was ich ja auch behauptet habe mit der Feststellung, er sei nicht seiner technischen Eigenschaften wegen dem Leichtwasserreaktor unterlegen. Nur, bei großtechnischen Entwicklungen, das habe ich bisher versucht darzulegen, zählen paradoxerweise technische Eigenschaften lediglich als Voraussetzung am Rande mit. Das aber weiß anscheinend niemand, geredet wird nur über Technik.

An jeder supertechnischen Entwicklung arbeiten Tausende Wissenschaftler und Ingenieure an Tausenden Details, aus denen sich diese Technik zusammensetzt und deren Gesamtheit sie erst charakterisiert. Ist diese Technik längere Zeit eingeführt, so kann man sie einigermaßen überschaubar charakterisieren; für eine Boeing 747 fordert der Hersteller innerhalb enger negotiabler Grenzen einen bestimmten Preis, sie hat eine bestimmte Kapazität, Reichweite, Treibstoffverbrauch, auch gibt es Erfahrungen über Störanfälligkeit, Wartungsaufwand etc. Man muß nicht unbedingt in alle Details der Technik einsteigen zu ihrer Bewertung. Aber eine noch nicht seit langem eingeführte Supertechnik, gar eine, die noch in der Entwicklung ist, kann man nicht auf überschaubare Daten reduzieren. Was heißt es schon, wenn irgendein Team von Wissenschaftlern und Ingenieuren errechnet, was sie zum Beispiel kosten wird – nichts, sie können dafür nicht zur Verantwortung gezogen werden, es würde sich ohnehin erst Jahre oder Jahrzehnte später herausstellen, ob sie Recht behalten. Abgesehen davon, daß es mit einer bestimmten Technik prinzipiell assoziierte Kosten nicht gibt: der gleiche Volkswagen, in einer Fabrik als Einzelstück gefertigt, würde vielleicht um den Faktor hundert mehr kosten als beim VW-Händler.

Trotzdem werden Voraussagen, auch Kostenvoraussagen für supertechnische Entwicklungen wie bare Münze gehandelt. Wie kommt das? Offenbar kann niemand unter denen, die – sei es in Konzernvorständen, Behörden, Politik – Entscheidungen über supertechnische Entwicklungen zu fällen haben, Budgets dafür freigeben müssen, irgend etwas mit dem Mosaik aus Tausenden technischer Details, die diese Supertechnik tatsächlich charakterisieren, anfangen. Es bedarf eines hierarchisch geordneten Reduktionsprozesses, der diese Charakteristika auf wenige, eingängige, reduziert. Zu solchen Charakteristika gehören dann einige technische Schlagworte, eine Zeitspanne, die man noch zur Entwicklung braucht, irgend etwas über Kosten und spätere Wirtschaftlichkeit.

Jedes der vielen, anfangs konkurrierenden Reaktorsysteme hat im Lauf der Zeit wechselnde technische Schlagworte hervorgebracht. Der Hochtemperaturreaktor war zunächst vor allem deswegen zukunftssicher, weil er einen hohen Kraftwirkungsgrad versprach und eine Serienturbine des konventionellen Kraftwerksbaus verwenden konnte, während die konkurrierenden Reaktorsysteme die Rückkehr zur fast vergessenen Technik der Sattdampfturbine erforderten. Das zog nicht mehr, als die großen Sattdampfturbinen eingeführt waren. So wandelten sich die Argumente, Heliumturbinen im Kühlgaskreislauf wurden projektiert, Brennstoffschemata, die den Brüter überflüssig machen, ökologische und Sicherheitsargumente schaufelten die Visionäre an; alles wurde ihnen gläubig und sukzessive nachgebetet von den Budgetgewaltigen in Politik, Ministerien, Konzernvorständen, und so ist es auch mit dem letzten HTR-Schrei, der Prozeßwärme. Heute ist es die Hochtemperaturprozeßwärme, die die HTR-Entwicklung am Leben hält. Sie ist ein Musterbeispiel für das Wirken der großen Verwirrer, der Visionäre des Nützlichen, qua undurchschaubarer, auch von ihnen selbst nicht durchschauter Supertechnik.

Das Argument für Hochtemperaturreaktoren lautet jetzt nicht

mehr schlicht, sie seien aus diesen und jenen Gründen besser geeignet zur Elektrizitätserzeugung als Leichtwasserreaktoren – daß dies zwar so sein könnte, daß aber für diesen Wechsel niemand die Abermilliarden noch aufbringt, die zum Beweis erforderlich wären, das hat sich inzwischen herumgesprochen. Das Argument ist jetzt, mit der HTR-Klappe könne man zwei Fliegen erschlagen: man könne mit HTRs – und mit keinem anderen Reaktortyp – Wärme im Temperaturbereich um 1000° C erzeugen, in dem eine Reihe wichtiger, energieverbrauchender industrieller Prozesse ablaufen, und so knappe, fossile Energie einsparen. Insbesondere könne man so Erdgas eines Tages substituieren, indem man mit Hochtemperatur-Reaktorwärme Kohle vergast, natürlich umweltfreundlich vergast. Sehr viel später, wenn auch die Kohle rar wird, könne man schließlich mit HTRs aus Wasser Wasserstoff machen; was gäbe es wohl Ressourcenschonenderes und Umweltfreundlicheres! Und da manche Visionäre neben Nützlichkeit auch Harmonie erstreben, stiften sie noch eine Ehe zwischen den Zukunftstypen Brüter und Hochtemperaturreaktoren, aus der Energiefülle ohne Gewissensbisse hervorgehen werde: die Brüter erzeugen die Elektrizität und gleichzeitig den Brennstoff für die HTRs, die wiederum produzieren Wasserstoffgas.

Welcher um unsere Zukunft besorgte Wissenschaftler und Politiker könnte da widerstehen – zumal, das bezeuge ich gern, physikalisch alles in Ordnung ist. Und doch ist die Vision so lange Humbug, wie man nicht dazusagt, daß die technische Durchführbarkeit durchaus ungesichert ist, daß aber vor allem schon für den relativ einfacheren Einsatz des HTR zur Kohlevergasung ein Entwicklungsprogramm einschließlich des sukzessiven Baus einer ganzen Reihe von Milliarden-schweren Demonstrationsanlagen erforderlich wäre, das vielfach so hohe Subventionen erfordern würde wie die Markteinführung des stromerzeugenden HTR. Daß keine Aussicht besteht, in diesem Jahrhundert mit dem HTR wirtschaftlich relevante Quantitäten von Kohle zu vergasen. Und daß es schließlich sehr fraglich ist, ob dieser Prozeß jemals wirtschaftlich konkurrenzfähig sein wird mit einer Kohlevergasung oder auch Wasserstofferzeugung, für die – technisch im Verhältnis einfach – Kohle auch die Prozeßwärme liefert.

Als sei das alles nicht so, fließen allein in der Bundesrepublik jährlich weiter einige hundert Millionen Fördergelder der öffentlichen Hand in die HTR-Entwicklung auf der Basis so dilettantischer Vorstellungen wie etwa, daß mit Subventionen von etwa insgesamt noch vier Milliarden DM die Ära kommerzieller HTR-Kohlevergasung ab Ende der achtziger Jahre beginnt und im Jahre 2000 etwa 50 große Anlagen in der Bundesrepublik arbeiten. Politiker, Gewerkschaftler und Vorstandsmitglieder großer Gesellschaften vor allem aus dem Kohleland Nordrhein-Westfalen sprechen ernsthaft in der Öffentlichkeit vom HTR so, als begründe er ein neues Zeitalter der Kohleveredlung und helfe, den Kumpeln die Arbeitsplätze zu sichern, glauben auch daran. Und die meisten der an solcher Entwicklung beteiligten Ingenieure und Wissenschaftler glauben ebenfalls daran, andere verschließen die Augen, und die, welche wissen, wollen sich keine Prügel zuziehen.

Mit solchen Mitteln und in einem solchen Zeitrahmen wäre kaum ein solches Programm für den nur stromerzeugenden HTR realisierbar: Angesichts von mindestens zehn Jahren Bauzeit für derartige Großanlagen, angesichts des Umstandes, daß es beim heutigen Entwicklungsstand des HTR mindestens dreier Generationen von Großanlagen bedarf, ehe man den Typ als ausgereift ansehen und einen erheblichen Teil der öffentlichen Versorgung von ihm abhängig machen könnte, käme schon die Inangriffnahme einer großen Zahl von Bauten erst um das Jahr 2000 in Frage, deren Einsatz also erst um 2010, auch wenn man mit der jeweils nächsten Generation bereits nach gut der halben Bauzeit der vorausgehenden begänne. Selbst bei den Leichtwasserkraftwerken lagen etwa 15 Jahre, von Anfang der sechziger bis Mitte der siebziger Jahre, zwischen dem Betriebsbeginn der ersten mittleren Anlagen – das haben wir jetzt beim HTR – und einer energiewirtschaftlich ins Gewicht fallenden Nutzung; sie hatten aber den Vorteil wesentlich kürzerer Bauzeiten, einmal wegen kürzerer Genehmigungsverfahren, zum anderen, weil ihre Zwischengenerationen mit kleineren Leistungen gebaut werden konnten, Zeiterscheinungen, die sich nicht wiederholen werden.

Der HTR als Wärmequelle für eine chemische Fabrik oder ein Stahlwerk potenziert aber die Probleme des HTR als Stromerzeuger und bedarf sicher noch weiterer Zwischengenerationen, ehe man einen ganzen Versorgungszweig darauf aufbauen kann. Einmal soll er ohnehin gleichzeitig Stromerzeuger sein, schon das verkompliziert eine Prozeßwärmeanlage sehr erheblich. Weiter muß er bis nahe seiner physikalischen Grenze ausgereizt werden, um die erforderlichen hohen Gastemperaturen zu erbringen. Dann ist allein die Übertragung der Wärme des Reaktorkühlgases auf ein sekundäres Prozeßgas, das ohne Gefahr radioaktiver Kontaminierung in die Kohlevergasung eingeleitet wird, ein Problem vom höchsten der Schwierigkeitsgrade, die je in der Reaktortechnik aufgetreten sind. Damit immer noch nicht genug, werden die Anlagen in der Regel an dichtbesiedelten industriellen Standorten gebaut werden müssen. Das alles zusammen gibt dem HTR-Prozeßwärmeprogramm eine Dimension, wie sie noch keine supertechnische Entwicklung außerhalb der Kriegs- und Raumfahrttechnik gehabt hat.

Und trotz all dieser Einwendungen ist es nicht undenkbar, wenn auch keineswegs wahrscheinlich, daß es eines Tages den Prozeßwärme-HTR gibt, wenn nämlich der Mythos der Supertechnik noch bis ins nächste Jahrhundert anhält. Bis dahin allerdings werden die von der öffentlichen Hand für dessen Entwicklung aufgebrachten Mittel um ein Vielfaches die jetzigen Anschläge übertreffen. Aber das wird sich schubweise in mäßigen Quanten herausstellen und mit dem Hinweis auf die bereits aufgelaufenen Kosten jeweils zu bewältigen sein.

Staatliche Politik und Großtechnik

Die Frage nach der Zweckrationalität und Kontrollierbarkeit moderner Technik war der Ausgangspunkt für den vorstehenden Ausflug in die Gefilde der Großtechnik. Diese Fragestellung verlangt, sehr wohl zu unterscheiden zwischen moderner Technik schlechthin und Großtechnik. Es ist deren Komplexität, die ich charakterisiert habe durch sehr große Organisationen von Wissenschaftlern und Ingenieuren, langfristige Entwicklung und hohes Risikokapital, die ihr besondere Eigenschaften aufprägt, welche den meisten Gegenständen moderner Technik nicht anhaftet. Diese besonderen Eigenschaften bewirken es, daß sie ähnlich wie die Grundlagenforschung in Richtungen fortschreitet, die letzten Endes ohne ein vorhersehbares Aufwand-zu-Nutzen-Verhältnis von einer Subkultur technisch-wissenschaftlicher Eliten bestimmt werden, der militärischen Technik folgend und in vielerlei Hinsicht von deren Geist angesteckt. Insbesondere verdrängt eine einmal eingeschlagene Richtung andere technische Möglichkeiten, mit denen ähnliche Ziele erreicht werden könnten, und zieht industrielle Konzentrationsprozesse gigantischen Ausmaßes nach sich, so daß in doppeltem Sinne Quasimonopole entstehen: einmal die des Produkts – entsprechend dem Illichschen «Radikalen Monopol» –, zum anderen die marktbeherrschender Unternehmen.

Für die Mehrzahl technischer Produkte, die von kleinen Teams in Zeiträumen weniger Jahre marktreif entwickelt werden und deren Risikokapital sich nicht erst bei einer marktbeherrschenden Stellung rentiert, trifft all das über Großtechnik Gesagte nicht oder kaum zu. Es fragt sich also, welche gesellschaftliche Bedeutung die weitgehend aller Kontrolle entzogene Großtechnik für unsere Lebensverhältnisse eigentlich hat.

Bei Verkehrssystemen etwa ist die große Bedeutung unmittelbar einsichtig. Die Atomenergiekontroverse hat dem Bürger vor Augen geführt, wie entscheidend seine Lebensumstände von der Energiedarbietung geprägt werden. Umweltzerstörung wird wesentlich von Großtechniken hervorgerufen, man denke nur an die chemische Schädlingsbekämpfung. Die Diskussion um Datenschutz zeigt an, wie die Großtechnik in die Privatsphäre vordringt. Aber die Folgen der Großtechnik reichen noch weiter.

Der Vier-Milliarden-Jahresetat des Bundesministeriums für Forschung und Technologie gilt zu etwa zwei Dritteln der Förderung einiger weniger Großtechniken: Kernenergie, Luft- und Raumfahrt, Verkehrssystemen, Datenverarbeitung. Allein diese Fördermittel betragen das etwa 1,5fache der jährlichen deutschen Entwicklungshilfe, und sie stellen nur einen Ausschnitt der gesamten von der öffentlichen Hand für Großtechnik bereitgestellten Fördermittel dar. Der Staat interessiert sich praktisch nur für Großtechnik; seit einigen Jahren tritt hier zwar eine gewisse, mit unverhältnismäßigem verbalen Aufwand vorgetragene Wandlung ein, deren praktische Konsequenzen aber vorläufig minimal sind. Da beispielsweise ein HTR nicht sterben kann, verschlingt er jährlich ein Mehrfaches der für die Humanisierung der Arbeitswelt bereitgestellten Mittel; die großtechnische Entwicklung perpetuiert sich selbst.

Insbesondere über Mikroelektronik und – im Zusammenhang damit – Datenverarbeitung nistet sich die Großtechnik auch immer mehr in bescheiden und überschaubar anmutender Gebrauchstechnik ein, bestimmt auch über diesen Umweg die Lebensumstände der industrialisierten Welt. Es mag den Träger einer elektronischen Armbanduhr nicht sonderlich berühren, daß sie wesentlich nicht von der traditionsreichen Schwarzwälder oder Schweizer Uhrenfabrik stammt, deren Aufschrift sie trägt, sondern von einem der wenigen, für ihn anonymen Mikroelektronik-Hersteller. Das geht in erster Linie die ja nicht so zahlreichen Uhrmacher an, die ihren Beruf verlieren. Aber es gibt viele Sekretärinnen, die zunehmend erleben werden, daß das bißchen Farbe, das der persönliche Kontakt zur Gruppe, für die sie schreiben und Kaffee kochen, ihrer Arbeit läßt, in zentralen Schreibbüros verschwindet; sie werden kaum wissen, daß Mikroelektronik dahintersteckt, die die rationelle Kombination von Schreibmaschine und Bandspeicherung des Geschriebenen rentabel macht, aber in der Regel nur in zentralen Schreibbüros. Daß der fotomechanische Druck einen weiteren traditionsreichen Berufszweig, den der Schriftsetzer, umbringt, weiß man inzwischen durch die IG Druck und Papier. Doch wer sieht, daß dieser Technik und insbesondere ihrer künftigen Fortsetzung als der – total überflüssigen – Bildschirmzeitung neue technisch-wirtschaftliche Zwänge folgen, welche die ohnehin für eine Demokratie bereits unerträgliche Konzentration im Pressewesen noch weiterführen werden? Daß man zwar nicht um die «Bildzeitung» besorgt zu sein braucht, wohl aber um den Rest an nachdenklichen Tageszeitungen als den letzten Bastionen einer für die Demokratie lebenswichtigen Meinungsvielfalt? Das alles, und noch viel mehr, weil für Raumfahrt und militärische Lenkraketen in den USA mit ungeheurem Aufwand die Miniaturisierung elektronischer Bauelemente entwickelt wurde. Die schreitet nun nach den Eigengesetzen der Großtechnik unaufhaltsam fort, faszinierend für eine kleine Elite, manche harmlose Freundlichkeit in Form billiger Elektrogeräte abwerfend, greift aber grausam in das Leben von Abermillionen ein und verstrickt selbst die meisten der großen Elektrokonzerne, hinter denen man die Nutznießer am ehesten vermuten würde, in schwierigste Zwänge, macht sie auf Dauer abhängig von ganz wenigen – im Zweifel amerikanischen – Quasimonopolisten.

Es gibt keine Technologiepolitik

Die Großtechnik bestimmt in fortschreitendem Maß die Lebensverhältnisse der Menschen in den Industrieländern, mehr als die zumeist menschenfreundlichen, zum guten Teil auch unnützen, aber nur selten destruktiven Produkte der überschaubaren Technik. Diese Großtechnik entwickelt sich – wie ich darzulegen mich bemüht habe – auf kaum kontrollierbare Art, jedenfalls gewiß nicht rational im Sinne eines irgendwie definierbaren Aufwand-zu-Nutzen-Verhältnisses. In jedem Fall aber entwickelt sie sich politisch nahezu unkontrolliert.

Dieser letzte Satz ist zwar trivial, insofern er nicht nur für Großtechnik, sondern für alle Technik gilt und einfach die Folge marktwirtschaftlichen Credos ist. Trotzdem habe ich festgestellt, daß er den bei weitem meisten Menschen keineswegs selbstverständlich erscheint. Beispielsweise richteten sich – und richten sich noch – die Angriffe der Atomgegner gegen «die Politiker», ganz so, als wären die Baubeschlüsse für Atomkraftwerke ein politischer Akt gewesen, als herrschte hierzulande Investitionslenkung – als brächte nicht schon die Diskussion dieses Begriffes selbst Sozialdemokraten innerhalb ihrer eigenen Partei in den Geruch linker Systemveränderer.

Ganz allgemein war zwar die Wirtschaft stets ein, ja wohl das bedeutendste politische Thema unter den Aspekten Prosperität und Verteilungskampf, aber das Hauptprodukt der Wirtschaft, die Technik hingegen, war bis vor wenigen Jahren für Öffentlichkeit, Parteien, Parlamente kein kontroverses Thema – technischer Fortschritt war allen recht. Anlaß zur Kritik gab es nur, wenn es an ihm haperte – wie etwa in der Diskussion um die «technologische Lücke» Anfang der sechziger Jahre. Erst die aufkommende Umweltbewegung, speziell die Anti-Atombewegung, änderte diese Einstellung. Seit Ende der sechziger Jahre begann die Öffentlichkeit technische Probleme als politische Probleme zu erkennen und Partizipation zu erheischen. Die bisherigen Resultate sind bekannt: zunächst ärgerliche Reaktionen von Behörden und Wirtschaft, aber – solange die Reformbereitschaft anhielt – gewisses Wohlwollen seitens mancher Politiker. In dem Maße, in dem die politische Atmosphäre rigider wurde und auch die Bürgerinitiativen zunehmend entschlossener auftraten, rückte das Establishment aus Wirtschaft, Behörden und politischer Exekutive zusammen: ob sie nun gegen Autobahnen, Chemiewerke oder Atomkraftwerke eingestellt sind – die technikkritischen Bürgerinitiativen werden dem braven Bürger als kommunistisch unterwanderte Störenfriede und Prosperitätsverhinderer vorgezeigt, denen allerlei Schikanen nur recht geschehen, denen – so gerade eben die Finanzverwaltung Freiburg – der Status der Gemeinnützigkeit noch rückwirkend abzuerkennen ist, weil sie eben nicht gemeinnützig sind.

Der institutionellen Politik, also Parlamenten, politischer Exekutive, Behörden, begegnet die Technik einmal, sofern die öffentliche Hand selbst Auftraggeber und Benützer ist, zum anderen, sofern sie technische Forschung und Entwicklung fördert und zum dritten als verantwortlich für die Sicherheit der Bevölkerung. Außerhalb dieser Funktionen gilt es als marktwirtschaftlicher Imperativ, daß die

Technik innere Angelegenheit der Wirtschaft sei, die Politik den Möglichkeiten ihrer vollen Entfaltung bestenfalls den Weg zu ebnen hat, im wesentlichen durch pauschal wirkende Konjunkturmaßnahmen. Trotzdem stünden der Politik über die Funktionen Auftraggeber, Förderer von Entwicklung, Sicherheitsbeauftragter manche Steuerungsinstrumente zur Verfügung, dazu natürlich auch informelle. Wie sind die in der Vergangenheit genutzt worden?

Natürlich ist Rüstung immer ein politisches Thema gewesen, und im Bereich militärischer Technik gab es entsprechende Einflußnahmen. Solange aber zivile Technik kein kontroverses Thema war, solange die Gesellschaft die Resultate der Technik eher bewunderte als fürchtete, so lange beschäftigte Technik die institutionelle Politik praktisch überhaupt nicht, am allerwenigsten die Parlamente, allenfalls einige Fachressorts in der politischen Exekutive. Die besonderen Funktionen Auftraggeber, Förderer, Sicherheitsbeauftragter blieben Sache staatlicher Behörden. Oder gab es etwa öffentliche Diskussionen, Wahlkampfthemen, Parlamentsdebatten, ja auch nur Regierungsbeschlüsse zur Einführung des Auto- oder Flugverkehrs, der Gesundheitsindustrie, des Fernsehens, der Computer oder neuerdings der Mikroelektronik? All diese Techniken, die unser Leben entscheidend prägen, kamen naturwüchsig über uns, als Folge des freien Spiels von Forschung und Wirtschaft. Und genauso war es mit der Kernenergie, als die entscheidenden Weichen Ende der sechziger Jahre gestellt wurden.

Ich vermute Einwände: Es gab eine doch staatliche Förderung der Kernenergie, ein Atomgesetz, Standortgenehmigungen usw. Gehen wir den staatlichen Funktionen im einzelnen nach.

Da wäre zunächst die Sicherheitsvorsorge. Parlamente verabschieden Gesetze, die einen Rahmen für den Schutz der Bevölkerung vor gesundheitsschädlichen Folgen der Technik abgeben, auch für den Schutz am Arbeitsplatz; so verabschiedete der Bundestag 1959 das als Atomgesetz bekannte «Gesetz über die friedliche Verwendung von Kernenergie und den Schutz gegen ihre Gefahren», später auch Novellen dazu. Wer schon daraus auf einen «Willensakt des Gesetzgebers» schließt, der hat noch nicht zugeschaut, wie wenig sich dieser Gesetzgeber kümmert um solche Vorlagen der Ministerialbürokratie, die nicht ins Gebiet politischer Kontroverse fallen – und Kernenergie war bis spät in die sechziger Jahre sowenig ein kontroverses Thema wie andere zivile Technik. Technokraten aus Behörden und Wirtschaft haben die Regeln der Technik unter sich ausgemacht, unter Hinzuziehung der technischen Wissenschaften. Wo die Sicherheit am Arbeitsplatz betroffen war, haben Gewerkschaften Einfluß genommen. Dabei wurde nie die Aufgabe gestellt, die Anwendbarkeit einer Technik grundsätzlich zu überprüfen oder auch deren soziale Folgen mit zu überdenken, sondern die Aufgabe war, einen Kompromiß zu finden zwischen der Wirtschaftlichkeit einer Technik und den von ihr ausgehenden Gefahren für Leib und Leben. Leitgedanke dieses Kompromisses war stets, wenn auch unausgesprochen, ein Risikopegel, den die Bevölkerung erfahrungsgemäß hinnahm; wie hoch der ist, zeigen zwei Millionen Arbeitsunfälle und Berufskrankheiten jährlich in der Bundesrepublik an und 15 000 Autotote, trotz derer mancher Bürger noch murrt über die sehr vernünftige Pflicht, alle zwei Jahre sein Fahrzeug überprüfen zu lassen. Relativ zu anderen Industrieländern war die deutsche sicherheitstechnische Praxis im allgemeinen gut.

In der Folge des erwachenden Umweltbewußtseins der Bevölkerung hat sich die institutionelle Politik erstmalig seit Anfang der sechziger Jahre in bescheidenem Maß der Sicherheitsvorsorge angenommen, im wesentlichen durch eine Neuordnung behördlicher Zuständigkeiten. Die Vorstellung aber, daß etwa Parlamentarier sich mit ähnlicher Akribie beispielsweise in Probleme des Immissionsschutzes vertiefen, wie sie das selbstverständlich tun bei den unscheinbarsten Details der Steuergesetzgebung, erscheint nach wie vor als abwegig.

Schaut man sich die Forschungs- und Technologiepolitik an, so ergibt sich ein ähnliches Bild von Uninteressiertheit – wohlgemerkt im zivilen Bereich. Der Verteidigungsausschuß ist ein wichtiges Instrument des Bundestages, der Ausschuß für Forschung und Technologie etwas für Hinterbänkler. Es gab überhaupt keine Technologiepolitik, bis 1962 das Bundesministerium für wissenschaftliche Forschung, Vorfahr des heutigen Ministeriums für Forschung und Technologie, gegründet wurde. Dieses Ministerium für wissenschaftliche Forschung wiederum war Nachfolger des 1955 gegründeten Atomministeriums. Vorher hatte die Politik Forschungsmittel lediglich pauschal für Universitäten und Forschungsgesellschaften zur Verfügung gestellt; Einflußnahme in diesen Bereichen war Sache der Ministerialbürokratie.

Die politisch bestimmte staatliche Technologieförderung begann also eigentlich erst mit der Atomtechnik und war zunächst ausschließlich auf diese Großtechnik par excellence eingestellt – übrigens in schönster Übereinstimmung mit der Öffentlichkeit: die Presse forderte in jenen Jahren, daß die Bundesrepublik – der Atomforschung erst seit 1955 wieder gestattet wurde – alles dransetzen müsse, Anschluß zu gewinnen an den bei unseren Nachbarn erreichten Stand der Kerntechnik. Und obwohl zur gleichen Zeit in ganz anderem Maß als heutzutage die Atombombe als schicksalhafte Bedrohung der Menschheit empfunden wurde, stellte sich in der Öffentlichkeit die Gedankenverbindung zu Gefahren der Atomtechnik kaum ein, es gab nirgends ernsthaften Widerspruch gegen die Kernenergie.

Die massive Förderung der Kerntechnik durch das Atomministerium, die auch den Schwerpunkt der Nachfolgeministerien bis heute bildete, hat aber, so paradox das dem Außenstehenden erscheinen mag, keineswegs zu einer politisch geplanten Einführung der Kernkraftwerke in der Bundesrepublik geführt. Der Staat gründete zunächst Kernforschungszentren, Großforschungseinrichtungen bis dato unbekannten Ausmaßes, und schüttete nach dem Gießkannenprinzip Fördergelder aus an jedes größere Industrieunternehmen, das Kernreaktoren in Zusammenarbeit mit diesen Zentren entwickeln wollte, was auch in der Folge zum Bau von nicht weniger als sechs eigenentwickelten kleinen, experimentellen Kernkraftwerken im Staatsauftrag führte. Aber einen siebten kleinen Prototyp, zeitlich der erste, den Leichtwasserreaktor Kahl, baute die AEG zusammen mit der amerikanischen General Electric im Auftrag der Rheinisch Westfälischen Elektrizitätswerke außerhalb dieses Atomprogramms, ohne staatliche Fördermittel und ohne Beteiligung der Zentren. Seine Nachfolger, drei mittelgroße Leichtwasserkraftwerke des Typs Westinghouse bzw. General Electric, bauten Siemens bzw. AEG Mitte der sechziger Jahre wieder im Auftrag von Elektrizitätsversorgern, wieder ohne Beteiligung der Zentren; zwar nahmen die Firmen dabei staatliche Garantien und auch Fördermittel für baubegleitende Entwicklung in Anspruch, die aber fast vernachlässigbar waren im Verhältnis zum Gesamtaufwand der staatlichen Atomprogramme. Die waren ins Leere gelaufen und überdauern nun als Förderung der Zukunftstypen Brüter und Hochtemperaturreaktor, wurden im Lauf der Zeit zudem mit Forschung für Reaktorsicherheit und Wiederaufarbeitung aufgefüllt. Als dann 1967 die ersten beiden kommerziellen Leichtwasserkraftwerke, ab 1969 die Serie dieser Kraftwerke, die unsere nukleare Zukunft besiegelte, bestellt wurden, hatten Staat und Bundesländer nur mehr eine einzige Funktion: auf Antrag der bauenden Firmen im Rahmen des Atomgesetzes die Anlagen zu genehmigen, was dann auch zu jener Zeit glatt und elegant verlief. Mit staatlichem Atomprogramm hatten diese kommerziellen Anlagen nicht das geringste zu tun, sie entstanden nach blütenreinen Gesetzen der «freien» Wirtschaft, die es dann, wie auch der atombegeisterte Staat, prompt versäumte, sich ernsthaft mit dem erst ein Jahrzehnt später fälligen Problem der Wiederaufarbeitung des verbrauchten Brennstoffes zu befassen.

Aber, so mag mancher sagen, es gab doch einen Energieplan der Regierung, in den sich diese Kernkraftwerke einfügen mußten. Mitnichten! Willy Brandts Kabinett hatte 1973, als die Diskussion um die Grenzen des Wachstums hierzulande begann und noch kurz bevor die Araber die Welt energisch mit der Nase auf das Erdölproblem stießen, erstmalig ein solches Energieprogramm beschlossen, das auch Eckdaten für den Zubau weiterer Kernkraftwerke setzte. Das hieß, die Politik hatte mit einer Bestandsaufnahme des Energieproblems erst begonnen, als bereits 10 große, kommerzielle Leichtwasserkernkraftwerke in Bau waren. Dazu wurde die Energiewirtschaft nach ihren Ansichten befragt, und deren Prognosen wurden als unverbindliche Orientierungshilfen zusammengefaßt. Nur dem wachsenden Druck der Umweltschützer ist es zu danken, daß die heutige Fortschreibung der Eckwerte ein Politikum geworden ist, zwar formell immer noch nichts anderes als eine Orientierungshilfe für die Wirtschaft, aber jetzt doch von Gewicht.

Die Passivität der parlamentarischen Politik gegenüber der Technik ist unwahrscheinlich zählebig. Seit der spektakulären Besetzung des Bauplatzes Wyhl im Februar 1975, vor allem aber seit den

Demonstrationen in Brokdorf im November 1976 war Kernenergie das bevorzugte Thema öffentlicher Diskussionen. Dennoch waren anläßlich der Bundestagsenergiedebatten im Januar 1976 und Juni 1977 die Abgeordnetenbänke leer – je sechs von sieben Abgeordneten hielten es noch im Juni 1977 nicht für der Mühe wert, sich zur Debatte einzufinden.

Diese Passivität der Politik gegenüber der Kernenergie spiegelt sich in der Frage, die das Oberverwaltungsgericht Münster im August 1977 dem Bundesverfassungsgericht vorlegte, ob denn die im Atomgesetz festgelegte Genehmigungspraxis für den Bau von Atomkraftwerken dem Grundgesetz entspricht, ob Exekutiven ohne Einschaltung des Parlaments mit Verordnungen über unsere atomare Zukunft entscheiden dürfen. Dieser von Freund wie Feind der Kernenergie mit Verärgerung quittierte Beschluß verriet Durchblick.

Wen diese Geschichte wundert, der sollte erinnern, daß sie genau in die Wirtschaftsordnung paßt, die hierzulande fleißig – und ohne so in der Verfassung zu stehen – mit unserer freiheitlich demokratischen Grundordnung gleichgesetzt wird. Diese tasten eben jene an, die von Investitionslenkung sprechen, und was wäre es anderes als Investitionslenkung, wenn die Politik sich in die Entscheidung eines Elektrizitätsversorgers einmischte, wann er wo welches Kernkraftwerk errichtet?

Nach ähnlichem Muster wird auch in anderen Sparten die staatlich geförderte großtechnische Entwicklung politisch «gesteuert». Visionäre und Manager aus Wissenschaft und Industrie – zugehörig den Subkulturen der jeweiligen Zukunftsbranchen – beraten über den Weg, den es entlanggeht, diese Beratungen setzen sich um in Bewilligung von Fördergeldern, der zuständige Bundestagsausschuß erwirkt die eine oder andere geringfügige Korrektur, zum Zeichen seiner Existenz. Und der geförderten Wirtschaft befiehlt am Ende der heilige Großtechnik-Sachzwang ihre Wege.

Zugegeben, es gibt seit einigen wenigen Jahren innerhalb der schmalen Lücken, die die Großtechnik im staatlichen Förderungsbudget läßt, auch eine Förderung alternativer Technik; die Initiative dazu kommt aber nicht aus dem Establishment von Großforschung und Großtechnik, sondern von zumeist unbequemen Wissenschaftlern und Ingenieuren, die infolge des politischen Drucks von Bürgerinitiativen Gehör finden.

Bliebe noch nach dem Einfluß zu fragen, den die Politik auf die Entwicklung der Technik dort ausgeübt hat, wo politisch kontrollierte Behörden, etwa Bundesbahn oder Bundespost, kommunale Verkehrsbetriebe etc., in großem Stil Technik einsetzen. Die Frage ist fast schon polemisch. Wo kein politischer Wille ist, ist auch kein politischer Weg. Die Technokraten in solchen Behörden entscheiden ähnlich autonom in technischen Fragen wie die in der Wirtschaft, gehören zum jeweiligen Zukunftsclan, sind großtechnisch orientiert, wie das Beispiel der Bundesbahnschnellstrecken zeigt.

Kurzum, ich darf jetzt wiederholen: In jedem Fall entwickelte sich die zivile Technik bisher politisch nahezu unkontrolliert. Robert Jungk hatte recht, im *Jahrtausendmensch* den politischen Beschluß in den USA, die Entwicklung des zivilen Überschallflugverkehrs einzustellen, als säkulares Ereignis zu feiern.

Auf diesem Hintergrund erst tritt die Frage nach der Kontrollierbarkeit der Großtechnik deutlich hervor. Wenn ich zuvor versucht habe zu zeigen, daß sie, wegen der ihr innewohnenden Undurchschaubarkeit, kaum zu kontrollieren ist, dann liegt mir nichts ferner als die Schlußfolgerung, den ernsthaften Versuch einer politischen Kontrolle auf jenen St. Nimmerleinstag zu verschieben, an dem die Großtechnik wegen erwiesener Unsinnigkeit verschwunden ist. Dieser Tag wird kaum kommen; zu hoffen bleibt allenfalls, daß die Erkenntnis, daß in einer Geschichte gewordenen Periode weltweiter Technikeuphorie der Bogen der Industrialisierung maßlos überspannt wurde, dazu führen wird, den beschwerlichen Weg zurück zu maßvollem Gebrauch von Großtechnik anzutreten. Daß nicht das ach so freie Zusammenspiel von Wissenschaft und Wirtschaft auf diesen Weg führen wird, sondern nur eine politische Kontrolle der Technik, braucht wohl nicht mehr umständlich erläutert zu werden. Daß das wissenschaftlich-technische Establishment die letzte der Institutionen ist, der man die Führung auf diesen Weg zurück anvertrauen kann, hoffe ich bis hierher hinreichend deutlich gemacht zu haben. Es gilt sinngemäß Illichs Feststellung, daß die Krise der Medizin nie und nimmer von der Ärzteschaft überwunden werden wird.

Anmerkungen zur politischen Kontrolle der Technik: Möglichkeiten und Probleme

So stellt sich also das praktische Problem, Großtechnik nicht nur zurückzudrängen, sondern auch den ernsthaften Versuch zu machen, sie politisch zu kontrollieren. Daß die Aussichten trüb sind, darf kein Alibi dafür sein, die Dinge weiter treiben zu lassen wie bisher. Es kann angesichts der entscheidenden Prägung der Lebenssachverhalte durch Großtechnik nicht angehen, daß man ihre Entfaltung einem freien Spiel wirtschaftlicher Kräfte oder dem der Grundlagenforschung abgeschauten Selbstverständnis einer Elite überläßt, sich auf das nicht hinterfragte Schlagwort von der Unaufhaltsamkeit technischen Fortschritts beruft oder, esoterischer, auf eine Zweckrationalität der Technik, die einer empirischen Nachprüfung nicht standhält; es sei denn, man faßt den Begriff Zweckrationalität so, daß er noch auf die Atombombe zutrifft.

Die Kontroverse um die Sicherheit der Kernkraftwerke überschattet die eigentliche politische Auseinandersetzung mit der Technik derart, daß ich Mißverständnissen zuvorkommen will. Die notwendige politische Kontrolle der Großtechnik darf sich nicht in verschärfter Sicherheitsbegutachtung erschöpfen. Im Gegenteil, die Sicherheitsüberwachung ist die einzig funktionierende Kontrolle der Technik; das System der deutschen Technischen Überwachungsvereine, denen die für Sicherheit zuständigen Behörden vorwiegend die Sicherheitsbegutachtung übertragen, ist sogar gut, wenn auch ein alter Zopf, die Trägerschaft der Industrie, einmal abzuschneiden wäre. Der Mechanismus der Gesetzgebung ist seit langem vorhanden. Was hier notwendig ist, sind schärfere Maßstäbe, die allerdings eine politische und nicht eine technische Frage sind; gäbe es ein ausreichendes politisches Engagement, so ließe sich beispielsweise ein höheres Niveau an Sicherheit der Autos ohne weiteres in eingefahrenen Geleisen durchsetzen. Aber schon dieses Beispiel verweist auf tieferliegendere Wurzeln: zwar ist es unentschuldbar, wie lax man die technischen Möglichkeiten, den Massenmord auf den Straßen zu verringern, handhabt, doch abschaffen könnte man ihn nur, wenn der Autoverkehr selbst drastisch eingeschränkt würde, also durch eine grundsätzliche Einschränkung des Gebrauchs einer Technik.

Schon wesentlich mehr politische Arbeit als die Kontrolle der unmittelbaren Gefährdung für Leib und Leben durch die Technik fordert natürlich die Kontrolle ihrer umweltgefährdenden Einflüsse. Doch ist auch dieses Problem zumindest im Ansatz erkannt, wenn auch, bis auf rudimentäre Vorläufer, erst seit Anfang der siebziger Jahre. Seitdem sind behördliche Organisationen und Ansätze zur Gesetzgebung geschaffen worden. Es kann zwar keine Rede davon sein, daß das Problem die ihm zukommende Priorität erhält. Das kommt hierzulande schon in Äußerlichkeiten zum Ausdruck: andere Industrieländer haben Umweltministerien geschaffen oder – wie die USA – verhältnismäßig mächtige Umweltbehörden; die amerikanische Behörde verlangt beispielsweise die Erstellung eines Umweltberichtes, dessen positive Begutachtung Voraussetzung für die Genehmigung des Baus einer industriellen Großanlage ist. Schon diese bei uns fehlenden Formen üben einen gewissen Zwang zur umfassenden Beschäftigung mit Umweltproblemen aus.

Aber so bedeutsam es auch wäre, dem Umweltschutz Priorität vor wirtschaftlichen Zielsetzungen zu verschaffen – wo er sich darauf beschränkt, die Schädlichkeit anwendungsreifer Technik durch gewisse Auflagen tunlichst zu begrenzen, berührt auch er nur am Rande das bedeutsamste Problem der Großtechnik, ihr tiefes Eingreifen in alle Lebenssachverhalte, und kuriert bestenfalls Symptome. Die Mikroelektronik gefährdet weder die Sicherheit an Leib und Leben noch die Umwelt in einem materiell meßbaren Sinn; der Schriftsetzer, der seine qualifizierte Arbeit mit einem Platz an einer Dateneingabe vertauscht, wird sich dabei weder ein Bein brechen noch wird er giftige Dämpfe produzieren. Die wesentlichste Aufgabe einer politischen Kontrolle der Technik ist die Verhinderung soziokultureller Schäden. Dazu gibt es, zumindest in der Bundesrepublik, nicht den geringsten Ansatz, weder in der Praxis noch in der Gesetzgebung noch in Form einer, sei es noch so untergeordneten Behörde.

Ich habe in wesentlichen Teilen dieser Studie nachzuzeichnen versucht, wie das Bewußtsein von den soziokulturellen Folgen der Technik sich seit etwa zwanzig Jahren ausgebreitet hat, daß es sich, wenn auch in vager Form, inzwischen in der Öffentlichkeit festgesetzt hat, sich in Bürgerinitiativen manifestiert. Doch die institutionalisierte Politik reagiert darauf ohne jede Konzeption. In der Tat stellt die Aufgabe, die Technik unter dem Aspekt soziokultureller Schäden zu kontrollieren, ungleich höhere politische Anforderungen als etwa die Sicherheitskontrolle. Sicherheitsvorsorge erfordert auch politische Grundsätze, die sich aber noch verhältnismäßig leicht in Kriterien übersetzen lassen, deren Einhaltung dann mit Technikern besetzte Ämter kontrollieren können. Im Prinzip kann man so auch mit Umweltschutz verfahren, der sich weitgehend quantifizieren läßt. Die Verhinderung zukünftiger und die teilweise Aufhebung schon entstandener soziokultureller Schäden aber erfordert eine viel umfassendere politische Willensbildung und tiefe Eingriffe in die Wirtschaft.

Ich habe darauf hingewiesen, daß soziokulturelle Schäden im wesentlichen die Folge nicht der Technik schlechthin, sondern großtechnischer Systeme sind. Das begrenzt wiederum den Aufwand der politischen Kontrolle und erleichtert auch die politische Einflußnahme insofern, als Großtechnik kaum ohne staatliche Förderung entsteht. Erinnert man die Beispiele dafür, daß großtechnische Entwicklung, einmal angelaufen, kaum mehr anzuhalten ist, dann wird klar, daß politische Kontrolle der Technik bereits in einem frühen Stadium einsetzen müßte, wesentliche Akzente setzen müßte bei der Auswahl großtechnischer Entwicklungen. Bei einer präventiven Kontrolle großtechnischer Entwicklungen bietet es sich natürlich an, soziokulturelle, Umwelt- und Sicherheitsaspekte zusammen zu sehen.

Ansätze zu solch präventiver Kontrolle technischer Entwicklungen gibt es in den USA, England, Frankreich, Schweden seit einigen Jahren in Form des *technology assessment*. Der amerikanische Kongreß hat seit 1972 eine spezielle Parlamentsbehörde zu diesem Zweck eingerichtet, natürlich nicht zur Freude der Zukunftsbranchen, die gehörigen Widerstand leisten. Vor einigen Jahren gab es eine kurze Diskussion über eine derartige Behörde auch in der Bundesrepublik – sie schlief bald wieder ein. Die Idee des *technology assessment* bekam starken Auftrieb durch die Kontroverse um das zivile Überschallflugzeug. Der Beschluß zur Einstellung dieses Projekts, noch vor der Inauguration der Parlamentsbehörde gefaßt, war tatsächlich das Ergebnis eines erstmaligen, umfassenden *technology assessment*. Die seitherigen Erfahrungen sind mäßig;[9] neben vielen äußeren Widerständen, neben natürlich zunächst mangelnder Praxis, ist es wieder die Undurchschaubarkeit der Großtechnik, die der Wirksamkeit der Vorausschau enge Grenzen setzt. Wer hätte den ersten Autos angesehen, daß sie dereinst die Städte zerstören werden, wer den ersten Fernsehern die Zerstörung von Familien? Großtechnik leistet jeder Kontrolle, vor allem der politischen, erbitterten Widerstand. Sie ist immanent demokratiefeindlich. Trotzdem muß jede Möglichkeit, sie zu kontrollieren, genutzt werden, auch als Hebelarm, um sie zurückzudrängen.

Ich will dieses – wie gesagt hierzulande nicht einmal im Ansatz praktizierte – Denken in den Kategorien vorausschauender technischer Analyse an einem Beispiel verdeutlichen. Die amerikanische Umweltbehörde verlangte 1974 als Voraussetzung für ihre Zustimmung zum Bau des ersten Prototyps eines Brüterkraftwerks nicht nur einen Umweltbericht für dieses Kraftwerk, sondern einen Umweltbericht für eine fiktive Brüterwirtschaft, wie sie nach dem Jahr 2000 in den USA entstehen könnte. Die Aufgabe war also, Szenarios über die langfristige Ausbreitung von Brüterkraftwerken zu entwerfen, deren ökonomische und energiepolitische Konsequenzen zu überdenken und vor allem, die erdenklichen Umweltkonsequenzen zu beschreiben, also etwa Zahl und Größe der Standorte, Abgabe von Abwärme, gasförmiger und flüssiger Radioaktivität, Transportprobleme, Klimabeeinflussung und so fort.

Diese Auflage verursachte Aufregung in dem für die Brüterentwicklung zuständigen Zweig der damaligen Atomenergiekommission, weil natürlich niemand ernsthaft über Derartiges nachgedacht hatte. Die Anfertigung des Berichts zog sich über fast ein Jahr hin. Vieles darin war fragwürdig, manches manipuliert, ganz abgesehen davon, daß eine Unzahl Annahmen über langfristige ökonomische und energiepolitische Trends weitgehend Ermessen waren. Dennoch hat mich diese Übung seinerzeit beeindruckt, als ein wenn auch mit noch so vielen Fragezeichen belasteter Versuch, die rüde Mechanik großtechnischer Entwicklung unter Kontrolle zu bringen, sich nicht ohne Gegenwehr einfach einzulassen auf das Treiben der Visionäre, deren in Schlagworte umgesetzte Gedankenblitze riesige Organisationsmaschinen in Gang setzen, die kaum jemals mehr zum Stillstand zu bringen sind.

In der – wie sich herausstellte – unbegründeten Vorahnung, ähnliches könnte hierzulande als Bedingung für die Fortsetzung des Brüterprogramms verlangt werden, ließ ich damals Ausschau halten nach langfristigen wirtschaftlichen und energiepolitischen Rahmenplanungen, in die sich ein solches Szenario für die Bundesrepublik einfügen könnte. Weder in einschlägigen Ministerien noch in den traditionell als Regierungsgutachter tätigen wirtschaftswissenschaftlichen Instituten gab es Prognosen, die über den üblichen 5-Jahreszeitraum der mittelfristigen Planung, maximal über 10 Jahre hinausgingen. Die Bundesrepublik finanzierte mit Milliarden Entwicklungen, die erst jenseits des Jahres 2000 wirtschaftlich wirksam werden konnten, ohne sich ein Leid anzutun mit dem Versuch, das Land um jene Zeit einmal auszumalen. Was wunder, wenn solche Entwicklungen dereinst die Zukunft bestimmen.

Ein Beispiel für die Wirksamkeit des Zusammenspiels vorausschauender Analyse und politischer Diskussion ist die Geschichte des Energieprogramms der Bundesregierung.

Wie schon gesagt, war 1973 erstmals ein Energieprogramm erstellt worden, das Eckdaten für 1985 als Orientierungshilfe für langfristige Investitionen der Energiewirtschaft nannte – und zwar auf der Basis eines Gesamtbedarfs von 610 Millionen Tonnen Steinkohleeinheiten (Mio t SKE). Zur Gewinnung dieses Schlüsseldatums war der Verbrauch von 1972, 354 Mio t SKE, mit der durchschnittlichen Wachstumsrate der Vergangenheit, knapp 4,5 %, extrapoliert worden, basta. Diese geistige Leistung begründete dann unter anderem die Notwendigkeit, ein gigantisches Programm von Kernkraftwerksbauten so schnell zu verwirklichen, daß 1985 45–50000-MW-Leistung in Betrieb sein sollten – man bedenke bei sieben bis acht Jahren Bauzeit eines Kraftwerks. Man kontrastiere den absoluten Nullpunkt an politischer Prognosetechnik mit allein dem geistigen Aufwand, den man in eine richtungslos wachsende Zukunftstechnik steckt.

Der Ingenieurwissenschaftler Eduard Pestel, als niedersächsischer Wissenschaftsminister frei vom Verdacht systemverändernder

Umtriebe, hatte 1975 auf Grund von recht einfachen Strukturanalysen, die Sättigungserscheinungen im Energiebedarf wichtiger Verbraucherzweige wie Haushalt und Verkehr anzeigten, für 1985 nur mehr einen Primärenergiebedarf von 437 Mio t SKE vorausgesagt – ohne etwa Nullwachstum, Energieeinsparungsprogramme oder sonstige grundlegende Änderungen zu unterstellen.

Diesem Wert haben sich nun die Eckwerte der Bundesregierung in drei Fortschreibungen genähert; nach letztem Stand von Dezember 1977 sagen sie für 1985 noch 482,5 Mio t SKE Primärenergieverbrauch voraus. Das heißt, zunächst war für 1985 ein um 72 % höherer Bedarf als 1972 geschätzt worden, vier Jahre später war diese Bedarfserhöhung auf 36 % halbiert worden, nach Pestels Schätzung wäre sie zu dritteln. Und so wären die zur Deckung des Energiebedarfs erforderlichen langfristigen Investitionen, keineswegs nur Kernkraftwerke, sondern auch Raffinerien, Versorgungsnetze, Transportsysteme etc., zu halbieren oder zu dritteln.

Die Elektrizitätswirtschaft dürfte den Atomgegnern danken für den Dienst, das Anlaufen des letztlich auf ihren eigenen Prognosen beruhenden Programms nach Kräften behindert zu haben. Und auch dafür, die rapide Degression der Eckdaten maßgeblich mit beeinflußt zu haben. Denn ohne die öffentliche Diskussion dieses umstrittenen Programms wäre zwar auch eine Revision erfolgt, einfach auf Grund des Abknickens der Energieverbrauchskurve seit 1973, doch das allein hätte sicher nicht so schnell zu so drastischen Revisionen geführt; die Energiewirtschaft hatte noch lange Zeit gewarnt, aus diesem Abknicken Konsequenzen für das langfristige Ausbauprogramm zu ziehen, es handele sich doch nur um Konjunktureinbrüche.

Ich halte die vorausschauende Analyse der Technik keineswegs für das Ei des Kolumbus. Man kann nicht die Zukunft, man kann nur denkbare Zukünfte beschreiben. Doch solche denkbaren Zukünfte können in einem offenen politischen Klima notwendige politische Diskussion der technischen Entwicklung entzünden, wie einst die Studie des Club of Rome. Solche Diskussionen sind ein Ärgernis für die auf kurzfristiges Inganghalten der Organisationsmaschinen fixierten Manager, gleich ob diese aus Politik, Wirtschaft oder dem Wissenschaftsbetrieb kommen – das Palavern über die wünschenswerte Richtung gefährdet den Lauf der Maschinen – Alptraum jedes Managers. Schon deswegen hat ein unabhängiges Amt für *technology assessment* schlechte Aussichten. Aber, so bescheiden ich auch seine Wirkung einschätze, ein solches Amt, etwa dem Bundestag und um des Himmels willen nicht einem Ministerium oder Einrichtungen des Wissenschaftsbetriebes zugeordnet, ist eine der wenigen denkbaren organisatorischen Maßnahmen, um die Großtechnik öffentlich zu durchleuchten, um Ansatzpunkte für eine disziplinierte politische Diskussion der Großtechnik zu schaffen. Es gibt kein dümmeres Argument dagegen als das seinerzeit vorgebrachte, die Ministerien müßten ohnehin dem Bundestag Rechenschaft ablegen und ein solches Amt würde nur die Bürokratie duplizieren. Zehntausend arbeiten in staatlichen Kernforschungszentren zu einem guten Teil mit schlechtestem Wirkungsgrad wegen historisch bedingter mangelhafter Zielsetzung; einige Dutzend von ihnen, übergeleitet in ein unabhängiges Amt für *technology assessment*, würden den Staat nicht mehr als vorher kosten, könnten aber gewichtige Kontrapunkte setzen. Die politische Diskussion der Technik steht ohnehin an und damit auch der Angriff auf das technisch-wissenschaftliche Establishment; die Schaffung eines solchen Amtes würde wenigstens einen Ansatz von politischer Konzeption verraten.

Die politische Diskussion der Technik wird viele Dimensionen haben im Verhältnis zur Eindimensionalität des Sicherheitsaspektes der Technik. Eine politische Willensbildung unter Sicherheitsaspekten wäre, theoretisch, einfach; es geht um tot oder lebendig, gesund oder krank. Aber was ist soziokulturell wünschenswert?

Das Abschieben dieser Frage auf die Sozialwissenschaften, die sich seit der Ära «Lebensqualität» mit deren Messung in Form von Sozialindikatoren beschäftigt haben, ist einigermaßen mißlungen. Es ist still geworden um den Ende der sechziger Jahre mit großer Hoffnung und Verve begonnenen Versuch, der Politik soziokulturelle Daten zur Verfügung zu stellen als rationalen Leitfaden der Politik für den Weg von einem fragwürdig gewordenen Lebensstandard zu einer zunächst nur vage erahnten Lebensqualität. Das liegt kaum an einem Versagen der Sozialwissenschaften, ist vielmehr zum Teil Ausdruck einer zeittypischen technokratischen Überschätzung der Möglichkeiten der Wissenschaft, Ausdruck eben jener Illusion, die in Daniel Bells «Wissensgesellschaft» kulminiert. Zum anderen Teil ist das Schweigen und das Abflauen der Diskussion um Sozialindikatoren der politischen Tendenzwende zu verdanken; wer nach wünschenswerter gesellschaftlicher Veränderungen forscht, muß unversehens in den gefährdenden Geruch des Systemveränderers geraten.

Die Sozialindikatoren-Forschung war und ist jedoch nicht überflüssig. Es ist nicht trivial, wenn beispielsweise als Ergebnis solcher Forschung die UNO definiert, arm seien diejenigen, «die depriviert sind im Hinblick auf das Maß an Lebenschancen, Lebenskomfort und Selbstrespekt, das die Gemeinschaft, der sie angehören, als normal ansieht»[10]. Zwar kann, wer sich umschaut, dies auch mit unbewaffnetem Auge erkennen, doch ist es hilfreich, sich auf wissenschaftlichen Konsens berufen zu können. Denn nach wie vor könnte als einzige Legitimation ungehemmten technischen «Fortschritts» vorgebracht werden, er schaffe materielles Wohlergehen und beseitige so eine Geißel der Menschheit, die Armut. Von Paul Goodman bis Ivan Illich durchzieht die Anfechtung dieser These die in Technik-Kritik mündende Gesellschaftskritik der letzten zwanzig Jahre. Jenseits einer Schwelle der Befriedigung biologischer Bedürfnisse schafft die zunehmende Versorgung mit materiellen Gütern neue Abhängigkeiten, eine neue, die weniger Privilegierten zunehmend psychisch belastende Armut. Einer der Eckpfeiler der Kritik an der Technik ist die Erkenntnis: Die Armut wird modernisiert.

Die Wissenschaften können, sei es nun in Form von Sozialindikatoren oder *technology assessment*, nur in beschränktem Maße hilfreich sein für die unerläßliche politische Kontrolle der Technik. Sie können Erkenntnishilfen bieten für einen Prozeß der politischen Willensbildung, der einer langen Periode öffentlicher Diskussion bedürfte.

Die Bellsche Wissensgesellschaft, die alle theoretischen Instrumente für eine rationale Steuerung der Gesellschaft, auch der Technik, bereitstellt, ist absurd. Ich kann mir die ethische Bewertung dieser technokratischen Illusion ersparen, die Wissenschaft selbst versteht heute, daß sie in Wissen erstickt, daß die Nutzung weiterer exponentiell angehäuften Wissens fortschreitend unergiebig wird, daß nutzbares Wissen sich einem Grenzwert nähert.[11] Heute arbeiten schätzungsweise zehnmal soviel Wissenschaftler wie je zuvor gelebt haben. Sie können nur mehr einen minimalen Teil des angehäuften Wissens verarbeiten, obwohl sie schon häufig den größten Teil ihrer Zeit in die Aufarbeitung des Wissens anderer stecken. Ein überdimensionierter Apparat beschäftigt sich mit nichts als Wissensvermittlung. Den Stand der Dinge charakterisiert nichts besser als die ergötzliche Hochstapelei des Chemielaboranten, der 1973 in der Bundesrepublik zu einem Jahr Gefängnis – Gott sei Dank auf Bewährung – und 40 000 DM Geldstrafe verurteilt wurde, weil er im Lauf der Jahre an die tausend wissenschaftliche Beiträge aus Fachzeitschriften abgeschrieben und wieder an Fachzeitschriften – teilweise an die gleichen! – verkauft hatte, die brav wieder gedruckt wurden. Die 40 000 DM sollten dem Mann aus einem Forschungsetat erstattet werden; mit solchem Betrag wäre im heutigen Wissenschaftsbetrieb nie ein derart aussagekräftiges Experiment zu finanzieren.

Es gibt noch übergenug Informationswissenschaftler, die den Wissenschaftsgläubigen einblasen, daß eine Formalisierung des Wissensaustausches mit Computern all diese Probleme lösen wird. Sie sollten eigentlich von dem nun zwanzigjährigen erfolglosen Bemühen, Sprachen per Computer zu übersetzen, gelernt haben: so lange sich die Sprachen den Computern nicht angepaßt haben, wird der nur Kauderwelsch erzeugen. Und so lange Wissenschaft beweglich bleibt, wird sie sich ebenfalls nicht unter starren, formalisierten Begriffen abrufen lassen. Ganz abgesehen davon, daß das Problem dann erst beginnt, da der Computer dem Wissenschaftler nicht das Verarbeiten der Information abnehmen kann.

Es wird noch einiges zu erreichen sein, um großtechnische Entwicklungen transparenter und damit steuerbarer zu machen. Doch es gibt eine immanente Grenze, die die bisher noch erfolgreichste Methode der Prognose technisch-wissenschaftlichen Fortschreitens deutlich macht. Sie heißt, bezeichnend, die Delphi-Methode: Man fragt eine Anzahl Fachleute und bildet den Mittelwert. Im Ernst!

Will man die Auswirkungen der Technik auf die Menschen in den Griff bekommen, so ist der einzig erfolgversprechende Weg, die

Technik überschaubarer zu machen, die Großtechnik zurückzudrängen. Angesichts des geschilderten Niveaus an technisch-wissenschaftlicher Prognose, die sich aus nichts als den Gedankenblitzen der Visionäre und primitiven Trend-Extrapolationen zusammensetzt, bleibt durchaus Prognosetechnik als Hilfsmittel für die politische Diskussion der Großtechnik zu entwickeln. Man sollte von ihr allerdings nur bescheidene Hilfestellung erwarten. Wissenschaftliche Technik wird den Menschen das nicht wieder abnehmen, was sie ihnen aufgebürdet hat. Das kann nur der politische Wille von Laien in einer demokratischen Gemeinschaft, die sich ein Verständnis der Beziehungen zwischen Technik und Gesellschaft erarbeitet.

V
Wir müssen umschalten

Zur Kernenergiekontroverse

Der politische Konflikt: Institutionen und Bürger

«Die Parteien spielen den Menschen einen Konflikt vor, den es nicht gibt.» Dieser Satz des aus der freidemokratischen Politik in die Wissenschaft zurückgekehrten Ralf Dahrendorf[1] hätte als Motto über der großen Haushaltsdebatte des Bundestages in diesen Tagen, Ende Januar 1978, stehen sollen. Worum ging diese erbitterte Schimpfkanonade? Um eine seit 4 Jahren konstante Zahl von einer Million Arbeitslosen, um die auf den gleichen Ursachen beruhende mangelnde Sicherung der Renten, Grund zur Aufregung, einverstanden. Und welche Diskrepanzen bestanden in der Auffassung, wie damit fertig zu werden sei? Allenfalls Nuancen in der Frage, ob das Wirtschaftswachstum eher durch mehr öffentliche Verschuldung oder durch mehr globale Steuersenkung für die Unternehmen angekurbelt werden könnte. Diese Nuancen werden zur Schicksalsfrage der Nation hochstilisiert. Die «Frankfurter Rundschau» kommentierte: «Die tödliche Langeweile produzierenden Spiegelfechtereien wegen des im Grunde unstrittigen Wirtschaftskurses erklären sich aus der mangelnden Courage jener, die auf Parteitagen für eine aktive Strukturpolitik streiten und in Bundestagsdebatten Koalitionsdisziplin üben. Die Furcht vor dem Kainsmal ‹Systemveränderer› bewahrt die Regierung vor wirklich unbequemen Fragen. Von der etablierten Opposition hat sie jedenfalls nichts zu befürchten.»[2]

Dahrendorf schloß aus dem Vorspielen des Konfliktes, den es nicht gibt, daß die Menschen «fast unweigerlich die Politik als ein Spiel ohne Realität, aber auf ihre Kosten» betrachten.[3] Dieses Spiel ist ein Teil der alles umfassenden, auf den Fundamenten des Fortschritts der Technik und des daraus folgenden Wachstums der Wirtschaft aufgebauten Organisationsmaschine, die sich nicht anhalten läßt, und deren Managern ein Ziel über alles geht: sie irgendwie in Gang zu halten. Dieser Maschine und ihren Maschinisten mißtrauen die Menschen seit mehr als zehn Jahren in zunehmender Zahl, seit den einen die zunehmende Entfremdung, den anderen die Umweltzerstörung unerträglich zu werden schien.

Dieses Mißtrauen ist der Auslöser für die bisher umfassendste und folgenschwerste Verschwörung gegen eine Technik: die der Gegner der Atomenergie.

Die Zeit des *Dialogs mit dem Bürger* Kernenergiegegner ist vorbei, er hat sich als unbelehrbar erwiesen. Der Vorstand des Bundesverbandes Bürgerinitiativen Umweltschutz, mit 300000 Mitgliedern bisher gesuchtester Partner dieses Dialogs, erklärte am 24. Januar 1978 – die Zeitungen liefern täglich den Stoff zur politischen Kritik der Technik –, in einer «konzertierten Aktion» der staatlichen Organe gegen Atomgegner würden bei weitem die Grenzen des rechtsstaatlich Vertretbaren überschritten und besorgte Gegner in die Nähe der Terroristenszene gestellt; er wartete mit Beispielen sonder Zahl auf.[4] Die konzertierte Aktion dürfte – für einige Zeit – Erfolg haben: viele, vermutlich die meisten der potentiellen Demonstranten werden es sich nun überlegen, ob sie sich den Risiken weiter aussetzen, die mit Registrierung von Autokennzeichen beginnen, über erkennungsdienstliche Behandlung bis zu Prozessen eskalieren. Die noch demonstrieren, werden unweigerlich verbitterter, militanter werden, und so wird man auf sie zeigen können: jawohl, es sind nicht die besorgten Bürger, es sind die Systemveränderer, die Gewalttätigen. So wird die «Bildzeitung», täglich fünfmillionenfach sprudelnder Urquell des gesunden Volksempfindens, hervorrufen und folglich bestätigt finden, was sie seit je dem Leser eintrichterte. Und wird nicht auch Franz Josef Strauß recht behalten, der am Tag nach dem Buback-Attentat im April 1977 einen Katalog gesetzlicher Maßnahmen verbreitete, der eine Beschränkung des Demonstrationsrechtes enthielt, was «Die Zeit» zu dem fragenden Kommentar veranlaßte, ob denn Terroristen vor Mordanschlägen zu demonstrieren pflegten? Ist es etwa verwegen und unzulässig, zu befürchten, daß die – seit der immerhin friedlich verlaufenen Kalkar-Demonstration begonnene – «konzertierte» Staatsaktion eine Erbitterung auslöst, die eines Tages den einen oder anderen psychisch Instabilen unter den Atomgegnern in den terroristischen Untergrund führen könnte? Würde man, geschähe das, nach diesen Zusammenhängen forschen dürfen, ohne sich öffentlicher Ächtung auszusetzen, oder wäre es dann schon bewiesen, daß Atomgegner eine Brutstätte des Terrorismus sind?

Komme ich vom Thema ab, stelle ich irrelevante oder gar aufrührerische Spekulationen an? Vor einigen Jahren brannte im Frankfurter Westend das sogenannte Selmi-Hochhaus, ein noch im Bau befindliches jener Hochhäuser, die das einst anmutige und lebendige Frankfurter Westend, dem der Krieg Wunden geschlagen hatte, ohne es zerstören zu können, irreversibel in eine menschenfeindliche Betonwüste verwandelt haben und weiter verwandeln. Es war Abend, der Bau war verlassen, Menschen waren nicht gefährdet. Ich wurde Zeuge eines gespenstischen Volksfestes – die Straßen waren voller Menschen, deren aufgestauter Zorn über die Zerstörung ihrer Stadt sich in unverhohlener Ausgelassenheit entlud. Es war die Zeit, in der empörte Studenten zum Abriß verurteilte Häuser im Frankfurter Westend besetzten, um Beachtung für ihren Widerstand gegen eine der offensichtlichsten und bösesten Folgen des ungehemmten, hier auch als ruppigste Spekulation erkennbaren «Fortschritts» zu finden. Da dies Aktionen waren, denen, im Gegensatz zu anderen Ausprägungen studentischen Aktionismus, die Bevölkerung Sympathie entgegenbrachte, sah es eine Zeitlang so aus, als beherzige die Stadt die Warnung in der weiteren städtebaulichen Planung. Doch dann kamen die harten Polizeieinsätze, die Häuserbesetzungen waren ja ungesetzlich – die fortschreitende Zerstörung des Westends wird nur durch die Rezession verlangsamt.

Hat nicht jeder gehört und gelesen, daß viele der gesuchten terroristischen Attentäter des Jahres 1977 schon bei den Häuserbesetzungen dabei waren? Wäre es denkbar gewesen, öffentlich die Frage zu stellen, ob etwa die Hochhäuser und nicht die Häuserbesetzer die wahren Brutstätten des Terrorismus sind, ohne schon durch diese Frage zum Sympathisanten – mindestens zum Verharmloser – abgestempelt zu werden?

Es gehört nicht viel Phantasie dazu, sich auszumalen, wie der wachsende Widerstand gegen das untrennbare Zwillingspaar technischer und wirtschaftlicher Fortschritt zunehmend das Funktionieren der allumfassenden, von diesem Zwillingspaar erzeugten und ihn erhaltenden Organisationsmaschine bedroht und so die Gegen-

237

reaktion der auf das Ziel «Inganghalten» fixierten Maschinisten erzwingt: das harte Durchgreifen, zunehmenden Polizeistaat. Ich sage «erzwingt», nichts ist falscher und schädlicher als die Vorstellung der Verbittertsten, wir hätten bereits einen Polizeistaat oder Faschismus – sie wissen nichts von ausgebildetem Faschismus und Polizeistaat. Wir haben unschätzbare bürgerliche Freiheitsrechte, die zu erhalten jeder Einsatz lohnt, aber sie erodieren zunehmend. Wir haben beängstigende *Ansätze* zu einem Polizeistaat. Da aber die allumfassende Maschine ohnehin aus ökonomisch-ökologischen Gründen nicht mehr so recht in Gang zu halten ist, werden die, welche zusätzlich bremsen, vor allem die Bürgerinitiativen, unweigerlich auf zunehmende Härte und Kriminalisierung stoßen. Es wird zunehmend den «starken Staat», Euphemismus für Polizeistaat, geben – es sei denn, die Umrüstung der allumfassenden Maschine beginnt ernsthaft. Voraussetzung dessen aber wäre der Abbau der Großtechnik.

Die Politiker, denen ein gehöriger Schuß Polizeistaat so recht ins Konzept paßt, stellen zur Zeit – hierzulande wie auch in den anderen westlichen Industrieländern – noch nicht die Regierungen; derweilen bezeugen Strauß in Chile, Dregger in Persien ungeniert Wohlgefallen an Ordnungspolitik, die sich gegen Querköpfe zu behaupten weiß – mit Folter und Mord. Diese sogenannten Konservativen – die, da sie sich selbst nicht ändern können, wenigstens wirtschaftsschaffend die Welt verändern wollen – würden eine nur in Nuancen von der jetzigen verschiedene Wirtschaftspolitik machen. Doch wie sie mit den Störenfrieden umgehen würden, die keine Autobahnen, Chemie- und Kernkraftwerke mehr wollen, die etwa gar meinen, ohne Sozialismus wäre die überfällige Umstrukturierung nicht zu machen, das wäre nicht nur in Nuancen verschieden.

Den jetzigen Regierenden, überhaupt dem im umfassenderen Sinne herrschenden Establishment, die «ordnungspolitischen Machtfaktoren» Wirtschafts- und Gewerkschaftsführung einbezogen, wäre sicher nichts lieber als eine harmonische Beilegung der sozialen Konflikte. Die inbrünstigen Ordner vom Schlage Axel Springer stellen selbst im Wirtschaftsestablishment nicht mehr die Mehrheit, schon gar nicht in den hochtechnisierten Zukunftsbranchen, in deren Chefetagen sich eine gewisse intellektuelle Geschliffenheit eingebürgert hat, die ja stets Wegbereiter einer ebenso «gewissen» Liberalität war.

So nahm man, bevor es zur konzertierten Staatsaktion kam und wegen der Unbelehrbarkeit kommen mußte – es gibt schließlich Sachzwänge –, den dem Bürger Kernenergiegegner angebotenen Dialog eine Weile durchaus ernst. Freilich ohne etwa die Absicht, die Kernenergie selbst zur Disposition zu stellen. Dazu sah man auch keine Veranlassung, denn die Argumente der Kernenergiegegner – zunächst waren es ja nur Sicherheitsargumente, ganz im Vordergrund die große Kernkraftwerkskatastrophe – waren ja «dilettantisch»; ich hatte so bereits C. F. von Weizsäcker zitiert. Ich selbst habe als Kernenergietechnokrat über Jahre hinweg Diskussionen mit Kritikern der Kernenergie geführt und mich über deren Unbelehrbarkeit geärgert.

Kopfschüttelnde Verärgerung und Rätselraten darüber, wo eigentlich die Wurzeln dieses «irrationalen» Widerstandes gegen Kernenergie lägen, beherrschten über Jahre die Tischgespräche der Kernenergieler, keineswegs nur die der Manager, auch die von Tausenden von Ingenieuren und Wissenschaftlern. Sie alle verrichteten ihre Arbeit guten Glaubens, eine für die Menschheit notwendige Technik zu schaffen, die zudem Bahnbrechendes in der Sicherheitstechnik geleistet hatte, in der man Sicherheit ernster als je zuvor in der Technik genommen hatte. Ich habe die Verbitterung nicht nur der Kernenergiegegner erlebt, sondern auch die der Kernenergieingenieure, die sich beschimpft und herabgesetzt fühlten und die zunehmend empfindlich und aggressiv auf Angriffe reagierten und von der Irrationalität der Kernenergiegegner überzeugt waren.

Eins habe ich nicht erlebt: eine einleuchtende Erklärung der Entstehung des Phänomens Kernenergiegegnerschaft und der Beobachtung, daß sich der Charakter der Auseinandersetzung zwischen Gegnern und Befürwortern über Jahre nicht wesentlich änderte; es blieb bei einer Verkündung gegensätzlicher Dogmen. Wie immer in solchen Situationen stellen sich schnelle Worte ein. Diese pseudoerklärenden Worte heißen «Atomangst», «Technik-Müdigkeit» und «vagabundierende Ängste». Hinzu kam «Unterwanderung» und «Fernsteuerung», was besonders beruhigt, da nun der

Feind erkannt ist; solche Erkenntnis verwandelt ungemütliches Nachdenken in produktives Aktionsdenken.

Des Aktionsdenkens enthoben und zum Nachdenken verurteilt, enthüllte sich mir – so meine ich – die Folgerichtigkeit der Kernenergiegegnerschaft nicht trotz, sondern gerade wegen des scheinbaren Widerspruchs, daß die anfänglichen Argumente «dilettantisch» waren.

Die Atomangst erschien mir als Begründung immer suspekt. Einmal entstand die Kernenergiegegnerschaft erst, als die Angst vor der Atombombe und folglich die Beschäftigung der Öffentlichkeit mit der Atombombe abgeklungen waren. Zum anderen nahmen die Kernenergiegegner kaum Notiz von dem doch so viel größeren Atomwaffenrisiko, verbanden ihre Protestaktionen kaum je mit Protest gegen die Atombombe.

Die These von der «Unterwanderung» und «Fernsteuerung» erklärt überhaupt nichts. Die Anti-Atombewegung entwickelte sich ohne nennenswerte Anteilnahme der Linken; ich habe im ersten Teil dieser Studie gezeigt, daß und warum die Linke in der Bundesrepublik bis etwa 1973 für die Umweltbewegung kaum mehr als Verachtung übrig hatte. Zum anderen ist die einzige linke Organisation, der man Fernsteuerung vorwerfen könnte, die DKP, durchaus zurückhaltend in ihren Engagement gegen Kernenergie. Bleibt heute ein starkes Engagement der Linken, auch mancher Versuch zahlenmäßig kleiner militanter Gruppen zum «Umfunktionieren», der den grundsätzlichen Charakter der Auseinandersetzung kaum berührt hat.

Die erste wesentliche Voraussetzung für die Kernenergiegegnerschaft war das eingangs konstatierte tiefe Mißtrauen einer seit Ende der sechziger Jahre wachsenden Zahl von Menschen gegen die alles überwuchernden techno-ökonomischen Sachzwänge, gegen den «vorgespielten politischen Konflikt», die Technokratisierung auch der Politik; die Studentenbewegung war die erste, soziokulturell motivierte Widerstandswelle, die Umweltbewegung, mehr ökologisch motiviert und zunächst andere Bevölkerungsschichten erfassend, die nächste. Die anschaulich gewordenen Mißstände infolge bedenkenloser Anwendung von Technik, Luft- und Wasserverschmutzung, die Unwohnlichkeit der Städte, speisten generell das

Mißtrauen gegen die moderne Technik und deren Verwalter, die Technokratie, gleich ob aus Wirtschaft, öffentlicher Verwaltung, Politik. Zu Recht, denn wer anders als sie trugen die Verantwortung für diese Mißstände?

Zu Recht, wirklich? War nicht das Zwillingspaar technischer Fortschritt und Wirtschaftswachstum vom uneingeschränkten Konsens aller, auch klassischer politischer Antagonisten, getragen worden und damit politisch unkontrolliert gewesen? Mußten sich nicht die Technokraten als voll legitimiert ansehen, den prioritären Prozeß des Fortschritts zu betreiben?

Es war nur folgerichtig, daß das einmal geweckte Mißtrauen, das sich zunächst den augenfälligen Objekten, wie Luft- und Wasserverschmutzung, zugewandt hatte, dann weitere Möglichkeiten des Mißbrauchs techno-ökonomischen Fortschritts entdeckte und diese Gefahr insbesondere bei der Atomenergie sah, die ja bekanntermaßen auf dem gleichen physikalischen Prozeß beruhte, der die bisher entsetzlichste technische Menschenvernichtung in Hiroshima und Nagasaki bewirkt hatte.

Führt man sich nun die Beispiele vor Augen, mit denen ich die Undurchschaubarkeit der Großtechnik belegt habe, dann wird ersichtlich, daß das Mißtrauen gegen Kernkraftwerke durch sachliche Argumente der Kernenergietechnokraten und -techniker nicht entkräftet werden konnte. Die abertausend Details, die das für Kernkraftwerke entwickelte, an sich allgemeingültige Konzept der Sicherheit durch «Diversität und Redundanz» erst zur praktischen Sicherheit werden lassen, passen nicht in den Kopf eines Menschen. Bei weitem die meisten der etwa tausend Techniker und Wissenschaftler, die allein an der Planung und Errichtung eines einzigen Kernkraftwerks beteiligt sind, erkennen nur in groben Zügen das Gesamtkonzept, wissen um die sicherheitstechnischen Details eines kleinen Ausschnitts. Sie beziehen letzten Endes ihr Vertrauen in die Sicherheit des Ganzen aus der täglichen Beobachtung, daß auch die übrigen Beteiligten mit der gleichen Akribie wie sie selbst ihre Details bearbeiten und daß ein gestaffeltes System von Kontrollen sowohl ihre Detailarbeit als auch deren Integration in das Ganze überwacht. Die wenigen, die auf Grund ihrer übergeordneten Funktion ein umfassenderes Verständnis des Ganzen haben, verlieren dafür die Details aus den Augen, beziehen ihr Vertrauen in die Sicherheit des Ganzen wieder nur aus stichprobenartiger Prüfung von Details und aus der Beobachtung, daß das gestaffelte Kontrollsystem funktioniert.

Wie sollte nun erst ein Außenstehender bei noch so großem Bemühen – und selbst bei Sachkenntnis auf einem Teilgebiet – das Ganze beurteilen können? Dies zumal, wo ihm ja nur ein ganz geringer Teil der Informationen zur Verfügung steht, die innerhalb der planenden und entwickelnden Organisationen erzeugt werden. Wo darüber hinaus unvermeidlicherweise Fehler bei Planung, Betrieb und Überwachung von Kernkraftwerken nicht nur vorkommen, sondern auch bekannt werden, zuweilen sogar von Kernkraftwerksgegnern aufgedeckt werden. Eine Lehrerin hat einmal auf einem Anhörungstermin in Kalkar etwa folgendes resümiert: «Ich habe einen Professor für, einen anderen gegen die Sicherheit des Kernkraftwerkes Kalkar argumentieren gehört. Beiden bringe ich gleichviel und gleichwenig Vertrauen entgegen; selbst kann ich mir kein Urteil bilden. Wenn ich aber nicht sicher sein kann, daß die gegen die Sicherheit vorgebrachten Argumente falsch sind, so muß ich mich gegen den Bau des Kraftwerks entscheiden.» Ich empfand diese Stellungnahme als beeindruckend rational.

Mit anderen Worten: Die Argumente der Kernenergiegegner waren zunächst dilettantisch, nicht aus Schlampigkeit, sondern weil sie es der Natur der hyperkomplexen Sache nach nicht anders sein konnten. In solcher Situation ist Vertrauen entscheidend – und das Vertrauen in Technik und Technokratie war generell abhanden gekommen. Es wurde auch durch den weiteren Verlauf der Kernenergiekontroverse nicht zurückgewonnen.

Die Verwalter technischen Fortschritts, die Technokraten und Techniker in Wirtschaft und Behörden, waren – das hatte ich schon festgestellt – von der Öffentlichkeit nicht dazu angehalten worden, ihre Planungen und Entscheidungen als öffentliche, also politische Angelegenheit zu verstehen. Wir Kernenergietechniker – auch ich – reagierten auf erste Demonstrationen und Verwaltungsgerichtsklagen gegen Kernkraftwerke wie Handwerker, denen Nichtfachleute dreinreden: belustigt, verärgert, beleidigt. Als man zu begreifen begann, daß die Auseinandersetzung mit der Störgröße Öffentlichkeit nicht zu umgehen war, fehlte die gemeinsame Sprache: Esoterik gehört zum Berufsethos von Naturwissenschaftlern und Ingenieuren. Also wurden Public-Relations-Profis eingeschaltet, die traditionellen Mittler zwischen Wirtschaft und Öffentlichkeit. Deren Werbesprache mußte auf die Kernenergiekritiker, häufig ja zugleich Kritiker der Konsumgesellschaft, fatal wirken, das Mißtrauen noch vertiefen.

Dieser Vorgang ist nicht auf Kernenergie beschränkt. Wer sich als unumgängliche Institution im Dienste der Öffentlichkeit, des Volkes, des Rechts, der öffentlichen Ordnung, der Wissenschaft, des technischen Fortschritts begreift, was auch immer heißt, daß ihm das umgebende politische Umfeld diesen Begriff nahegelegt hat, der reagiert verärgert und beleidigt, wenn man seine «Amtsführung» mißtrauisch diskutiert – was Voraussetzung jeder Demokratie ist. Er fühlt sich durchaus im Recht, dem Außenstehenden, der ja nur durch den provozierenden, ungesicherten Verdacht versuchen kann, sich Klarheit zu verschaffen, Dilettantismus vorzuwerfen. Es kommt ihm die Frage gar nicht erst, ob denn der Außenstehende nicht ein Recht auf Mißtrauen und Dilettantismus hat, das der Gebrauchtwagenhändler dem Kunden ohne weiteres zubilligt. Er fühlt sich auch berechtigt, die ihm zur Verfügung stehende Information daraufhin zu sichten, was denn für den Frager zu wissen gut sei – siehe die so unbegreifliche wie undemokratische Kurzsichtigkeit der Behörden, die Kernkraftkatastrophenpläne hinter Schloß und Riegel zu halten, weil sie nur unnötige Aufregung verursachen, was natürlich, einmal ruchbar geworden, nur um so mehr aufregt.

Das Mißtrauen gegen Kerntechnik traf also auf eine Art Behörden-Hochmut; auch das Selbstverständnis der Kernenergietechnokratie der Wirtschaft entsprach dem einer Institution, einer Behörde. Die Kernenergiegegner sahen einerseits keinen Anlaß, ihr Mißtrauen abzubauen, hatten andererseits aber auch keine echte Chance, von außen die Hyperkomplexität der Kerntechnik zu durchschauen.

Das war noch nicht alles. Hinzu kamen die begrifflichen Schwierigkeiten kerntechnischer Risiken: Im Vergleich zu üblicher Technik ist die Wahrscheinlichkeit eines Menschen und Umwelt gefährdenden Ereignisses ungewöhnlich gering, während seine Folgen ungewöhnlich groß sein könnten. Das aus dieser Kombination bestimmbare Gesamtrisiko, das nach meiner eigenen Überzeugung, solange man nicht mit militärischem Mißbrauch rechnet, gering ist im Verhältnis zu uns sonst umgebenden technischen Risiken, scheint aber dem persönlichen Risikoempfinden fremd zu bleiben. Die Menschen haben sich vor Beginn der Umweltbewegung nie mit dem System sie umgebender zivilisatorischer Risiken befaßt. Die Beziehungslosigkeit zu technischen Risiken drückt sich beispielsweise aus in dem Slogan, den man bis zum Überdruß aus Politikermund hören kann: Die Sicherheit der Bevölkerung habe *absolute Priorität* vor wirtschaftlichen Interessen bei der Genehmigung für Kernkraftwerke. Der Slogan zeugt entweder von totalem Unverständnis oder von Heuchelei. Die absolute Priorität kann nur bedeuten, daß man kein Kernkraftwerk genehmigen darf, übrigens auch sonst kaum einen Industriebetrieb, weil es selbstverständlich keine absolute Garantie vor technischem Versagen, auch katastrophalem Versagen geben kann. Wenn also Kernkraftwerksgegner behaupten, es könne schon morgen zu einer Kernkraftwerkskatastrophe kommen, so haben sie durchaus recht; die Frage ist nur, welchen Sinn diese an sich banale Feststellung hat, solange sie so beziehungslos herumsteht.

Wesentlicher ist allerdings, daß die letzten Endes nicht von einem politischen Willen, weder der Bevölkerung noch der Parlamente, nicht einmal der politischen Exekutive, sondern von Technokraten aus Wirtschaft und Behörden gesetzte Zumutbarkeit des Risikos von Kernkraftwerken sich wie selbstverständlich an einem objektivierbaren Risiko orientiert hat. Es erfaßt die zu erwartende Gefährdung von Menschen statistisch und vergleicht sie mit anderen zivilisatorischen Risiken, etwa mit denen des Bruchs eines Staudamms oder des Absturzes eines Flugzeuges auf ein vollbesetztes Fußballstadion. Daß dies ein Kriterium sein muß, kann wohl niemand bezweifeln. Daß es aber kein ausreichendes Kriterium sein kann, daß vielmehr persönliches Risikoempfinden, welches sich nicht an statistischen Daten orientiert, ebenfalls von Bedeutung ist, wird unmittelbar deutlich an der Frage, ob man denn Kernkraftwerke bauen dürfe, solange ein großer Teil der Bevölkerung Angst, ob nun berechtigt oder nicht, vor ihnen hat. Diese Frage habe ich im Umkreis der Kernenergie nie gehört.

Addiert man tiefes Mißtrauen der Atomgegner, Undurchschaubarkeit der Großtechnik Kernenergie, Sprachlosigkeit wie Behördenverständnis der Kernenergietechnokratie und begriffliche Schwierigkeiten, vergegenwärtigt sich weiter, daß der Dialog mit dem Bürger erkenntlich nie unter der Prämisse geführt wurde, die Kernenergie zur Disposition zu stellen, sondern vielmehr der «aufzuklären», dann ist wohl ersichtlich, daß es von vornherein gar keine Chance der Annäherung der Standpunkte gab, daß die Eskalation vorprogrammiert war. Es kam aber noch mehr dazu.

Anders als etwa in den USA, wo, wie ich im ersten Teil dieser Studie ausgeführt habe, die Umweltbewegung und in der Folge auch die Anti-Atombewegung von Anfang an von vielen kritischen Wissenschaftlern mitgetragen wurde, gesellten sich hierzulande erst vor wenigen Jahren eine nennenswerte Zahl von Wissenschaftlern und Technikern dazu. Die mangelnde Unterstützung durch Wissenschaftler beeinträchtigte anfangs sehr die Qualität der Auseinandersetzung. Als dann aber kritische Wissenschaftler begannen, einzelne Schwachpunkte aufzudecken, reagierte das Kernenergie-Establishment keineswegs souverän wie jemand, der sich seiner Sache sicher fühlt, sondern mit der Empfindlichkeit einer Diva, wie es eben dem Selbstverständnis einer höheren Werten dienstbaren Institution entspricht. Statt sich für Hinweise auf Mißstände zu bedanken und zu weiterer Mitarbeit bei deren Aufdeckung einzuladen, auch gelassen und sachlich falsche Beobachtungen und Schlüsse zu korrigieren, wurden Auskünfte verwehrt und die Kritiker in der Öffentlichkeit herablassend und mit Unterstellung unlauterer Absichten diskreditiert. Ein charakteristisches Beispiel ist die in einem Bericht der Arbeitsgemeinschaft Umweltschutz an der Universität Heidelberg vom Juni 1977 dokumentierte Vor- und Nachgeschichte einer Analyse, die unzweifelhaft, selbst wenn nicht alle ihre Schlüsse stimmen, schwerwiegende Mißstände der amtlichen Umgebungsüberwachung beim Kernkraftwerk Obrigheim wie beim Kernforschungszentrum Karlsruhe aufgedeckt hat.[5] Die Behandlung der Verfasser durch Behörden konnte bei ihnen nur Empörung auslösen, die sie im übrigen verbal verhalten und diszipliniert vorbringen. Durch eine derartige Behandlung kritischer Wissenschaftler muß auch der Eindruck entstehen, daß, käme man nur an das Material heran, die ganze Kerntechnik sich als faul erweisen würde.

Man addiere die späte Entdeckung der Sonnenenergie als Folge unermüdlicher Hinweise der Bürgerinitiativen, die Schikane gegen Demonstranten, die bis 1975 durchgehende Praxis der Verwaltungsgerichte, Kernkraftwerksgenehmigungen trotz Anfechtung für sofort vollziehbar zu erklären, und das Bild ist komplett: ständig vertieftes und verbreitertes Mißtrauen gegen Kernenergie konnte nicht ausbleiben. Nach dem Motto «Wer einmal lügt, dem glaubt man nicht», waren auch gute und sachlich vorgetragene Argumente der Kernenergietechniker bei denen nicht mehr gefragt, die jahrelang in der Kernenergieopposition frustriert worden waren.

Ich halte es für fraglich, ob es angesichts des erbitterten Festbeißens in der Sicherheitsfrage überhaupt in der Bundesrepublik zu der jetzigen Schwerpunktverschiebung in der Atomdebatte gekommen wäre ohne den Einfluß ausländischer, vor allem der amerikanischen Umweltbewegungen. Ich erinnere an die Ausführungen im ersten Teil, daß die Umweltbewegung in den USA nicht nur von Anfang an von auch namhaften Wissenschaftlern mitgetragen wurde, sondern daß auch viel früher die Verschmelzung soziokultureller und ökologischer Motive stattfand, daß so generell die Umweltbewegung einen höheren Reifegrad hat. Die Atomkontroverse, so hart sie auch dort ausgefochten wird, hat nie in dem Maße wie in der Bundesrepublik die Umweltbewegung überwuchert, die amerikanische Umweltbewegung hat sich vielmehr seit längerem zu einer technik-kritischen Alternativ-Bewegung gewandelt. Die Aufgeschlossenheit einer beachtlichen Anzahl von Abgeordneten des seit Watergate sehr selbstbewußten, weniger in Fraktionsdisziplin erstarrten amerikanischen Kongresses für diese Bewegung hat zudem erheblich beigetragen zu einem offeneren Klima der Umwelt- und Atomdebatte. Beispielsweise sind seit vielen Jahren die Beratungen der Komitees für Reaktorsicherheit (ACRS), das unserer Reaktorsicherheitskommission entspricht, öffentlich; der «Freedom of Information Act» gewährleistet generell der Öffentlichkeit und somit auch den Atomgegnern in ganz anderem Maß als bei uns üblich Einblick in sicherheitsrelevante Dokumente. Traditionell wird dem

Mißtrauen des Bürgers gegen den Staat und auch dem in Bürgerinitiativen organisierten Ausdruck dieses Mißtrauens mehr Respekt entgegengebracht.

All das trug zu der schon vor Jahren einsetzenden Erkenntnis der Vorhut der Kernenergiegegner bei, daß die anfänglichen Befürchtungen um die Sicherheit bei technischem Versagen der Kernkraftwerke überzogen waren. Die starke soziokulturelle Motivierung der Umweltbewegung sorgte aber dafür, daß deswegen nicht etwa das Thema Atomenergie einschlief; andere Aspekte traten zunehmend in den Vordergrund. Da war einmal die Gefahr militärischen Mißbrauchs von Plutonium – man sieht an der Antiproliferationspolitik Carters, eine wie starke Anhängerschaft dieses Argument gewonnen hat. Viel früher als hierzulande konzentrierten sich dementsprechend die Umweltbewegungen auf Attacken gegen die Wiederaufarbeitung des Brennstoffes von Leichtwasserreaktoren und auf die von dieser Wiederaufarbeitung zunächst abhängigen Brüter; der Widerstand gegen den Bau der Leichtwasserreaktoren erstarb zwar nicht, ließ aber nach. Daneben wurde der weitere Angriff auf Kernenergie eingebaut in das mehr soziokulturell motivierte Gesamtkonzept eines generellen Abrückens von der Großtechnik, eben in das im zweiten Teil dieser Studie geschilderte Konzept alternativer Technik, das vor allem auch mit der generellen Attacke gegen Wirtschaftswachstum einhergeht. Am Beispiel der Arbeiten von A. B. Lovins hatte ich auf das auch ingenieurwissenschaftlich hohe Niveau hingewiesen, das diese Konzepte inzwischen erreicht haben.

Diese Tendenzen flossen mit der üblichen Verzögerung auch in die deutsche Anti-Atombewegung ein; zwar herrscht in deren Basis noch ein Mangel an Fähigkeiten zur Rezeption der ganzen Breite dieses Konzeptes, aber zumindest das greifbarste der zugeordneten Themen, das des weiteren industriellen Wachstums, ist seit Anfang 1977 gleichgewichtig neben das ursprüngliche Thema Sicherheit getreten, womit die entscheidende Wendung von einer zunächst nur ökologisch zu einer auch soziokulturell motivierten Bewegung vollzogen wurde. Das mit der Kernenergie zwar nicht zufällig, aber auch nicht zwingend verbundene strukturpolitische Thema Wachstum bestimmte denn auch, weit mehr als die Sorge um die Sicherheit der Kernenergie, die innerparteilichen Auseinandersetzungen in SPD und FDP während des Jahres 1977, Auseinandersetzungen, die zum Schaden der Demokratie aus Gründen der Fraktionsdisziplin im Bundestag nicht offen ausgetragen werden.

Die Undurchschaubarkeit der Großtechnik zeigt sich auch wieder darin, wie lange Jahre es gedauert hat, bis das ursprünglich zentrale Thema der Kernenergiekontroverse, die Sicherheit der Kernkraftwerke gegen technisches Versagen, an die Peripherie gerückt ist. In der Sicherheitsargumentation ist es jetzt dem Thema der Sicherheit von Wiederaufarbeitung und Endlagerung gewichen.

Die unter dem Schlagwort «Atomstaat» firmierende These vom Polizeistaat, den die Verletzlichkeit der Kernkraftwerke für terroristische Anschläge nach sich zieht, ist in Deutschland ebenfalls mit reichlicher Verspätung – wie alle subtileren, nicht sicherheitstechnischen, sondern sozialen Themen – in die Atomdebatte einbezogen worden. Sie ist eine spezielle Ausprägung einer allgemeineren Tendenz der Großtechnik und der mit ihr einhergehenden zentralen Organisation aller Lebensbereiche, die öffentliche Ordnung und Versorgung so verwundbar zu machen, daß unweigerlich eine wachsende Tendenz zum alles überwachenden und vor allem die suspekten gesellschaftlichen Gruppen diskriminierenden Staat die Folge sein muß. Diese Analyse gilt keineswegs nur den Gefahren der Sabotage, sie betrifft alles, was das Funktionieren der allumfassenden Organisationsmaschine gefährden könnte, nicht zuletzt die Bürgerinitiativen und auch die unantastbarste der Errungenschaften der Arbeiter, das Streikrecht. Die neue «konzertierte» Staatsaktion gegen die Atomgegner wie auch die 1977 aufgedeckte Abhöraffäre um den Vorsitzenden des Flugleiterverbandes, Kassebohm, beleuchten die Realität dieser Grundthese. Die Fokussierung auf Atomsabotage könnte allzuleicht die Sicht verengen, ähnlich wie die Überspitzung der Sicherheitsdebatte um Kernkraftwerke jahrelang die grundlegenderen Probleme der Großtechnik verdrängt hat. Wobei allerdings zu fragen bleibt, ob nicht die durch Überspitzungen zunächst erzeugten Empfindlichkeiten Voraussetzung für eine spätere Aufnahme differenzierterer Erkenntnisse sind.

Soweit die Aufarbeitung der Geschichte der Energie- und Atomkontroverse, der im nächsten Kapitel eine Stellungnahme zu ihrem

Fortgang folgen soll. Zuvor will ich einiges zur darin eingebundenen Problematik technischer Risiken anmerken.

Zur Sache:
Es geht nicht um Kernenergie, sondern um Energie

Angesichts der durch die Atomdebatte hervorgerufenen Fixierung auf die Gefahren für physische Gesundheit und Leben habe ich bisher wenig zu technischen Risiken gesagt, um den Blick auf die in der öffentlichen und auch wissenschaftlich-literarischen Debatte vernachlässigten Probleme der Technik zu lenken. Zudem muß ich diese Studie davor bewahren, auf Risikoanalysen einzugehen: eine seriöse Darstellung des technischen Risikos der Kernenergie, noch dazu mit dem Anspruch, für Nichtfachleute verständlich zu sein, erfordert ein ganzes Buch; Herausgreifen einzelner Details ist sinnlos.

Selbstverständlich sind aber generell die Gefahren der Technik für physische Gesundheit und Leben der Menschen, auch die im weiteren Sinn ökologischen Gefahren, von gleichem Rang wie die in dieser Studie stärker betonten, weil weniger bekannten soziokulturellen Gefahren. Die Gefahr, große Teile der Menschheit schlagartig umzubringen durch sogenannte ABC-Waffen, Atom-, bakteriologische oder chemische Waffen, ist akut; ich wiederhole C. F. von Weizsäckers These: «Der dritte Weltkrieg ist wahrscheinlich.» Es gibt kein dringenderes Problem der Menschheit als die Kriegsverhütung. Man sollte schreien beim Anblick eines Bundestages, der vier Tage lang ein würdeloses Indianerspiel um Haushaltsscheinprobleme inszeniert, einer Presse, deren größter Teil dieses «Spiel ohne Realität» ernsthaft kommentiert. Hat der Bundestag etwa die Nachricht von der Neutronenbombe zum Anlaß genommen, um das Menschheitsthema Kriegsgefahr ausführlich zu beraten und der Bundesregierung als oberste aller Verpflichtungen aufzutragen, ihren ganzen Einfluß für Abrüstungsverhandlungen einzusetzen? Konstatiert man diese hirnrissige Verteilung politischer Gewichte, so sollte man sich klarmachen, daß es die allumfassende technisch-wirtschaftliche Organisationsmaschine ist, die deren Maschinisten auf die kleinen Tricks fixiert, mit denen sie in Gang zu halten ist. Der Staatsmann, der, nach einem Wort Churchills, im Unterschied zum Politiker nicht die nächste Wahl, sondern die nächste Generation sieht, hat keinen Platz unter den Maschinisten. Ein Willy Brandt konnte nur in einer kurzen Zeit der Aufbruchsstimmung Bundeskanzler sein.

Es sind nicht allein Atomwaffen, es sind Atom-, bakteriologische und chemische Waffen, mit denen es heute *gleichermaßen* möglich ist, große Teile der Menschheit umzubringen. Mit dieser Feststellung beginnt mein Plädoyer dafür, sich die Risiken der Technik genau anzusehen, auch die der zivilen Technik.

Die Großtechnik hat Erstaunliches geleistet in der Prävention von momentan ablaufenden Katastrophen. Nimmt man die Statistik als Maß für die Bedrohung von Menschen und Umwelt durch zivile Technik, so ist die Zahl der Opfer solcher Katastrophen winzig im Verhältnis zur Zahl der Opfer, die die Technik gleichsam schleichend erfaßt.

Es gibt keine umfassende Statistik über die Zahl der Krebstoten durch die in der Umwelt verteilten chemischen Gifte. Krebs ist selten aus einer einzigen Ursache herleitbar, doch kann man im Prinzip den statistischen Anteil kanzerogener Chemikalien am Krebstod abschätzen; schon der jetzige Stand dieses jungen Forschungszweiges läßt keinen Zweifel daran, daß jährlich Abermillionen allein an von chemischen Giften erzeugtem Krebs sterben. Dagegen verschwinden die Auswirkungen von Katastrophen in Chemiewerken wie Seveso – statistisch wohlgemerkt, nicht für die direkt Betroffenen. Große Flugzeugkatastrophen füllen die Zeitungen; statistisch verschwinden deren Opfer hinter den Autototen, und auch die Wahrscheinlichkeit, durch die Luft, die keine Balken hat, ungeschoren von München aus Hamburg zu erreichen, ist viel höher als die bei Benutzung des auf der vertrauten Erde rollenden Autos. In Abständen von einigen Jahren explodiert irgendwo ein Dampfkessel und Dutzende sterben oder erleiden schwere Verbrennungen; ihre Zahl verschwindet hinter der Zahl der Opfer des Auswurfes an Verbrennungsprodukten dieser Kessel, wie die Zahl der Opfer von Bergwerkskatastrophen verschwindet hinter der von Bergleuten, die Opfer der Kohlenlunge werden. Nicht durch Hochspannungsleitungen, sondern durch Berührung schlecht isolierter 220-Volt-Leitungen in der Wohnung sterben jährlich Tausende.

Auch bei Betrachtung ökologischer Schäden bleibt das Bild erhalten. Eine der überhastetsten großtechnischen Unternehmungen war die Erschließung des Nordseeöls. Die Quittung dafür war die Katastrophe der Bohrinsel Bravo im April 1977, die die ganze Welt erregt verfolgte. 4000 Tonnen Öl flossen täglich aus. Das war nahezu belanglos für die Verseuchung der Meere. Schwerwiegender sind schon die Havarien von Tankschiffen, bei denen jährlich an die 200000 Tonnen Öl ins Meer fließen. Doch das ist ein geringer Anteil an der ökologisch bedrohlichen Verschmutzung der Meere durch Öl: etwa 1,6 Millionen Tonnen Öl jährlich werden mit den verschmutzten Flüssen ins Meer gespült und etwa 2 Millionen Tonnen jährlich kommen dazu, weil die Tanker nach dem Löschen draußen auf See die Tanks mit Meerwasser ausspülen.[6] Die Ausrottung der Tiere – gegenwärtige Rate ist eine Tierart pro Jahr – mit ihren unermeßlichen, auch auf die Menschen zurückschlagenden ökologischen Folgen geschieht nicht mit einem großen Knall. Die deutsche Landschaft ist nicht in einem Guß betoniert worden. Die Verkarstung großer Teile Spaniens und Italiens war die Folge einer schleichenden Abholzung. Der Assuan-Staudamm ist nicht gebrochen, sicherheitstechnisch ist er offenbar einwandfrei; aber das Ausbleiben des Nilschlamms führt zur Verwüstung einst fruchtbaren Akkerlands, zur Erosion der Ufer, zum Fortspülen des Nildeltas ins Mittelmeer, zerstört eine der traditionsreichsten auf den Nil gegründeten Kulturlandschaften.

Noch schwerer bemerkbar und dementsprechend von der Öffentlichkeit kaum bemerkt schleichen die globalen Klimaveränderungen an, die bedrohlichsten Folgen des seit wenigen Jahrzehnten exponentiell angestiegenen Gebrauchs von Technik. Erstmalig wurde die Öffentlichkeit auf derartige Bedrohungen aufmerksam anläßlich der amerikanischen Debatte um den Überschallflugverkehr, der eine Beschädigung der als Filter ultravioletter Sonneneinstrahlung wirkenden Ozonschicht der oberen Atmosphäre befürchten ließ. Die folgenschwerste klimatische Bedrohung geht von der Energieverwendung aus, sofern sie nicht auf regenerierbarer Energie wie beispielsweise Sonnenenergie beruht. Würde der Energieverbrauch weiter wie bisher anwachsen, dann bliebe die zusätzlich in den Klimahaushalt eingebrachte Wärme nicht ohne globale Folgen. Vor allem aber hat sich unter den Meteorologen Konsens darüber eingestellt, daß eine weitere exponentielle Steigerung fossiler Verbrennung, also Verbrennung von Öl, Gas, Kohle in Autos, Haushalt, Kraftwerken, bereits innerhalb von etwa 50 Jahren drastische Klimaveränderungen befürchten läßt wegen des unvermeidlichen und schon jetzt deutlich nachweisbaren Anstiegs des atmosphärischen Kohlendioxyd-Gehaltes; analog dem Glashauseffekt, vermindert Kohlendioxyd die Reflexion eingefallener Sonnenstrahlung in den Weltraum, die Steigerung des Kohlendioxyd-Gehaltes führt zu einer globalen Aufheizung. Welche Folgen das im einzelnen haben wird, ist schwer voraussagbar; Szenarios, nach denen so eingeleitetes Abschmelzen der Polkappen durch die damit weiter verbundene Minderung von Sonnenlicht-Reflexion schließlich zum völligen Abschmelzen der Polkappen führt und in der Folge New York wie Hamburg in den Fluten versinken, sind zwar nicht notwendig richtige Voraussagen, aber ihr Grad an Wahrscheinlichkeit ist handfest.

Die historisch einmalige Expansion der Technik in der Nachkriegszeit, ökonomisch als ebenso einmaliges Wirtschaftswachstum meßbar, hat nicht nur in alle Lebenssachverhalte grundlegend eingegriffen, sie bedroht nicht nur ökologisch die gesamte Erde, sie tötet auch Abermillionen Menschen jährlich, in Friedenszeiten. Dies aber keineswegs durch katastrophenartiges Versagen, das offenbar die Phantasie so sehr reizt und, geschieht es einmal, von den Medien völlig unverhältnismäßig verstärkt wird. Erfahrungen hingegen zeigen, daß nur die geplanten technischen Katastrophen, die Bomben und Geschosse, in großem Maß Menschen vernichtet haben.

Es ist nicht schwer einzusehen, warum das so ist. Die Vorsorge gegen das viele Menschen unmittelbar bedrohende Versagen einer technischen Anlage ist eine augenfällige Aufgabe. Auf sie konzentrierten sich Gesetzgeber und Ingenieure, seit die ersten Dampfkessel explodierten, die ersten Stahlbrücken einstürzten, die ersten Großflugzeuge mit nicht vier oder fünf, sondern vierzig oder fünfzig Menschen vom Himmel fielen. Die Verantwortlichkeiten dieser Art Katastrophen sind verhältnismäßig durchsichtig; im Falle von solchen Katastrophen wird auch die Öffentlichkeit vom Staatsanwalt fordern, die Verantwortlichen herauszufinden. Schon recht früh wurden technische Überwachungsorganisationen gegründet – zur Überprüfung solcher Technik, deren Versagen viele Menschen gefährden könnte.

Die schleichende Bedrohung durch die Technik ist in vielfacher Hinsicht schwerer zu beherrschen. Zum Teil, etwa bei der krebserzeugenden Wirkung von Chemikalien, bei klimatischen Bedrohungen, überhaupt bei vielen ökologischen Wirkungen waren die Gefahren zunächst gar nicht bekannt. Zumeist sind die sekundären Wirkungen schwerer zu verfolgen und vorauszusagen. So verwischen sich auch die Verantwortlichkeiten. Eine Technik wird gefährlicher, wenn sie von vielen nebenberuflich gehandhabt wird, wie im Autoverkehr oder beim Verspritzen von Giften in der Landwirtschaft. Vor allem aber ist die Vorbeugung gegen sekundäre Gefährdungen zumeist weit aufwendiger, oft überhaupt unmöglich. Es erfordert sehr viel mehr Aufwand, die Rauchgase eines Dampfkessels gründlich zu entschwefeln, als ihn gegen Explosionen zu sichern; es ist praktisch unmöglich, das Entweichen von Kohlendioxyd aus diesem Kessel in die Atmosphäre zu verhindern. Wollte man die sekundären Gefahren der Technik auf ein ähnliches Maß zurückschrauben wie die primären Folgen des katastrophalen Versagens technischer Einrichtungen, dann müßten zahlreiche technische Anlagen und Produkte aus dem Verkehr gezogen werden, sei es wegen immanenter Unmöglichkeit, solche Forderung zu erfüllen, sei es, weil der erforderliche Aufwand wirtschaftlich untragbar ist. Noch häufiger würde es eine Mengenbegrenzung tun. Man braucht nicht die Verbrennung von Kohle und Kohlenwasserstoffen einzustellen, um die Gefahr klimatischer Veränderungen zu steuern, es genügt, sie etwa auf Vorkriegsniveau zurückzustellen. Die Quantitäten der technischen Produktion sind in qualitative Veränderungen der Risiken umgeschlagen.

Diese wohl einsichtigen summarischen Überlegungen über technische Risiken führen zu einigen naheliegenden, wenn auch keineswegs im strengen Sinne schlüssigen Vermutungen. Es dürfte im Ansatz verfehlt sein, sich vorwiegend auf das Aufspüren von Risiken infolge technischen Versagens von Anlagen zu konzentrieren; es gilt vielmehr, den verborgenen, schleichenden, sekundären Risiken der Technik nachzuspüren. Und es gilt generell, mißtrauisch bei mengenmäßig großem Einsatz von Technik zu sein, da die Risiken häufig stärker als nur proportional anwachsen.

Die zweite dieser beiden Vermutungen weist unmittelbar auf die Gefahren industriellen Wachstums auch unter Risiko-Gesichtspunkten hin. Die meisten der schleichenden, sekundären Risiken haben überhaupt erst durch das einmalige technisch-wirtschaftliche Wachstum der Nachkriegszeit Bedeutung bekommen, das Hand in Hand ging mit dem Vordringen der Großtechnik. Wirtschaftswachstum und Großtechnik sind nicht nur unter den bisher vorwiegend dargelegten soziokulturellen, sondern auch unter dem Gesichtspunkt physischer Gefahren die Crux der Technik.

Ich kehre zur Energiekontroverse zurück. Die beiden «naheliegenden Vermutungen» sind schnell angewendet. Einmal wäre es ein ungewöhnlicher Zufall gewesen, wenn die vordergründigste Befürchtung der Kritiker der neuen Technik Kernenergie, die durch technisches Versagen ausgelöste Kernkraftwerkskatastrophe, sich als deren eigentlicher Pferdefuß erwiesen hätte. Zum anderen sollte man nach den Gefahren der Energieerzeugung nicht so sehr unter dem Aspekt der verwendeten Technik, sondern mehr unter dem Aspekt der Quantität erzeugter Energie suchen. Die Chance, daß man dann fündig wird, wäre größer.

Jedes Eingehen auf technische Details der Analyse kerntechnischer Risiken muß ich hier aussparen. Keine Technik ist, gerade wegen des Drucks der Atomgegner, je so im Kreuzfeuer der Kritik gestanden und für keine Technik ist je ähnlicher Aufwand an Sicherheitstechnik einerseits, an Analysen zur Klärung der Frage ihrer Gefahren andererseits getrieben worden. Die aus meiner Sicht beste Verarbeitung all dieser Analysen, auch der von Kernenergiegegnern, enthält der 1977 als Buch erschienene Bericht einer Gruppe von 21 Wissenschaftlern, größtenteils namhafter Professoren verschiedener Disziplinen des amerikanischen Wissenschaftsestablishments, deren Arbeit von der Fordfoundation finanziert wurde.[7] Er liegt auch in deutscher Übersetzung vor, hat maßgeblich die Nuklearpolitik Carters beeinflußt. Seine Schlüsse stimmen weitgehend überein mit dem Bild, das ich mir nach dem Ausscheiden aus der Kernenergieindustrie, mit freierem Kopf als zuvor, gemacht habe,

allerdings mit einem gravierenden Unterschied: Die Autoren betonen ausdrücklich in der zusammenfassenden Einleitung, daß sie die
Frage des Einflusses soziokultureller Motive, damit auch die Frage
der Wünschbarkeit weiteren Wirtschaftswachstums, bewußt aus-
klammern, also von einer expandierenden Wirtschaft mit großtechnischer Energieerzeugung ausgehen. So untersuchen sie im wesentlichen die Frage, ob dem Ausbau von Kern- oder Kohlekraftwerken
für die Stromversorgung jetzt der Vorzug zu geben sei, und zwar
unter Risiko- und ökonomischen Gesichtspunkten, die sie dann
allerdings gründlich behandeln.

Cum grano salis geht sowohl der ökonomische als auch der
Risikovergleich zwischen der Option Kohle und Kernenergie in der
verbleibenden Ungenauigkeit der Vorausschau unter. Läßt man
zunächst die Möglichkeiten großer Katastrophen aus, dann erweist
sich Elektrizitätserzeugung aus Kohle als gefährlicher. Die Zahl der
schleichend durch Rauchgase, auch bei Einsatz moderner Reini-
gungstechniken, geforderten Opfer an Gesundheit und Leben wird
deutlich höher eingeschätzt als die durch freigesetzte Radioaktivität.
Auch die übrigen, nicht in Schaden an Leib und Leben übersetzba-
ren ökologischen Wirkungen werden bei Kohle negativer bewertet.
Die Autoren schätzen die Wahrscheinlichkeit als nicht vernachlässigbar gering ein, daß noch in diesem Jahrhundert in den USA die
maximal denkbare Reaktorkatastrophe geschieht, bei der einige
Tausend Menschen unmittelbar anschließend ums Leben kommen,
einige Zehntausend dann noch in den kommenden Jahrzehnten
infolge schleichender Strahlenschäden sterben. Was diese maximal
mögliche Zahl der Opfer angeht, schließen sie sich den Folgerungen
des bekannten Rasmussen-Berichtes in etwa an; sie halten es aber für
möglich, daß die Eintrittswahrscheinlichkeit dieser maximalen Katastrophe erheblich höher ist als im Rasmussen-Bericht ermittelt.
Unter statistischen Gesichtspunkten ändert das nichts daran, daß
die Gesamtzahl der Opfer bei Ausbau von Kohle statt Kernenergie
höher wäre; aber die Autoren anerkennen, daß eine solche Einzelka-
tastrophe, die das Maß bisher bekannter technischer Einzelkatastro-
phen übertrifft und nur mit großen Naturkatastrophen vergleichbar
ist, nicht einfach unter statistischen Gesichtspunkten gewertet werden kann. Dem stellen sie die ebenfalls ernstgenommene Möglich-

keit klimatischer Katastrophen infolge des ansteigenden Kohlendioxydgehaltes bei weiterer Forcierung von Kohleverbrennung gegenüber.

Die Gefahr, daß Freiheitsrechte eingeschränkt werden durch die Überwachung von Kernkraftwerkspersonal zur Verhütung terroristischer Anschläge, wird diskutiert. Die Autoren schließen, daß etwa 30000 Menschen der US-Nuklear-Industrie überwacht werden müßten; dem stellen sie fünf Millionen Menschen gegenüber, die ohnehin in den USA überwacht werden. Sie sehen die weitere Einschränkung der Freiheit nicht so sehr in der Erhöhung der Zahl, als in einer aus Nervosität geborenen, unangemessen scharfen Überwachung und dringen daher auf verbesserten *technischen* Schutz gegen Terrorismus.

Den Pferdefuß der Kernenergie sehen die Autoren in der Erhöhung der Proliferationsgefahr für Kernwaffen, weil Gelegenheit Diebe macht. Sie fordern daher, daß der Brennstoff der Leichtwasserreaktoren nicht wieder aufgearbeitet wird; dann ist das in Kernkraftwerken erzeugte Plutonium nicht zur Bombenherstellung verwendbar. Infolgedessen sollen auch Brüter vorläufig nicht gebaut werden, nur auf Sparflamme weiterentwickelt werden; ohne Wiederaufarbeitung, also ohne die Wiedergewinnung des erzeugten Plutoniums, können sie ihren Sinn, eine höhere Ausnutzung der Uranvorräte, nicht erfüllen. Brüter seien auch mindestens für den Rest des Jahrhunderts überflüssig, da die ursprünglichen Energieprogramme hohen Wachstums angesichts gesamtwirtschaftlicher Umstände stark überzogen gewesen seien und bei dem zu erwartenden gebremsten Wachstum die heimischen Uranvorräte noch lange reichen.

Es ist bekannt, daß Präsident Carter angetreten ist, diese Anti-Proliferationsratschläge zu verwirklichen. Bekannt sind auch die Hindernisse, im nationalen und vor allem im internationalen Bereich; die Einstellung der Wiederaufarbeitung läßt sich im Ausland kaum durchsetzen. Der Bau von Leichtwasserreaktoren wird auch von Carter weiter unterstützt. Um ohne Proliferationsgefahr dennoch wiederaufarbeiten zu können und also langfristig Brüter bauen zu können, die die Uranreserven um etwa den Faktor 60 besser ausnützen als bisherige Leichtwasserreaktoren, haben die USA den

Vorschlag gemacht, in internationaler Zusammenarbeit ein neues, pyrochemisches Wiederaufarbeitungsverfahren zu entwickeln, bei dem kein reines, waffenfähiges Plutonium anfällt.

Man sieht, insgesamt haben die Autoren dieser wohl beachtetsten aller Studien zur Zukunft der Elektrizitätserzeugung etwa gleichgewichtige Vorbehalte gegen deren Ausbau sowohl auf Kohle- als auch auf Kernenergiebasis gemacht. Diese Vorbehalte sind auch meiner Meinung nach nicht auszuräumen, indem man eine Technik durch die andere ersetzt; es geht in erster Linie um die Quantität der Energieerzeugung, selbst wenn man noch andere Techniken wie Sonnenenergie einbezieht, wie ich noch erläutern werde. Die Autoren des Berichtes hatten die Frage nach der Wünschbarkeit einer alternativen Energiewirtschaft von vornherein, wie schon gesagt, ausdrücklich nicht behandelt; trotzdem klingt ihre Sorge vor weiterer Steigerung des Energieverbrauchs vernehmbar durch.

Die Offenheit und Gründlichkeit, mit der in diesem Bericht die Probleme der Kernenergie diskutiert werden im Verhältnis zu dem, was hierzulande Usus ist, bezeichnet das Gefälle im gesamten Niveau der Technikdebatte; man überdenke nur, mit welcher Selbstverständlichkeit der Einschränkung der Freiheitsrechte durch Sicherheitsdienste im Zusammenhang mit den Möglichkeiten des Atomterrorismus ein wichtiger Stellenwert eingeräumt wird; wäre es vorstellbar, daß die erschreckende Zahl der überwachten Menschen in der Bundesrepublik genannt würde?

Mit dem ähnlich umfassenden Anspruch, das Für und Wider der Energieoptionen, besonders der Kernenergie, zu durchleuchten, hat Hans Matthöfer im April 1977 seinen Energie-«Diskussionsleitfaden» der Sozialdemokratischen Partei und der Öffentlichkeit vorgelegt.[8] Darin steht kein Wort zum Thema Einschränkung der Freiheitsrechte, dies in einer Zeit, als das Thema «Atomstaat» die Öffentlichkeit besonders erregte. Statt dessen findet der «besorgte Bürger» reichlich wohlfeile Sätze der Art: «Wir dürfen die Menschen nicht der Unmenschlichkeit technischer und wirtschaftlicher Sachzwänge aussetzen»[9]; der Sachzwang Überwachung jedoch existiert offenbar nicht. Dem Thema Proliferation und kriegerische Einwirkungen widmet Hans Matthöfer einen kurzen, diplomatischen Schlenker, dem nur der Kundige anmerkt, worum es geht; das

Wort Brasilien kommt nicht vor. Als gäbe es die massiven Bedenken der Amerikaner nicht, als hätte auch der Berater der Bundesregierung, C. F. von Weizsäcker, sich in dieser Angelegenheit nicht ausführlich und nachdenklich zu Wort gemeldet – dessen Überlegungen in *Wege in der Gefahr* ich im übrigen meine kritische Einstellung zu den kriegerischen Gefahren der Kernenergie verdanke.

Man mag bei einer ausführlichen Diskussion zu dem Schluß gelangen, daß die in diesen schwergewichtigen Themen enthaltenen Gefahren überschätzt werden. Sie gar nicht erst zu diskutieren, obwohl sie so offensichtlich zum Themenkatalog des «besorgten Bürgers» gehören, kann doch wohl diesen nur herausfordern, Sätze wie «aktiv die Information der Bürger und damit die Voraussetzung für ihre Beteiligung an Willensbildungs- und Entscheidungsprozessen zu verbessern»[10] als leere Phrase zu werten.

Mit Glanzaugen laufen wir großtechnischen Entwicklungen der Amerikaner nach, nicht jedoch der auch dort sicher nicht problemlosen Entwicklung von Formen demokratischer Auseinandersetzung mit ihren Folgen.

Will man die Ergebnisse der amerikanischen Studie auf die Bundesrepublik übertragen, so sind einige Unterschiede zu beachten. Die USA wie die Bundesrepublik verfügen über sehr große Kohlevorräte, mit denen noch auf lange Sicht die Energieversorgung gesichert werden könnte; aber die deutsche Kohle ist schwerer abbaubar und entsprechend teurer, Braunkohle ausgenommen. Das berührt den wirtschaftlichen Vergleich Kohle-Kernenergie. Im Gegensatz zu den USA haben wir kaum Uranvorräte; bei Verzicht auf Wiederaufarbeitung und Brüter bleibt daher die deutsche Kernenergie abhängig von ausländischen Uranlieferungen. Die USA haben etwa zehnmal soviel Kernkraftwerke in Betrieb und Bau; das führt dort zu entsprechend höherer Wahrscheinlichkeit eines großen Unfalls. Die Bevölkerungsdichte der Bundesrepublik ist etwa zehnmal höher als die der USA, woraus im Zweifel schwerere Auswirkungen eines großen Unfalles folgen. Die geographische Lage schützt die USA weitgehend vor einem Krieg mit konventionellen Waffen, die, bei uns auf Kernkraftwerke gerichtet, zu einer Eskalation führen könnten. All das erscheint mir sekundär.

Den Ausbau der Stromerzeugung auf Kohlebasis zu fordern, um Kernkraftwerke zu umgehen, heißt, den Teufel mit dem Beelzebub austreiben zu wollen. Es geht um weiteres Wachstum der Energieerzeugung! Das will ich im nächsten Kapitel ausführlicher vor Augen führen.

Energie und Zukunft

Ein Szenario: Der Notstand wird ausgerufen

Im Oktober 1977 zelebrierte die Friedrich-Ebert-Stiftung in Bonn unter dem Motto «Chancen und Perspektiven in einer sich wandelnden Energiewirtschaft» eine jener Messen der Zukunftsbranchen, deren tausend Teilnehmer die dort gewonnenen Erkenntnisse in aller Herren Länder heimtragen und als richtungweisend weiterverkünden. Höhepunkt war ein umfassender und phantasievoller Blick Wolf Häfeles, des stellvertretenden Direktors eines von den USA, der Sowjetunion und einigen anderen Industriestaaten getragenen Institutes für Systemanalyse, in die Zukunft; wie verzerrt der ist, wird nur deutlich, wenn man die zugrundeliegende Energieideologie hinterfragt.

Der Kern des Häfele-Vortrages[11] war ein Szenario des Jahres 2030, nicht so weit in der Zukunft, bedenkt man die Langfristigkeit energiewirtschaftlicher Investitionen. Die Welt wird dann, nach diesem Szenario, doppelt soviel Menschen zählen wie heute, acht statt vier Milliarden – der Zuwachs kommt fast nur aus den Entwicklungsländern. Der durchschnittliche Energieverbrauch wird 4,4 KW pro Kopf sein, das ist der Durchschnittsverbrauch des Westeuropäers heute. Der heutige durchschnittliche Weltverbrauch ist 1,9 kW pro Kopf, der heutige Gesamtenergieverbrauch der Welt 7,5 TW (Terawatt = Milliarden Kilowatt, etwa gleich 1 Milliarde Tonnen Steinkohleeinheiten pro Jahr), der im Jahr 2030 wird 4,5mal so hoch sein, 35 TW.

Seit dem zweiten Bericht an den Club of Rome hat man gelernt, die Welt in Regionen einzuteilen, wenn man in die Welt-Zukunft schaut. So gewinnt Häfele die 35 TW, «das absolute Minimum an Energiebedarf, wie es realistisch für 2030 zu erwarten ist», durch eine Betrachtung von sieben Weltregionen. Deren geschätzten Energieverbrauch im Jahre 2030 zeigt die folgende Tabelle:

Region	Bevölkerung in Millionen	Encrgieverbrauch kW pro Kopf	Energieverbrauch Terawatt
Nordamerika	310	16.5	5.0
Ostblock	460	11.6	5.3
Westeuropa und Japan	780	10.5	8.2
Südamerika und Südostasien	720	3.3	2.4
Indien und Afrika	3700	1.4	5.2
Opec-Länder	300	4.8	1.4
China	1800	4.6	8.3
	~ 8000	4.4	~ 35

Nordamerika, also USA und Kanada, deren 6 % der Weltbevölkerung heute pro Kopf 11 kW und so etwa ein Drittel der Weltenergieerzeugung verbrauchen, sollen den Gürtel sehr eng schnüren: nur mehr 1 % pro Kopf und Jahr Anstieg des Energieverbrauchs, das führt 2030 zu 16,5 kW pro Kopf und, bei dann 4 % der Weltbevölkerung, zu 15 % des Weltenergieverbrauchs. Die übrigen industrialisierten Länder, im wesentlichen also Westeuropa, Ostblock, Japan, dürfen den Pro-Kopf-Verbrauch auf den heutigen der Nordamerikaner steigern, also verdoppeln bis verdreifachen; dem entspricht eine mittlere Wachstumsrate von unter 2 %. «Die Situation ist nicht zufriedenstellend, wir haben uns an das untere Ende gehalten», vermerkt der Autor. Statt wie jetzt die Hälfte, werden diese übrigen Industrieländer dann noch knapp 40 % der Weltenergieerzeugung verbrauchen, bei einem Anteil von 15 % an der Weltbevölkerung.

Alle übrigen Länder, die heute gut 70 % und in 50 Jahren gut 80 % der Weltbevölkerung stellen, deren Pro-Kopf-Verbrauch heute um 0,5 kW liegt, sollen dagegen ihren Energieverbrauch anheben, so rasch es nur geht. China, Südamerika und die OPEC-Länder werden das große Mittelfeld sein, den im heutigen Westeuropa üblichen Pro-Kopf-Verbrauch erreichen, ein Drittel der Weltbevölkerung stellen und auch ein Drittel der Weltenergie verbrauchen. Die Inder und Afrikaner bleiben die Armen, werden nur 1,4 kW pro Kopf schaffen, sie stellen dann gut 45 % der Weltbevölkerung, verbrauchen aber nur knapp 15 % der Energie. «Mit Sicherheit ist der Wert von 1,4 kW pro Kopf für diese Weltbereiche nicht akzeptabel, aber vielleicht läßt sich realistisch nicht mehr erreichen», kommentiert der Autor.

So ergibt sich also das «reine Minimum an Bedarf 35 TW». Wie er gedeckt werden könnte, zeigt die nächste Tabelle, in der «jede einzelne Zahl durch eine größere Bemühung erarbeitet worden ist».

Öl, Gas, Kohle	5 TW	Direkter Einsatz fossiler Brennstoffe
Sich natürlich erneuernde Energiequellen (Biogas, Wind, kleintechnische Sonnenenergie)	3 TW	Ersatz fossiler Brennstoffe
Wasserkraft	2 TW	
Leichtwasserreaktoren	10 TW	
Methanol aus Kernenergie und Kohle	10 TW	Ersatz von Öl
Methanol aus Großtechnischer Sonnenenergie und Kohle	5 TW	
	35 TW	

Das heißt, alles, was nur Energie erzeugen kann, muß ran. Öl, Erdgas, Kohle werden verbrannt wie gehabt, 5 TW erzeugen sie auch heute. Die alternativen Techniker sind hochwillkommen, sie dürfen Biogas erzeugen, Windräder bauen, die Häuser mit Sonnenkollektoren bedachen, bis sie fast die Hälfte des heutigen Weltenergieverbrauchs zusammenkratzen; das ist «die größte Zahl, die noch vernünftig ist». Das alles zusammen ergibt aber nur etwa einmal die Quantität der heutigen Weltenergieerzeugung; gut viermal soviel aber wird gebraucht.

Aus Wasserkraft ist noch mehr herauszuholen, vor allem aber müssen etwa 3000 Leichtwasserreaktoren der heute üblichen Größe von 1000 MW elektrischer Leistung gebaut werden; deren thermische Leistung ergibt die 10 TW der Tabelle. Wasserkraft und Leichtwasserreaktoren zusammen erzeugen gut fünfmal soviel Elektrizität, wie heute verbraucht wird.

All diese Bemühungen reichen nicht: «Es fehlen weitere 15 TW. Hier muß Methanol im großen Stil eingesetzt werden.» Das geschieht, indem man noch einmal soviel Kohle, wie es dem gesamten heutigen Weltenergieverbrauch entspricht, in flüssigen Kraftstoff verwandelt, die Kohleförderung also auf ein Vielfaches des heutigen Niveaus steigert. Die Prozeßwärme dazu liefern der Brutreaktor und großtechnische Sonnenenergie – auch diese beiden zusammen erzeugen noch einmal soviel Energie, wie heute insgesamt in der Welt verbraucht wird. Die Symbiose von Kohle, Kern- und großtechnischer Sonnenenergie schafft vielfachen Ersatz für das in Zukunft knappe Öl.

Häfele macht nach dieser Darlegung darauf aufmerksam, daß er einerseits ein Minimum an Bedarf geschätzt hat, andererseits ein Maximum technisch überhaupt herstellbarer neuer Energiequellen: «Das Schließen der Bedarfs-Angebotsschere wird bis zum Jahre 2030 vielleicht gar nicht möglich sein.» Dann wendet er sich den Kosten dieses Programms zu und errechnet, daß «allein für Energiezwecke der Kapitalstock im Jahre 2030 vierzig Teradollar gleich Vierzigtausend Milliarden US $ betragen muß».

Offenbar sind hier 1970er Dollars gemeint; Häfele bezieht sich im folgenden auf ein Weltbruttosozialprodukt von 3,6 Teradollar im Jahre 1970. Würde dieses Sozialprodukt bis zum Jahre 2030 im gleichen Verhältnis ansteigen wie der Energieverbrauch, also auf gut das Viereinhalbfache, so erreichte es 17 Teradollar. Diese 17 Teradollar nun nennt der Autor als ein realistisches Ziel für das Weltbruttosozialprodukt des Jahres 2030, ohne die sich so ausdrückende, üblicherweise unterstellte Proportionalität zwischen Sozialprodukt und Energieverbrauch ausdrücklich zu erwähnen. Anstieg von Weltsozialprodukt und Energieerzeugung in diesem Szenario entsprechen durchschnittlich etwa 3 % pro Jahr.

Häfele weist nun darauf hin, daß die Gesamtinvestitionen weltweit etwa den 2,5fachen Wert eines jährlichen Sozialproduktes haben, daß wiederum ein Viertel dieses Investitionskapitalstocks Energieinvestitionen sind, daß also die Summe aller Energieinvestitionen gut 60 % eines jährlichen Sozialproduktes ist. Würde man weiter den gleichen Anteil am Weltsozialprodukt in Energieinvestitionen stecken wie bisher, dann würden diese Investitionen im Jahr 2030 gut 60 % des bis dahin erreichten Sozialproduktes von siebzehn Teradollar sein, das heißt 10 Teradollar, zehntausend Milliarden 1970er US $. Der Autor schließt: «Wir brauchen aber 40 Teradollar. Der Fehlbedarf von 30 Teradollar kann nur von eingeschränktem Konsum kommen. Beginnen wir heute damit, unseren Konsum einzuschränken, dann müßten wir eine Reduktion von 12 % der Konsumrate in Kauf nehmen; wenn wir aber erst in 15 Jahren mit der Einschränkung beginnen, dann müssen wir unsere Konsumrate um 25 % reduzieren.»

Das also ist die Botschaft dieses Energieweltbildes: Die Menschheit muß in Zukunft alle nur erdenklichen Reserven an Kapital und Technik mobilisieren, um auch nur «das reine Minimum» des Energiebedarfs in 50 Jahren zu sichern.

Wer immer der Energieideologie verfallen ist – und das ist fast ausnahmslos das gesamte Establishment der Industrieländer –, dem erscheint diese Analyse ausgewogen, die Konsequenz unvermeidlich. Es wird keine bestimmte Technik fetischisiert, die frühen Tage der Kernenergieanbetung sind gezählt, alles was als machbare Technik absehbar ist, muß mittelfristig eingesetzt werden. Die kühnen Zukunftsträume der Kohlevergasung mit Hochtemperaturreaktor oder des Fusionsreaktors gelten für den Zeitraum der nächsten fünfzig Jahre als zu unsicher. Die neuen Alternativenergien haben ihren Platz bekommen. Man besinnt sich angesichts der versiegenden Öl- und Erdgasquellen auf die immer noch sehr großen Kohlereserven, deren Förderung freilich zunehmend wirtschaftliche und ökologische Probleme bringt.

Auch international ein ausgewogenes Bild: eine nur mehr geringe Steigerung des Pro-Kopf-Verbrauchs an Energie von 1 % pro Jahr in den USA, von unter 2 % pro Jahr in den übrigen Industrieländern. Es muß alles getan werden, um den Energieverbrauch – bekanntlich ein Maß für Lebensstandard – der Entwicklungsländer dem der Industrieländer anzugleichen, doch soll man sich wiederum keine Illusionen machen, daß bereits in 50 Jahren eine völlige Angleichung zu erreichen sei. Die Problemgebiete Indien und Afrika werden in dieser Zeit realistischerweise nur einen «mit Sicherheit nicht akzeptablen» Pro-Kopf-Verbrauch erreichen können.

Es treffen halt im Zeitraum der nächsten zwei Generationen drei historische Gegebenheiten zusammen: einmal der massive Anstieg der Bevölkerung der Entwicklungsländer, zum anderen die Aufgabe, sie qua Energie als Grundlage aller Industrialisierung aus ihrem Elend zu befreien, zum dritten die Erschöpfungen der billigen Energiequellen, die von den Menschen zunächst ausgebeutet wurden, also die rasante Verteuerung der Energie. Daraus ergibt sich zwangsläufig eine Energiekraftanstrengung von der Dimension einer industriellen Revolution.

Ausgewogen erscheint das Bild dem, der wirtschaftliches Geschehen nur in den Industrieländern und seit einigen Jahrzehnten ausmachen kann. Er weiß um zwei Apriori, die nicht erst genannt zu werden brauchen, da jeder sie kennt:

- Einmal beruht das Elend der Entwicklungsländer auf zu geringer Technisierung und auf der Bevölkerungsexplosion, deren Ursache wiederum die Antibiotika sind.
- Zum zweiten sind Energieverbrauch und Sozialprodukt proportional, und die Versorgung mit Gütern ist in Sozialprodukt meßbar.

Da man aber sukzessive von ökologischer Bedrohung, von Lebensqualität und struktureller Wirtschaftskrise gehört hat, kann man schlechterdings den Industrieländern nicht weiterhin fünfprozentige Wachstumsraten prophezeien. Angesichts der beiden Apriori ist es logisch, solche Wachstumsraten statt dessen den Entwicklungsländern zu verordnen, bis das Nord-Süd-Gefälle planiert ist. Die allgemeine Ratlosigkeit, was denn nun in den Industrieländern geschehen werde, setzt sich in irgendwelche willkürlichen, «geringen» Wachstumsraten um.

Wie noch nicht einmal halbwahr das erste Apriori, die geschichtslose Erklärung des Elends der Entwicklungsländer ist, daran habe ich im Zusammenhang mit der Darstellung der «mittleren Technologie» erinnert. Dort habe ich auch mit Analysen und Zeugnissen belegt, daß und warum in den Entwicklungsländern die Erkenntnis gewachsen ist, die Versuche zur Industrialisierung nach westlichem Vorbild müßten katastrophale Folgen haben; die kritiklose Übernahme des zweiten Aprioris hatte zu diesen Versuchen geführt. Das Sozialprodukt eignet sich nicht als vergleichendes Maß für die Versorgung einer Bevölkerung mit Gütern, die in einer dezentralisierten, kleintechnischen, vorwiegend auf einer nur mäßig technisierten Landwirtschaft beruhenden Wirtschaft erzeugt werden, wie sie dem Konzept der «mittleren Technologie» entspricht. Auch der durch dieses Konzept umschriebene, etwa dem chinesischen Wirtschaftsaufbau entsprechende Weg aus dem Elend verlangt ein höheres Energieniveau als die heutigen 0,2 kW pro Kopf der meisten Entwicklungsländer; doch ist dieses höhere Niveau durchaus im wesentlichen bei planvollem Aufbau dezentraler, kleintechnischer, moderner Anlagen für Biogas, Wind- und Sonnenenergie erreichbar, mit einer überschaubaren Industrie, die im Land selbst geschaffen werden kann. Einmal ganz abgesehen von der vielberufenen Qualität des Lebens würde eine solche Wirtschaft auch bei einem Energieniveau noch unterhalb 1 kW pro Kopf eine weit über die biologischen Bedürfnisse hinausreichende Güterversorgung ermöglichen, von der die überwältigende Mehrzahl der Menschen in den Entwicklungsländern bei Verwirklichung des Häfeleschen Szenarios ausgeschlossen wäre; wenn es überhaupt zu verwirklichen wäre, dann nur von einer Bevölkerung, die trotz härtester Arbeit ihre weitere Entwurzelung auch noch mit weiterem materiellen Elend bezahlen müßte.

Das ist schnell gezeigt, wenn ich auch ein Szenario entwerfen darf, das auf dem von Häfele aufbaut. Ich nehme alles für bare Münze, was an Technik der Energieerzeugung und an deren Kosten in das Szenario eingeflossen ist, ganz so, als resultierten die 40 Teradollar (Basis 1970), die weltweit bis 2030 für Energieinvestitionen aufgebracht werden müssen, naturgesetzlich aus den 35 TW Energieerzeugungskapazität, die als «reines Minimum» bis 2030 zu erstellen sind. Bei dem, was ich zeigen will, kommt es auf einen Schnaps nicht an.

Ich muß nun zwei Annahmen treffen, nämlich über die Verteilung der Investitionskosten und des Sozialproduktes im Jahre 2030 auf die verschiedenen Weltregionen, deren Energiebedarf im Szenario geschätzt wurde; der Autor sagt dazu nichts aus. Ich nehme kurzerhand an, daß sich die Investitionskosten und auch das Sozialprodukt proportional zur Energieerzeugungskapazität auf die Regionen verteilen. Ich greife nun einmal die ärmsten Regionen, Indien und Afrika, heraus und ziehe die drei reichsten Regionen, also Nordamerika, Westeuropa und Japan, den Ostblock, zur industrialisierten Welt zusammen. Für die 5,2 TW der Region Indien und Afrika wären entsprechend etwa 6000 Milliarden 1972er US $ oder meinetwegen 6 Teradollar aufzubringen, für die 18,5 TW der industrialisierten Welt wären es 21 Teradollar. Von den 17 Teradollar Weltsozialprodukt im Jahre 2030 entfallen 2,5 Teradollar auf Indien und Afrika, 8,8 Teradollar auf die industrialisierte Welt.

Diese Annahmen begünstigen die Region Indien und Afrika auf eine sicher unrealistische Art. Fast 90 % der 40 Teradollar Weltenergieinvestition entfallen nach Häfeles Schätzung auf die technologieintensiven Großtechniken Leichtwasserkernkraftwerke und Kohlehydrierungsanlagen mit Brutreaktoren oder mit großtechnischer Sonnenenergie. Solche Anlagen sind in jedem Fall in hochindustrialisierten Regionen billiger zu erstellen als in einem armen Land, gleich, ob dieses arme Land die hochwertigen Anlagenteile importiert oder sich mühsam eigene Fabrikationsstätten solcher Supertechnik aufbaut. Ich unterstelle, daß das in dem Häfeleschen Szenario ausgedrückte Konzept der Industrialisierung der Entwicklungsländer nicht etwa so aufzufassen ist, als ob der Treibstoffbedarf der Entwicklungsländer von Hydrierungsanlagen gedeckt wird, die in den Industrieländern entstehen. Wäre es so gemeint, könnte ich mir weitere Kommentare ersparen, es zeigte sich dann unmittelbar ein krasser Neokolonialismus, in dem die Industrieländer zu allem Überfluß auch noch OPEC spielen dürften. Ich gehe also davon aus, daß die Industrialisierung der Entwicklungsregionen ernst gemeint ist, die Investitionen für ihre Energieversorgung auch in der jeweiligen Region getätigt werden. Dann müßten nach voraufgehender Überlegung Indien und Afrika überproportional für ihre Terawatts zahlen, sie sind also mit meinem Ansatz von 6 Teradollar zuvorkommend bedient.

Leider völlig unrealistisch zuvorkommend bedient sind sie mit dem – der berühmten Proportionalität zwischen Energieverbrauch und Sozialprodukt entsprechenden – Ansatz von 2,5 Teradollar Sozialprodukt im Jahr 2030. Während die angesetzten 8,8 Teradollar (Basis 1970) Sozialprodukt der Industrieländer einem mittleren Wachstum von knapp 2 % entsprechen, knapp einer Verdreifachung gegenüber 1970, müßte sich das Sozialprodukt der Region Indien und Afrika etwa verzwanzigfachen, entsprechend einem Wachstum von 5 % pro Jahr. Da in dem Szenario diese Region auch die der großen Bevölkerungsexplosion ist, sie zwei Drittel des Bevölkerungszuwachses der Welt hervorbringt, ihre Bevölkerung bis 2030 fast vervierfacht, ist sie auch mit den verzweifeltsten Verelendungsproblemen bedroht, und es gibt keinen Ansatzpunkt für ein Wirtschaftswachstum, das auch auf den Kopf der Bevölkerung umgerechnet noch zu einer Verfünffachung des Sozialproduktes führt. Ich habe ein veritables Wirtschaftswunder unterstellt.

So frage ich zunächst, ob die Industrieländer die Energieinvestitionen von 6 Teradollar dieser armen Regionen mit Entwicklungshilfe finanzieren könnten. Dann müßten die Industrieländer, wie man leicht nachrechnen kann, dafür 2 % ihres gesamten, von jetzt ab bis zum Jahr 2030 gemäß diesem Szenario erwirtschafteten Sozialproduktes zur Verfügung stellen. Zur Zeit geben sie 0,3 % ihres Sozialproduktes für Entwicklungshilfe aus. Da schließlich die Energieversorgung Indiens und Afrikas nicht das einzige Entwicklungsproblem ist, die Industrieländer aber allein zur Finanzierung dieses kleinen Ausschnitts ihren Entwicklungshilfeprozentsatz verachtfachen müßten, darf ich den Entwicklungshilfebeitrag wohl vergessen.

Also frage ich, ob Indien und Afrika sich selbst helfen, ihre Energieinvestitionen von 6 Teradollar selbst finanzieren können? Immer unter der Voraussetzung des veritablen Wirtschaftswunders, das ihnen 5 % jährliches Wachstum und somit 2,5 Teradollar Sozialprodukt im Jahr 2030 beschert, müßten sie ein Achtel des gesamten von 1970 bis 2030 erwirtschafteten Sozialproduktes in die Energieinvestitionen stecken. Da sie aber ein Vielfaches der Energieinvestitionen zusätzlich in Konsum- und Investitionsgüterindustrie investieren müßten, um mit der Energie auch etwas anfangen zu können, bliebe für die Bedürfnisse der Menschen nicht viel von dem

Sozialprodukt übrig, das insgesamt auch bei dem unterstellten Wirtschaftswunder ohnehin kaum mehr als ein Zehntel des heutigen Pro-Kopf-Sozialproduktes der westlichen Industrieländer wäre. Den Nachfahren der Inder und Afrikaner des Jahres 2030 winkten dann die so unvergleichlichen Genüsse der heutigen industrialisierten Welt, die Generationen bis zum Jahr 2030 müßten das mit unsagbarem Elend bezahlen. Wer mit 100 $ im Jahr auf dem Land auskommen muß, erleidet nicht das gleiche Elend wie der, dem diese Summe zum Leben reichen soll in den industriellen Zentren, ohne die eine großtechnische Industrialisierung nicht denkbar ist. Die Industrialisierung Westeuropas war grausam für die proletarisierten ehemaligen Kleinbauern und Handwerker, aber die Wachstumsraten, die aus ihnen herausgepreßt wurden, waren sehr milde gegen die, die in unserem Szenario für Indien und Afrika unterstellt werden, und die kulturellen Voraussetzungen waren besser.

Ich werfe nun alle Bedenken über Bord, Neokolonialismus hin und her, es geht darum, über Energie die Zukunft der Entwicklungsländer zu sichern. Also sollen das die Industrieländer machen, gleich ob sie nun die Kohleverflüssigungsanlagen daheim bauen und die Entwicklungsländer OPEC-artig beliefern oder ob sie etwa über multinationale Konzerne in Entwicklungsländern investieren und so deren Wirtschaft beherrschen. Sie als die einzigen, die über Kapital verfügen, investieren in die Energie der Zukunft für die ganze Welt, außer für die OPEC-Länder, die das mit ihren Petrodollars machen. Dann müßten die Industrieländer 6,5 % ihres gesamten, von jetzt bis 2030 anfallenden Sozialprodukts in ihre eigene Energieversorgung stecken, 5,5 % zusätzlich in die der Entwicklungsländer, also insgesamt ebenfalls ein Achtel ihres gesamten Sozialproduktes. Oder anders ausgedrückt: Das von ihnen in Energieinvestitionen gesteckte Kapital ist das 4,4fache ihres Sozialproduktes im Jahre 2030, das ist siebenmal das heute übliche Verhältnis von 0,6. Nun wird aber nicht nur die Energie teurer, ihre Verteuerung ist nichts als ein Ausdruck der Plünderung des Planeten. Die meisten Rohstoffe werden knapper; wenn sie zur Zeit noch billig sind, dann liegt das nur an der gleichen Kurzfristigkeit wirtschaftlichen Handelns, die uns auch jetzt noch eine Ölschwemme beschert. Die bisher kostenlose Luft und das Wasser werden teuer, weil man

sie nur noch nach aufwendigen Reinigungsmaßnahmen wird verbrauchen können. Die Bürger beginnen, jeden Fußbreit Landes zu
verteidigen gegen Industrie und Verkehrsadern; auch das setzt sich
in Verteuerung um. Kurz, auch die Investitionen, die nötig sind, um
mit der Energie etwas anfangen zu können, werden teurer – der
Nettoeffekt dieses Investitionsprogramms wäre ein Vielfaches von
jenem «Konsumverzicht», den Häfele mit 12 % bezifferte, wenn
jetzt gleich mit dem Energieprogramm begonnen würde, und mit
25 %, wenn wir noch 15 Jahre warteten. Dieses Vielfache jenes
Konsumverzichts käme einer Kriegswirtschaft im Frieden gleich.
Die Menschen in den Industrieländern würden nicht verelenden wie
die der Entwicklungsländer, sie wären aber nur mit dem Polizeiknüppel dazu zu bringen, ihren Konsum zu halbieren, wenn es nicht
um eine grundsätzliche Umgestaltung der Lebensverhältnisse geht,
sondern darum, die Gesellschaft industriellen Wachstums zu stabili-
sieren.

Das Häfelesche Szenario ist hilfreich – wenn man es vom Kopf auf
die Füße stellt, um zu zeigen, daß nicht nur ökologische und soziokulturelle Gründe gegen die Energiesucht sprechen, sondern daß
das Kapital für weitere massive Energiefizierung nicht aufgebracht
werden wird; es sei denn mit Methoden, die sich in Entwicklungs-
wie in Industrieländern brutal, wenn auch auf unterschiedliche Weise, gegen die Bevölkerung richten; hier Massenelend, dort Polizeistaat.

Eine Energiekriegswirtschaft oder auch nicht

Nun wäre dieses Szenario nicht der Rede wert, wenn es nicht
einerseits die vagen Vorstellungen der Macher in Politik, Wirtschaft,
Wissenschaft in konkrete Zahlen umsetzte, andererseits mit dem
Flair des visionären Realismus, der bei aller Nachdenklichkeit den
letzten Endes noch geraden Weg aus der Sackgasse weist, wieder auf
die Vorstellungswelt dieses Establishments zurückwirkte, so kon-
kret Zukunft mitbestimmt. Wolf Häfele steht hier nur stellvertre-
tend für eine internationale Zunft von Visionären, die kommunizie-
rend gleichsinnige Zukünfte entwerfen. Forscht man nach etwaigen

Defekten in dieser Vorstellungswelt, dann ist zunächst einmal einer auffallend: Menschen kommen nur als statistisches Material vor, sie werden über Relationen von Bruttosozialprodukt und Energieverbrauch mit ihrem Wohlergehen korreliert, subtileres gesellschaftliches Verhalten gehört nicht zum Thema. Weiter fällt ein geschichtloses Verständnis von Wirtschaft in die Augen.

So werden in dem Häfele-Szenario die für Nordamerika angesetzten Wachstumsraten des Energieverbrauchs von nur 1 % pro Jahr, bezogen auf den Kopf der Bevölkerung, kommentiert: «also praktisch ein Nullwachstum». Dieses praktische «Nullwachstum» erhöht den Pro-Kopf-Verbrauch im betrachteten Zeitraum von gut 50 Jahren um 50 %, was angesichts des zusätzlichen Bevölkerungswachstums den gesamten Energieverbrauch verdoppelt. Verfolgt man den Energieverbrauch der USA um 50 Jahre zurück, so sieht man, daß in dem Zeitraum von der Mitte der zwanziger Jahre und bis zu der Mitte der siebziger Jahre der Pro-Kopf-Energieverbrauch im Schnitt um etwa 2 % pro Jahr angestiegen ist. Die kurze, weltgeschichtlich einmalige Periode der Nachkriegswachstumsraten von Sozialprodukt und Energieverbrauch hat jeglichen Sinn für langfristige Perspektiven verscheucht. Kaum mehr als 1 % pro Jahr, «also praktisch Nullwachstum», war das mittlere Wachstum des Sozialproduktes pro Kopf in den 40 ungestörten Friedensjahren, die vor 1914 die goldenen Jahre wirtschaftlichen Aufschwungs des deutschen Kaiserreiches waren. Schaut man vom eigentlichen Beginn unserer Nachkriegsära, 1950, um 75 Jahre zurück bis zur Zeit des Beginns dieser goldenen Ära, dann war die jährliche Pro-Kopf-Wachstumsrate im Mittel gar nur 0,8 %.[12] Ähnliches gilt für alle westlichen Industrieländer. Mit Wachstumsraten um 1 %, «also praktisch Nullwachstum», ist die Industrialisierung gemacht worden; erst in der Nachkriegszeit schnellten die Raten auf die 5 % pro Jahr hoch, die nun den Entwicklungsländern für die nächsten 50 Jahre angedient werden.

Völlig ignoriert wird die Erfahrung, daß die zum Wachstum notwendige Kapitalbildung für die Masse der Bevölkerung erst erträglich wurde, als ein breites industrielles Fundament geschaffen war, auf dem sich die Produktion ausbreiten konnte und so auch die arbeitenden Menschen zu Konsumenten dieser Produktion wurden.

Ignoriert wird, daß die hohen Wachstumsraten erst möglich waren, als die ganze Bevölkerung zu Konsumenten der industriellen Produktion wurde. Fast ein Jahrhundert lang, von Ende des achtzehnten bis in die zweite Hälfte des neunzehnten Jahrhunderts brachte die Industrialisierung in Westeuropa eine Verelendung der entwurzelten, proletarisierten Menschen mit sich, wie sie vergleichbar zuvor nur als Folge langer Kriege bekannt war. Das goldene Zeitalter zwischen 1871 und 1914 war die Zeit, in der eine organisierte Arbeiterschaft materielle Rechte erkämpfen konnte, da ihre Väter mit Schweiß und Tränen, auch mit Blut, die Fundamente der Industrialisierung zusammengeschuftet hatten. Die Sowjetunion hat die Industrialisierung schneller geschafft, bei höheren Wachstumsraten, doch zu welchem Preis? Die gewaltsame Industrialisierung erforderte einen Diktator wie Stalin. Die gewiß nicht zimperlichen Chinesen konnten mit ihren Menschen schon wenige Jahre nach Ende des Bürgerkrieges vergleichsweise behutsam umgehen, weil sie aus der Geschichte gelernt hatten und einen Weg wählten, bei dem der wirtschaftliche Aufbau nicht auf dem Rücken eines hungernden Volkes zunächst einmal zur Kapital fressenden Großindustrie führte, sondern dezentral und kleintechnisch Hand in Hand ging mit der Befriedigung zumindest der biologischen Bedürfnisse eines der bis dahin ärmsten aller Völker. Und sie konnten ihr Bevölkerungswachstum eindämmen, weil das klassische Motiv für Kindersegen entfiel, die Alterssicherung von der Gesellschaft übernommen worden war.

Die Chinesen haben ihr frugales, aber ausreichendes Essen bei einem Pro-Kopf-Energieverbrauch von 0,5 kW, dazu Fahrrad und manche Nähmaschine; dies, obwohl sie in den nur knapp drei Jahrzehnten ihres wirtschaftlichen Aufbaus gewiß auch Kapital akkumulieren mußten, nicht alle Arbeit in Konsum verwandeln konnten. Die Inder haben statt dessen modernste riesige Stahlwerke und Atomkraftwerke importiert und eine unsagbare Verelendung; es blieb bei 0,2 kW pro Kopf. Ihnen in fünfzig Jahren einen großtechnisch erzeugten Energieverbrauch von 1,4 kW pro Kopf anzudienen und noch entschuldigend das für sie als «mit Sicherheit nicht akzeptablen Wert» zu erklären, ist – wie sag ich's höflich? – Gedankenlosigkeit. Es wäre eine erlösende Aussicht für die Inder, wenn sie

sicher sein könnten, im Jahre 2030 all ihre Menschen mit der dürfti-
gen, aber vor dem grausamen Zwicken der biologischen Bedürfnisse
bewahrenden Nahrung, Kleidung, Wohnung der heutigen Chinesen versorgen zu können und mit deren Fahrrad. Dazu braucht man,
wie bewiesen, 0,5 kW pro Kopf, und zwar kleintechnisch. Nur die
Kleintechnik könnte den Indern den Rest an traditionellen Strukturen, die ihnen das Kolonialregime noch belassen hat, als Grundlage
eines Neubeginns bewahren. Indien hat wie China Kohle – damit
und mit moderner Kleintechnik, Biogas, Sonne und Wind sind die
0,5 kW pro Kopf zu erreichen, und zwar mit der Arbeit der Menschen des Landes; es bedarf dazu keiner Supertechnik, die importiert werden muß. Bei diesem Niveau ist die Kohleverbrennung
auch ökologisch beherrschbar.

Nach Jahrzehnten des Widerstreites hat sich die indische Regierung zu dem kleintechnischen Weg entschlossen[13]; sie wird wenig
Chancen haben, diesen Weg gegen die vereinten Interessen der
Industrieländer und heimischer Eliten durchzusetzen. Die Visionäre der Großtechnik liefern, soweit ich sie kenne, eher unbewußt als
bewußt den ideologischen Kleister für diese großtechnischen Interessen.

Was machen die Ägypter mit dem elektrischen Strom ihres Super-
energieprojektes, des Assuan-Staudammes, der ihnen ihre landwirtschaftliche Basis ruiniert? Beleben sie ihre Wirtschaft damit, schaffen sie Arbeitsplätze? Sie verwandeln mit dem Strom Bauxit in
Aluminium, einer der energieintensivsten und am wenigsten arbeitsintensiven industriellen Prozesse. Und auch mit dem Aluminium können sie im Land nichts anfangen, sie bezahlen damit den
Russen die Baukosten des Staudammes. Die Energievisionäre haben
ihnen dieses nutzlose nationale Unglück aufgehalst; nutzlos freilich
nicht für die Abnehmer des Aluminiums.

So können und werden die «globalen Lösungen unserer Energiesorgen» ausgehen, von denen ein anderer Visionär, Eduard Pestel,
kürzlich schrieb, die «Bürgerinitiativen sollten dafür positiv wer-
ben, aber gleichzeitig über die riesigen wirtschaftlichen Opfer auf-
klären, die ohne Zweifel nach unseren heutigen Erkenntnissen von
der Generation zu erbringen sind, die diese gewaltige Unternehmung für das Wohlergehen unserer Nachkommen auf sich

nimmt»[14]. Gemeint sind riesige Sonnenkraftwerke und Kolonien von «Hunderten von Brutreaktoren in den großen Wüsten Afrikas oder in der menschenleeren Inselwelt der Südsee», die unserem Land die Kernreaktoren ersparen könnten.

Im vorhergehenden Kapitel habe ich dem gleichen Eduard Pestel Einsicht attestiert in die kurzfristige Entwicklung des Energieverbrauchs der Bundesrepublik. Sollte man da nicht auch seinen langfristigen Visionen vertrauen? Diese Frage führt näher an den Kern des Energieproblems.

Die Atomenergiedebatte hat unter anderem dazu geführt, daß die berühmte Proportionalität zwischen Bruttosozialprodukt und Energieerzeugung, die Ratio der Energiepropheten, durchleuchtet wurde. Darum hat sich unter anderen auch Pestel verdient gemacht. Zwar wird von den Kanzeln der Regierenden und Wirtschaftsführenden weiterhin das eherne Gesetz der Proportionalität verkündet; von der seriöseren Wissenschaft ist es längst als Folge der abgelaufenen Periode sehr niedriger Energiepreise entlarvt worden; diese niedrigen Preise haben in wechselnder Folge neue energieintensive Techniken provoziert. Keineswegs besteht über die ganze Breite wirtschaftlicher oder auch nur industrieller Aktivitäten der gleiche Zusammenhang zwischen Energieverbrauch und Anteil am Sozialprodukt; in der bundesdeutschen Industrie wird in den energieintensiven Branchen, die nur ein Zehntel der industriellen Arbeitsplätze stellen, je Arbeitsplatz gut vierzigmal soviel Energie verbraucht wie im Schnitt in allen übrigen Industriezweigen. Zudem ergaben sich Sättigungen; in den USA hat der Energieverbrauch relativ zum Sozialprodukt daher schon seit einer Reihe von Jahren sinkende Tendenz.

Diese Erkenntnisse wurden im wesentlichen nur unter kurzfristigen – im Zeithorizont von Politikern und Wirtschaftlern mittelfristigen – Aspekten der Energieeinsparung diskutiert; gewiß eine nützliche Diskussion, die aber, wie vieles in der Atomdebatte, Grundsätzlicheres verdrängte. Die Debatte um Energieeinsparung ist gar nicht so weit von einem Konsens entfernt, der bei 10 bis 15 % Einsparungsmöglichkeiten liegt. Das ist schon bedeutsam, bedenkt man etwa, daß zur Zeit Elektrizität nur gut 10 % Anteil am Energieverbrauch der Bundesrepublik hat und daß Kernenergie, zumindest bis Ende dieses Jahrhunderts, praktisch nur zur Stromerzeugung eingesetzt werden kann. Die Energieeinsparung schlägt hohe Wellen – auch wegen der Frage, ob sie etwa, energisch betrieben, die Kernenergie vorläufig überflüssig machen könnte. Diese kurzfristige Sicht hat eine langfristige Betrachtung der Relation Sozialprodukt-Energieverbrauch gar nicht erst aufkommen lassen.

Die Energieeinsparung von 10 bis 15 % ist einfach deswegen in Zukunft wirtschaftlich, weil sich die Energiepreise erhöht haben. Der Wert 10 bis 15 % ist aber eine Grenze, die nur gilt, wenn sie, und das ist ja unser kurz- bis mittelfristiges Problem, angewendet wird auf unsere technisch-wirtschaftlichen Strukturen, die nun einmal unter der Prämisse billiger Energiepreise entstanden sind. Würde man technisch-wirtschaftliche Strukturen ganz neu bei hohen Energiepreisen gestalten, dann wäre eine wesentlich andere Relation zwischen Sozialprodukt und Energieverbrauch zu erwarten. Wie flexibel die Relation ist, erkennt man beispielsweise daran, daß die amerikanische Politik extrem niedriger Energiepreise dort einen doppelt so hohen Energieverbrauch pro Kopf hervorgebracht hat wie in der Bundesrepublik, bei etwa gleichem Sozialprodukt pro Kopf.

Wir lassen einmal die Frage Großtechnik oder «mittlere Technologie» ganz beiseite. Nehmen wir unabhängig davon an, die Relation zwischen Sozialprodukt und Energieverbrauch in der heutigen Bundesrepublik einerseits und die einer erst in Zukunft zu schaffenden, unter hohen Energiepreisen entstehenden techno-ökonomischen Struktur der Region Indien und Afrika andererseits unterschieden sich um den gleichen Faktor zwei wie die von USA und Deutschland heute. Das ist gewiß keine abenteuerliche Annahme. Dann würde der von Häfele prophezeite Wert von 1,4 kW pro Kopf für jene Region im Jahre 2030 einem Pro-Kopf-Sozialprodukt entsprechen, wie wir es in Deutschland um 1960 hatten, als unser Pro-Kopf-Energieverbrauch etwa das Doppelte von 1,4 kW war. Wir hockten damals nicht mehr auf Bäumen; 40 % der Haushalte in der Bundesrepublik kochten bereits mit Strom, verbrauchten damit dreimal soviel Energie wie bei Kochen etwa mit Gas, verbrauchten damit allein zum Kochen pro Kopf so viel Energie, wie dem Afrikaner und Inder insgesamt heute im Durchschnitt zur

Verfügung steht, industrielle Tätigkeit, Verkehr, alles eingeschlossen.

Das Beispiel beleuchtet drastisch, wie ärgerlich diese schnellen Visionen sind, die den Entwicklungsländern vorgaukeln, es gehe um Energie, Energie, Energie, wolle man auch nur einen Lebensstandard erreichen, der noch «mit Sicherheit für diese Weltbereiche nicht akzeptabel ist»; ärgerlich ist es auch, dem so verordneten Energiekraftakt den sympathisch mahnenden Stempel «Konsumverzicht» aufzudrücken. Folgt man allerdings solchem Rat, baut unter großen Opfern eine Superenergieversorgung, dann zieht das auch energieintensive Technik nach – siehe Assuan. Und dann wäre die Proportionalität von Sozialprodukt und Energieverbrauch wieder einmal bewiesen.

Das Beispiel hat aber keineswegs nur Bedeutung für Entwicklungsländer, durchaus auch für die Industrieländer, denen ja ebenfalls ein Kraftakt von kriegsindustriellen Ausmaßen zugemutet wird, Pestels «riesige wirtschaftliche Opfer für das Wohlergehen unserer Nachkommen», die für die «globale Lösung unserer Energiesorgen» zu erbringen sind.

Unsere technisch-wirtschaftlichen Strukturen sind vorhanden, sie lassen auf kurze Sicht im Verein mit unseren Gewohnheiten kaum mehr Einsparung zu als jene 10 bis 15 %, einverstanden. Aber sie sind in zwei Jahrzehnten entstanden, müssen sie auch das Jahr 2030 bestimmen? Keine heutige Maschine, kein Kraftwerk, kein Auto und kein chemischer Reaktor werden im Jahr 2030 noch arbeiten, und wer im Jahr 2030 Auto fährt, hat heute noch keinen Führerschein. Warum eigentlich soll sich unsere techno-ökonomische Struktur in der gleichen Richtung weiterentwickeln? Sie entstand, bevor die durch sie hervorgerufene Plünderung des Planeten ruchbar wurde, sie entstand auch bei aus Sicht des Jahres 2030 lächerlichen Energiepreisen. Warum auch sollen sich unsere Gewohnheiten in der gleichen Richtung weiterentwickeln, wo doch das Übermaß an Wegwerfverpackung den Leuten, die sie schon lange nicht mehr wollen, nur mehr aufgezwungen wird? Warum sollte eine auch nur ökonomischen Gesetzen gehorchende Wirtschaft nicht Strukturen erbringen, die halb oder ein Drittel soviel Energie für ein gleiches Maß an Versorgung mit sinnvollen Gütern fordern wie heute, wo doch die vergleichsweise bescheidenen Unterschiede in den Energiepreisen Amerikas und Westeuropas schon einen Faktor zwei hervorgerufen haben?

Das sind Fragen, die sich die auf kurzfristige Energieeinsparung Fixierten nicht stellen. Sie sehen, daß der Dieselmotor im Auto eine sichtbare Einsparung bringt, wie all jene Maßnahmen, die sich insgesamt zu 10 bis 15 % addieren. Es ist gut, daß sie das sehen. Aber sie können sich nicht vorstellen, daß bis ins Jahr 2030 einmal Ernst gemacht wird mit der Verdrängung der Autoseuche aus den Städten, daß einmal Ernst gemacht wird, die Volkswirtschaft und Umwelt von einem Fernlastwagenverkehr zu erlösen, der nur deshalb einzelwirtschaftlich konkurrenzfähig ist, weil er die Unwirtschaftlichkeit des Konkurrenten Bundesbahn hervorruft und festschreibt, weil ihm die ökologischen Folgen nicht aufgebürdet werden, nicht die sozialen Kosten und nicht jene Energiekosten der Zukunft, für die wir aufgerufen werden, «riesige wirtschaftliche Opfer» zu erbringen. Sie können sich das nicht vorstellen, weil, wie Illich es formuliert hat, die Mittel sich in Zwecke verwandelt haben.

Die etablierten Visionäre können sich nur das Naheliegende vorstellen, mit geübtem kurzen Blick sehen sie auch in die Ferne, ihr flügelloser Geist schafft Saharen bedeckende Brutreaktor- und Sonnenparks, und den Menschen erscheint diese klägliche Degeneration der Vorstellungswelt als, ja, als Phantasie.

Wird die Diskussion einmal brenzlig, dann berufen die Visionäre den letzten Reißaus: sie drohen mit Entzug der Arbeitsplätze. Das wirkt. Ich komme noch darauf.

Es gibt keinen, gar keinen triftigen Grund, stillschweigend in die Voraussagen der langfristigen Zukunft die heutige oder eine um 15 % nach unten korrigierte Relation zwischen Sozialprodukt und Energieverbrauch einzubauen. Wird der Weg dieser Voraussage zum Entzücken der großtechnische Energiequellen produzierenden Industrie beschritten, und zwar jetzt sofort beschritten, wie uns aus Sorge um die Zukunft angeraten wird, dann wird das Pestelsche «Wohlergehen unserer Nachkommen» auch von dieser Relation bestimmt. Ich habe es schon gezeigt: Großtechnik ist eine self fulfilling prophecy!

Fragen wir weiter: Welches Wohlergehen beschert man eigentlich den Amerikanern damit, daß sie im Jahre zweitausenddreißig, bei nur 1 %, «also praktisch einem Nullwachstum» des Pro-Kopf-Energieverbrauchs, noch einmal um 50 % mehr Energie als heute verbrauchen sollen, das heißt dreimal soviel wie der heutige Bundesbürger, dreißigmal soviel wie der heutige Chinese? Nun, auch die Visionäre werden kaum behaupten, daß die Amerikaner damit ihre Lebensqualität verbessern, soviel weiß man heute. Sie werden diese Voraussage anders rechtfertigen, nämlich mit Realismus. Es wird nur langsam möglich sein, die Gewohnheiten der Menschen zu korrigieren, die Wirtschaft würde durcheinandergeraten, verordnete man ihr abrupt Nullwachstum. Einverstanden. Aber, die Visionäre legen die Menschen auf die Gewohnheiten fest, schwören sie auf eine nationale und weltweite Anstrengung ein, die nichts anderem dienen soll, als krampfhaft eine ziellose Wirtschaftsmaschinerie in Gang zu halten, deren einziges erkennbares Ziel, Wachstum, abgewirtschaftet hat. Es geht nicht um abruptes Umkehren, aber um Umkehren und nicht nur Verlangsamen. Es wäre eine sinnvolle Aufgabe der Zukunftszunft, im Blick auf das Jahr 2030 zu zeigen, wie die Amerikaner ohne Einbuße an Lebensqualität, auch bei Beibehaltung eines hohen Standards an materieller Güterversorgung, ihren Energieverbrauch unter das heutige Niveau senken könnten, statt ihnen ein wahnwitziges Energieprogramm weiszumachen.

Zum Nachdenken, auch zu erfinden, gäbe es die Fülle, aber auch die Visionäre müßten sich zunächst einmal die Menschen und ihre Geschichte anschauen, damit ihre Erfindungen und Zahlen Menschenfreundliches ausdrücken statt Massenelend und Polizeistaat, die sie selbst hinter ihren Zahlen nicht erkennen. Das Dumme ist, daß die menschenfreundlichen Erfindungen keine berauschenden Gigantismen abgeben. Geist versprühen ließe sich jedoch auch an der Frage, wie man elektrolytisch erzeugtes Aluminium ersetzen kann, und an Hunderten anderer, mit denen man den Energiekrieg vermeidet. Statt dessen lassen sich die Visionäre von «jungen Leuten», deren phantasievolles Klein-Klein sie jahrelang belächelt haben, nun zögernd und unwillig drängen, doch auch einige Sonnenkollektoren in eine Energievision einzubauen. Für kurzfristige Trendextrapolation gibt es die Macher, die ihre Maschine in Gang halten müssen. Die Aufgabe ist, deren Kurzatmigkeit nicht mit verschwommenen, gigantischen Trendextrapolationen zu verlängern, sondern ihnen eine präzise Phantasie entgegenzusetzen.

Es gibt keinen triftigen Grund, eine Energiekriegswirtschaft auszurufen. Aber angesichts der Drohung mit dieser Kriegswirtschaft, mit diesen «riesigen wirtschaftlichen Opfern für die globale Lösung unserer Energiesorgen» gibt es jeden Grund, statt des Häfeleschen «Konsumverzichts» für Energie über einen bei weitem weniger drastischen Konsumverzicht zur Energieeinsparung nachzudenken. Dieses Nachdenken kann sich nicht auf Schönheitsreparaturen wie Ersatz des Otto- durch den Dieselmotor beschränken, es muß schon den Autoverkehr mit erfassen. Statt zunächst einmal ein gigantisches Leichtwasserprogramm zu verwirklichen, dessen Stromerzeugung fast zur Hälfte zum energieverschwendenden elektrischen Kochen, Warmwasserbereiten, Heizen in die Häuser geschickt wird, dann die ökologischen Folgen durch ein gigantisches Fernheizungsprogramm zu reparieren, sollte man vielleicht mit einem Viertel solch gigantischer Dimensionen einmal an eine volkswirtschaftlich durchdachte Planung des Kollektors auf dem Dach gehen und so Langweiliges wie die Hausisolierung einbeziehen. Vermutlich stellt sich dessen wirtschaftliche Einsatzmöglichkeit dann ganz anders dar, als sie erscheint, so lange großzügiges Denken zu Großtechnik und kleinkariertes Denken zu Kleintechnik gehört. Und ein sanfter Druck in Richtung Sonnenheizung auf Hausbesitzer, um solch ein Programm auch in Gang zu bringen, erschiene vielleicht dann weniger gefährlich für unsere freiheitlich demokratische Grundordnung, wenn man ihn einmal mit dem Druck vergleicht, mit dem Kernkraftwerksgegnern das von ihnen gar nicht gewollte Kernkraftwerk aufgezwungen wird. Man könnte auch einmal über die langfristige Zukunft besonders energieintensiver Industrien und deren Produktionsprozesse nachdenken, zum Beispiel der Chemie, die ein Sechstel der industriellen Energie, fast die Hälfte des industriellen elektrischen Stroms in der Bundesrepublik verbraucht. Das ist sicher ein auch für unsere Zukunft lebenswichtiger Industriezweig, aber angesichts der katastrophalen ökologischen und gesundheitlichen Folgen einer hemmungslosen Ausbreitung chemischer Produkte in Haushalt und Landwirtschaft bezweifle ich sehr, ob es wünschenswert ist, daß die Chemie im Jahr 2030 noch die gleichen Mengen produziert wie heute, ergo noch die gleiche Energie verbraucht. Was wiederum nach einer wünschenswerten langfristigen Struktur der überindustrialisierten und überchemisierten, energiefressenden Landwirtschaft fragen läßt. Und so fort.

Solches Vorgehen allerdings verlangt, die Technik politisch zu begreifen, sie langfristig zu steuern, damit auch die Wirtschaftsstruktur politisch zu steuern und nicht nur mit globalen Mitteln. Das freilich riefe unweigerlich die Freiheit-oder-Sozialismus-Krieger auf, die Kainsmale «Systemveränderer» zu verteilen; vor diesen Malen fürchten sich auch Visionäre. Gegen eine Energiekriegswirtschaft hingegen hätten jene Krieger kaum etwas einzuwenden.

Aber es geht noch nicht einmal um das Steuern, es geht zunächst um nichts als den seriösen Versuch, die Frage eines sinnvollen Energiebedarfs im Jahre 2030 ernsthaft zu stellen und zu analysieren, und dann nach solchen Analysen einmal Szenarien zu entwerfen, um die Diskussion anzuregen. Man kann nicht ernsthaft daran zweifeln, daß es für das Jahr 2030 zumindest eine Option sein könnte, in den Industrieländern mit einem Pro-Kopf-Verbrauch von der Größenordnung auszukommen, wie wir ihn in der Bundesrepublik Deutschland am Anfang der sechziger Jahre hatten, also etwa 3 kW pro Kopf. Wohlgemerkt wäre damit sicher eine Güterversorgung heutigen Niveaus zu erreichen, wahrscheinlich eine wesentlich höhere, wenn eine entsprechende technisch-wirtschaftliche Strukturveränderung damit einherginge. Schon wäre der Energie-Krieg beendet, der Energieverbrauch der industrialisierten Welt würde, trotz des im Häfele-Szenario prophezeiten Bevölkerungsanstiegs, um ein Drittel unter den heutigen Stand sinken, statt auf das Dreifache hochzuschnellen. Wenn ein Drittel des Energieverbrauchs dann mit moderner Kleintechnik aus regenerierbaren, ökologisch unbedenklichen Quellen erzeugt würde, im wesentlichen also Heizen und Warmwasserbereitung, dann verbrauchte die industrialisierte Welt halb soviel großtechnische Energie wie heute. Das wäre ökologisch zu verkraften, gleich in welcher Mischung Großtechnik eingesetzt würde. In jedem Fall wäre Kohle langfristig die Hauptquelle; gegen einige hundert Kernkraftwerke, verteilt auf die industrialisierte Welt der nördlichen Hemisphäre, hätten in solchem

Konzept wohl nicht mehr viele Leute etwas einzuwenden, das ökologisch grausame Graben nach Teersand und Ölschiefer bräuchte nicht erst zu beginnen. In der Wüste hätten wir nichts zu suchen.

Es ginge überhaupt nicht darum, irgend etwas abrupt anzuhalten. Die Energieinvestitionen für das Jahr 1985 sind getätigt, sie werden ohnehin zu Ende geführt. In der weiterführenden Planung sollte man sich so lange auf Ersatzinvestitionen beschränken, bis die Optionen einmal ernsthaft in der Öffentlichkeit diskutiert sind. Die Lichter gehen so schnell nicht aus, und lieber einige Stromabschaltungen in der Spitzenlastzeit, als eine Kriegswirtschaft oder Folgen wie die des Assuan-Dammes.

Ist das ein verrücktes Szenario? Ist die langfristige Umgewöhnung von Menschen und Industrie, die Erkenntnis, daß in einer historischen Sekunde, in der Zeit nach dem Zweiten Weltkrieg, die Menschen den Bogen der Industrialisierung maßlos überspannt haben, verrückt? Oder ist es verrückt, angesichts dieser Erkenntnis mit dem Kopf durch die Wand zu wollen und den Menschen «riesige wirtschaftliche Opfer» zu predigen, den Energie-Krieg auszurufen? Welches Szenario, Häfeles oder meines, wird wohl den Menschen mehr Opfer abverlangen? Die Berufung auf Realismus zieht nicht, solange ein anderes Konzept als das großtechnische Wachstum gar nicht erst zur Debatte steht, oder vielmehr die, die es zur Debatte stellen, als Spinner abqualifiziert oder als Systemveränderer in die Ecke gestellt werden. Das großtechnische Wachstumskonzept ist unrealistisch, weder ökologisch noch wirtschaftlich durchzuhalten, soziokulturell verheerend. Von der Berufung auf Sicherung der Arbeitsplätze soll im letzten Kapitel die Rede sein.

Das Jahr 2100: Es gibt keine harmlose Großtechnik

Nun habe ich aber etwas Bedeutsames verschwiegen. Die Energiekriegswirtschaft wäre nämlich kein Dauerzustand, sondern ein einmaliges, freilich zwei Generationen währendes Opfer für «strategische Investitionen». Zu den Investitionen für Methanol-Herstellung mit Kern- und großtechnischer Sonnenenergie auf Kohlebasis, die im Jahre 2030 knapp 30 % der Energie bereitstellen, aber gut

75 % der Kosten des Energie-Kriegs verschlingen, bemerkt Häfele: «10 TW an Methanol, wenn sie auf Brüterbasis hergestellt werden, und 5 TW an Methanol, wenn sie auf Sonnenenergiebasis hergestellt werden, ergeben praktisch eine dauernde, praktisch unbegrenzte Versorgungsbasis. Es ist richtig, daß zunächst Kohle verbraucht wird, dies ist aber auf die Dauer nicht notwendig, wenn man zu einer reinen Wasserstoffwirtschaft übergeht.»

Hier offenbart sich die ganze Flatterhaftigkeit des Gedankenflugs der Visionäre. Mich laust der Affe, da wird in zwei Sätzen unterstellt, drei Viertel der Energiekriegs-Wirtschaftskosten seien eine einmalige Investition. Wie sich solch eleganter Dilettantismus dann in der etablierten Zukunftszunft ausbreitet, kann man wieder im zitierten Pestel-Absatz nachlesen, wo auch die «riesigen wirtschaftlichen Opfer» nur «von der Generation zu erbringen sind, die diese gewaltige Unternehmung für das Wohlergehen unserer Nachkommen auf sich nimmt».

Die Geschichte wiederholt sich. Es ist wie auf der ersten großen UNO-Konferenz über die friedliche Nutzung der Kernenergie vor zwanzig Jahren, als die Visionäre die Kernenergie zu praktisch Nulltarif handelten – ich bitte zurückzublättern.

Die «dauernde, praktisch unbegrenzte Versorgungsbasis» besteht im wesentlichen aus Brutreaktoranlagen, chemischen Fabriken, Sonnenenergieanlagen, alles hochgezüchtetste Technik. Zwei Drittel der Investitionskosten stecken in den Brüter- und chemischen Anlagen, die eine technisch-wirtschaftliche Lebensdauer von der Größenordnung von 30 Jahren haben werden, dann sind sie schrottreif. Es ist zwar richtig, daß es in Konsumgüter eingebauten Verschleiß gibt, es ist ein Skandal, daß das Langzeitauto nicht produziert wird, trotzdem hat Ermüdung, Versprödung, Korrosion hochbeanspruchten Materials nicht der Kapitalismus, sondern die Natur erfunden. Robuste Staudämme und Brücken kann man bei niederer Materialbeanspruchung bauen, so daß sie praktisch unbegrenzt halten, die Kernenergie- und Chemieanlagen, um die es hier geht, als wirtschaftliche Großanlagen nicht. Für den Rest wird, nach einmaliger Investition, ein ebenfalls fragwürdiger Nulltarif unterschoben, der dann für das Ganze in Anspruch genommen wird. Man kann zweifellos Sonnenbatterien mit praktisch unbegrenzter Lebensdauer bauen; ob das auch für großtechnische Sonnenbatterieanlagen gilt, ist mindestens fragwürdig, was immer auch die Spezialvisionäre für großtechnische Sonnenenergie, die, in Laboratorien sitzend, großtechnische Anlagen nur von Ferne gesehen haben, sagen mögen. Und die Kosten der Kohle, mit denen die Anlage gefüttert wird, werden ebenso elegant mit dem Hinweis auf eine bisher nur auf dem Papier bestehende «reine Wasserstoffwirtschaft» eliminiert.

So träumen sich, nach nur einen Lidschlag lang geöffnetem Auge, großtechnische Visionen, denen Zunftgenossen, Augen zu und Ohren auf, eilfertig sekundieren, bis sie sich denen als Konsensus der richtungweisenden Wissenschaft präsentieren, denen Ärmel aufkrempeln und Zupacken stets das Gebot der Stunde sind. Die bringen es ins Rollen, und eine Generation von Machern hat einmal wieder ein Ziel: es am Rollen zu halten. Anhalten bedroht dann die bekannten Arbeitsplätze.

Kurz, die Energiekriegswirtschaft bliebe ein Dauerzustand. Zumal das großtechnische Wachstum nicht stillsteht. Häfele zeigt weiter «ein Sonnenenergieszenario, wie es vielleicht im Jahre 2100 Wirklichkeit werden könnte. Einige Millionen Quadratkilometer sind dabei mit Sonnenanlagen zu bedecken. Dies ist grundsätzlich nicht unmöglich, sondern sehr wohl denkbar, erfordert aber institutionelle und politische Strukturen, wie sie heute nicht vorliegen. 29 % der Erdoberfläche sind Festland und davon sind 13 Millionen Quadratkilometer oder 2,5 % der gesamten Oberfläche landwirtschaftlich genützt. Damit bewegen sich die einigen Millionen Quadratkilometer für die Sonnenenergie in durchaus bekannten Größenordnungen, die Dimension des Problems wird ersichtlich, wenn man sich die großtechnische Nutzung der Sonnenenergie als eine Art zweite Landwirtschaft vorstellt. Man wird somit in globale Zusammenhänge geführt, die dann auch der Maßstab für jede andere Alternative sein müssen.»

Man kostet solches auf der Zunge: «die großtechnische Sonnenenergie eine Art zweite Landwirtschaft». Landwirtschaft war die Grundlage der Kultur, seit Geschichte einsetzte. Ohne Landwirtschaft keine Häuser, keine Paläste, keine Tempel, keine Schrift, keine Technik. Die Menschen lebten bis vor hundert Jahren auf dem

Land und mit dem Land, sie bearbeiteten das Land, das Land ernährte sie, und sie bestatteten in ihm ihre Toten.

In der zweiten Landwirtschaft, in weiteren hundert Jahren, kommen Menschen nur als einsame Wächter einer weltumgreifenden Großtechnik vor: eine Mondwirtschaft. Huxley und Orwell werden übertroffen; deren Vision des technisierten Grauens zu übertreffen, ist jedoch nicht das gleiche, wie Jules Verne zu übertreffen, dem Technik noch als Abenteuer erschien. Es ist aus mit dem Abenteuer.

Schon die flapsige Sprache verrät es: die Visionäre des Nützlichen entwerfen Geschichte und gehen dabei mit den Menschen so schludrig um wie mit der Technik; von beiden verstehen sie wenig. Die verdinglichte Phantasie und der geschichtslose Wahn, die Anbetung des Zwillingspaares Großtechnik und Großwachstum bewirken es, daß solch maßlose Schlampigkeit als wegweisende Utopie, die Bemühungen um Rückführung der Technik und Wirtschaft auf menschliches Maß als unrealistische Spinnerei begriffen wird von all denen, die machen. Nur die Aussicht auf diese Mondwirtschaft, die Häfele durchaus konsequent vorstellt, rechtfertigt das ohnehin vergebliche Bemühen der Macher, die Maschine in Gang zu halten. Auch dieses Szenario ist nützlich – als Hinweis auf die Absurdität dieses Bemühens.

Soll ich nun, o heilige Großtechnik, den Leser auch noch ernsthaft mit den Folgen von einigen Millionen Quadratkilometern Sonnenanlagen beschäftigen? Soll ich fragen, was sich hinter den «institutionellen und politischen Strukturen, wie sie heute nicht vorliegen», verbirgt? Einmal genauer hinschauen, wie menschenleer die einigen Millionen Quadratkilometer neuer Landwirtschaft wirklich sind, oder Pestels «menschenleere Inselwelt der Südsee»? Sagen, daß selbst vom Eniwetok-Atoll zunächst Menschen «evakuiert» werden mußten, ehe dort Atombomben geworfen wurden, und daß Evakuierte sich leider als Vertriebene verstehen, siehe Palästina oder Schlesien? Oder glaubst du, heiliges Wachstum, daß der Leser inzwischen begriffen hat, es geht nicht um eine spezielle Energietechnik, sondern um deren Quantitäten?

Es gibt keine harmlose Großtechnik. Es ist nicht einmal wahr, daß die Sonnenenergie *ökologisch* harmlos ist, wenn man sie nach dem

Muster der Visionäre ganzen Landstrichen entzieht und in anderen Regionen freisetzt. Harmlos ist der Kollektor auf dem Dach, auch noch das Sonnenkraftwerk, das eine kleine Stadt mit Strom versorgt; es läßt sich nach dem Prinzip des Sonnenofens, durch Einfangen der Sonne mit Spiegeln, bauen. Bedenklich wird es schon, wenn eine großtechnische Anstrengung unternommen wird, die das einfallende Licht direkt in Strom verwandelnden Sonnenbatterien zur wirtschaftlichen Energieerzeugung zu entwickeln. Möglich, daß sie wirtschaftlich werden, aber die Anstrengung bis dahin könnte so groß sein, daß sie die «zweite Landwirtschaft» nachzieht, nach den Eigengesetzen der Großtechnik.

Auch die Fusionsreaktortechnik, die aus dem der Wasserstoffbombe zugrundeliegenden Prozeß der Verschmelzung leichter Atomkerne technische Energie erzeugen soll, ist Großtechnik; sie ist das Nonplusultra der Großtechnik. Ihre Entwicklung setzte schon vor 20 Jahren in allen Industriestaaten ein, und sie kostete bisher schon viele Milliarden Dollar. Es kann keine Rede davon sein, daß sie noch in diesem Jahrhundert wirtschaftlich nutzbar wäre. Sie hätte einen wichtigen Vorteil vor den heutigen Kernspaltungsreaktoren, es wird kein spaltbares Material erzeugt, das sich zum Bau einer Atombombe eignet. So fehlt ihr, was mir der Pferdefuß der Kernspaltung zu sein scheint. Ökologisch wirkt sie wie Kernspaltungskraftwerke; auch sie hinterläßt Radioaktivität, vermutlich in geringeren Mengen, aber das Problem der Abgabe und Beseitigung bliebe von gleicher Größenordnung. Doch sie hat auch wichtige Nachteile: wirtschaftliche Fusionskraftwerke müßten noch gigantischer sein als die jetzigen Kernkraftwerke, und sie würden, sofern es überhaupt gelingt, sie zu wirtschaftlicher Einsatzreife zu entwickeln, wesentlich teurer Strom erzeugen als Kernkraftwerke.

Wie teuer Fusionsreaktorstrom sein wird, das wird sich, wenn überhaupt, nur über Jahrzehnte langsam herausstellen. Aber in einem Punkt mag ich auch einmal Visionär spielen: Es dürfte für die meisten Häuser auch in der wenig sonnenbelächelten Bundesrepublik billiger sein, mit dem Kollektor auf dem Dach oder an der Südseite, auch integral und mit ganzjähriger Speicherung, Warmwasser und Heizwärme zu erzeugen als mit Fusionsreaktorstrom.

Ich weiß nicht, ob diese Aussage auch gegenüber Kernenergiestrom gilt. Aber daß man es nicht weiß, genau das ist der Punkt. Hätte man seit fünf Jahren mit pro Jahr 100 Mio. DM, also einem Bruchteil des Betrages, den die Bundesrepublik für die Entwicklung der großtechnischen Zukunftsenergien-Fusionen Brüter und Hochtemperaturreaktor jährlich bereitstellt, in einem koordinierten Programm, das Forschung und Starthilfen für eine Massenfertigung mittleren Maßes umfaßt, die Installation von einigen Typen Sonnenheizung samt Isolierung in ausgewählten Neu- und Altbauten subventioniert, dann wüßte man es heute ziemlich genau und nicht erst in fünfzig Jahren. Denn Kleintechnik ist durchschaubar und Großtechnik ist undurchschaubar.

Doch klein ist klein und groß ist groß. Das Forschungsministerium ließ auf den Druck der Bürgerinitiativen hin einige Millionen springen und einige Sonnenhäuschen bauen; Matthöfer vermittelte dem Fernseher das Bild, es handele sich hier um den neuen Schwerpunkt des Energieprogramms. Elektrizitätsunternehmen wurden mit der Durchführung betraut, die, man staune, feststellten, Sonnenenergie sei gut, vorausgesetzt, sie werde mit der – elektrisch betriebenen – Wärmepumpe kombiniert; ergo, man braucht mehr Elektrizität im Haus mit Sonnenheizung als zuvor. Das gilt nun als ausgemacht. Und im Keynesischen Jahr 1977 der großen öffentlichen Verschuldung zur Ankurbelung der Wirtschaft durfte der Wohnungsbauminister auch Subventionen für ratlose Hausbesitzer, die Sonnenheizung installieren wollen, bereitstellen, ein Programm, das völlig unkoordiniert nur verpuffen kann. Doch wir haben freie Marktwirtschaft; Hausbesitzer und ein Haufen sich irgendwie nun mit Sonnenenergie und Isolierung unkoordiniert beschäftigender Unternehmer sollen eine Technik mit etwas Gießkannensubvention durchsetzen. So tritt die Sonnenheizung an gegen von Großforschungszentren und Großindustrie mit ungeheurem Aufwand, mit Großsubvention, mit Zugang zu den Großquellen des Kapitalmarkts entwickelter und kommerzialisierter Großtechnik.

Und es geht dabei nicht um kleine Fische: es geht um ein Drittel des gesamten Energieverbrauchs, um dreimal mehr, als die Leichtwasserreaktoren erzeugen könnten! Da wäre das Ärmelaufkrempeln und Zupacken einmal am Platz gewesen. Zumal das finanzielle Risiko für ein Programm der Art, wie ich es skizziert habe, lächerlich gering wäre gegen die größtenteils im Sande verlaufenden, vielmals so hoch dotierten, über viel längere Zeiträume laufenden großtechnischen Entwicklungen. Welchen Abbruch täte es denen, einmal einige Dutzend Ingenieure, die ziemlich Nutzloses betreiben, für einige Jahre aus den staatlichen Kernforschungszentren herauszulösen, um ein großzügiges Sonnenheizungsprogramm zu koordinieren? Im Handumdrehen hätte man die zehntausend Hausbesitzer beisammen, die sich liebend gern einem solchen Programm einordneten, wenn man ihnen die Heizung auf dem Dach kurzerhand schenkte. Mit Kußhand würden einige leistungsfähige mittlere Unternehmen Subventionen für den Aufbau einer Massenfertigung mittleren Ausmaßes begrüßen, wenn man zudem noch jedem die Abnahme von tausend Hausbedachungen garantierte. Nach einem solchen Programm wüßte man, woran man ist; es macht überhaupt nichts, wenn dann technische Defekte sichtbar werden, Kollektoren durchrosten, Isolierungen sich als ungeeignet erweisen. Daran lernte man, so verbesserte man die nächste Generation der Sonnenheizung. Die kann man dann mit Gießkannensubvention einführen.

Doch so kann der auf Großtechnik fixierte Geist nicht denken. Man weiß, wie die Großindustrie ein Produkt einführt. Hier wären diese Methoden einmal am Platz, beispielsweise im Zusammenhang mit der 1977 beschlossenen Förderung von privaten Energiesparmaßnahmen. Doch nicht einmal eine Postwurfsendung, Litfaßsäulenanschläge oder Zeitungsannoncen hat es gegeben, um den Hausbesitzern die Möglichkeiten der Sonnenenergie zu erläutern und ihnen den Weg zu weiteren, gezielten Informationen aufzuzeigen. Es wird ein Kleinstforschungsprogramm nach dem Muster großtechnischer Entwicklungen gemacht, ein Schrittchen nach dem anderen getan, in großtechnischem Zeitrahmen gedacht, nur nicht mit großtechnischen Mitteln. Und da der Staat der Großtechnik nur die Wege ebnet, welche die Großunternehmen dann nach eigenem Gutdünken weiter beschreiten, meint man wohl, das sei doch Marktwirtschaft und das gleiche, als ließe man Hausbesitzer und Bauunternehmer die Sonnensache ausfechten.

Die Atomgegner hatten das richtige Gespür, als sie sich gegen die Kernenergie empörten, insofern als an der die großtechnische Illusion unbegrenzten Wachstums sichtbar wurde. Aber es geht nicht so sehr um die Gefahren der Kernenergie für Leib und Leben, die Richtung des Angriffs war verfehlt. Es geht um das Zwillingspaar Großtechnik und Großwachstum und deren Rattenschwanz, und um die Alternative kleintechnischer Umkehr. Wir werden die Großtechnik nicht abschaffen, aber wir müssen sie eindämmen. Es ist zweitrangig, ob die Großkraftwerke, die wir zweifellos trotz allem schon als Ersatz für ökologisch unträgbare veraltete Kohlekraftwerke benötigen, als Atom- oder als Kohle-Kraftwerke gebaut werden. Wichtig ist, wie viele gebaut werden.

Diese Frage entscheidet sich nicht so sehr an der Energietechnik, wie an dem gesamten Fortgang der Technik. Ich habe es im Verlauf dieser Studie an vielen Beispielen gezeigt: Großtechnik, Großenergietechnik, Großwachstum gehen Hand in Hand, ohne zu wissen, wohin. Will man das eine nicht, so muß man sich auch gegen das andere stemmen, auf breiter Front.

Zur Arbeitslosigkeit:
Kein Einhalt ohne Umkehr

Ratlosigkeit und Zukunftsangst, die Begleiter der Krise der überindustrialisierten Gesellschaft, verleihen eindimensionalen Heilslehren Auftrieb. Weltflucht manifestiert sich in um sich greifender Neomystik – vom indischen Sektenwesen bis zur Parapsychologie –, in Landkommunen wie auch im Punkkult, dem neuesten Ausdruck der Modernisierung der Armut, der erschütternden Ausweglosigkeit unterprivilegierter Jugend. Hirnrissiger Politterrorismus ist die hilflose zerstörerische Spielart politischer Reaktionen auf die Ausweglosigkeit; deren mächtiger Gegenpol, die unduldsame Erstarrung, drückt sich aus im steilen Wiederanstieg des – besonders hierzulande traditionsreichen – Ersatzes der Politik durch Antikommunismus, der größten Torheit des Jahrhunderts, laut Thomas Mann.

Es bedarf keiner Ergänzung dieser eindimensionalen Heilslehren durch eine Anti-Großtechnik-Religion; so möchte ich nicht verstanden werden, zumal ich ein begeisterter, leider nunmehr verhinderter Ingenieur bin. Es geht mir nicht um Technik, es geht um deren Ausmaße. Meine nachdrückliche Aufforderung zur politischen Kontrolle der Großtechnik will nicht verstanden werden als Angebot eines Rezeptes zur Lösung aller Probleme der Industriegesellschaft; doch erscheint mir die nur durch politische Kontrolle mögliche Eindämmung der Großtechnik als eine notwendige Bedingung, deren Erfüllung erst Wege aus der Sackgasse eröffnet. Die Großtechnik nistet sich zunehmend ein in alle Lebenssachverhalte, sie überwuchert die Auseinandersetzung um Grundfragen der Gesellschaft.

Freiheit, Gleichheit, Brüderlichkeit sind vor bald zweihundert Jahren zur gesellschaftspolitischen Tagesordnung erklärt worden. Die von der modernen Technik angebotene Befreiung aus Maloche und Armut begünstigte entscheidend die Abhandlung dieser Tagesordnung. Das Zwillingspaar Großtechnik und Großwachstum, die damit einhergehende Besetzung aller Lebensumstände durch eine immer allumfassendere Organisationsmaschine, die selbst ihre Lenker noch knebelt, erstickt diese Abhandlung, verwandelt auch das Erscheinungsbild von Unfreiheit, Ungleichheit, Feindseligkeit sowie das von Armut, verschleiert die Grundfragen der Gesellschaft – in West wie Ost.

Doch die allumfassende Maschine widersetzt sich der Demontage, sie läßt sich nicht anhalten. Ihr Zauberwort, ihr großes Alibi heißt neuerdings Sicherung der Arbeitsplätze. Dieses Wort ist mächtiger noch als der gebieterische Sachzwang. Dem Sachzwang widersetzen sich die Toren, die Don Quichottes, wer sich der Sicherung der Arbeitsplätze widersetzt, ist moralisch gerichtet. Verworfener als er ist nur noch der Systemveränderer, der nicht nur Arbeitsplätze verunsichert, sondern auch die Freiheit. Die Atomenergiegegner haben erfahren müssen, daß, wer die Maschine anhalten will, sukzessive die Stufen Don Quichotte, Arbeitsplatz-Dieb und Systemveränderer ersteigt. Die Kainsmalverteiler drängen sie in den gleichen Strafraum der Gesellschaft, den sie für die erste Welle der Protestler gegen die überindustrialisierte Gesellschaft, für die Studenten von 1968, hergerichtet hatten. Ob wohl der Strafraum Platz genug haben wird, die sich anbahnende dritte Welle aufzunehmen?

Die Verknappung von Arbeit

Wenden wir uns der Sicherung der Arbeitsplätze zu. Blockiert man heute den Bau einer Autobahn, einer Chemiefabrik, eines Kraftwerkes, so ist ersichtlich, daß morgen potentielle Arbeitsplätze nicht besetzt werden können. So ist es auch, wenn man Exporte nach Südafrika oder die Ausfuhr von Waffen unterbinden will. Die erste Front zur Verteidigung der allumfassenden Maschine ist schnell errichtet, jeweils der betroffene Ausschnitt der Arbeiterschaft ist schnell mobilisiert. Die Führung der Gewerkschaften, in ihrem Dilemma, entscheidet sich für den Sachzwang, weil sie als «ordnungspolitische» Institution auch zum Maschinisten der allumfassenden Maschine geworden ist.

Nun haben die Drucker für die Verbreitung des Wortes von der

Wegrationalisierung der Arbeitsplätze gesorgt. Das ist ein erst jüngst von den Verwaltern der öffentlichen Meinung in ihr Repertoire aufgenommener Begriff, der einen alten Tatbestand bezeichnet. So lange die Rate des wirtschaftlichen Wachstums die der Rationalisierung übertraf, solange Rationalisierung also keine Arbeitslosigkeit schuf, erschien der Ersatz von Menschen durch Apparate der veröffentlichten Meinung nicht als Problem, sondern als begrüßenswerter Ausdruck des, wie man weiß, unaufhaltsamen Fortschritts der Technik. Daß so eins der wichtigsten Ingredienzen traditioneller Kultur, die handwerklichen Fähigkeiten der Menschen, degenerierte, damit auch ihre Fähigkeit, sich ohne Zuhilfenahme des allumfassenden Apparates in der Welt einzurichten, wurde kaum zur Kenntnis genommen. Wachsender Lebensstandard bot reichlichen Ersatz, für Ästheten gab es Antiquariate und – inzwischen schal geworden – die gute Industrieform. Der gleiche Fortschritt der Technik, der Arbeitsplätze wegrationalisierte, schuf auch neue Arbeitsplätze, neue Berufe.

Diesen letzten Satz habe ich im Zusammenhang mit der Auseinandersetzung um das Druckergewerbe vielfach gehört und gelesen. Er verschleiert den Tatbestand zunehmender Entfremdung der neuen Berufe. Die Welle der Automatisierung stiehlt dem Drucker seinen eisernen Kollegen, setzt ihn an eine Tastatur, und weder kann er, noch muß er begreifen, wie aus seinem Knopfdrücken dann die Zeilen einer Zeitung entstehen. Dafür ist der Arbeitsplatz klinisch rein, der Drucker wird Stehkragenproletarier. Doch zahlenmäßig sind die Drucker kaum der Rede wert. Zwar werden mindestens die Hälfte der 60 000 Maschinensetzer, Metteure, Korrektoren in den nächsten Jahren überflüssig. Noch mehr Facharbeiter gehen den gleichen Weg, traditionsreiche Berufe wie Werkzeugmacher, Former, Spitzendreher werden aussterben.

Sie alle werden Tasten drücken auf Zeit; die Gewerkschaften kämpfen für den «Besitzstand», zumeist erfolgreich für eine Übergangszeit. Doch der trostreiche Satz von den neuen Berufen, die die Technik schafft, verschleiert nicht nur den Prozeß zunehmender Entfremdung, er suggeriert auch eine quantitativ aufgehende Rechnung zwischen alten und neuen Arbeitsplätzen. Diese Rechnung geht nicht mehr auf in Zukunft, die Rate der Rationalisierung wird die des Wirtschaftswachstums übertreffen. Wird der bisherige Kurs weitergesteuert, so wird die Arbeitslosigkeit nicht wieder abgebaut werden, sie wird langfristig in allen westlichen Industrieländern zunehmen.

Diese Erkenntnis, die kaum auf einen kleinen Kreis beschränkt sein dürfte, wird in der Öffentlichkeit kaum ausgesprochen, sie wird verdrängt; sie rüttelt in noch ganz anderem Maß als die Zerstörung der natürlichen und sozialen Umwelt schon kurzfristig am Fundament des zur allumfassenden Maschine gewordenen «Systems». Mit emsiger Geschäftigkeit wird ein Instrumentarium prinzipiell untauglicher Maßnahmen bedient, um das Anwachsen des meßbarsten Ausdrucks der Krise der überindustrialisierten Gesellschaft, der Arbeitslosigkeit, die im übrigen die Unsicherheit der Renten nach sich zieht, hinauszuschieben, um Zeit zu gewinnen.

Zeit für was – für die nächste Wahl? Es wäre nichts einzuwenden gegen konjunkturelle Steuerungsmaßnahmen oder gegen das zehnte Schuljahr, wären sie gedacht als Schutzschirm für ein energisches Programm der Strukturveränderung, das sich an den Ursachen der Krise orientiert. Ich habe zuvor, anläßlich der Würdigung der zutage getretenen «widersprüchlichen Reaktionen auf die Krise» schon auf die Verdrängung der Krisenursachen durch die staatliche Politik hingewiesen. Was tun die Gewerkschaften? Kraftworte der Art, wie ich sie kürzlich von Franz Steinkühler hörte, sind die Regel: «Wir müssen rationalisieren, aber Rationalisierung darf nicht Job-fressend sein.» So ausweglos ist die Lage, daß man sich versteigt, sinngemäß zu sagen, man müsse zwar Äpfel aus dem Korb entnehmen, doch die Äpfel sollten im Korb bleiben? Die IG Druck erklärt, sie kämpfe nicht gegen Produktivitätsfortschritt, sondern für Besitzstandwahrung – ebenfalls ein Paradox. Als im Zuge der Automatisierung in New York die U-Bahnschaffner überflüssig wurden, erkämpften die Gewerkschaften, daß sie weiter in den Zügen ihre Stunden absitzen konnten. Solche Besitzstandwahrung drückt nichts als Hilflosigkeit aus, kann zudem nicht von langer Dauer sein, ist entwürdigend für die Bewahrten. Gegen den sakrosankten technischen Fortschritt wagt niemand ein ernsthaftes Wort.

Der Fortschritt der Automatisierung wird rasant sein. Einmal erzwingt das Gebot der Kapitalverwertung die Senkung der Lohnkosten in stärkerem Maß bei stagnierendem als bei expandierendem Markt, der die Erwirtschaftung der Rendite aus der Absatzsteigerung ermöglicht. Da die berühmte Besitzstandwahrung den Lohn des einzelnen schützt, bleibt nur die Senkung der Lohnsumme durch Abbau der Gesamtarbeitszeit, also Rationalisierung. Die Konjunkturpolitik steuerlicher Begünstigung der Unternehmungsgewinne ist in dieser Situation das Ei des Kolumbus. Sie begünstigt die Kapitalbildung für Investitionen, das soll sie ja auch, und so kann die Rationalisierung finanziert werden. Oder sollten die Unternehmen ihr Kapital ausgerechnet in Kapazitätserweiterungen – neue Arbeitsplätze – stecken, wenn auch sie wissen, daß die Zeit der stürmischen Expansion abgelaufen ist? In Entwicklungsländern zu investieren, bei paradiesischen Lohnkosten, zudem ohne Ärger mit Umweltschutz, Standortwahl, Mitbestimmung, das ist allerdings auch eine Alternative.

Zum anderen aber bietet die neue Großtechnik Mikroelektronik ungeahnte Möglichkeiten der Rationalisierung. Eine technische Revolution beginnt soeben erst, von deren technischem Ausmaß, besonders aber von deren sozialen Folgen offenbar nur wenige sich bisher eine Vorstellung machen.

Das Wort Mikroelektronik oder Mikroprozessoren hat, soweit ich beobachtet habe, erst 1977 zögernd Eingang in die veröffentlichte Meinung gefunden, wenige vorlaufende Artikel auf den der Wissenschaft und Technik gewidmeten Zeitungsseiten ausgenommen. Im Zusammenhang mit der sich anbahnenden Auseinandersetzung um das Druckergewerbe entstanden Wortprägungen wie Job-Killer. Die Umstellung im Druckgewerbe aber ist nur ein Einsatzzeichen der Mikroprozessorwelle, die bisherige Rationalisierung, auch im Jahr 1977, von durchschnittlich etwa 3 % pro Jahr Arbeitszeitersparnis bei gleichem Ausstoß an Produkten und Dienstleistungen, hat mit Mikroprozessoren praktisch noch nichts zu tun. Im Jahr 1976 wurden in Westeuropa nur für etwa 50 Millionen Mark Mikroprozessoren umgesetzt; man schätzt, daß 1985 dieser Umsatz etwas 50mal so hoch sein wird; die Zahl der Automatisierungsfunktionen, die sich dann hinter dem Umsatz verbergen, wird um noch einmal eine Größenordnung höher sein.

Mikroprozessoren gibt es seit 1968. Sie sind nicht das Resultat einer prinzipiell neuen Erfindung, sondern nur einer neuen, zwar raffinierten, aber folgerichtig aus an sich bekannten Verfahren entwickelten Fertigungstechnik. Die eigentliche Erfindung waren die Halbleiterelemente, die als Transistoren seit den fünfziger Jahren begannen, die aufwendigen, Platz und elektrische Leistung verbrauchenden Elektronenröhren zu verdrängen. Die Transistoren zogen folgerichtig integrierte Schaltungen nach sich, zunächst Platten aus Isoliermaterial, in denen mittels einer Schablonentechnik aufgebrachtes Material die Drähte und einige Elemente wie etwa Spulen ersetzte, mittels derer zuvor in Handarbeit Schaltkreise hergestellt wurden; in diese Platten wurden die Transistoren eingesetzt. In dieser verhältnismäßig einfachen Form, die automatisierte Fertigung und Handarbeit verband und schon als Massenfertigung mittleren Ausmaßes rentabel war, begegnete die Halbleitertechnik dem Konsumenten im Transistorradio, das gegenüber dem Röhrenapparat billig und klein wurde. Ohne diese Technik wäre die Entwicklung der Großrechner schnell auf Grenzen gestoßen, hätte sich die Datenverarbeitung nicht so ausbreiten können, wäre Raumfahrt nur in rudimentärer Form möglich gewesen.

Die Weiterentwicklung der Schablonenfertigung und Halbleitertechnik führte zur Festkörperschaltung, deren Träger nun Plättchen aus Halbleitermaterial von etwa 5 Millimetern Durchmesser wurden. Mittels photolitographischer Verfahren, die jede Handarbeit ausschalten, werden alle Elemente eines Schaltkreises, also nicht nur die Transistoren, auch Spulen, Widerstände, Kondensatoren als Fremdstoffe in das Plättchen eindiffundiert. Diese Technik birgt die grundsätzliche Möglichkeit, auf einem pfenniggroßen Plättchen Großschaltkreise zu integrieren, wie sie auf Röhrenbasis etwa als Herzstück eines Computersystems ein ganzes Stockwerk eingenommen hätten. Diese integrierten Großschaltkreise heißen Mikroprozessoren. Sie begegneten dem Konsumenten zuerst Anfang der siebziger Jahre im Taschenrechner. Das wirtschaftliche Potential der Mikroprozessoren wird deutlich daran, daß zwischen 1968 und 1976 der Verkaufspreis eines Taschenrechners für die vier einfachen Grundrechnungsarten von etwa 2000 DM auf etwa 20 DM fiel; die eigentliche Rechnereinheit kostete praktisch nichts mehr.

Die Integrationsdichte der Schaltkreise, also die Anzahl Transistorfunktionen, die auf einen Träger untergebracht sind, hat sich rapide entwickelt, seit Beginn der sechziger Jahre jährlich etwa verdoppelt. Für 1980 rechnet man mit einer Million Funktionen pro Plättchen. Fachleute meinen, daß die Entwicklung der Integrationsdichte wie auch der Schaltzeitverkürzung noch 20 Jahre anhält. Die einzelne Funktion kostete bei den ersten integrierten Schaltkreisen etwa eine Mark, heute weniger als einen Pfennig, und für 1985 erwartet man Kosten zwischen einem hundertstel und einem tausendstel Pfennig.

Nun ist es nicht die Technik der Mikroprozessoren schlechthin, die sie so billig macht. Ganz im Gegenteil, die Investitionskosten für die Fertigung und deren Entwicklung liegen um Größenordnungen über den früher für die Fertigung elektrischer Schaltkreise erforderlichen. Erst eine Massenfertigung allergrößten Ausmaßes macht die Mikroprozessoren so billig. So wird die Mikroelektronik zu einer ausgesprochenen Großtechnik, mit allen Eigengesetzlichkeiten dieser Gattung:

Militärische Luft- und Raumfahrt waren beständiger Antrieb zur Miniaturisierung der Schaltkreise; Amerikas neue Wunderwaffe, die in Bodennähe fliegenden Cruise Missiles, wären ohne Mikroprozessoren hoher Integrationsdichte nicht denkbar. Auf den wirtschaftlichen Konzentrationsprozeß habe ich schon an anderer Stelle aufmerksam gemacht; selbst IBM bezieht inzwischen Mikroprozessoren für Computer von fremden Zulieferern in den USA. Vor allem aber *definiert* sich die Großtechnik Mikroprozessor ihren Markt.

Wichtigstes Anwendungsgebiet ist bis jetzt die Datenverarbeitung im herkömmlichen Sinn. Bei den vor einigen Jahren erreichten Integrationsdichten und einhergehenden Investitionskosten lag hier ein ausreichender Markt vor, zumal die Verbilligung dem klassischen Rechner neue Märkte erobert – siehe das Extrembeispiel Taschenrechner. So lange man Datenverarbeitung ansieht als etwas, in das man auf einer Seite Zahlen eingibt und das auf der anderen Seite Zahlen ausdruckt, bleibt die soziale Wirkung der mit den Mikroprozessoren einhergehenden Ausbreitung der Rechner noch begrenzt.

Doch die Entwicklung erfordert größere Stückzahlen für die inzwischen sehr komplexen Prozessoren, deren Einsatz in so relativ einfachen Geräten wie Radios oder Fernsehern nicht lohnt. Programmierbare Fernsehspiele erwiesen sich jüngst als das Zugpferd: 1977 wurden weltweit etwa eine Million mit Mikrocomputern bestückte Fernsehspiele geschätzt. Damit schafft sich die heutige Generation von Mikroprozessoren, die längst dem einfachen, als Massenwaren brauchbaren Taschenrechner entwachsen ist, erneut Zugang zur breiten Schicht der Konsumenten. Die elektronische Umwelt wird vervollständigt. In einigen Jahren, wenn erst alle dieses neue, schöne Spielzeug besitzen, werden wir uns in unseren Mußestunden nicht mehr vom Fernseher wegbewegen müssen; bietet das Programm nichts Erbauliches, so sehen wir auf Knopfdruck die selbstgewählte Konserve. Wer sich ein wenig Mühe macht, Wirkungsketten zu durchdenken, auch einmal an die kulturellen Folgen des Sterbens der Kinos denkt, wird ermessen, daß spätestens hier die sozialen Folgen der sich ihren Markt suchenden Großtechnik Mikroprozessor anfangen, bedenklich zu werden.

Kommen wir zurück zu den Arbeitsplätzen. In der klassischen Datenverarbeitung und in der Unterhaltungselektronik befand sich der Mikroprozessor in einer vollelektronischen «Umwelt». Die Datenverarbeitung in Form des auch bereits seit langem existierenden Prozeßrechners tritt dagegen in Beziehung zu einer mechanischen «Umwelt»: der Prozeßrechner bekommt aus ihr Signale in Form von Meßwerten, errechnet damit Befehle, die er zur Steuerung dieser Umwelt weitergibt. So kann er eine Maschine, einen aus mehreren Maschinen bestehenden Produktionsprozeß, ein Kraftwerk steuern, auch einen Fahrkartendrucker. Das ist Automation. Der Mikroprozessor hoher Integrationsdichte findet noch kaum Anwendung in der heutigen Prozeßrechnertechnik, die seine Leistungsfähigkeit nicht ausnutzt. Es bedarf der Entwicklung zusätzlicher speziell angepaßter Schaltkreise für den Kontakt mit der «Umwelt», insbesondere von Analog/Digital-Wandlern, auf der Basis der integrierten Halbleitertechnik; diese Entwicklung ist voll im Gang, erste Ein- und Ausgabebausteine sind schon auf dem Markt.

Der so entstehende Mikroprozeßrechner eröffnet ungeahnte Möglichkeiten zur Verrichtung von bisher Menschen vorbehaltener Arbeit in der Produktion, insbesondere, wenn auch die weiteren «peripheren» Geräte, die den Kontakt zwischen Maschine und Mikroprozeßrechner herstellen, diesen Möglichkeiten angepaßt werden. Es ist nicht absehbar, vor welcher Handarbeit oder einfachen geistigen Tätigkeit diese Entwicklung überhaupt haltmachen wird, sobald sich einmal die Ingenieure, die Maschinen, Apparate und Anlagen entwerfen, darauf einstellen, daß sie das Äquivalent eines vor kurzem noch mehrere Millionen Mark kostenden großen Prozeßrechners bald in Postkartengröße in ihren Entwurf integrieren können, ohne bedeutende Kosten. Die jetzt spruchreifen vollautomatischen Rangierbahnhöfe veranschaulichen die Möglichkeiten der Automatisierung, doch sie verwenden erst ansatzweise diese Zukunftstechnik.

Ich gestehe, daß mich als Ingenieur die Aussichten, die die Großtechnik Mikroprozessor eröffnet, faszinieren. Als Mitmensch graut mir vor ihnen. Gewiß, die naheliegende Abschaffung der Fließbandarbeit wäre ein Segen, wenn auch das Drücken von Knöpfen und Tasten ein zweifelhafter Ersatz ist. Es würde auch dem Baumbestand nicht schaden, wenn man in Zukunft in jedem Haushalt das Telefonbuch durch einen Taschenrechner ersetzte, in dem jährlich ein pfenniggroßes Plättchen ausgewechselt wird, das sämtliche Adressen und Telefonnummern speichert. Doch was wiegen solche Vorteile gegenüber dem zu erwartenden Massensterben noch handwerklicher Industrieberufe und Arbeitsplätze und gegenüber der ebenfalls zu erwartenden Vollelektronisierung der Umwelt?

Niemand kann heute, da die Technik sich soeben erst auf die ihr neuerdings von der Halbleiterbranche angebotenen Möglichkeiten einzustellen beginnt, voraussagen, wie hoch die Rate der Rationalisierung in den achtziger Jahren ansteigen wird. Aber daß sie bedenklich über den gewohnten 3 % pro Jahr liegen wird, das ist gewiß, wenn nicht energisch in den Fortschritt der Technik eingegriffen wird, wenn die Technik nicht endlich politisch kontrolliert wird.

Sollte also die Rate wirtschaftlichen Wachstums die Rate der Rationalisierung wieder einholen, dann müßten wir noch langfristig die historisch einmaligen Wachstumsraten der Nachkriegszeit wieder einstellen, kurzfristig sogar noch darüber hinaus erhöhen zum Abbau der Arbeitslosigkeit und zur Schaffung von Arbeitsplätzen für die geburtenstarken Jahrgänge. Das wäre heller Wahnsinn angesichts der fortgeschrittenen Verödung der natürlichen, sozialen und kulturellen Umwelt, die uns das bisherige Wachstum eingebracht hat.

Zudem wird es unmöglich sein. Nach dem ersten Warnzeichen der noch einmal schnell überwundenen Rezession von 1967 stagnierte seit 1973 das Wachstum in den meisten westlichen Industrieländern, in wenigen, wie in der Bundesrepublik, erreichte es knapp die bisherige 3 %-Rate der Rationalisierung. Seit dem Einbruch von 1973 ist in der wirtschaftlich noch als Musterbeispiel geltenden Bundesrepublik nach zwanzig Jahren der Vollbeschäftigung die Arbeitslosenzahl sprunghaft auf eine Million gestiegen, und dort steht sie nun schon vier Jahre. Selbst die Regierung erweckt inzwischen keine Hoffnungen mehr, daß sie in den nächsten Jahren abnehmen wird; das Arsenal klassischer konjunkturpolitischer Maßnahmen ist inzwischen erschöpft, alle geheiligten Grundsätze sparsamen Staatshaushalts sind geopfert worden mit dem Effekt, daß vorläufig die Arbeitslosenzahl wenigstens nicht gestiegen ist. Und auch das Establishment prognostiziert schlechte Aussichten für die Belebung des Weltmarkts.

Da aber ernsthafte strukturpolitische Maßnahmen weder zu erkennen sind, noch auch nur die Ursachen der sogenannten Weltwirtschaftskrise von der politischen, wirtschaftlichen, gewerkschaftlichen Führung in der Öffentlichkeit diskutiert werden, vielmehr nur von Wiederankurbelung des Wachstums die Rede ist, wäre – sofern irgendeine Logik die etablierte Politik bestimmen würde – zu vermuten, daß man ernsthaft hofft, wieder das Superwachstum der fünfziger und sechziger Jahre zu erreichen, weiter hofft, daß eine Fügung des Himmels es dann in das so wohlfeile wie undefinierte qualitative Wachstum umbiegt. Es ist ein Warten auf Godot.

Möglich, wenn auch nicht wahrscheinlich ist es, daß noch einmal eine kurzfristige «Erholung» des für die Menschen gar nicht so gesunden Wachstums eintritt. Doch die Grenzen des Wachstums haben bereits in das Wirtschaftsleben eingegriffen, sie werden verstärkt weiter eingreifen, dies nicht zuletzt in der ökologisch besonders gefährdeten, vom Konsum besonders übersättigten und wie kein zweites Industrieland durch eine übersteigerte Exportquote in die Weltwirtschaft verstrickten Bundesrepublik.

Es war kaum Zufall, daß die Ölpreissteigerungen des Jahres 1973 zum Auslöser der Stagnation des übersteigerten Wachstums in den Industrieländern wurden. Auch wenn die volkswirtschaftliche Bedeutung der Ölpreissteigerung häufig dramatisiert wurde, sie war das sichtbarste Zeichen des Eingriffs der Grenzen des Wachstums, das nur Kurzsichtigen als Willkürakt der Araber erscheinen konnte. Im Zusammenhang mit der Diskussion globaler Energiezukunftspläne habe ich schon darauf hingewiesen, daß die Plünderung des Planeten sich auf breiter Front in Produktionshemmungen und Verteuerungen umzusetzen beginnt. Dieser Trend wird sich unweigerlich fortsetzen. Eine aufgebrachte Bevölkerung pocht darauf, daß der halbherzig angefaßte Umweltschutz Priorität bekommt, dies durchaus im Bewußtsein, daß so Wachstum behindert wird und wirtschaftliche Einbußen von allen mitgetragen werden müssen, wie ich an Hand von veröffentlichten Meinungsumfragen belegt habe.[15] Die Entwicklungsländer pochen auf angemessene und garantierte Preise für ihre Rohstoffe, was, vom moralischen Aspekt neokolonialistischer Ausplünderung der Ärmsten einmal abgesehen, auch weltwirtschaftlich langfristig nur sinnvoll ist. Wie kurzsichtig und rüde gerade das Wirtschaftsmusterland Bundesrepublik sich gebärdet, wird deutlich an dem Widerstand, den es unter stumpfsinniger Berufung auf marktwirtschaftliche Prinzipien einer von den anderen westlichen Industriestaaten befürworteten Minimalregelung erfolgreich entgegensetzte.

Die schon jetzt eingetretenen und sich kontinuierlich verstärkenden Folgen der Plünderung des Planeten verhindern die Rückkehr zum Superwachstum; das weiß man im Establishment, wie ich belegt habe, auch hierzulande.

Doch es gibt auch noch eine andere Seite der gleichen Medaille. Die vielschichtigen Äußerungen des Wandels in der Einstellung zur überindustrialisierten Gesellschaft, denen ich an vielen Stellen dieser Studie nachgegangen bin, umfassen auch die schon zum Schlagwort gewordene Konsummüdigkeit. Die Regierung ermahnt die Bürger zu mehr Konsum, statt wie bisher stets, zum Sparen. Zukunftsangst mag ein Motiv sein für die neue Zurückhaltung der Bürger beim Geldausgeben, Überdruß aber gewiß auch. Galbraith hatte nicht so unrecht, als er vor zwanzig Jahren die beginnende snobistische

Aversion einer Elite gegen Konsum als erstes Zeichen zur Umkehr wertete. Ich beobachte, wie sehr diese Aversion sich ausgebreitet hat. Mein Bekanntenkreis mag nicht repräsentativ sein; in ihm wird ein beachtlicher Teil verfügbaren Geldes ausgegeben für «Waren und Dienstleistungen», die gar nicht als Sozialprodukt erscheinen, die «Wirtschaft» nicht antreiben, für handwerkliche Produkte und Handreichungen nicht registrierter Einzelgänger, für private Ferienunterkünfte, für Eindeckung des Bedarfs an Wein und Olivenöl bei französischen Kleinbauern, auf Flohmärkten. Eine Gebrauchswert-orientierte Wirtschaft, die es immer unterhalb des offiziellen Wirtschaftsbetriebes gegeben hat, erstarkt wieder, wächst auf Kosten der in die allumfassende Maschine integrierten, registrierbares Sozialprodukt schaffenden, mit dem öffentlichen Haushalt verzahnten, Wachstum erheischenden Wirtschaft. Die Menschen beginnen, sich wieder gegenseitig zu helfen, wehren sich gegen die Bedienung durch die anonyme Maschine.

Die von dem fleißig gelesenen Gerhard Mensch erweckte Hoffnung der Macher, die Menschen bekämen wieder Freude am Konsum, gäbe es nur der Rede werte technische Innovationen, hat sich in Innovationsförderungsprogramme umgesetzt. Doch weder Mensch noch seine Adepten haben sich einmal die Mühe gemacht, die Struktur des Konsums an technischen Gütern daraufhin zu untersuchen, wo sich denn noch Lücken für konsumanreizende technische Innovationen auftun. Das wäre einer umfangreichen Untersuchung wert, ich will nur einige Stichworte anmerken.

Schaut man sich beispielsweise im Haushalt nach Funktionen um, die sinnvollerweise durch Technik erfüllt werden können, so stellt man etwas fest, was eigentlich selbstverständlich ist: die fieberhafte Umschau der Industrie nach Marktlücken in der Überflußgesellschaft hat für jede denkbare Funktion, die durch Technik erfüllt werden kann, Geräte im Überfluß geschaffen, mit Ausnahme des Roboters, der Hausfrau oder Hausmann total ersetzt. Eine ganz andere Frage ist es natürlich, ob alle Menschen auch die Geräte schon besitzen; die Statistiken zeigen, daß für die sinnvollsten Geräte, etwa Bügeleisen, Warmwasserbereiter, Staubsauger, Kühlschrank, Nähmaschine, Waschmaschine, der Bedarf fast quantitativ gedeckt ist, nur mehr Ersatzgeräte benötigt werden. Es gibt Nach-

holbedarf an auch noch sinnvollen Geräten bei den weniger Privilegierten, gewiß. Aber es gibt auch übergenug fragwürdiges Gerät,
dem skeptisch werdende Konsumenten nicht mehr mit der gleichen
kindlichen Freude am Neuen und Technischen nachlaufen wie einst,
und dessen Statuswert auch mit der Konsumskepsis der Eliten zu
sinken beginnt.

Man kann so die Funktionen, die Technik für Menschen erfüllen
kann, durchmustern, es bleibt wenig Raum für sinnvolle Neuerungen. Man kann nur *eine* Zeit messen, zu den seit langem in der Uhr
gemessenen Sekunden, Minuten und Stunden auch noch die Tage
addieren, die Uhr wasserdicht machen, um bei Schwimmen die Zeit
nicht zu vergessen, was weiter? Die Basisinnovation Halbleiter hat
uns die digitale Uhr beschert, die einen traditionsreichen Berufsstand zerstört, ohne sinnvollen Nutzen für die Konsumenten. Der
konnte auch zuvor schon für den Gegenwert weniger Arbeitsstun-
den eine jahrelang funktionierende Uhr kaufen, die er pro Woche
einmal um Minuten nachstellte.

Sollen wir uns auf eine grundsätzlich neue Art fortbewegen,
nachdem die Grenzen der mechanisierten Fortbewegung überdeutlich geworden sind? Hoffen wir, daß Basisinnovationen uns Autos
für fünfhundert Mark bescheren, um das Auto-Chaos endlich dadurch zu beenden, daß auch der letzte Rest Statuswert entfällt, die
Menschen, wie viele in New York, dann auf das eigene Auto verzichten?

Wir haben nur ein Gehör und nur ein Gesicht. Radio, Telefon,
Tonkonserve bedienen den Fern-Gehörsinn; um das Fernsehen
durch Konserve und Bildtelefon zu vervollständigen, bedarf es keiner Basisinnovation, die Halbleiter machen's möglich, ob nun sinnvoll oder nicht. Die Firma Loewe-Opta schenkt uns dazu die Elek-
tronikpistole, mit der wir vom Sessel aus auf einen beweglichen
grünen Punkt auf dem Bildschirm schießen können. Die Freizeiter-
findungen sind dabei, die freie Zeit endgültig in die allumfassende
Maschine zu integrieren, gegen die der Aufstand vor nunmehr 10
Jahren schon geprobt wurde.

Die Thesen von Gerhard Mensch erweisen sich auch in dieser Sicht
schon bei kurzem Hinschauen als großangelegte Trendextrapolation,
der zwar gründliche Analysen zugrunde liegen mögen, nur kein

Gespür dafür, daß die Nachkriegsphase explodierenden Wachstums eine historisch bisher einmalige Situation geschaffen hat.

Es bleibt kaum eine Lücke für den übertechnisierten Konsum, außer der allerdings beachtlichen, auch denen eine Badewanne zu verschaffen, die noch keine haben, weil sie außerhalb des Wirtschaftskreislaufes stehen. Weder Wachstum noch Basisinnovationen werden sie ihnen bescheren. Der Konsumhunger aber ist nicht gestillt, er wird auch nie gestillt werden, er richtet sich zunehmend auf das, was ihm die allumfassende Maschine zugunsten der Erfüllung synthetisch erzeugter Bedürfnisse vorenthält: auf die köstlichen Genüsse, auf den schrumpfligen Apfel, der vom ungespritzten Baum fällt, sei auch ein Wurm darin. Daraus spricht nicht Nostalgie, sondern Erkenntnis.

Die Wachstumsgesellschaft war perfekt, sie hat sich selbst jeden erdenklichen Ausweg hermetisch verschweißt. Sie kann weder, noch will sie weiter wachsen. Sie ist dabei, ihre eigenen Gesetze aufzuheben: die unzertrennlichen Zwillinge Großtechnik und Wachstum trennen sich. Die Großtechnik Mikroelektronik emanzipiert sich vom Wachstum, wird es überleben. Ohne Wirtschaftswachstum wird ihr zwar auf dem Konsumentenmarkt manches entgehen, dafür wird sie bei der Rationalisierung um so dringender benötigt.

Die Wachstumsrationalisierungsschere wird sich unweigerlich weiter öffnen, die Gesamtarbeitszeit in den hochindustrialisierten Ländern wird weiter abnehmen. Es gibt keine Sicherung der Arbeitsplätze ohne eine gründliche Umkehr.

Von der neuartigen Ohnmacht der Gewerkschaften

Nun wäre zunächst die Verkürzung der Arbeitszeit ein wirksames Mittel, Arbeitsplätze bereitzustellen trotz Rationalisierung. Die Gesamtarbeit wird neu verteilt; schließlich ist in den vergangenen 50 Jahren in Westdeutschland die durchschnittliche jährliche Arbeitszeit je Erwerbstätigen nur um etwa ein Drittel gesunken, während das jährliche Volkseinkommen je Einwohner – in konstanten Preisen – auf das Fünffache angewachsen ist.

Der DGB-Vorsitzende Heinz Oskar Vetter hatte im ersten Halbjahr 1977 «etwas Prinzipielles über die Notwendigkeit von Arbeitszeitverkürzungen» gesagt. In einer Rede vor Opel-Arbeitern hatte er im Juni signalisiert und danach in einem Interview mit der «Frankfurter Rundschau» ausgeführt, warum die Gewerkschaften entgegen ihrer früheren Haltung nun dazu übergehen wollten, «die knappe Arbeit gerechter zu verteilen», nämlich weil sich «eine dritte technologische Revolution abzeichnet und zeitlich fast zusammenfällt mit einer Phase geringeren wirtschaftlichen Wachstums»[16]. Vetter betonte den auch heute gültigen Standpunkt der Gewerkschaften, Rationalisierung sei grundsätzlich notwendig, sie müsse aber behutsam mit Rücksicht auf die Betroffenen vollzogen werden, ließ im übrigen aber offen, ob die Gewerkschaften langfristig mit Überwindung «der Phase geringen wirtschaftlichen Wachstums» rechnen.

Weiter führte Vetter aus, die prinzipielle Einsicht in die Notwendigkeit von Arbeitszeitverkürzung träfe die «Gewerkschaften besonders hart», weil sie «gerade dabei waren, aus Maloche Arbeit zu machen, die Humanisierung der Arbeitswelt per Tarifvertrag in Angriff zu nehmen», denn sie hätten den «Standpunkt überwunden, wonach nur mehr Freizeit dem Menschen das bringen kann, was man ihm am Arbeitsplatz bisher verweigert, nämlich die Selbstverwirklichung». Arbeit sei «zu einem Wert an sich geworden und nicht nur ein lästiger Zwang zur Existenzsicherung».

Ich darf zurückblättern. Die Überwindung zunehmender Entfremdung, und speziell der Entfremdung bei der Arbeit, war das Grundmotiv der in den fünfziger Jahren einsetzenden Kritik an der überindustrialisierten Wachstumsgesellschaft. Im ersten Teil dieser Studie habe ich deren Ansätze referiert:

Mitte der fünfziger Jahre plädierte der Wirtschaftler Galbraith in *The Affluent Society* dafür, dem Arbeiter wieder mehr Freude an der Arbeit zu verschaffen, aber wohlgemerkt, im Gegensatz zum heutigen Standpunkt der Gewerkschafsführung, auf Kosten einer unsinnig gewordenen Produktivität. Paul Goodman zeigte zur gleichen Zeit in *Growing Up Absurd*, aus sozialpsychologischer Sicht, wie der Fetisch Produktivität, der das «organisierte System» schafft, den Integrierten den Bezug ihrer Arbeit zu menschlichen Bedürfnissen stiehlt, in der Folge alle Kultur zerstört und zudem einer Schicht von Nicht-Integrierten jede Chance verweigert. Unter denen, die die neue Kritik an der überindustrialisierten Gesellschaft begründeten, sah nur der Marxist Marcuse zu jener Zeit noch in *Triebstruktur und Gesellschaft* es als den einzigen Weg an, zu einer teilweisen Selbstverwirklichung zu kommen, dadurch, daß der Produktivitätsfortschritt zur Herabsetzung der Arbeitszeit genutzt wird; er begrüßte daher enthusiastisch die Rationalisierung durch Automation.

Die Arbeiterbewegung und die Marxisten hatten über lange Zeit diesen Standpunkt vertreten, also die Entfremdung als unausweichliche Begleiterscheinung industrieller Produktion akzeptiert, der man nur durch mehr Freizeit entgehen konnte; das war verständlich, so lange die Güterproduktion zur Beseitigung des – nun einmal durch die industrielle Revolution geschaffenen – materiellen Elends der Arbeiter als vorrangig empfunden werden mußte. Aber Marcuse revidierte Mitte der sechziger Jahre im *Eindimensionalen Menschen* seinen Standpunkt, erkannte – ähnlich wie zur gleichen Zeit Mumford – die verselbständigte Technik als ein Grundübel der Entfremdung; dies war der Beginn der systematischen Kritik der Technik.

All diese Gedanken, die – obwohl von Kritikern unterschiedlicher Provenienz hervorgebracht – in einem wesentlichen Punkt, nämlich im Vorrang sinnvoller Arbeit vor dem sinnlos gewordenen Fortschritt der Produktion, zusammenliefen, durchzogen die Protestbewegungen gegen die überindustrialisierte Gesellschaft, wurden weiterentwickelt etwa von Illich und Schumacher und setzten sich um in die Bewegungen für alternative Technik, der «Technik nach menschlichem Maß». Deren Orientierungspunkt ist die Aufhebung des Unterschieds zwischen Arbeitszeit und Freizeit, zwischen der gesellschaftlich zählenden entfremdeten Arbeit und dem privaten, zumeist von der Freizeitindustrie zugerichteten, ebenfalls entfremdeten Hobby.

Nun werden wir kaum alle dieses Ideal etwa durch Rückkehr in eine überschaubare, mäßig mechanisierte Landwirtschaft, wie sie noch vor zwanzig Jahren auch hierzulande weit verbreitet war, erreichen. Die Bewegung für alternative Technik hat auf mannigfaltige, der Moderne angepaßte Formen der Annäherung an dieses Ziel hingewiesen. Ich habe vor gut 30 Jahren in einer mittelgroßen Eisengießerei den Beruf eines Modellschreiners erlernt. An den Stempeluhren dieses Betriebes drängten sich innerhalb weniger Minuten nach Feierabend alle Gußputzer und Maschinenformer; wir, die Modellschreiner, und auch die Handformer ließen uns Zeit, beendeten so etwa um die Feierabendzeit eine Folge zusammengehöriger Arbeitsgänge, schwatzten noch etwas, blieben auch wohl länger, um Privatarbeit zu machen. Die Arbeit war vielseitig und machte Spaß, Arbeitszeit und Freizeit waren nicht grundsätzlich verschiedene Dinge.

Derartige Industriearbeit ist seitdem zunehmend durch Rationalisierung verdrängt worden. Auch die Facharbeiter unterliegen heute größtenteils vorgegebenen Arbeitsabläufen, in denen Maschinen den Rhythmus diktieren, oder aber einer durch Serienproduktion erzwungenen Monotonie; ich möchte nicht in einer heute typischen Schreinerei tagaus, tagein genormte Türen und Fenster machen. Grundsätzlich bedeutet Rationalisierung mehr Maschine je Mensch, damit zunehmende Unterordnung des Menschen unter die hohe Investitionskosten erfordernde Maschine.

Die bisherige Rationalisierung hat noch nicht die Facharbeiter verdrängt, nur stärker spezialisiert, sie verdrängte eher die einfachen Handgriffe, damit die Arbeitsplätze vor allem derjenigen, die entweder auf Grund der Belastungen aus unterprivilegierter Herkunft – das Problem der Frauen sei hier eingeschlossen – oder weil ihr Geist sich uhrwerksartigen Abläufen nicht anpassen will, keinen Beruf erlernt haben. Die Rationalisierung vergrößerte somit die Zahl der Chancenlosen, nicht Integrierbaren. Die zukünftige Rationalisierung durch die äußerst «intelligente» Mikroelektronik wird zunehmend komplexe Arbeitsabläufe steuern können und so viele, inzwischen bereits auf weniger Handgriffe eingeschränkte, Facharbeiter verdrängen.

Diese Situation haben die Gewerkschaften durchaus vor Augen. Vetters Worte bezeugen auch die Einsicht in das Dilemma zwischen Selbstverwirklichung bei der Arbeit und weiterer Rationalisierung. Es ist schlechterdings nicht zu erwarten, daß der Gewerkschaftsspitze die Gedankenwelt einer alternativen Technik, die das Dilemma auflösen könnte, genug und befriedigende Arbeit bereitstellen würde, verborgen geblieben sei. Warum entscheiden sie sich gegen Eintreten für das menschliche Maß und für die unmenschliche Rationalisierung?

Nun, die Gewerkschaften entschieden sich für nichts als Weiterwursteln. Die immerhin Ansätze zu Nachdenken über die Dimensionen der Krise bezeugende und in die Öffentlichkeit tragende Diskussion um Verkürzung der Arbeitszeit gehörte zur aufgelockerten Szene jenes kurzen Sommers 1977, in dem auch die Freien Demokraten und Sozialdemokraten zur Wachstums- und Atomenergiedebatte ansetzten. Wie das gesamte Spektrum dieser Diskussion, so verschwand auch die Arbeitszeitverkürzung rasch. Übrig blieb nur mehr die Diskussion um das zehnte Schuljahr, das die Arbeitslosigkeit der geburtenstarken Jahrgänge verschiebt. Auf dem Bundeskongreß der IG Metall im Herbst war es eine Mehrheit der Delegierten, die damals schon gegen den Widerstand des Vorstandes die Aufnahme der Arbeitszeitverkürzung in einem Katalog mittelfristiger Zielsetzungen durchsetzte.

Trotz der aufgezeigten grundsätzlichen Unsinnigkeit einer Arbeitszeitverkürzung zugunsten von Produktivitätsfortschritt hätte eine mäßige Verkürzung zunächst mittelfristig einen Schutzschild abgeben können für die Inangriffnahme von Umstrukturierungen. Daß es bei Arbeitszeitverkürzungen Schwierigkeiten gäbe wie die einer ungleichmäßigen Verteilung von Arbeitslosigkeit, welche die Facharbeiter kaum betrifft, konnte kein ernsthafter Hinderungsgrund sein; eine komplexe Situation zu bewältigen erfordert immer komplexe Mittel. Doch ein einfaches Zahlenbeispiel zeigt, daß Arbeitszeitverkürzung kein langfristiges Mittel sein kann:

Angesichts all des bisher Ausgeführten ist es kaum besonders pessimistisch anzunehmen, daß längerfristig die sicher über die gewohnten 3 % ansteigende Rate der Rationalisierung um 3 % die Wachstumsrate übertrifft, die wiederum längerfristig kaum auf 1977er Niveau von 2,5 % gehalten werden kann, auch nicht darf. Dann wären bereits in 14 Jahren 1/3 der Gesamtarbeitszeit eingespart, bis zum Ende des Jahrhunderts die Hälfte. Man hat die Wahl zwischen einer Massenarbeitslosigkeit sondergleichen, einem energischen Eingriff in die Technik oder einer absurden Verkürzung der Arbeitszeit; das alles nicht für spätere Generationen, sondern für den Großteil der jetzt Berufstätigen und für alle bereits Lebenden, die noch nicht arbeiten.

Wie absurd die Vorstellung von einer Zwanzig-Stunden-Woche ist, wird erst dann ersichtlich, wenn man sich einerseits die synthetische Umwelt, in der die Arbeit verrichtet würde, vor Augen hält, andererseits die Alternative eines Zurückdrängens der Großtechnik und einer durchgreifenden Humanisierung der Arbeitswelt, die allerdings erst nach dem Sturz der Götzen Produktivität und Großtechnik möglich sein wird. Die Anthropologie hat den Menschen unter anderem als Homo faber definiert; wenn also Arbeit im Wesen des Menschen angelegt ist, gibt es dann etwas Absurderes, als dem Fortschritt einer inzwischen von der Mehrzahl der Menschen als fragwürdig, von vielen als zerstörerisch erkannten Produktivität den Vortritt zu lassen, damit die Arbeitszeit zugunsten fortschreitender Entfremdung der Arbeit zu reduzieren, und die Menschen in der gewonnenen Freizeit einer Dienstleistungsgesellschaft auszuliefern?

Zu dem Dilemma einer Gesellschaft, die auf überdimensionales Wachstum festgelegt ist, aber nicht mehr wachsen kann, die, um einen Rest Wachstum zu erzwingen, die überfällige Vorsorge zur Erhaltung und teilweisen Wiederherstellung der Natur nicht einmal halbherzig betreibt und die schon angerichteten Schäden noch verschlimmert, deren Bürger zunehmend aufbegehren oder verdrossen werden, tritt auch noch ein ausweglos zunehmender Arbeitsmangel, gegen den es kein sinnvolles Mittel gibt. Und dies nur, weil ein zentrales Motiv dieser Gesellschaft, das einmal sinnvoll war und längst nicht mehr ist, nicht in Frage gestellt werden kann: der Fortschritt der Produktivität und mit ihm der unaufhaltsame Fortschritt der Großtechnik.

Daß die Führungsspitzen der Sozialdemokratie und der Gewerkschaften vor diesem Dilemma Augen und Ohren verschließen, jeder Grundsatzdebatte ausweichen, sie wenn möglich ersticken und sich geschäftig in die immer legitimierende Tagesarbeit stürzen, ist nicht mehr allein mit der Psyche der Maschinisten zu erklären, denen das kurzfristige Inganghalten der allumfassenden Maschine zum Zweck geraten ist. Das Dilemma rührt am Selbstverständnis der Sozialdemokratie und der Gewerkschaften, welches sie sich seit Godesberg erworben haben und mit dem sie Erfolg hatten.

Beide wollten der Arbeiterschaft nicht durch die kämpferische Auseinandersetzung mit der kapitalistischen Wirtschaft, sondern durch angemessene Beteiligung an den Früchten einer florierenden kapitalistischen Wirtschaft zu Wohlstand und Wohlergehen verhelfen. Der «soziale Friede» war Garant dieses Florierens, die Verteilungsfrage wurde nicht ernsthaft gestellt, es gab über mehr als zwanzig Jahre hinweg kaum Streiks; dieses Wohlverhalten honorierte die Führung der Wirtschaft, Lohnerhöhungen wurden nicht erkämpft, sondern harmonisch erhandelt – Drohgebärden gehören zum Ritual.

Auf dieser Basis konnte sich auch die Sozialdemokratie von der Arbeiterpartei zur Mehrheits- und damit regierungsfähigen «Volkspartei» wandeln. Seit ihrer Regierungsbeteiligung war die konzertierte Aktion das Symbol eines vielschichtigen Zusammenspiels von Regierung, Wirtschafts- und Gewerkschaftsführung mit dem Ziel der Harmonisierung von Aktionen zum Gedeihen der Wirtschaft und zur orientierenden Verständigung über die Verteilungsfrage. Die Unternehmen hatten den Gewerkschaften und Betriebsräten einen Teil der Macht im Betrieb zu überlassen, wie sich das im Betriebsverfassungsgesetz und der Mitbestimmungsregelung ausdrückt – erst als die Mitbestimmung drohte, ernsthaft die Machtfrage zu berühren, gab es Krach.

Die Gewerkschaften wurden so ein angesehener «ordnungspolitischer» Faktor, der sich zunehmend, wie auch die Führung der Sozialdemokratie, mit den Interessen der Unternehmen identifizierte, wohl darauf achtend, den Arbeitnehmern ein ordentliches Stück des erwirtschafteten Kuchens zu sichern. Auseinandersetzungen, die den Vorrang der Produktion, das Wachstum der Wirtschaft stören konnten, wurden hintangestellt; während die Rechte der Betriebsräte und Gewerkschaften in Deutschland weitergetrieben wurden als in den meisten anderen westeuropäischen Ländern, hinkt man in der Auseinandersetzung um die Entfremdung am Arbeitsplatz nach.

Die Rechnung ging auf; im Weltmaßstab ist die deutsche Wirtschaft Spitzenklasse in jeder Hinsicht, auch hinsichtlich der Rentabilität, und entsprechend gehört auch der deutsche Arbeiter zur Lohnspitzenklasse. Die Prosperität gestattete auch, das soziale Netz dicht zu knüpfen, soziale Randgruppen ausgenommen. Die Arbeiterschaft honorierte den Gewerkschaften und der Sozialdemokratie den mit ihrer Hilfe erreichten Wohlstand durch beständige, wenn auch nicht sonderlich interessierte Anhängerschaft; auch in der Mittelschicht der Angestellten erwarben sich beide Organisationen beständige Anhänger. Doch der soziale Friede, der Waffenstillstand in der Verteilungsfrage, beruht auf einer Illusion: In dem Maße, wie den Arbeitern deutlich wird, daß es sich bei der gegenwärtigen strukturellen Wirtschaftskrise nicht um eine Ruhepause auf dem Weg zum wachsenden Wohlstand handelt, die es geduldig und diszipliniert zu ertragen gilt, daß vielmehr auf Dauer nur mehr mit Mühe das erreichte materielle Niveau zu halten sein wird und die Beschwörung der Sicherheit der Arbeitsplätze eine Farce ist, in dem Maße wird dem Grundkonsens der Nachkriegsgesellschaft das Fundament entzogen. Die deutsche Arbeiterschaft ist in stärkerem Maße als die der meisten westeuropäischen Länder entpolitisiert worden, die Bindung an die Sozialdemokratie zwar beständig gewesen, aber schwach; in allen Ebenen der sozialdemokratischen Führung gibt es kaum mehr Arbeiter. Die Reaktion der Arbeiterschaft, der immer noch fast die Hälfte aller Berufstätigen angehören, ist daher schwer voraussehbar, aber eines zeichnet sich bereits deutlich ab: Die Verteilungsfrage wird neu gestellt, der soziale Friede erschüttert werden.

Die deutsche Öffentlichkeit, mithin auch die Arbeiter und Angestellten, sind seit Jahren daran gewöhnt, von Politikern, Wirtschaftlern, Kommentatoren auf das für den Export gefährlich hohe Lohnniveau hingewiesen zu werden; bei Lohnverhandlungen mahnt alles zur Disziplin. Wir alle hören beständig, daß die Wirtschaft mehr Gewinne machen muß, um investieren zu können und so die Arbeitsplätze zu sichern; aus diesem Grund auch sind im vergangenen Jahr konjunkturstützende Korrekturen der Steuergesetze zugunsten der Unternehmen gegen den Protest weniger sozialdemokratischer Abgeordneter beschlossen worden.

Eine statistische Größe geht in diesem Konzert der Stimmen unter: seit Anfang der fünfziger Jahre ist das – steuerlich erklärte! – Netto-pro-Kopf-Einkommen aus Unternehmertätigkeit und Vermögen stetig und bedeutend stärker angestiegen, als das aus Arbeitnehmertätigkeit. Diese simple, jedermann im Prinzip zugängliche Statistik dürfte Sprengstoff bergen; sie dürfte zunehmend unter die Leute geraten, je mehr ihnen das volle Ausmaß der Krise des Wachstums bewußt wird und je härter die Verteilungsfrage gestellt wird. Die Frage, wieso sollen *wir* weiter Disziplin üben, die Forderung, jetzt seien die anderen dran, liegt zu nahe.

Dann allerdings werden sich die bisher durch gemeinsame Interessen, durch sozialen Frieden und konzertierte Aktion verschleierten Machtverhältnisse enthüllen. Die Arbeitnehmer sind im wesentlichen an die Bundesrepublik gebunden, auch die kleinen Unternehmen; die international verankerten Großunternehmen aber, die ohnehin nur mehr unwillig in Deutschland investieren, können ihr Kapital verstärkt anderswo verwerten, wenn ihnen die Rendite hier zu gering wird. Und genauso könnten sie reagieren, wenn ihnen die Verbesserung der Rendite durch Rationalisierung beschnitten würde.

Die Gewerkschaften wären in solchem Fall praktisch machtlos, so lange sie nur von einer expansiven Wirtschaft, von Investitionen für neue Arbeitsplätze, eine Milderung der Arbeitslosigkeit erwarten; die jetzige Form der Mitbestimmung beläßt den Unternehmen die volle Verfügungsgewalt über das erwirtschaftete Kapital. Seit vielen Jahren steht das Problem der Kontrolle der multinationalen Konzerne auf der internationalen Tagesordnung der Gewerkschaften, ohne Aussicht auf Abhandlung. Und eine sozialdemokratische Regierung wäre ebenfalls machtlos, mindestens, so lange sie nicht über klare Mehrheiten verfügt, und die stehen nicht in Aussicht. Im Gegenteil, wird das volle Ausmaß des Dilemmas offenbar, muß die Sozialdemokratie um ihre traditionelle Anhängerschaft bangen, die nicht mehr, wie zu Weimarer und Kaisers Zeiten, fest mit ihr verwachsen ist.

Wollen Sozialdemokratie und Gewerkschaften ihre nunmehr gewohnte Rolle weiterspielen, so geht das nur bei Einvernehmen in Grundsatzfragen mit der Führung der Wirtschaft, genauer, der Großindustrie.

Wie immer auch der kurze Blick der Macher, die «konventionelle Weisheit», der sie nicht weniger unterliegen als andere, das Schmerzhafte des Umdenkens mitspielen mögen bei dem emsigen

Verdrängen der wahrlich schicksalhaften Fragen nicht nur unserer fernen, sondern bereits unserer nahen Zukunft, bei der Grabesruhe um diese Fragen, bei dem Vorspielen des Konfliktes, den es nicht gibt: die Machtlosigkeit derer im herrschenden Establishment, die eigentlich an einem Umschalten interessiert sein müßten, ist das tragende Motiv der hartnäckigen Verdrängung. Die Technokratisierung der Politik schlägt um in die Ohnmacht der Politik und der Gewerkschaften.

Nun will ich nicht den Eindruck hinterlassen, als sei die Umverteilung eine Lösung für irgend etwas anderes als allenfalls ein hintergangenes Gerechtigkeitsgefühl. Anfang der fünfziger Jahre war das Netto-pro-Kopf-Einkommen aus Unternehmertätigkeit und Vermögen im Schnitt etwa 1,7mal so hoch wie das durchschnittliche des Arbeitnehmers, nunmehr beträgt dieses Verhältnis etwa 3 : 1.[17] Die absoluten Zahlen sagen wenig, da auch der Besitzer des Lädchens um die Ecke Einkommen aus Unternehmertätigkeit bezieht, der Direktor jedoch ein Arbeitnehmereinkommen. Die Tendenz besagt nur, daß das durchgängig einseitige öffentliche Bejammern der stets zu hohen Lohnabschlüsse heuchlerisch ist. Die prinzipiell zur Umverteilungsdebatte anstehende Summe ist zwar nicht unbeachtlich, aber kein Ersatz für die Verheißung ständigen Wachstums. Es gibt gut eine halbe Million Haushalte in der Bundesrepublik, deren deklariertes Nettoeinkommen 1976 jährlich hunderttausend Mark überstieg, wovon etwa 1/4 auf Spitzenfunktionäre der Wirtschaft entfallen; doch es gibt etwa 17 Millionen Haushalte mit Netto-Monatseinkommen unter 3000 DM, davon noch 11 bis 12 Millionen unter 2000 DM, so daß sich also etwa 30 Haushalte das teilen müßten, was an Umverteilung aus den Großverdienern – zu denen natürlich viele Freiberufliche gehören – herauszuholen wäre.

Die Arbeiter und kleinen Angestellten müssen also bei näherem Zusehen auch diese Hoffnung, ebenfalls die materielle Überfülle der Wohlhabenden noch zu erreichen, begraben. Obwohl sie objektiv keinen materiellen Mangel im Sinne drängender biologischer Bedürfnisse leiden, wird ihnen diese Wahrheit zunächst bitterer schmecken als etwa den konsumgesättigteren gehobenen Angestellten, unter denen naturgemäß der Konsumüberdruß verbreiteter ist.

Die Rentner und die auf Sozialhilfe angewiesenen Randgruppen werden es am stärksten zu spüren bekommen, daß unsere Gesellschaft auf ein nicht mehr erreichbares Wachstum gegründet worden ist. Sie wären bei einer Umverteilung zunächst zu begünstigen. Statt dessen beginnt gerade die umgekehrte Umverteilung. Zwar wird das soziale Netz kaum zerreißen, es kann ja keine Rede davon sein, daß wir bei Wachstumsstopp materiell verarmen. Doch die in Wachstumserwartung eng geknüpften Maschen werden sich dehnen, es werden mehr Menschen durchfallen, sich der etwa durch den Sozialhilfesatz bezeichneten Grenze bitterer Armut nähern.

Das eigentliche Problem der Rentner aber ist die Zerschlagung der sozialen Strukturen durch den unaufhaltsamen Fortschritt der Produktivität. In traditionellen Landwirts- oder Handwerkerfamilien existierte das heutige Problem der meisten Rentner nicht. Die Alten hatten einen sinnvollen Platz, partizipierten am Leben und Einkommen der Gemeinschaft. Die mit der Durchrationalisierung der Produktion einhergehende Durchrationalisierung der Gesellschaft bescherte ihnen neben dem psychischen Elend der Isolierten das Angewiesensein auf das soziale Netz. Die Produktivität hat auch ihnen Eisschrank und Fernseher eingebracht, doch zu welchem Preis. Sie ließ ihnen wenig Chancen, sinnvolle Arbeit zu verrichten, die zwar nicht das Sozialprodukt, wohl aber das Wohlergehen mehrt. Angesichts eines Heeres von Alten beschafft man sich den Babysitter vom Studentenwerk. Deshalb sind die Rentner arm, wenn sie ihre synthetischen Kommunikationsmittel, das Fernsehen und das Telefon, die Ausflucht in das Kaffeehaus oder die Urlaubsreise, nicht bezahlen können; daher der Protest gegen den Telefon-Zeittakt.

Das Fortschreiten der modernisierten Armut soll durch Fortschreiten seiner Ursache, der Produktivität, aufgehalten werden. Die soll dann zu einer Dienstleistungsgesellschaft führen, die den Rentnern auch den Sozialhelfer bereitstellt, der ihre Probleme studiert hat: die Bellsche Wissensgesellschaft, verbliebene Hoffnung des verselbständigten Fortschritts der Produktivität, des Wirtschaftswachstums.

Das letzte Alibi des Fortschritts der Produktivität: der Export

Der letzte Trumpf des unaufhaltsamen Fortschritts von Produktivität und Großtechnik ist noch nicht ausgespielt: die internationale Konkurrenzfähigkeit, Vorbedingung des existenzsichernden Exports.

Eine der ersten der veröffentlichten Meinung einverleibten Äußerungen des dieser Tage berufenen neuen Finanzministers Matthöfer war die Versicherung, er werde sich auch in seinem neuen Amt dafür einsetzen, daß die Bundesrepublik Spitzentechnik weiterhin produziere. Man weiß es, da es täglich zu hören ist: jeder vierte Arbeitsplatz wird durch den Export geschaffen, wir sind das Industrieland mit der größten Exportrate, diesen Platz an der Sonne verdanken wir unseren technischen Spitzenleistungen. Ohne den die internationale Konkurrenzfähigkeit sichernden Fortschritt der Produktivität würde der Export zurückgehen, auf den unsere Wirtschaft schon wegen der Rohstoffeinfuhr angewiesen ist, würde sich unser Lebensstandard rapide verschlechtern.

Verfolgt man die öffentlichen Äußerungen zum Exportproblem, so schlägt einem zunächst einmal der Nationalstolz entgegen, die «Spitzenleistung». Dieser Tage analysierte «Die Zeit» das «deutsche Exportwunder» und erkannte als den ersten unter drei Gründen dafür: «Den deutschen Unternehmern ist es immer wieder gelungen, mit pünktlichen Lieferungen und technologischer Überlegenheit ihre Exportmärkte zu verteidigen.»[18]

Während eines halben Jahrhunderts war deutsche Wissenschaft und Technik einmal führend. Das endete während der Nazizeit. Ich habe dargelegt, daß wir im wesentlichen unsere Spitzentechnik aus den USA empfangen; unser wirtschaftlicher Erfolg beruht nicht zuletzt darauf, daß wir, ähnlich Japan, uns nicht wie England und Frankreich an einer vergeblichen Annahme der «amerikanischen Herausforderung» ausgeblutet haben. Ein nicht mehr in unserer Kultur wurzelndes Pseudo-Nationalgefühl verdrängt diesen Tatbestand; was wären wir ohne Spitzenleistung, im Fußball wie in der Technik. Bert Brecht, um den uns die literarische Welt beneidet, haben wir verlegen dieser Tage den achtzigsten Geburtstag inszeniert, Heinrich Heine konnten wir noch immer nicht in unser Nationalbewußtsein einarbeiten, die gegenwärtige kulturelle Elite erfährt eine unsägliche Sympathisanten-Verunglimpfung. Auch konservative Franzosen erkennen in einem Sartre noch *ihren* Voltaire, in der Rebellion von 1968 noch *ihre* Tradition des Sturmes auf die Bastille, die durch *ihre* Marseillaise wachgehalten wird. Unsere Flucht in die wirtschaftliche Leistung kennzeichnet des Wirtschaftskanzlers Erhard Wort von den Pinschern.

Dennoch kann auch technische Leistung ein legitimer Grund zum Stolz sein. Die «technologische Überlegenheit», die «Die Zeit» im Verein mit «pünktlichen Lieferungen» als Hauptgrund für das «Exportwunder» nennt, entpuppt sich bei genauerem Hinsehen als solide, zuverlässige Ausführung moderner Technik, und die führen nicht, wie «Die Zeit» weiß, «die Unternehmer» aus, sondern in erster Linie die Facharbeiter, auch die Ingenieure. Auch die «pünktliche Lieferung» haben eben jene geschafft, die ausführen, im Rahmen des «sozialen Friedens», solange sie den nicht, wie in anderen Ländern, durch Streik gestört haben. Und eben diese Garanten des deutschen «Exportwunders», Facharbeiter wie sozialen Frieden, schafft der künftige Fortschritt der Produktivität ab, der aus Facharbeitern Tastendrücker oder friedlose Arbeitslose machen wird.

Weiter ist die Gleichsetzung der Notwendigkeit der Rationalisierung als Fortschritt der Produktivität mit Konkurrenzfähigkeit auf dem Weltmarkt in vielen Fällen schlicht falsch. Nehmen wir das aktuelle Beispiel: Mit wem konkurrieren unsere Zeitungen und Zeitschriften, deretwegen das Druckergewerbe abgeschafft wird, auf dem Weltmarkt? Ginge die Auflage der «Frankfurter Allgemeinen» zurück, weil «Le Monde» im Fotosatz druckt? Ein durchgehendes «Halt» der Einführung des Fotosatzes in der Bundesrepublik hätte das Konkurrenzgefüge nicht beeinflußt, doch seine Einführung wird das tun. Er begünstigt die Großen und damit die für unsere Demokratie ohnehin schon längst unerträglich gewordene Konzentration im Pressewesen; dazu stehen die kaum erkennbaren Vorteile für den Leser in keinem Verhältnis. Angesichts dieser Situation betont die IG Druck, nicht gegen den Fortschritt der Produktivität zu sein, und flüchtet in ein hilfloses Besitzstandwahrungsgefecht, das nicht einen Berufsstand erhält, sondern die Redaktionsstuben bürokratisiert. Welches Selbstbewußtsein wird dem ehemaligen Drucker bleiben, wenn er dem ärgerlichen Redakteur bedeutet, er möge seinen Text nicht am Bildschirm, sondern nebenan in die Schreibmaschine eingeben?

Vieles, gewiß nicht alles, was mit einer politischen oder gewerkschaftlichen Kontrolle der Rationalisierung zusammenhinge, ließe sich auf nationaler Ebene abhandeln. Doch habe ich auch bereits den weiland parlamentarischen Staatssekretär, soeben zum Forschungsminister avancierten Volker Hauff zitiert, der während der kurzen Sommer-Diskussion um die praktischen Fragen der verbauten Zukunft über den «Abschied vom blanken Fortschrittsglauben – Die Technik birgt Gefahren für die Freiheit» schrieb, diese Gefahren sah als

«– die technologisch bedingte Arbeitslosigkeit,
– die schleichende Aushöhlung der Grundrechte durch technische Entwicklungen,
– die technologisch bedingte Gefährung der internationalen Ordnung»,

und daraus schloß, man müsse «durch international abgestimmte Maßnahmen die zeitweise Nichtverbreitung von Technologien» ermöglichen, «deren Anwendung schwere soziale Verwüstungen nach sich ziehen würde».[19]

Der junge Mann wird sich als Minister den phantasievollen Durchblick abgewöhnen müssen. Er wird inzwischen gemerkt haben, daß Derartiges systemveränderisch ist. Der Vorschlag erregte noch einige Zeit Aufsehen, insbesondere in Gewerkschaftskreisen, und ward nicht mehr gesehen.

Ohne eine Vielzahl internationaler Vereinbarungen und Spielregeln, die jedem Land Beschränkungen auferlegen, auch wenn sie oft mehr schlecht als recht funktionieren, wären die heutigen weltwirtschaftlichen Beziehungen undenkbar. Alle westlichen Industrieländer werden von «technologischer Arbeitslosigkeit» durch Mikroelektronik im Verein mit Wachstumsgrenzen existentiell bedroht; überall gehört Arbeitslosigkeit zu den vorrangigsten politischen Themen. Einigten sich nur die USA, Japan und die Bundesrepublik auf einen Halt der kaum begonnenen mikroelektronischen Rationalisierung, was ja keineswegs Halt für die gesamte Mikroelektronik bedeutete, es wäre kaum zu erwarten, daß die übrigen sich anschlössen; sie werden ohnehin durch diese drei in ständigen, ihren Nationalcharakteren zumeist wenig entsprechenden Zugzwang gesetzt. Ein Abkommen der westlichen Industrieländer genügte vollauf – der «Welthandel» spielt sich ohnehin, Rohstoffe ausgenommen, im wesentlichen unter ihnen ab.

Allerdings, wer so denkt, übersieht die Macht der Großindustrie, deren energischer Protest gegen solche Eingriffe in die Freiheit der Wirtschaft, die sie meinen, vorprogrammiert ist. Sie könnten zudem die konventionelle Weisheit vom unaufhaltsamen Fortschritt der Technik schnell mobilisieren. Und es wäre gewiß viel von der Bedrohung der Freiheit der Marktwirtschaft die Rede – in der Bundesrepublik auch von Freiheit oder Sozialismus. Wo gibt es die den Arbeitern mehr als der Großindustrie verbundene Regierung, die, auf eine solide Mehrheit gestützt, diesen Ritt wagte? Es sei denn, die Gewerkschaften mobilisierten zielbewußt und energisch ihre Anhänger, immer noch das bedeutendste Wahlvolk.

In die Marktwirtschaft würde ein Halt der mikroelektronischen Rationalisierung gewiß weniger eingreifen als die große Spannweite der von der Wirtschaft selbst provozierten Maßnahmen zu ihrer Stützung – von den durch Großtechnik geförderten quasimonopolistischen Konzentrationen einmal ganz abgesehen.

Die Westeuropäer haben sich – sehr zu Recht – entschlossen, im Interesse eines Überlebens ihrer Landwirtschaft für sie die Marktwirtschaft weitgehend außer Kraft zu setzen. Der subventionierende Verbraucher hätte allerdings wesentlich mehr davon gehabt, wenn die Regierungen nicht auf die doch so naheliegende Idee gekommen wären, nun aber mit grünen Plänen die Produktivität der Landwirtschaft zu steigern, da man doch, wie sollte es anders sein, über erhöhte Produktivität die Subventionen mindern kann. Statt daß der Verbraucher einige Pfennige mehr für ungespritzte, weniger pausbäckige, aber schmackhaftere und ungiftige Früchte und Gemüse zahlte, steckt er die vielen Pfennige nun in Butter- und Schweineberge, ißt sich zudem durch die hindurch und zahlt noch einmal für die Entfettungsmittelchen und -methödchen der Dienstleistungsgesellschaft. Zurück bleibt eine hochproduktive und dem Landwirt endlich auch entfremdete Landwirtschaft plus einer Unmenge fein verteilter Chemie. Doch der Fortschritt der technisch rationalisierenden Produktivität bleibt unaufhaltsam.

Kurz vor seinem Tod rechnete einer der Architekten des seinerzeit sinnvollen «sozialen Friedens», der frühere DGB-Vorsitzende Ludwig Rosenberg, unter der Überschrift «Bin ich ein Systemveränderer?» bitterböse ab mit der Heuchelei um eine, längst in weiten Bereichen nicht mehr existente Marktwirtschaft.[20] Ihn störte «das Rasseln der Gebetsmühlen derer, die aus einem vernünftigen Prinzip eine Religion machen»; ihn erboste angesichts der von ihm aufgezählten wirtschaftlichen Tatsachen «die bundesdeutsche Gretchenfrage: Wie hältst du's mit der Marktwirtschaft?», die aus dem, der es «nicht positiv mit ihr hält» einen «Systemveränderer, einen Revoluzzer, der eine andere Republik will», macht. Die heutige Gewerkschaftsführung opfert Sinn der Arbeit und Arbeit überhaupt dem Primat einer zerstörerisch freien Markwirtschaft, wenn sie nicht gegen den Fortgang der Rationalisierung antritt.

Nun mag man einwenden, in heutiger Zeit sei das Aufhalten der einsetzenden Mikroprozessor-Rationalisierungswelle schon deshalb eine Illusion, weil sich doch mit den zunehmenden wirtschaftlichen Schwierigkeiten der Industrieländer ein zunehmender Verfall internationaler wirtschaftspolitischer Vereinbarungen und Sitten zeige. Man mag hinweisen auf den Zerfall des Weltwährungssystems, die zahlreichen protektionistischen Währungsmanipulationen wie zur Zeit die des Dollars, die Importbeschränkungen unserer Nachbarn, die Dumpingmethoden der Japaner. Kurzum, auf nichts, was die Weltwirtschaft betrifft, ist noch Verlaß, und das kann angesichts der langfristigen Aussichten nur schlimmer werden.

Richtig. Doch dann wäre es folgerichtig, sich bedeutend mehr um eine übersteigerte Abhängigkeit der Volkswirtschaft vom Welthandel zu sorgen, als um den Bestand einer einzelnen Vereinbarung, die, käme sie einmal zustande, schon aus einem starken Eigeninteresse heraus wohl von den nationalen Gewerkschaften auf Einhaltung hin überwacht würde.

Das Wachstum unseres Binnenmarktes stagniert nicht erst seit der «Ölkrise» von 1973. Es flaute bereits Ende der sechziger Jahre ab, seit sich Sättigungs- und Übersättigungserscheinungen bemerkbar machten. Seitdem flüchten wir, um Wachstum zu erzeugen, in einen übersteigerten Export und in einen aufgeblähten Staatshaushalt. Von 1971 bis 1977 verdoppelten sich Außenhandel und Bundeshaushalt. Der Export war nicht die Ursache der Periode des Wachstums und der wirtschaftlichen Prosperität, er wurde zum wichtigsten Nothelfer des Wachstums erst, als es seine Existenzberechtigung bereits total eingebüßt hatte.

Wie vielen geht es heute wirtschaftlich besser als 1971? Mehr Menschen dürfte es heute schlechter gehen. Wie, wenn wir alles darangesetzt hätten, statt weiteres Wachstum zu erzeugen, eine – horribili dictu – geplante Stagnation auf dem Niveau von 1970 zu erzeugen, freilich mit einigen, dazu notwendigen Umstrukturierungen. Es ginge uns wie, ja wie denn, wie 1971. Und das bei halb so hohem Export.

Unser «Exportwunder» ist alles andere als ein Grund zur Genugtuung, es ist ein Grund zum Zittern. Es wäre unfaßbar, daß man uns eine völlig übersteigerte Weltrekord-Exportrate als Grundlage unseres Wohlergehens verkaufen kann, hätte man sich nicht an noch manch' verwegeneres Kunststück unserer Sachwalter der öffentlichen Meinung gewöhnt. Und noch verwegener ist es zu behaupten, man müsse erst einmal die Arbeitsplätze wegrationalisieren, um sie dann über Export zu sichern. Auch das schluckt ein ganzes Volk, schlucken die Gewerkschaften, ohne Wimpernzucken.

Das Exportwunder ist ein Grund zu heftigem Zittern. Die massive Abstützung der deutschen Wirtschaft auf den Weltmarkt geht aus vom Fortbestand eines offenen, gesitteten Welthandels, so als sei dies nur deshalb selbstverständlich, weil es einmal so war in Zeiten innerer Expansion aller Industrieländer, als der Welthandel mehr eine Ergänzung und weniger ein existentieller Kampfplatz für die Auslastung von in Wachstumserwartung geschaffenen Überkapazitäten war. Als auch die Großtechnik noch mäßig groß und nationalen Märkten angemessen war. Als die Rohstoffe auch noch in sicherem neokolonialistischen Griff waren, die Araber noch kein Beispiel gesetzt hatten. Als es ausgemachte Sache schien, daß die Entwicklungsländer mit Hilfe und durch den Export der Industrieländer nach deren Muster industrialisiert werden würden und noch niemand vom Weg mittlerer Technologie gehört hatte. Als GATT und Dollar noch Aprioris der Weltwirtschaft und die Vereinigten Staaten von Europa in Sicht waren. Als es noch jenseits des Vorstellbaren schien, daß große westeuropäische Industrieländer über Nacht ihre Währung und ihren Import bewirtschaften könnten. Als harte Bandagen im Export mehr ein Sport einzelner Industrieunternehmen als eine volkswirtschaftliche Existenzfrage waren. Als sich die Grenzen des Wachstums noch nicht herumgesprochen hatten.

Der kurze, fest auf das Rotieren geheftete Blick der Maschinisten der allumfassenden Maschine scheint die Störungen im harmonischen Welthandelsbild genau so als ausheilbare Ärgerlichkeiten zu registrieren, wie er noch im Sommer 1977 die inzwischen zum Gemeinplatz gewordene strukturelle Wirtschaftskrise forsch, überlegen und scharf als «Krise in euren Hirnen», als konjunkturelles Auf und Ab erkannt hatte.

Einer Volkswirtschaft, die, ohne objektive Notwendigkeit und nur, weil der einmal eingeschlagene, historisch einmalige Superwachstumskurs nicht ohne gewisse Eingriffe in die Wirtschaft zu korrigieren ist, ein Viertel ihrer Arbeitsplätze dem statistisch vorhersehbar zunehmenden, im einzelnen aber unvorhersehbaren Risiko des Welthandels aussetzt, einer solchen Volkswirtschaft sollte man nicht das Alibi abnehmen, solches zur Sicherung der Arbeitsplätze zu tun. Oder gar das, dieser übersteigerte Export sei im Interesse der Ärmsten, der Entwicklungsländer.

Die übersteigerte Abstützung auf den Export zwingt der Bundesrepublik die widerwärtige Rolle des Welthandelspolizisten auf, in der sie sich in der Rohstoffpreisfrage gegenüber den Entwicklungsländern bewährt hat. Freier Markt ist weltweit durchzusetzen. Das kluge und moralische Waffenembargo wird laxer gehandhabt, Gewerkschaftsfunktionäre bereisen Südafrika und erklären öffentlich, das Hemd sei uns nun einmal näher als der Rock. Die Bundesrepublik stellt den Weltwirtschaftskanzler, bei genauerem Zusehen wird sie außenpolitisch unbeweglich wegen ihrer massiven Exportinteressen.

Und genauso vertieft sich die Ohnmacht der Politik im Inneren. Im Exportgeschäft verquicken sich Politik und Wirtschaft aufs Innigste. Zudem müssen wir im Inneren mit gutem Beispiel vorangehen, müssen Wirtschaftszweige wie Textil- und Stahlindustrie einer abrupten, unmenschlichen Rationalisierung in Form von Betriebsschließungen ausliefern, wann immer sich ihre weltwirtschaftliche Unrentabilität herausstellt, weil wir ja nicht das schlechte Beispiel von «Protektionismus» geben dürfen. Daß es sogar volkswirtschaftlich vernünftiger sein könnte, statt Arbeitslosenunterstützung Subventionen zu zahlen und behutsam, langfristig umzustrukturieren, kommt weltweit denkenden Marktwirtschaftsfanatikern als Sünde wider den heiligen Geist gar nicht erst in den Sinn; die Menschen bleiben auf der Strecke. Die Gewerkschaften wissen um das Primat der Produktivität und bemühen sich um Sozialpläne.

Im Welthandel mit Entwicklungsländern wären denen zunächst einmal gesicherte und höhere Preise für ihre Rohstoffe zu zahlen, statt sie rücksichtslos marktwirtschaftlich auszureizen. Die Rohstoffe abgezogen, bleibt in unserer Welthandelsbilanz nicht viel Handel mit Entwicklungsländern zu erkennen, der das Maß unseres Exports rechtfertigen könnte. Zudem habe ich, insbesondere im Zusammenhang mit der «mittleren Technologie», daran erinnert, daß die Verpflanzung der «Spitzentechnik» der Industriestaaten in Entwicklungsländer größtenteils katastrophale Folgen gehabt hat.

Wir brauchen Rohstoffe, gewiß, und ein vernünftiges Maß an internationalem Warenaustausch wird auch in Zukunft für alle Partner sinnvoll sein. Doch wir brauchen Rohstoffe für den eigenen Bedarf, und nicht, um einen circulus vitiosus zu motivieren, der immer mehr Rohstoffeinfuhr erfordert, damit wir immer mehr veredelte Rohstoffe ausführen können. Die Vorstellung, daß wir langfristig unsere Volkswirtschaft auf den Export von «Spitzentechnik» stützen können, ist nicht nur unrealistisch, sie ist zudem arrogant. Sie heizt ein rücksichtsloses, hemdsärmeliges Ellenbogen-Gerangel an, das nicht den Menschen nützt, sondern ein abgewirtschaftetes, Natur und Menschen zerstörendes Wachstum mühsam am Überleben hält. Das absurde, abrupte Überziehen der Länder um den Persischen Golf mit Supertechnik, kaum flossen die Petrodollars, beleuchtet drastisch den Unsinn dieser Exportsucht.

Weder wir noch die anderen Industrieländer haben es nötig, die Grundgesetze der Volkswirtschaft vom Export her zu definieren, sofern das Wohlergehen der Menschen und nicht die Eigengesetzlichkeiten von Großtechnik und Großkonzernen im Verein mit einem zerstörerischen Wachstumswahn das Ziel der Volkswirtschaften wären. Es ist höchste Zeit, auf der Basis und durchaus auch unter Opferung eines Teils der gewonnenen Produktivität, das zerrüttete Haus wieder wohnlich einzurichten, technische Möglichkeiten dort zu nutzen, wo sie, wie am Fließband, entfremdete Arbeit abbauen können, und im übrigen den Sinn der Arbeit und die Möglichkeit zur Arbeit vor den Fortschritt der Produktivität zu stellen. Erhalten wir die Facharbeiter, die Basis des Ansehens unserer Technik, so brauchen wir uns um ein sinnvolles Maß an Außenhandel nicht zu sorgen.

Es erweist sich als tragisch, daß die Gewerkschaften zum «ordnungspolitischen» Faktor geworden sind. So haben sie eine in Schönwetterzeiten glaubhafte Macht gewonnen, die sich bei schlechtem Wetter als trügerisch erweist. Jetzt wären sie mächtiger, wenn sie sich auf ihre Rolle besännen, die Interessen der Menschen, die die Wirtschaft ausmachen, kämpferisch zu vertreten *gegen* die im Sprachgebrauch als «Wirtschaft» ausgegebenen Führung der Wirtschaft. Die einst sinnvolle Identifikation mit den Eigengesetzen der kapitalistischen Wirtschaft führt in Zukunft zu alles anderem als sozialem Frieden; sie führt zur Massenarbeitslosigkeit oder zur Totalverwaltung der Menschen durch eine sinnentleerte Dienstleistungsgesellschaft.

Die institutionalisierte Politik ist machtlos geworden; die den Arbeitern verpflichtete Partei kann ihnen als Regierung nicht helfen. Auch wenn auf dem linken Flügel der Opposition ein Herbert Gruhl für Kräfte steht, die sich gegen das Diktat der Eigengesetze von Großtechnik und Großkonzernen stemmen, eine tragfähige politische Mehrheit, die mit Gesetzen gegen das weitere Vordringen der zerstörerischen Produktivität angehen könnte, ist, insbesondere angesichts der Tendenz der Öffentlichkeit herstellenden Medien, nicht in Sicht.

Die Gewerkschaften allein, besännen sie sich auf ihre Rolle als traditionsreichste und stärkste Bürgerinitiative, könnten ihre Anhänger und damit die ganze Gesellschaft gegen das weitere zerstörerische Vordringen der Großtechnik schützen. Nichts ist vordringlicher, als die Mikroelektronik aufzuhalten; ihre schleichenden sozialen Auswirkungen sind weit gefährlicher als die der Atomkraftwerke. Böten die Gewerkschaften den verunsicherten Arbeitern eine wirkliche Perspektive, sie bräuchten wohl kaum die Sorgen um ihre Anhänger zu haben, die diese ihnen jetzt bereiten. Deren Kampfbereitschaft ist allzu offenbar geworden. Es wäre tragisch, wenn sie sich in einem vordergründigen Verteilungskampf erschöpfte, der bestenfalls einige Prozent Lohnerhöhung und entwürdigende Besitzstandwahrung statt den überfälligen Wandel erbringt.

Ausblick:
Können wir umschalten?

Wenn es auf etwas eine einfache
Antwort gibt, dann war die
Frage falsch gestellt.
Harold Pinter

Soviel hoffe ich gezeigt zu haben: Man kann die Zukunft drehen und wenden, wie man will, man kann von den unterschiedlichsten Standpunkten aus die unterschiedlichsten Hoffnungen und Befürchtungen haben, man kommt an einem Drehpunkt nicht vorbei, dem, Technik und Produktivität eine andere Richtung zu geben, sie an Gebrauchswerten zu orientieren. In den zwanzig Jahren, seit Galbraith und Goodman gegen den überholten Primat der Produktivität aufgetreten sind und dessen verheerende Folgen aufgezeigt haben, sind diese Folgen immer offener zutage getreten, haben immer mehr Menschen gegen sie zu protestieren begonnen, ist die Erkenntnis der Wirkungsketten vertieft und verbreitert worden, die Rolle der Technik innerhalb dieser Wirkungsketten zutage getreten.

Dennoch ist der Primat der Produktivität und des nur ihr verpflichteten technischen Fortschritts ungebrochen. So viele Menschen sich auch den durch sie ausgelösten Zwängen widersetzen, nur eine bescheidene, wenn auch ständig wachsende Minderheit erkennt in diesen Zwängen das ihnen zugrundeliegende Prinzip. Wenn sie nur das Kurieren einiger Symptome in Aussicht stellen, etwa verbesserten Umweltschutz oder ein schwammiges «qualitativ» vor dem Wachstum, so können die Führungen von Parteien und Gewerkschaften sich noch auf die Mehrheit ihrer Anhänger berufen, wenn sie eine Politik unterstützen, die die «strukturelle Wirtschaftskrise» durch Wiederankurbelung dessen, was sie verursacht hat – das Wachstum –, überwinden will.

Erkenntnisse, die die Bedürfnisse der Menschen berühren, haben es an sich, daß sie sich – wenn auch langsam – durchsetzen, um so schneller, je drängender die Bedürfnisse sind. So gesehen, kann man – trotz Springer-Presse – darauf vertrauen, daß sich die Erkenntnis der Unsinnigkeit und Menschenfeindlichkeit weiteren Wirtschaftswachstums durchsetzen wird, auch die, daß der Angriff den dahinter verborgenen Prinzipien einer gängigen Auffassung des Primats von Produktivität und technischem Fortschritt zu gelten hat. Es gibt Grund zu anderer Sorge.

Die gängige Auffassung vom Primat der Produktivität und des technischen Fortschritts entspricht nicht nur einer einst sinnvollen und nun sinnlos gewordenen Vorrangigkeit der Versorgung der Menschen mit Gütern und Dienstleistungen; daß die ihre Vorrangigkeit verloren hat, daß sie zunächst im sozialen Sinn kontraproduktiv wurde, modernisierte Armut und Neurosen erzeugte, daß sie nunmehr sogar im ökonomischen Sinn kontraproduktiv wird, immer größere Anstrengungen sich in immer weniger Konsumgüter umsetzen werden, all das ist nicht so schrecklich schwer einzusehen. Die zunächst nur ökologisch gesehenen Grenzen des Wachstums haben sich sehr schnell in das Bewußtsein eingeprägt, warum sollten das nicht auch die sozialen, ökonomischen, kulturellen Grenzen? Doch die gängige Auffassung vom Primat der Produktivität und des technischen Fortschritts entspricht auch der Eigengesetzlichkeit kapitalistischer Wirtschaft; der so angelegte Konflikt zwischen den Menschen und der Macht gibt Anlaß zur Sorge.

Viele achtbare Streiter gegen die Zerstörung der natürlichen, sozialen, kulturellen Umwelt, wie etwa Herbert Gruhl, übersehen oder verdrängen den unweigerlichen und tiefgehenden Konflikt zwischen Wachstumsstopp und den Expansionsgesetzen der kapitalistischen Wirtschaft. Daß die der Konkurrenz mit dem Westen verschriebene Wirtschaft der Ostblockstaaten den gleichen zerstörerischen Weg eingeschlagen hat, mag zusätzlich verdecken, wieweit Eigengesetzlichkeiten der kapitalistischen Wirtschaft einem Wandel entgegenstehen.

Die Erkenntnisse über den expansiven Charakter der kapitalistischen Wirtschaft gehen zwar auf Marx zurück, sind aber gleichwohl heute nicht nur von Marxisten akzeptiertes Gemeingut. Schumpeter vor allem hat die Rolle des technischen Fortschritts innerhalb dieser Expansionsgesetze aufgezeigt. Gerhard Menschs Vorschläge zur Überwindung der strukturellen Wirtschaftskrise durch «Basisinnovationen» instrumentalisieren diese Erkenntnisse. Die Wegrationalisierung der Arbeitsplätze lenkt die nunmehr durch äußere Grenzen behinderte Expansion gleichsam nach innen um.

Diese Auswege würden durch eine politische Kontrolle der Technik versperrt, die die Technik den Bedürfnissen wieder unterwerfen würde. Die Expansion nach innen würde gestoppt durch die Kontrolle der Mikroelektronik, durch das Aufhalten einer Arbeitsinhalte wie Arbeitszeit wegrationalisierenden Großtechnik. An dieser vordringlichsten aller Aufgaben wird der eine Zeitlang – durch die in beider Interesse liegenden wirtschaftlichen Expansion – verhüllte Konflikt zwischen Arbeit und Kapital wieder deutlich werden; sie wird das in der Nachkriegszeit gewonnene Selbstverständnis der Arbeiter und ihrer Gewerkschaften in Frage stellen. So wird die Forderung nach politischer Kontrolle der Technik den Konflikt zwischen dem, durch die Krise der Industriegesellschaft ausgelösten, verbreiteten Verlangen nach Wandel einerseits und den Eigengesetzen der kapitalistischen Wirtschaft andererseits offenbaren.

Das muß nicht unbedingt heißen, daß durch die Krise der überindustrialisierten Gesellschaft die in der Nachkriegszeit in der westlichen Industriegesellschaft auf Eis gelegte Frage Sozialismus oder Kapitalismus wieder an die vorderste Stelle rückt, in ihrer blütenreinen Form als Kampf um den Besitz der Produktionsmittel. Die Produktionsmittel gerade des Teils der Wirtschaft, in dessen Händen die eigentliche wirtschaftliche Macht konzentriert ist, der großen Konzerne, sind bereits auf eine freilich unorthodoxe Art «vergesellschaftet» worden; die Verfügungsgewalt liegt dort nur mehr selten bei Kapitaleignern, sie liegt in Händen einer Schicht von Kapitalverwaltern, Managern, die durch Sitze in Aufsichtsräten und verschiedenartigsten, auch staatlichen «Gremien» miteinander und mit staatlichen Organen verschränkt ist. Für die macht es keinen grundsätzlichen Unterschied, ob das verwaltete Kapital privat ist oder ob die zu verwaltenden Gesellschaften verstaatlicht sind. Doch auch wenn diese Verwalter nicht mehr im gleichen Sinn wie die Kapitaleigner an der Kapitalrendite interessiert sind, sie ist gleichwohl die Antriebskraft der Wirtschaft geblieben. Einmal brauchen die Verwalter die Rendite, um Unternehmen durch ihre Verwertung zu stärken, zum anderen müssen sie einen Teil als Dividende den Eignern zukommen lassen, um das Unternehmen am Kapitalmarkt als kreditwürdig auszuweisen.

Wie weit also der schleichende Übergang der Verfügungsgewalt über die Produktionsmittel von den Kapitaleignern auf die Verwalter, der gerade infolge des mit dem Wirtschaftswachstum der Nachkriegszeit einhergegangenen Prozesses wirtschaftlicher Konzentrationen forciert wurde, einer Anpassung des kapitalistischen Wirtschaftssystems auch an Wachstumsstopp oder gar politische Kontrolle der Technik entgegenkommt, wage ich nicht zu werten. Jürgen Habermas hat 1973 im Zusammenhang mit der damals im Vordergrund stehenden ökologischen Krise angemerkt: «Kapitalistische Gesellschaften können Imperativen der Wachstumsbegrenzung ohne Preisgabe ihres Organisationsprinzips nicht folgen, weil die Umstellung vom naturwüchsigen kapitalistischen Wachstum auf qualitatives Wachstum eine gebrauchswertorientierte Planung der Produktion verlangt.» Doch was heißt «Preisgabe» angesichts der erstaunlichen Anpassungsfähigkeit, die die kapitalistische Wirtschaft bewiesen hat, angesichts insbesondere der in anderen westeuropäischen Ländern ausgeprägteren Mischformen staatlicher und privater Verfügungsgewalt?

Ganz unabhängig davon, ob und in welcher Form der Kapitalismus sich der Wachstumsbegrenzung, vor allem aber einer viel unmittelbareren in die «freie Wirtschaft» eingreifenden politischen Kontrolle der Großtechnik wird anpassen können, eines ist sicher: Eingriffen in die Eigengesetzlichkeiten der kapitalistischen Wirtschaft wird härtester Widerstand entgegengesetzt werden. Dieser Widerstand ist mächtig. Der Verlust an unbeschränkter Macht im Unternehmen – infolge der im Lauf der Zeit erfolgten Konzessionen an Betriebsräte und Gewerkschaften – ist reichlich dadurch kompensiert worden, daß die immer inniger gewordenen Verzahnungen zur allumfassenden staatlich-privatwirtschaftlichen Organisationsmaschine, ohne die auch der Dorfbewohner sein tägliches Brot nicht mehr bekommt, der Führung der Wirtschaft in zunehmendem Maße Einfluß auf alle Lebensumstände außerhalb der Unternehmen eingeräumt haben. Pressekonzentration und die in der Nachkriegszeit erfolgte Identifikation der klassischen Widersacher der kapitalistischen Wirtschaft – Sozialdemokratie und Gewerkschaften – mit einem für das Gemeinwohl als unerläßlich angesehenen Gedeihen eben dieser Wirtschaft tun ein übriges.

Von diesem Widerstand haben die Bürgerinitiativen, die ja im Grunde, wenn auch zunächst punktuell, eine politische Kontrolle der Technik betreiben, einen Vorgeschmack bekòmmen: die im Herbst 1977 angelaufene «konzertierte Staatsaktion», von der der Vorstand des Bundesverbands Bürgerinitiativen Umweltschutz spricht, und die einhergehende Mobilisierung der öffentlichen Meinung gegen sie. Der Strafraum für Systemveränderer steht bereit, sie aufzunehmen, wie einst die erste Welle demokratischen, außerparlamentarischen Widerstands gegen die überindustrialisierte Gesellschaft. Doch die Anhänger der Bürgerinitiativen sind zahlreicher als es die protestierenden Studenten waren, ihrem Anliegen ist auch vom passiven Teil der Bevölkerung weitgehend Sympathie entgegengebracht worden; das verschärft die Situation.

Die Atomgegner, die noch im Sommer 1977 glauben mochten, ihr Widerstand sei stark genug zur Durchsetzung eines Moratoriums, haben die Macht der Wirtschaft unterschätzt. Ein guter Teil von ihnen hatte noch kaum erkannt, daß es um mehr als Atomenergie ging. Die sich dessen bewußt waren, daß es um eine Bastion der Wachstumsgesellschaft ging, und die dennoch hofften, diese Bastion einnehmen zu können, den Teufelskreis aus industriellem Wachstum und Übertechnisierung unterbrechen zu können, werden die Situation umfassender durchdenken müssen. Das Primat der Produktion und des Fortschritts der Großtechnik läßt sich nicht überlisten.

Solange die Mehrheit der Bevölkerung zwar bereits allergisch geworden ist gegen die Manifestationen der zerstörerischen Tendenzen der überindustrialisierten Gesellschaft, aber noch nicht die Zusammenhänge dieser einzelnen Manifestationen erkennt, daher Übertechnisierung und Wirtschaftswachstum letzten Endes als alternativlos akzeptiert, so lange kann das Berennen einzelner Bastionen wohl Bewußtseinsprozesse auslösen, aber keinen durchgreifenden Wandel erzeugen.

Die Bürgerinitiativen haben sich zudem mit der Verengung ihrer Zielsetzung Blößen gegeben. Die lange Zeit einseitig auf die Sicherheit der Kernkraftwerke zielenden Argumente waren überzogen; freilich lag das nicht, wie ich ausgeführt habe, an Ignoranz, sondern an der Undurchschaubarkeit der Großtechnik, die erst nach jahrelanger öffentlicher Diskussion ein Stück Durchsichtigkeit für Außenstehende gewann. Doch dann entzogen viele, die grundsätzlich mit den Zielen der Atomgegner sympathisierten, ihnen die Unterstützung. Die Bügerinitiativen haben sich auch zu lange vorhalten lassen müssen, daß sie keine Alternativen aufzeigen. Hinweise auf Energiesparen und Sonnenenergie waren nützlich und wichtig; doch nur ein geschlossenes Konzept, wie es die Vorhut der Bewegung für alternative Technik entwickelt, wie es in den angelsächsischen Ländern auch bereits einen gewissen Reifegrad erreicht hat, kann langfristig überzeugen. Die Bürgerinitiativen sind im Begriff, das zu erkennen, neue Ansätze zu machen.

Verengungen, wie die auf das Thema Atomenergie, mögen unvermeidbar und hilfreich gewesen sein zum Ingangsetzen eines Bewußtseinsprozesses. Doch die weitere Emotionalisierung des zu engen Ausschnitts Kernenergie könnte zu verhängnisvoller Polarisierung führen. Die restaurativen Tendenzen speziell in der Bundesrepublik sind so stark geworden, daß sie eine ähnliche Isolation der Atomgegner erzwingen könnten, wie einst der protestierenden Studenten, und damit ähnliche Ohnmachten und ohnmächtiges Aufbegehren der Isolierten gegen die gesamte Gesellschaft. Das nützte nur der aggressiven Rechten, der jeder Vorwand zur Legitimation des immer stärkeren Staates gelegen kommt.

Die Krise der überindustrialisierten Gesellschaft wird sich zuspitzen, den Wandel zu bewirken wird mühsam und langwierig sein. Ungeduldiger Aktionismus könnte den Polizeistaat provozieren. Es bedarf des Augenmaßes, auch der Erkenntnis, daß wir trotz konzertierter Staatsaktion, trotz Berufsverboten nicht in einem Polizeistaat leben, daß es im Gegenteil eine vordringliche Aufgabe ist, für die Erhaltung der kostbaren, in Erosion begriffenen bürgerlichen Freiheitsrechte einzutreten. Es bedarf einer durchdachten Analyse, die geeignet ist, immer mehr Menschen die Zusammenhänge zwischen den Symptomen, die sie beunruhigen, überzeugend vor Augen zu führen. Nur so kann der Widerstand gegen die verhängnisvolle Wachstumsgesellschaft sich verbreitern, können die Versuche, ihn zu isolieren, vereitelt werden, kann er so mächtig werden, daß er nicht in den Strafraum für die Systemveränderer paßt.

Seit dem Sommer 1977 ist ein neuer Widerstand gegen eine mit Restauration einhergehende Politik des Durchhaltens, des Kopf-in-den-Sand-Steckens, des konzeptionslosen Krisenmanagements in der Basis der Parteien, auch schon in den Parlamentsfraktionen, deutlich geworden. Fraktionsdisziplin erstickt diesen Widerstand angesichts prekärer Mehrheitsverhältnisse; dennoch zeigt sich, daß die Bürgerinitiativen erste Anstöße gegeben haben, in einen unbeweglich gewordenen Parlamentarismus, der den «Konflikt vorspielt, den es nicht gibt», wieder Bewegung zu bringen, praktische Fragen wieder zum Gegenstand der technokratisierten Politik zu machen. Dieser Prozeß würde sicher nicht gefördert, sondern behindert, wenn sich die Bürgerinitiativen aus Ungeduld zur Grünen Partei konstituieren würden, damit zu einer ohnmächtigen parlamentarischen Minderheit würden und ihre potentiellen Verbündeten in den Parteien, vor allem in der Sozialdemokratie, isolierten. Das käme nur der aggressiven Rechten zugute, die noch mehr als schon bisher die liberalen Kräfte in Zugzwang setzen könnte.

Entscheidend, auch für eine Wiederbelebung der Partei- und parlamentarischen Politik, wird die zukünftige Haltung der Arbeiterschaft und ihrer Gewerkschaften sein. Solange die sich, wie es der schnelle Wandel der gewerkschaftlichen Haltung in der Kernenergiefrage im Sommer 1977 veranschaulicht hat, mit der Führung der Wirtschaft solidarisieren, wird diese mächtige Allianz jeden durchgreifenden Wandel verhindern. Nur ein geschlossenes Konzept der Umkehr zu anderer Technik, die genug und sinnerfüllte Arbeit und trotzdem ein keineswegs spartanisches Angebot an Gütern und Dienstleistungen bereitstellt, kann den Arbeitern vor Augen führen, daß es lohnt, auch einmal einzelne Arbeitsplätze aufs Spiel zu setzen. Die Aufklärung über die Ausmaße der zu erwartenden Rationalisierung, über das Zusammenspiel der Wachstumsgrenzen und der Mikroprozessoren bei der Degeneration von Arbeitsinhalt und Arbeitszeit, kann vor Augen führen, wie dringend gerade für die Arbeiter ein Wandel, zunächst eine Kontrolle der Großtechnik ist. Ohne eine umfassende Perspektive zu haben, müssen die Arbeiter punktuelle Aktionen gegen industrielle Projekte als weitere Bedrohung ihrer ohnehin unsicheren Arbeitsplätze empfinden, der begleitende Appell zum Maßhalten, der oft recht romantisch klingt, muß bei denen ins Leere gehen, die nur bescheidenen Anteil an der Überflußgesellschaft hatten. Nicht nur wegen der weitreichenden sozialen Folgen ist die Aufklärung über die Notwendigkeit der politischen Kontrolle der Großtechnik Mikroelektronik vordringlich, sondern auch, weil vor allem diese Aufklärung zu einer entscheidenden Besinnung der Arbeiterschaft und ihrer Gewerkschaften führen kann. Wenn sich den «besorgten Bürgern» die besorgten Arbeiter zugesellen, dann dürfte die Allianz entstehen, die den Wandel ermöglicht.

Alle Anzeichen sprechen dafür, daß sich die Krise der überindustrialisierten Gesellschaft in der Bundesrepublik stärker zuspitzen könnte als in den meisten anderen Industrieländern, Japan ausgenommen.

Die Summe der ökonomischen Realitäten erscheint besonders ungünstig, obwohl, oder gerade weil, die Bundesrepublik eine wirtschaftliche Spitzenstellung erreicht hat. Ökologisch ist die Bundesrepublik gefährdeter als viele andere Industriestaaten – ihre Bevölkerungsdichte beträgt etwa das Zehnfache der in USA. Nur in wenigen Ländern sind die dörflichen Strukturen so rücksichtslos zerschlagen worden, ist die Landwirtschaft so überindustrialisiert worden; in weiten Gebieten Frankreichs und Italiens etwa gibt es noch eine zum guten Teil auf regionaler Selbstversorgung beruhende Wirtschaft, zudem ein zunehmendes Bewußtsein der Erhaltungswürdigkeit solcher Strukturen, gegen die Zwänge, die die in der Europäischen Gemeinschaft tonangebende Wirtschaft der Bundesrepublik nolens volens ausübt. Des weiteren hat kein Land seine Wirtschaft so sehr auf einen zunehmend unsicherer werdenden Export gestützt.

Zu der Summe ungünstiger ökonomischer Realitäten gesellt sich eine besonders ungünstige Summe soziokultureller und politischer Umstände, die den überfälligen Wandel erschweren. Nirgends in Westeuropa ist der Verlust an Traditionen, daher auch die Flucht in den Konsum, so stark ausgeprägt wie in der Bundesrepublik. Und nirgends in Westeuropa ist das politische Leben mehr erstarrt, zieht lautes Nachdenken über die Notwendigkeit gesellschaftlichen Wandels so sehr die Gefahr der Stigmatisierung nach sich, sind Demokratie und Toleranz weniger verwurzelt als in Deutschland; die mangelnde Praxis der Toleranz, nicht unsere vergleichsweise liberale Rechtsordnung, gefährdet die Freiheit bei weiterer Zuspitzung der Krise. Ein Äquivalent für das stigmatisierende Wort Systemver änderer, mit dem jeder Ansatz zur Veränderung zur Gefahr für die inflationär grassierende ‹freiheitlich demokratische Grundordnung› gestempelt wird, gibt es nicht in England, Frankreich oder Italien. Dort wird das «System» eher verändert werden können, bei uns aber wäre auf Grund der Summe ökonomischer Realitäten die Veränderung am dringendsten.

Fröhliche Zeiten scheinen nicht bevorzustehen. Die um die zerfallende Wachstumsgesellschaft errichteten Mauern sind bedrohlich genug, um jenen, denen die Übertechnisierung und Überorganisation unerträglich geworden sind, den Rückzug in eine innere Emigration, in die verschiedenartigsten Subkulturen nahezulegen. Doch immer mehr Menschen erkennen die Unerträglichkeiten, das Krisenmanagement produziert deren laufend mehr; die schon nachgedacht haben, werden gebraucht von denen, die erst nachzudenken beginnen. Zähigkeit ist geboten: Wir können umschalten.

Anmerkungen

I. Vom Unbehagen an der Industriegesellschaft

1 Rede auf dem CDU-Kongreß «Energie und Umwelt» am 7. 10. 1977.
2 Jacques Ellul, «Von der Revolution zur Revolte», Hamburg 1974, S. 150.
3 Friedrich Engels, «Von der Autorität», zitiert nach Friedrich Engels Studienausgabe 4, Reinbek 1973, S. 139.
4 Huxley spricht nicht von Technik, sondern von Wissenschaft; aber deren operative Form ist Technik, und von ihr geht der Zwang zur Effizienz aus.
5 Dt.: Paul Goodman, «Aufwachsen im Widerspruch: Über die Entfremdung der Jugend in der verwalteten Welt», Darmstadt 1972; zititert wird hier nach der amerikanischen Ausgabe «Growing Up Absurd. Problems of Youth in the Organized Society», New York 1956.
6 Dt.: John Kenneth Galbraith, «Gesellschaft im Überfluß», München/Zürich 1973.
7 Jacques Ellul hat darauf aufmerksam gemacht, daß die deutsche Wandervogelbewegung zu Anfang des Jahrhunderts Motive und Lebensformen der Beatniks vorweggenommen hatte.
8 Dt.: Theodore Roszak, «Gegenkultur. Gedanken über die technokratische Gesellschaft und die Opposition der Jugend», Düsseldorf 1971.
9 Herbert Marcuse, «Triebstruktur und Gesellschaft», Frankfurt 1969.
10 ibid., S. 155.
11 Herbert Marcuse, «Der eindimensionale Mensch», Berlin 1967.
12 Herbert Marcuse, «Die Gesellschaftslehre des sowjetischen Marxismus», Berlin 1964.
13 «Der eindimensionale Mensch», S. 159.
14 ibid., S. 172.
15 ibid., S. 168.
16 ibid., S. 173.
17 ibid., S. 260.
18 ibid., S. 244.
19 ibid., S. 253.
20 Carl Friedrich von Weizsäcker, «Wege in der Gefahr», München 1977, S. 138.

21 Karl Jaspers, «Die Atombombe und die Zukunft des Menschen», München 1958, S. 258.
22 ibid., S. 6 und S. 263.
23 Weizsäcker, a. a. O., S. 138.
24 Garret De Bell (Ed), «The Environmental Handbook: Prepared for the First National Environmental Teach-In», New York 1970.
25 ebd.
26 «Mehr profitiert als protestiert», «Die Zeit», 16. 9. 1977.
27 Dt.: Richard Neutra, «Wenn wir weiter leben wollen, Erfahrungen und Forderungen eines Architekten», Hamburg 1956.
28 Percival und Paul Goodman, «Communitas. Means of a Livelihood and Ways of Life», New York 1947.
29 Lewis Mumford, «The Highway and the City», New York 1958.
30 Lewis Mumford, «The City in History», New York.
31 Lewis Mumford, «Mythos der Maschine, Kultur, Technik, Macht», Wien 1974.
32 Mythos der Maschine, S. 14.
33 ibid., S. 14.
34 ibid., S. 18.
35 ibid., S. 400.
36 ibid., S. 317.
37 ibid., S. 23.
38 ibid., S. 748.
39 ibid., S. 780; Mumford nimmt dort auch Darwin vor Fehlinterpretationen und der einseitigen Betonung des unglücklichen «Überlebens der Tüchtigen» in Schutz.
40 ibid., S. 787.
41 ibid., S. 794.
42 ibid., S. 799.
43 ibid., S. 807.
44 ibid., S. 795.
45 Rachel L. Carson, «Der stumme Frühling», München 1963.
46 ibid., S. 13.
47 ibid., S. 12.
48 Paul R. Ehrlich, «The Population Bomb», New York 1968.
49 Paul R. Ehrlich und Anne H. Ehrlich, «Bevölkerungskontrolle – Kontrolle der Bevölkerung?», Kursbuch 33, S. 77 f.
50 Die vermutlich vielen, denen das Wort «wahrscheinlich» eine unzulässige Übertreibung scheint, verweise ich auf C. F. von Weizsäckers «Ansicht über die Wahrscheinlichkeit eines Atomkrieges», in: «Wege in der Gefahr», München 1976.
51 «Bürgerinitiativen im Bereich von Kernkraftwerken», Bericht an das Bundesministerium für Forschung und Technologie, München 1975, S. 27 ff.

52 ibid., S. 22.

53 ibid., S. 20.

54 Klaus Hartung, «Versuch, die Krise der antiautoritären Bewegung wieder zur Sprache zu bringen», Kursbuch 48, S. 23.

55 Siehe dazu Jürgen Seifert, «Von den Notstandsgesetzen zum vorverlegten Notstand», Kursbuch 48, S. 45 ff.

56 Klaus Hartung, a. a. O., S. 36.

57 Hans Magnus Enzensberger, «Zur Kritik der politischen Ökologie», Kursbuch 33, S. 1 ff.

58 »Ansichten einer künftigen Futurologie», herausgegeben von Dietger Pforte und Olaf Schwencke, München 1973.

59 ibid., S. 124.

60 Ernst Bloch, «Das Prinzip Hoffnung», 4. Auflage, Frankfurt 1977, S. 1628.

61 ibid., S. 778/79.

62 ibid., S. 782.

63 ibid., S. 786; mit «Entorganisierung» bezeichnet Bloch das Verschwinden des Organischen.

64 ibid., S. 784.

65 ibid., S. 817.

66 ibid., S. 813.

67 Otto Ulrich: «Technik und Herrschaft. Vom Handwerk zur verdinglichten Blockstruktur industrieller Produktion», Frankfurt 1977.

68 Dennis Meadows und andere: «Die Grenzen des Wachstums, Bericht des Club of Rome zur Lage der Menschheit», Stuttgart 1972.

II. Wie Kritik zur Praxis wird

1 «Süddeutsche Zeitung» vom 17. 10. 1977: «Zurück zum Sozialismus Gandhis».

2 Carl Amery, «Wege aus dem Theoriedefizit», «Vorwärt» vom 12. 5. 1977.

3 Rede Indira Gandhis zur Einweihung des National Committee on Environmental Planing and Coordination, Delhi, 12. 4. 1972.

4 Zitiert nach «Der Spiegel» vom 21. 11. 1977, S. 57 u. S. 59.

5 Dt.: E. F. Schumacher, «Die Rückkehr zum menschlichen Maß. Alternativen für Wirtschaft und Technik», Reinbek 1977, S. 156f.

6 ibid., S. 164ff.

7 David Dickson, «Alternative Technik und Strategien der technischen Veränderung», München 1977; zit. wird hier nach der italienischen Ausgabe «La Tecnologia alternativa», Milano 1977, S. 144ff.

8 Tony Durham, «Think Big, Think Little», in: Radical Technology,

edited by Godfrey Boyle and Peter Harper, New York 1976, S. 264.

9 Zitiert nach Robert Jungk, «Der Jahrtausendmensch». Bericht aus den Werkstätten der neuen Gesellschaft, Reinbek 1976, S. 48.

10 Fang Hsin, in: «Peking Review», 1973, Nr. 29.

11 Tony Durham, a. a. O., S. 262.

12 Hans Magnus Enzensberger, «Zur Kritik der politischen Ökologie», in: Kursbuch 33, S. 40.

13 Robert Jungk, «Der Jahrtausendmensch», a. a. O., S. 47.

14 Zitiert nach Satish Kumar, «Homespun Philosophy», in: «Radical Technology, a. a. O., S. 234 ff.

15 George McRobie, «Small is Beautiful», in: E. F. Schumacher, «Die Rückkehr zum menschlichen Maß», a. a. O., S. 286.

16 ibid., S. 294.

17 Zitiert nach: «Transnational Institute. Bericht über den Hunger in der Welt». In: Technologie und Politik 3, hrsg. v. F. Duve, Reinbek 1975, S. 132.

18 Zitiert nach Transnational Institute, ibid., S. 125.

19 Ernest Feder, «Warum gibt es eine Ernährungskrise», in: Technologie und Politik 3, a. a. O., S. 64.

20 David Dickson, a. a. O., S. 156.

21 Folker Fröbel, Jürgen Heinrichs, Otto Kreye, «Die neue internationale Arbeitsteilung. Strukturelle Arbeitslosigkeit in den Industrieländern und die Industrialisierung der Entwicklungsländer», Reinbek 1977.

22 Carl Friedrich von Weizsäcker, «Wege in der Gefahr», a. a. O., S. 100.

23 Robert Jungk, «Der Jahrtausendmensch», a. a. O., S. 47.

24 Schumacher, «Die Rückkehr zum menschlichen Maß», a. a. O., S. 155.

25 ibid., S. 17/18.

26 A. C. Herrera und H. D. Scolnik, «Grenzen des Elends», Frankfurt 1977.

27 Hans Matthöfer, «Für eine menschliche Zukunft, Sozialdemokratische Forschungs- und Technologiepolitik», Düsseldorf 1976, S. 164.

28 Fritz Vilmar, «Menschenwürde im Betrieb», Reinbek 1973, S. 103 ff.

29 Hans Matthöfer, «Für eine menschliche Zukunft», a. a. O., S. 103.

30 ibid., S. 171.

31 «Die Zeit», Nr. 15, 1976, S. 26.

32 Ivan Illich, «Die Enteignung der Gesundheit», Reinbek 1975.

33 Paul Feyerabend, «Wider den Methodenzwang. Skizze einer anarchistischen Erkenntnistheorie», Frankfurt 1976, S. 27.

34 Ivan Illich, «Die Nemesis der Medizin. Von den Grenzen des Gesundheitswesens», Reinbek 1977, S. 17.

35 ibid., S. 19.

36 ibid., S. 59 ff.

37 «Der Spiegel», Nr. 48, vom 21. 11. 1977, S. 81.

38 Joël de Rosnay, «Das Makroskop», Stuttgart 1977, S. 137.

39 Herbert Gruhl, «Ein Planet wird geplündert», Frankfurt 1975, S. 74.

40 T. Leuenberger, K. Schilling, «Die Ohnmacht des Bürgers, Plädoyer für eine nachmoderne Gesellschaft», Frankfurt 1977, S. 215.

41 H. Matthöfer, «Für eine menschliche Zukunft», a. a. O., S. 107.

42 Speziell für Hochhäuser gibt es das Konzept einer passiven Luftheizung, bei der vor die Südseite eine Glasfront gesetzt wird.

43 H. Matthöfer, «Diskussionsleitfaden zum Kölner Energieforum SPD», März 1977, S. 39.

44 ibid., S. 40.

45 Daniel Bell, «Die nachindustrielle Gesellschaft», Frankfurt 1976, S. 309.

46 «Radical Technology», a. a. O., S. 275.

47 Dt.: Ivan Illich, «Entschulung der Gesellschaft», Reinbek 1973.

48 ibid., S. 15.

49 ibid., S. 22.

50 ibid., S. 76.

51 ibid., S. 19.

52 ibid., S. 109.

53 Paul Feyerabend, a. a. O., S. 11.

54 ibid., S. 392.

55 ibid., S. 13.und 15.

56 Ivan Illich, «Die sogenannte Energiekrise oder die Lähmung der Gesellschaft», Reinbek 1974.

57 Ivan Illich, «Nemesis», a. a. O.

58 Dt.: Ivan Illich, «Selbstbegrenzung. Eine politische Kritik der Technik», Reinbek 1975.

59 ibid., S. 94.

60 ibid., S. 95.

61 ibid., S. 98.

62 ibid., S. 158f.

63 Illich, «Die sogenannte Energiekrise», a. a. O., S. 27.

64 ders. «Selbstbegrenzung», a. a. O., S. 88.

65 ibid., S. 14.

66 ibid., S. 51f.

67 ibid., S. 72f.

68 ibid., S. 39.

69 ibid., S. 74.

70 ibid., S. 53.

71 ibid., S. 56.

72 David Dickson, «La Tecnologia alternativa», a. a. O., S. 92.

73 Robert Jungk, «Der Jahrtausendmensch», a. a. O., S. 43.

74 ibid., S. 44.

75 Prokol-Gruppe Berlin, «Der sanfte Weg», Stuttgart 1976.

76 T. Leuenberger, R. Schilling, «Die Ohnmacht des Bürgers», a. a. O., Kapitel VIII, «Nachmoderne Technik und nachmoderne Wissenschaft».

77 Theodore Roszak, «Where the Wasteland Ends», New York 1973, S. 394.

78 Amory B. Lovins, «Energy Strategy: The Road not Taken?», Foreign Affairs, Vol 55, Oktober 1976, S. 65–96.

79 Amory B. Lovins, «Soft Energy Paths – Toward a Durable Peace», New York 1977.

80 Milovan Djilas, «Die neue Klasse. Eine Analyse des Kommunistischen Systems», Wien 1957.

81 Zitiert nach Leuenberger/Schilling, «Die Ohnmacht des Bürgers», a. a. O., S. 252.

82 Wolfgang Harich, «Kommunismus ohne Wachstum? Babeuf und der Club of Rome. Sechs Interviews mit Freimut Duve und Briefe an ihn», Reinbek 1975.

83 ibid., S. 127.

84 ibid., S. 207.

85 Robert Havemann, «Diktatur und Demokratie», in «Vorwärts», 13. 10. 1977, S. 9.

86 Fritz Vilmar, «Menschenwürde im Betrieb», a. a. O., S. 117.

87 Robert Jungk, «Der Jahrtausendmensch», a. a. O., S. 231 f.

III. Die sichtbare Gegenwart der Krise und die Suche nach Auswegen

1 Siehe «Der Spiegel», Nr. 36, 1977, S. 164f.

2 Ralf Dahrendorf, in: «Die Zeit» vom 19. 8. 1977, S. 20.

3 Zitiert nach «Die Zeit» vom 19. 8. 1977, S. 20.

4 André Gorz, «Ökologie und Politik», Reinbek 1977. S. 17.

5 Weizsäcker, «Wege in der Gefahr», a. a. O., S. 17.

6 Wolfgang Zapf (Hrsg), «Lebensbedingungen in der Bundesrepublik. Sozialer Wandel und Wohlfahrtsentwicklung», Frankfurt 1977, zitiert nach «Die Zeit» vom 14. 10. 1977, S. 40.

7 Nach Rolf Zundel, «Anschlag auf die Parteien oder Ventil der Verdrossenheit», in «Die Zeit» vom 5. 8. 1977, S. 3.

8 Willy Brandt, in: «Vorwärts» vom 13. 10. 1977, S. 15.

9 ibid.

10 Robert Jungk, «Der Jahrtausendmensch», a. a. O., S. 36.

11 Volker Hauff, «Abschied vom blanken Fortschrittsglauben. Die Technik birgt Gefahren für die Freiheit», in: «Vorwärts» vom 25. 5. 1977, S. 11.

12 «Der Spiegel» vom 21. 11. 1977.

13 «Der Spiegel» vom 26. 12. 1977, S. 34f.

14 «Die Frage heißt: wie wollen wir künftig leben», Neuer Vorwärts Verlag.

15 Forum SPD, Dokumente, Fachtagung «Energie, Beschäftigung, Lebensqualität am 28. und 29. 4. 1977 in Köln», Herausgeber: Vorstand der SPD, S. 16f.

16 Carl Amery, «Das Ende der Vorsehung. Die gnadenlosen Folgen des Christentums», Reinbek 1972.

17 Carl Amery, «Natur als Politik. Die ökologische Chance des Menschen», Reinbek 1976.

18 Erhard Eppler, «Ende oder Wende? Von der Machbarkeit des Notwendigen», Stuttgart 1975.

19 Frank Haenschke, «Modell Deutschland? Die Bundesrepublik in der technologischen Krise», Reinbek 1977.

20 Johano Strasser, «Die Zukunft der Demokratie. Grenzen des Wachstums – Grenzen der Freiheit», Reinbek 1977.

21 Burghard Strümpel, «Die Krise des Wohlstands. Das Modell einer humanen Wirtschaft», Stuttgart 1977.

22 ibid., S. 7/8.

23 Barry Commoner, «Energieeinsatz und Wirtschaftskrise», Reinbek 1977.

24 Jol de Rosnay, «Das Makroskop. Neues Weltverständnis durch Biologie, Ökologie und Kybernetik», Stuttgart 1977.

25 Weizsäcker, «Wege in der Gefahr», a. a. O., S. 255.

26 ibid., S. 45.

27 ibid., S. 34.

28 Siehe Kap. II, *Die Phantasie an die Macht*.

29 Gerhard Mensch, «Das technologische Patt. Innovationen überwinden die Depression», Frankfurt 1977.

30 Joseph A. Schumpeter, «Kapitalismus, Sozialismus und Demokratie», Bern 1950, S. 136.

31 Gerhard Mensch, «Das technologische Patt», a. a. O., S. 51.

32 ibid., S. 104.

33 Helmut Schelsky «Der Mensch in der wissenschaftlichen Zivilisation», Köln/Opladen 1961, S. 25.

34 Daniel Bell, «Die nachindustrielle Gesellschaft», Frankfurt 1975.

35 ders., «Die Zukunft der westlichen Welt. Kultur und Technologie im Widerstreit», Frankfurt 1976.

36 ders., «Die nachindustrielle Gesellschaft», a. a. O., S. 16.

37 ders., «Die Zukunft der westlichen Welt», a. a. O., S. 24; ein sinnverkehrender Druckfehler verwandelt dort das Original-Wort «independent» in «abhängig».

38 ders., «Die nachindustrielle Gesellschaft», a. a. O., S. 298.

39 ibid., S. 310.
40 Johano Strasser, «Zukunft der Demokratie», a. a. O., S. 60.
41 ibid., S. 61.
42 Nach André Gorz, «Ökologie und Politik», a. a. O., S. 136.
43 Daniel Bell, «Die Zukunft der westlichen Welt», a. a. O., S. 327.
44 Jürgen Habermas, «Legitimationsprobleme im Spätkapitalismus», Frankfurt 1973, S. 183.
45 ders., «Technik und Wissenschaft als ‹Ideologie›», Frankfurt 1968, S. 81.
46 ibid., S. 53
47 Otto Ullrich, «Technik und Herrschaft», a. a. O., S. 389.
48 ibid., S. 392.
49 Johano Strasser, «Zukunft», a. a. O., S. 78.
50 ibid., S. 119.

IV. Der Mythos von der Zweckrationalität der Großtechnik: Einsichten eines Technokraten

1 Zitiert nach Herbert Gruhl, «Planet», a. a. O., S. 347.
2 Michael Maccoby, «Gewinner um jeden Preis. Der neue Führungstyp in den Großunternehmen der Zukunftstechnologie», Reinbek 1977, S. 7.
3 ibid., S. 215.
4 Schumacher, «Die Rückkehr zum menschlichen Maß», a. a. O., S. 230.
5 Da mir weder an Anekdoten noch an Personifizierung liegt, bitte ich es mir nachzusehen, wenn ich das Projekt nicht beim Namen nenne; viele werden ohnehin wissen, wovon ich spreche.
6 C. F. von Weizsäcker, «Wege», a. a. O., S. 180.
7 ibid., S. 73.
8 John F. Kennedy, «Der Weg zum Frieden», München 1964, S. 201 f.
9 Robert Jungk hat im «Jahrtausendmensch» umfassender darüber berichtet.
10 G. Hofmann, «Ungleich in alle Ewigkeit?», in «Die Zeit» vom 14. 10. 1977, S. 40.
11 Eine Analyse dieser Problematik des Wissensbetriebes gibt zum Beispiel Frieder Lauxmann, «Weniger wissen – mehr verstehen», Stuttgart 1977.

V. Wir müssen umschalten

1 «Die Zeit» vom 19. 8. 1977, S. 3.
2 «Die heimliche Koalition», in «Frankfurter Rundschau» vom 27. 1. 1978.
3 Ralf Dahrendorf, ibid.

4 Siehe z. B. «Frankfurter Rundschau» vom 25. 1. 1978, S. 1.

5 Dieter Teufel, «Radioaktive Kontamination in der Umgebung kerntechnischer Anlagen – Analyse der amtlichen Umgebungsüberwachung», Bericht der Arbeitsgemeinschaft Umweltschutz an der Universität Heidelberg, erweiterte Auflage, Juni 1977.

6 Siehe Klaus Graßhoff/Manfred Ehrhardt, «Wird das Meer durch Öl verseucht?» in: «Bild der Wissenschaft», Bd. 14, Heft 6, Juni 1977, S. 52–62.

7 «Das Veto», Frankfurt 1977.

8 Hans Matthöfer, in: «Energie, Beschäftigung, Lebensqualität», Neuer Vorwärts Verlag, 1977, S. 319–542.

9 ibid., S. 333.

10 ibid., S. 466.

11 Wolf Häfele, «Energiesysteme unter Berücksichtigung mittel- und langfristiger Perspektiven», in: «Probleme der Kernenergie», Bonn 1977, S. 91–113.

12 Statistik aus «Die Zeit» vom 30. 9. 1977, S. 41.

13 Siehe Kap. II, *Das Konzept der mittleren Technologie.*

14 Eduard Pestel, «Können wir auf Atomkraftwerke verzichten?» in: «Die Zeit» vom 25. 3. 1977.

15 Siehe Kap. III, *Widersprüchliche Reaktionen auf die Krise der Industriegesellschaft.*

16 «Frankfurter Rundschau» vom 25. 6. 1977.

17 Quelle: W. Glasstetter, «Die wirtschaftliche Entwicklung in der BRD 1970–75», zitiert nach «Vorwärts», 7. 7. 1977, S. 20.

18 «Die Zeit» vom 27. 1. 1978, S. 23.

19 «Vorwärts» vom 26. 5. 1977, S. 11.

20 «Vorwärts» vom 23. 6. 1977, S. 21.

Register

Amery, Carl 74, 108, 139, 142, 144

Bell, Daniel 108, 148, 149, 150, 151, 229, 312, 334
Bethe, Hans 126
Bloch, Ernst 64, 65, 66, 153
Boyle, Godfrey 119
Brandt, Willy 135, 137, 250
Brodersen, Ingke 21
Brown, Norman 38, 42, 62

Carter, Jimmy 254, 256
Carson, Rachel 55, 56, 57, 58
Churchill, Winston 250
Clarke, Robin 120, 122
Commener, Barry 144

Dahrendorf, Ralf 134, 235
Dickson, David 79, 85, 115, 118
Djilas, Milovan 127
Durham, Tony 80, 81
Duve, Freimut 21, 128, 143

Ehrlich, Anne H. 335
Ehrlich, Paul 58, 60
Einsele, Martin 47
Ellul, Jacques 28, 144
Engels, Friedrich 28
Enzensberger, Hans Magnus 63, 81, 142

Eppler, Erhard 69, 136, 141, 143

Feder, Ernest 84
Feyerabend, Paul 98, 109, 110, 154
Flechtheim, Ossip 64
Fourier, Charles 42
Freud, Sigmund 38
Fröbel, Folker 337

Galbraith, John K., 29, 30, 32, 36, 42, 97, 303, 325
Gandhi, Mahatma 73, 82, 83, 88
Gehlen, Arnold 153
Goodman, Paul 29, 33, 34, 35, 36, 38, 42, 49, 62, 109, 229, 303, 325
Goodman, Percival 49
Gorz, André 144, 341
Gruhl, Herbert 69, 93, 129, 141, 143, 321, 326, 338

Habermas, Jürgen 152, 153, 328
Haeckel, Ernst von 53
Haenschke, Frank 143
Häfele, Wolf 260, 263, 266, 267, 270, 279, 280, 282, 284
Harich, Wolfgang 69, 93, 128, 129
Harper, Peter 108, 119
Hartung, Klaus 62

345

Ivan Illich

Fortschrittsmythen
Schöpferische Arbeitslosigkeit / Energie und Gerechtigkeit /
Wider die Verschulung
140 Seiten. Kart. Rowohlt

Die Nemesis der Medizin
Von den Grenzen des Gesundheitswesens. Überarbeitete und
erweiterte Endfassung von «Die Enteignung der Gesundheit»
328 Seiten. Brosch. Rowohlt

Selbstbegrenzung
Eine politische Kritik der Technik. 192 Seiten. Brosch. Rowohlt

Die sogenannte Energiekrise
oder Die Lähmung der Gesellschaft
Das sozial kritische Quantum der Energie. rororo aktuell 1763

Die Entschulung der Gesellschaft
Entwurf eines demokratischen Bildungssystems
rororo sachbuch 6828

Schulen helfen nicht
Über das mythenbildende Ritual der Industriegesellschaft
rororo sachbuch 6778

Rowohlt

Carl Amery

Natur als Politik
Die ökologische Chance des Menschen

«Amery macht vernünftige Vorschläge für den Aufbau einer weitgehend dezentralisierten und dem Einzelmenschen zugewandten Gesellschaft. Es macht Spaß, dieses Buch zu lesen.»

Deutsche Zeitung

Der Ausgangspunkt des neuen Buches von Carl Amery ist die zentrale These: «Bisher hat sich der Materialismus damit begnügt, die Welt zu verändern; jetzt kommt es darauf an, sie zu erhalten.» Eine vehemente Attacke gegen die Ökonomie als Leitwissenschaft der Politik und gegen die Techno-Diktatur des Industriesystems.

224 Seiten. Brosch.

Rowohlt

Carl Amery

Das Ende der Vorsehung
Die gnadenlosen Folgen des Christentums

«Macht euch die Erde untertan!» In dieser Aufforderung zur totalen Unterwerfung der Natur hat sich das Christentum weit über die kirchlichen Grenzen hinaus manifestiert. Die Vernichtung der Natur durch den Menschen läßt die Möglichkeit auftauchen, daß die «Geschichte des Heils» in eine Geschichte des endgültigen Schrekkens umschlägt. Carl Amery sieht die heutige Krise der menschlichen Gesellschaft als eine gnadenlose Folge christlicher Geschichte.

Carl Amery: «Nicht die erbitterten Querelen zwischen Römischen und Protestanten, zwischen Stalinisten und Trotzkisten verändern das Leben der Welt, sondern ihre Gemeinsamkeiten; nicht die Gegner oder Anhänger der einen oder anderen Konfession haben den Traktor, die Stechuhr und den Röntgenschirm erfunden, sondern die Erben und Akteure einer gemeinsamen Erfolgsgeschichte, die heute, auf dem Höhepunkt ihrer Triumphe, in die totale Katastrophe abzukippen droht.»

256 Seiten. Gebunden
und als Taschenbuchausgabe: rororo sachbuch 6874

Rowohlt

Technologie und Politik

Ein kritisches, vierteljährlich erscheinendes Periodikum
im Taschenbuchformat mit den Themenbereichen:

Wachstumskrise
Industriekritik
Kritik des technischen Fortschritts
Politische Kontrolle der Zukunftsexperten
Industrialisierung der Dritten Welt
Kritik des Dienstleistungssektors

Herausgegeben von Freimut Duve
Beratung: Ulrich Albrecht, André Gorz, Ivan Illich, Joachim Israel,
Joachim Steffen und Ernst v. Weizsäcker